破产法文库　实务系列
总主编　王欣新

破产审判的温州探索

（2020~2024年）

温州破产法庭　编

法律出版社 LAW PRESS · CHINA
北京

图书在版编目（CIP）数据

破产审判的温州探索. 2020～2024 年／温州破产法庭编. -- 北京：法律出版社, 2025. --（破产法文库／王欣新总主编）. -- ISBN 978－7－5244－0167－4

Ⅰ. D927.553.229.192.4

中国国家版本馆 CIP 数据核字第 20254DK217 号

破产审判的温州探索（2020～2024 年）
POCHAN SHENPAN DE WENZHOU TANSUO
（2020～2024 NIAN）

温州破产法庭　编

策划编辑　沈小英
责任编辑　毛镜澄
装帧设计　贾丹丹

出版发行 法律出版社
编辑统筹 法治与经济出版分社
责任校对 晁明慧
责任印制 吕亚莉
经　　销 新华书店

开本 710 毫米×1000 毫米　1/16
印张 25.5　　**字数** 447 千
版本 2025 年 4 月第 1 版
印次 2025 年 4 月第 1 次印刷
印刷 天津嘉恒印务有限公司

地址：北京市丰台区莲花池西里 7 号（100073）
网址：www. lawpress. com. cn
投稿邮箱：info@ lawpress. com. cn
举报盗版邮箱：jbwq@ lawpress. com. cn

销售电话：010－83938349
客服电话：010－83938350
咨询电话：010－63939796

书号：ISBN 978－7－5244－0167－4
定价：138.00 元

凡购买本社图书，如有印装错误，我社负责退换。电话：010－83938349

总　序

现代破产法融清算退出与挽救更生程序于一体，是警醒正常市场主体“向死而生”之法，是帮助困境企业“涅槃重生”之法，是促使失败企业“规范退出”之法。破产法律制度是市场经济法律体系不可或缺的重要组成部分，甚至被称为市场经济之“宪法”。市场经济社会的基本法则乃公平竞争、优胜劣汰。故，凡市场经济之法治国家，无不将破产法视为其法律体系不可或缺之重要组成部分，并将其作为评价一国市场经济地位和营商环境水准的重要标志。

中国自改革开放以来，高度重视营商环境建设。1986 年 12 月 2 日第六届全国人民代表大会常务委员会第十八次会议审议通过了《企业破产法(试行)》，于 1988 年 11 月 1 日起施行。2006 年 8 月 27 日第十届全国人民代表大会常务委员会第二十三次会议审议通过了《企业破产法》，自 2007 年 6 月 1 日起施行，《企业破产法(试行)》同时废止。2013 年 11 月《中共中央关于全面深化改革若干重大问题的决定》指出：“健全优胜劣汰市场化退出机制，完善企业破产制度。”2014 年 10 月《中共中央关于全面推进依法治国若干重大问题的决定》指出：“社会主义市场经济本质上是法治经济。使市场在资源配置中起决定性作用和更好发挥政府作用，必须以保护产权、维护契约、统一市场、平等交换、公平竞争、有效监管为基本导向,完善社会主义市场经济法律制度。”2018年8月第十三届全国人大常委会立法规划发布,《企业破产法》的修订纳入立法规划,属于“需要抓紧工作、条件成熟时提请审议”的项目。2018年11月中央全面深化改革委员会第五次会议审议通过了《加快完善市场主体退出制度改革方案》,将加快以破产法为核心的市场主体退出制度建立健全的步伐,以更好地服务供给侧结构性改革和营商环境优化建设。

我国破产法的历史虽然短暂,但也已走过了30余个春秋,《企业破产法》及其司法解释构成了较为完整的破产法制度体系,全国各地各级法院组建了约100家破产审判庭,北京、上海、深圳三地更是在最高人民法院的批准下组建了破产法庭,破产审判的法治化、专业化建设取得了长足的进步,破产案件数量逐渐上升,破产法的理念、文化与制度规则也得到了更广泛的传播和认可。

破产法律制度的建立健全和破产审判的法治化、常态化推进,是市场经济可持续发展、营商环境优化建设的重要保障,市场经济之发展亦注定离不开破产法学研究之繁荣。中国人民大学破产法研究中心和北京市破产法学会自成立以来,始终坚持学术为本、理论联系实际和以问题为导向的研究理念,不遗余力地创办“中国破产法论坛”及其专题研讨会等权威交流平台,多年来持续编辑出版《破产法论坛》等图书,凝聚了中国破产法理论与实务界之顶尖研究力量,致力于破产法治事业之发展与进步,赢得了全体“破人”之赞誉与支持。

为进一步整合中国破产法理论界与实务界之研究力量,经与浙江省高级人民法院民四庭庭长章恒筑法官、中国人民大学破产法研究中心副主任郑志斌律师、中国人民大学破产法研究中心副主任兼秘书长徐阳光教授、法律出版社法治与经济出版分社社长沈小英编审反复商议,中国人民大学破产法研究中心、北京市破产法学会决定联合法律出版社创办“破产法文库”,面向国内外同仁开放。

“破产法文库”设置5个子系列,其中,学术系列希冀广纳中国学界高水准之破产法专著;译著系列拟推介域外之经典破产法文献与法典;论坛文集系列继续推出“中国破产法论坛”及其专题研讨会之优秀论文;实务系列侧重出版破产法实务经验总结之佳作;茶座系列则旨在分享破产法实施中的趣闻轶事以及破产法同仁办理破产案件的心得体会。

从历史上看,中国缺乏破产法文化传统与理论实务研究积淀。“破产法为一重要之法律,然学者研究之者,远不如研究民刑之法之夥;良以向者适用较少,兴趣遂减。”民国法学家吴传颐先生数十年前之感慨，仍让今人有现实之叹。而今，破产法的社会调整作用日益得到人们的认可与重视，破产法的研究也日益深入。破产法是一个综合性的法学领域，破产法治建设是我们共同的事业追求。但愿“破产法文库”之创办能够团结更多法学同仁来关注和研究破产法理论与实践之重点难点问题，并将自己高水平的研究成果纳入文库中出版，共同推动中国破产法学术之繁荣、立法之完善与司法之进步。

是为序！

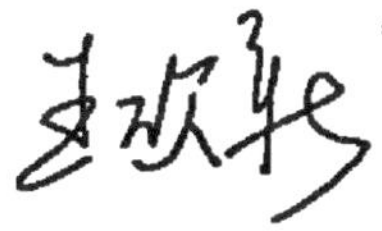*

2016 年 7 月 16 日撰写

2019 年 2 月 26 日修订

---

* 中国人民大学法学院教授、博士研究生导师，中国人民大学破产法研究中心主任，北京市破产法学会名誉会长。

序 言

党的二十届三中全会决定将“健全企业破产机制，探索建立个人破产制度，推进企业注销配套改革，完善企业退出制度”列入“完善市场经济基础制度”的改革任务之中，作为“构建高水平社会主义市场经济体制”的重要改革内容。从历史发展来看，市场经济的发展，促就了破产法这一维系市场经济正常运转的基础法律制度的诞生，而作为市场经济基础制度的破产法又推动了市场经济秩序的可持续发展。破产法承担保障公平清偿、挽救债务人、优化资源配置、完善营商环境、维护市场秩序等重要的社会使命。中国破产立法经历了从无到有、从旧到新的发展历程，是我国改革开放的重要成果，实现了破产法的市场化、法治化实施。

温州，地处浙南山海之间。温州法院破产审判工作之所以能成为标杆绝非偶然。从历史上南宋永嘉学派“经世致用、义利并举”的文化启蒙与历史传承，到改革开放后民营经济的快速发展，社会市场化程度的大幅提升，再到由一场金融风波推动的破产法的普遍实施和制度创新，温州的历史变迁、经济脉络与文化氛围共同构筑了破产法律文化生长发展的深层土壤，培育出市场化、法治化的破产文化与观念，市场的大力推动，民营经济的深厚底蕴，是温州法院的破产审判工作取得优异成果的重要因素。

作为专研中国破产法治发展的学者,我始终关注温州破产审判的实践动态与发展进程。早在破产法于春寒料峭中悄然浸润中华大地、破土而出时,我就与温州法院的破产审判工作建立了密切关系,我创立的中国人民大学破产法研究中心一直与温州法院保持良好的合作关系。2018 年,我受邀为温州法院《破产审判的温州探索》一书作序。当时,温州法院以破产审判"破冰者"的姿态,在府院联动平台搭建、执破衔接机制创立、破产援助资金设立、"逃废债"预防与打击等领域闯出一条改革新路,并取得了良好的示范性效应。如今,温州法院的第二本书《破产审判的温州探索(2020～2024 年)》即将问世,再次受邀为之作序,不胜荣幸,欣然允诺。

而今,恰值温州破产法庭成立 5 周年暨温州破产专业化审判 10 周年。温州法院的破产审判工作已经从最初的"危机应对"迈入"制度引领"的新阶段,经过长期的理论研究与司法实践,在府院联动的规范化与制度化、个人债务集中清理、立审执破一体化推进、预重整探索等方面,温州法院贡献了诸多理论创新思路与问题解决办法,提炼出具有普适性的制度规范与操作经验,勇立破产审判的改革潮头。这些探索为我国《企业破产法》的修改与个人破产立法提供了鲜活的地方样本。深入了解温州的破产审判,也是"解码"我国市场经济发展与法治文明演进的一把钥匙。

本书中,温州市中级人民法院将近几年对破产审判相关问题的研究成果整理成册,分为"理论调研""制度创新""典型案例"3 大板块,从多角度系统地呈现了温州法院在破产审判前行中的理论研究底蕴、制度创新能力与丰富实践经验。本书是对温州法院破产审判改革历程的阶段性总结,也是中国破产法治进程中具有一定创新性与前瞻性的阶段性发展进步的体现,值得法学界与实务界共同关注。本书的亮点主要有以下方面:

第一,突出问题导向,勇于改革创新。2012 年以来,温州法院实现了破产案件受理的常态化,破产收、结案数一直处在高位。2015～2024 年,温州法院共受理企业破产案件 6141 件,审结 5623 件,分别占全省的 21.62% 和 22.28%。2019 年以来,温州法院累计立案个人债务集中清理案件 1077 件、结案 846 件。通过大量案件尤其是疑难复杂案件的办理,温州法院积累了丰富的破产审判实践经验,并着重研究解决了一系列破产难题。例如,破产审判权与行政事务管理权的厘定与运行、政府主导预重整的运行机制、破产程序中担保债权的清偿、管理人履职保障与监督、破产衍生诉讼案件裁判统一以及个人债务集中清理程序中诚信审查标准的确定、个人债务集中清理与强制执行的联动退出等。温州法院在破产审判中突出问题意识,深入理论研究,探寻实务应对之策,形成了一批调研报告、学术论文,多次参加中国破产法论坛等破产法理论与实务研讨活动,大幅提升了法官的理论水平与专业能力,并屡获佳绩。

第二,破解实务难题,注重制度建设。温州法院针对司法实务中遇到的种种破产难题,在研究创新解决方法的同时,注重成果的常规化适用、制度化建设,使之具有可复制、可推广的社会功效,实现了温州破产审判从“碎片化突破”到“系统化重构”的更新迭代。本书中收录了温州法院制定的近20项具有原创性的破产审理规则,突出体现在以下方面。其一,府院协调联动机制的制度化建设。没有充分的外部法律与社会制度环境的支撑与保障,破产法普遍的市场化实施是不可能的。温州法院深化府院联动机制,构建起一套“全链条、高协同、强赋能”的与破产审判密切结合的社会辅助体系。温州法院与政府有关部门共同制定了《企业金融风险处置工作府院联席会议纪要》,立案、审判移送破产程序会议纪要,办理破产便利化行动方案等制度文件,以制度规范打破了相关部门壁垒,以数字赋能重塑审判流程,彰显了府院联动从人际间、部门间的个案协调转向社会化、市场化、法治化的制度治理的重大质变,为全国破产审判工作的规范化提供了可供借鉴的适用范本。其二,进行前沿创新与立法探索。如《关于个人债务集中清理的实施意见》(一)(二),是温州法院在现有法律框架内积极推进个人债务集中清理试点工作的制度成果,辅以《在个人债务集中清理工作中探索建立公职管理人制度的府院联席会议纪要》等文件,确立了温州个人债务集中清理的制度框架与实施方案,为个人破产的立法与操作提供了研究思路和实践素材。其三,权益平衡与风险防控。如温州市中级人民法院在推动市政府出台保障管理人履职便利化等会议纪要的同时,出台了一系列文件构建管理人履职保障与监督体系,涵盖管理人指定方式、管理人分级动态管理,还借助行业自治与监管制度,指导温州市破产管理人协会出台了履职考评办法,建立了科学的管理人考核、奖惩制度和退出机制,为提升管理人的规范工作与履职能力提供制度保障。

第三,强化典型案例培育,凸显案例指引效用。习近平总书记在中央全面依法治国工作会议上提出,“努力让人民群众在每一个司法案件中感受到公平正义”。司法典型案例有利于准确理解和适用法律,明确法律的具体适用场景,保障司法判决的公正性和一致性。近年来,温州法院办理了大批具有影响力的案件,发布了企业破产、个人债务集中清理典型案例60余个;其中,5个企业破产案例入选国家级、省级典型案例,8个个人债务集中清理案例入选省级典型案例。典型案例涵盖了破产法适用的方方面面,为破产法官、管理人提供了具有实务指引和借鉴意义的“操作手册”,一些案例在全省乃至全国法院系统均属首例,既彰显了个案对既有法律适用空白的填补价值,又提炼出普适性裁判规则,为破产案件的审理提供了可复制、可推广的“温州方案”。

当前,我国市场经济正处于进一步全面深化改革、构建新发展格局、推动高质量发展的关键时期。《民法典》的实施、破产制度改革与营商环境优化的持续推进,对破产法治提出了更高要求。温州法院的破产审判工作之所以能够取得优异成绩,是因为有着一批真正钟情于、献身于破产审判事业的法官,勇担社会责任,敢于改革创新,或许一些观点还有待完善,但这种勇于解决问题而不是回避问题,对人民利益负责的担当精神,是值得我们学习的。温州法院在本书中为完善中国特色社会主义市场经济法律体系,为健全完善破产法律制度贡献出了理论研究成果与实务工作智慧。我相信,书中的温州经验也会对读者特别是对办理破产案件的法官和管理人在破产法理论研究和实务工作中起到有益的借鉴帮助作用,以共同促进我国破产法律制度的建设与完善。

是为序。

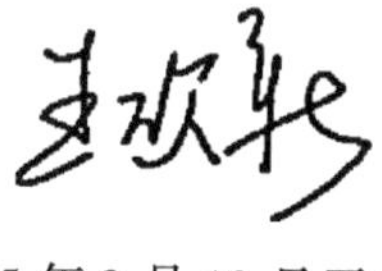

2025年3月18日于京

目　录

第一部分　理论调研

第二部分 制度创新

第三部分 典型案例

第一部分

理论调研

温州法院破产审判白皮书（2020～2024年）

温州法院坚持“走在前、作示范”，先行先试、敢闯敢干，积极探索具有温州特色的破产审判之路：成立全国首个地市级破产法庭，首创公职管理人制度，办结全国首例“类个人破产”案……5年来，在上级人民法院精心指导、温州市委坚强领导、温州市政府和社会各界大力支持下，温州两级法院将破产审判作为“一把手工程”稳步推进，以企业破产为主阵地、个人债务集中清理为突破口，建立健全内部审判机制，优化协同处置外部环境，着力推动破产审判工作走在前列、再谋新篇，助力提升营商环境的市场化、法治化水平，为续写创新史、再创新辉煌，提速打造“全省第三极”，谱写中国式现代化温州新篇章提供坚强有力的破产司法保障。

一、破产审判工作概况

（一）企业破产审判工作稳步发展

1. 案件体量高位运行。5年来，温州法院受理、审结的破产案件数量基本保持平稳，始终位居全省法院前列。2020～2024年，温州法院受理破产案件3719件，同比增长49.47%，占全省17.81%；审结破产案件3840件，同比增长115.37%，占全省18.67%，收结案总数均居全省第一。温州破产法庭受理破产案件 1049 件,同比增长 354.1%,审结破产案件 970 件,同比增长 583.1%,收结案数均居全省中级人民法院第一。

温州法院通过破产审判促使 3600 余家企业依法有序退出市场,通过重整、和解机制挽救 157 家企业,盘活企业账面资产 220.83 亿元,出清土地 4845.77 亩、厂房面积 201.21 万平方米,化解不良贷款 679.76 亿元。其中,温州破产法庭通过重整、和解挽救企业 46 家,盘活企业账面资产 54.32 亿元,出清土地 768.79 亩、厂房面积 20.44 万平方米,化解不良贷款 109.17 亿元。从重整、和解企业的行业分布来看,制造业、租赁和商务服务业占比较高,分别为 47.13%、27.39%。

2. 行业分布相对集中。2024 年,温州企业主体数量已突破 140 万户,其中民营企业占比达 90% 以上。相较大型企业,小微民营企业存在抗风险能力较弱、融资较难等天然不足,面对市场冲击、经营风险,更易出现资金链断裂、资不抵债情形,亟须借助破产程序实现有效拯救或有序出清。2020～2024 年,温州法院审结债务人为小微企业的破产案件占比高达 96.38%。从行业类型来看,主要分布在第二、第三产业,占比较高的为租赁和商务服务业、制造业,分别为 52.52%、30.86%。

3. 衍生诉讼数量日渐增长。破产衍生诉讼对于破产程序顺利推进有重要作用。温州破产审判先行先试,破产衍生诉讼也随之先发先行,一定程度上呈现攀升状态。5 年来,温州法院共受理破产衍生诉讼 5645 件,年均增长 10.68%。其中,温州破产法庭共受理破产衍生诉讼 653 件,占比 11.57%。衍生诉讼案由主要集中在与破产有关的纠纷、追收未缴出资纠纷及债权确认纠纷等,分别占比 37.38%、19.82% 和 17.87%。

(二)个人债务集中清理工作有序推进

5 年来,温州法院勇担重任、积极探索,深入开展个人债务集中清理工作,强化机制创新与规范保障,积极推行金融机构一致行动,首创公职管理人制度,创设双重表决规则、分类表决机制,有力破解个债清理程序启动难、诚信审查难、金融债务豁免难等问题,为探索建立我国个人破产制度提供丰富的实践数据与温州样本。2019 年,平阳县人民法院办结了全国首例具备个人破产实质功能和相当程序的个债清理案件,实现个人债务集中清理制度的首次“破冰”。2020～2024 年,温州法院受理个人债务集中清理案件 1052 件,审结 833 件,涉及执行案件4565件,涉债务总额达40.57亿元,涉及债权人共计4054户,其中涉及金融债权额18.25亿元,金融债权人1230户,指定公职管理人174人次,8个案件入选浙江法院历年38个个人债务集中清理典型案例。相关经验获中央电视台《经济半小时》、新华社《国内动态清样》、《浙江日报》头版、《浙江法治报》头版头条报道肯定。

(三)破产法律文化氛围日益浓厚

温州市中级人民法院(以下简称温州中院)通过电视栏目、规范温州破产法庭公众号的运营管理、定期供稿温州法院官方公众号、持续更新破产审判制度规范等形式,多维度展现温州破产审判特色亮点,有力彰显破产制度拯救出清双重功能,弘扬破产保护理念。2020～2024年,温州破产法庭20余篇报道在省级以上媒体刊发,相关先进经验被《人民日报》、新华社、中央电视台等央媒聚焦报道,破产法律文化逐步深入人心,市场主体对于破产程序的认识度、接受度、参与度日益提升。虽然当前破产程序的启动仍然呈现以执行移送破产为主、以当事人及清算组等其他主体申请为辅的模式,但是当事人主动申请破产的积极性较破产工作开展初期有所提升。

(四)破产审判工作成效不断凸显

1.破产审判业务水平进一步提升。2020～2024年,温州法院办理了一批具有影响力的案件,促成初旭公司、河田集团、浙南建设集团、文成亨哈、联大化工等一批温州本土"龙头"企业重生。指导乐清市人民法院合并审理宝乐能源破产重整系列案并重整成功,保障10余万居民天然气不断供,促成2.3亿元债权100%清偿,获评依法保护民营企业产权和企业家权益全国典型案例。温州法院选树并发布企业破产、个人债务集中清理典型案例60余个;5个企业破产案例入选国家级、省级典型案例,8个个人债务集中清理案例入选省级典型案例;30余篇论文发表并荣获国家级、省级奖励,其中6篇论文获中国破产法论坛一等奖。典型案例不断涌现、学术调研硕果频出,充分彰显温州法院破产审判业务水平。

2.助力营商环境进一步优化。温州中院对标办理破产的国家、省级测评标准及浙江省高级人民法院(以下简称浙江高院)"办理破产一本账",推行办理时间预警机制、网络询价方式确定破产财产处置参考价等系列举措,指导温州市破产管理人协会制定《管理人破产审计、评估、诉讼代理机构选聘工作指导意见(试行)》,着力提升效率、降低成本,温州破产审判助力营商环境优化的机制体系相对健全完善。在2020年营商环境国家测评中,温州中院办理破产指标取得优异成绩,温州受邀在全国优化营商环境经验交流现场会上作典型发言(每个指标仅有一个城市作为代表发言);温州“办理破产”指标在《浙江省营商环境“无感监测”体系S3版》中始终位列第一梯队。

3.破产品牌效应进一步强化。温州破产法庭多次受邀作为课题组成员赴中国人民大学、中国政法大学参加“破产法与相关法律法规衔接问题”等课题研讨,努力贡献温州经验与实践智慧;受邀参加全国法院破产审判工作座谈会、北京破产法治论坛、中国破产法论坛、浙江高院深入推进破产审判持续优化营商环境新闻发布会、东亚破产与重组论坛等,并作主题交流发言;5年来共接待政府机构、中级以上法院、专家教授等来温考察破产审判工作110余次,相关工作经验先后得到全国政协、中国人民银行、最高人民法院等高度肯定,破产法庭荣立集体三等功两次、集体二等功一次并获评全国法院先进集体。

二、主要举措

(一)凝聚法治保障合力,续写府院联动“温州经验”

5年来,温州法院不断拓宽府院联动机制的广度和深度,在企业有效拯救、个人债务集中清理、财产处置等实操难题、打击“逃废债”等领域同频共振、良性互动、优势互补、效能叠加,助推破产审判进入快车道。

1.丰富制度设计,强化机制格局。2020年以来,温州中院相继出台《关于完善温州市办理破产府院联动机制的意见》等7份府院联席会议纪要,单独或联合相关职能部门出台16份规范性文件,内容涵盖公职管理人、金融机构配套服务等,细化部门职责、强化协作配合,全流程丰富以府院联动机制为特色的“温州经验”,地方政府支持企业破产行政配套制度的基本框架初显成效,相关做法被国家发改委、浙江省委省政府等复制推广。

2.及时引入资源,深化预重整应用。温州中院推动市政府出台《企业金融风险处置工作府院联席会议纪要》,创新构建了以政府为主导、府院良性互动的预重整模式,在强调当事人自治和重整市场化实施的基础上,打通企业破产审判工作中的制度接口和政策接口,通过有效引进行政资源弥补司法资源的不足,温州中院受邀在最高人民法院研讨会上就“政府主导预重整模式的温州实践”作专题发言。与同时期重整案件相比,经过预重整程序的重整案件的债权回收时间缩短,清偿比例提高,司法重整的成功率和审判效率大幅提升,案件审理质效明显高于普通重整案件。2024年审理的初旭公司重整案,通过运用预重整转重整模式,引进“假马投资人”,力保上下游产业链生产线不停、供应链不断,普通债权清偿率从破产清算的11.63%提高到重整的超30%,化解4.5亿余元债务危机,妥善安置员工近200人,保障经销商、加盟商、供应商等60余家关联企业正常经营。

3. 加大服务供给,专项破解难题。一是针对土地处置难题,温州中院下发《关于在全市贯彻规范处置土地相关规定的通知》,对破产审判中产生的土地处置问题,及时会同资规局、住建局等单位协商,建立破产企业土地处置调查前置程序,以府院联席会议等方式推进破产企业土地合规处置,保障土地资源精准高效配置。二是针对金融破产衔接难题,温州中院联合市金融办、市人行、原市银保监局出台《关于完善金融机构对破产程序配套服务优化营商环境的纪要》,加强金融服务与破产审判工作的衔接,保障案件便利高效办理。三是针对破产涉税难题,在此前3个税费协作会议纪要基础上,温州中院会同市税务局于2024年研发“税院协作”系统,商定税收债权申报、发票申领等近20个事项的线上办理流程,实现法院、税务局、管理人线上办理破产案件,推动文书流转规范化、事项办理高效化、流程进度公开化。四是针对破产注销难题,在温州市市监局协助法院执行企业破产相关登记操作规范基础上,进一步优化破产企业简易注销的标准、要求和步骤,明确仅凭破产程序终结破产裁定即可由管理人向市场监管部门申请办理注销手续,切实提高便利化程度。五是针对信用修复难题。温州中院推动出台全国首个解决重整企业信用修复的会议纪要,使企业重整前所开立的基本户得以顺利撤销且后续可以重新开立,隔断银行征信系统中原失信记录解决企业融资困难等。

4. 多方联动协同,助推债务清理。一是争取支持深化思想共识。推动温州市政府召开专题府院联席会议,出台关于开展个人债务集中清理试点工作的会议纪要,对部门职责分工、经费保障、信用修复、防范逃废债等关键事项予以明确。通过高位协同打破部门壁垒,有力解决试点初期部门权责不清、协作不畅的痛点问题。二是开源节流增强履职保障。为更好落实浙江高院等17部门《关于推动和保障管理人在破产程序中依法履职的实施意见》,将管理人报酬及公告费等必要费用纳入财政专项援助资金列支,并由市破产管理人协会提供个债专项补贴,多渠道解决管理人报酬支付难题;全国首创公职管理人制度,由司法行政机关具有法律职业资格和公职身份人员担任公职管理人,并以此作为管理人队伍的有益补充。截至2025年3月,全市在册公职管理人59名,参与办理个人债务集中清理案件174件。三是凝聚合力化解清理难题。温州法院注重发挥人大代表、政协委员联系群众的优势,探索引入代表委员等第三方参与听证制度,在提升办案效果的同时,推介引导社会全面准确理解破产等相关制度。借鉴刑事案件社区矫正前的社会调查评估机制,委托司法局驻乡镇司法所通过实地走访、询问群众意见、设置考察期等措施,结合执行环节预审查、多部门数据共享等,全面构建事前、事中、事后三阶段诚信审查体系,已成功清理的案件无一出现逃废债情况。

5. 系统综合谋划,持续打击"逃废债"。一是建章立制,规范引导打击破产"逃废债"。在出台有关审理企业破产案件防止"逃废债"行为的会议纪要后,温州中院于2021年积极推动市人大常委会在《温州市"两个健康"先行区建设促进条例》中明确政府有关部门"防范恶意逃废债"破产行政管理职责;指导瑞安市人民法院(以下简称瑞安法院)率先联合公安、检察等部门先后出台涉刑事程序移送、部分罪名实体审查、虚假债权防范等规范性文件。二是内外联动,形成"逃废债"打击整体合力。温州中院与中国人民银行温州市中心支行设立破产企业资金流向协查办公室,协查破产案件涉"逃废债"行为资金流向;联合市公安局就如何加强协作、统一移送程序与标准,共同推进"逃废债"行为的打击工作达成共识。2024年5月,温州中院、瑞安法院受邀在浙江高院组织召开的打击破产"逃废债"工作座谈会上作经验交流。

(二)健全内部审理机制,打造企业破产"温州模式"

温州法院紧紧围绕促进经济高质量发展的主线,加大改革创新力度,在司法理念、运行机制、办案模式等方面全方位优化与提升,进一步畅通市场主体退出机制,不断擦亮破产审判温州金名片。

1. 全力发挥重整拯救功能。温州破产法庭坚持"破""立"并行理念,更加注重发挥破产审判拯救功能。在及时淘汰产能落后、不符合新质生产力要求的企业的同时,对于虽已发生破产原因但仍有再生希望与价值的企业,加强对接、深入研判,尽可能实现债权人、企业、市场和社会的双赢、多赢与共赢。一是深识别,发掘企业重整价值。创新建立困境企业拯救识别清单,将“破产未停产”“资质价值”等无形资产价值高、单项目房地产类、已停业但仍具行业影响力或品牌美誉度等4类清算企业纳入识别清单管理。强化分类识别,为企业重整价值精准“画像”,避免困境企业“一破了之”。二是强联动,验证企业重整可行性。对难以把握发展前景的企业,举行听证会听取利益相关方意见,联动政府职能部门、行业协会、同行企业、中介机构多维度了解行业发展态势,切实验证重整资产经济价值。三是优定制,确定最佳重整方案。突出“量身定制”,指导重整企业及管理人结合企业资产状态合理编制重整计划草案,并以“市场化、公开化”标准招募战略投资人,充分结合投资人需求及期望,适时调整重整计划草案,使之更符合市场导向,提高重整成功率。四是稳执行,推进重整落地见效。通过创新设置重整保证金,灵活设置重整计划表决时间节点等方式,化解涉众债务平移过程中可能存在的不特定对象申报债权、行使表决权问题以及金融机构债权人对重整计划接受度等问题。

2. 着力构建立审执破一体化格局。从执行移送破产解决被执行企业破产启动难问题,到执破衔接规范执行移送破产程序,再到执破融合实现执行助力破产优化营商环境、破产助力执行终本清仓,在移送数量、质量、案件受理等方面保持向好态势。一是不断完善工作体制机制。温州中院先后出台3份关于执行移送破产程序的会议纪要,系统性建立“立审执破兼顾”和“应移尽移、应立尽立”指导性原则,全面启动执行转破产程序。2021年,出台《关于立案、审判移送破产程序的会议纪要(试行)》,率先构建“立审执破”一体化格局,相关经验在全国法院破产审判工作座谈会上得到最高人民法院刘贵祥专委的高度肯定,并写入工作报告。二是不断优化执破联合审理机制。推行破产、执行部门组建跨部门合议庭办理执转破案件工作机制,明确长期执而未结、经过执行审计、主要财产为抵押财产、已初步达成执行和解方案有望破产和解4类案件,优先由执行法官承办,将执行采取的财产处置、财产审计、执行和解等成果沿用至破产程序。积极推进执行与个人债务集中清理、“企业破产+个人债务集中清理”工作,引导破产企业法定代表人等在个人债务集中清理中一并解决个人债务问题,推动终本出清。三是探索执破协同处置联动格局。围绕“当事人一件事”,发挥执行协助破产解决财产查询、车辆查找布控、人员布控、财产接管腾空等难题。完善执行先行处置财产的工作机制,明确在不影响债务人重整、和解或排除重整、和解可能性的情形下,执行优先处置债务人财产,拍卖所得交由管理人在破产程序中分配。进入破产程序后,在不损害当事人合法权益的前提下,引导债权人会议作出同意执行继续处置的决议,授权后续相关工作。2020～2024年,温州法院执行移送破产立案2921件,涉及执行案件25,086件、标的额1194亿元;立案、审判移送破产立案71件。瑞安法院深化执破融合、多方联动一揽子化解69名劳动者追索劳动报酬纠纷案,入选最高人民法院涉欠薪纠纷典型案例、新业态劳动争议专题指导性案例。

3.全面深化小微企业破产保护改革。针对小微企业占比高的温州市场经济情况,结合小微企业所有权、经营权(管理权)合一等特点,温州法院量身定制小微企业破产保护方案。一是聚焦效率,出台《小微企业审理规程》,从财产接管、债权审核、财产处置、案件办理等多方面,依法简化小微企业破产程序转化,加大快速审应用力度,平均审理期限缩短约20%。二是集成拯救,温州中院指导瑞安法院探索构建"三端四机制"集成式拯救制度,以困境企业拯救前端、中端、末端时间轴为逻辑线,强化靠前引导和激励思维,在将防范和打击"逃废债"贯穿始终的前提下,着力构建破产保护理念精准宣传、风险识别预警、多元重整救治、信用修复四大机制。前端通过与市场监管局、税务局等政府相关单位会商聚力,摸清困境小微企业拯救难点与堵点,建立破产风险识别预警机制,分层引导债务人企业进入重整救治体系。在中端,搭建以市场化为主导的多元重整救治机制,政府端搭建平台、市场端主导推进、法院端有效指引,积极引导当事人通过庭外重组、资产重构等方式进行庭外和解,有效发挥司法对小微企业挽救功能,以拯救末端反向助推小微企业规范内部治理。拯救末端注重完善信用修复机制,保障企业正常经营和后续发展。三是加强帮扶,温州中院指导瑞安法院出台全省首份困境小微企业拯救制度集成改革工作方案,建立困境企业帮扶管理人志愿者库,公开招募首批6家管理人入库,印制《企业帮扶便民服务指南手册》等,法治化、制度化、体系化推进小微企业破产保护改革,不断提升困境小微企业救治的便利度、参与度和实效性,持续助力营商环境优化,前述相关做法获浙江省委办公厅推广。瑞安法院审理的春煊公司重整案,通过提前指定管理人志愿者,梳理债权债务关系、制定重整方案、打通企业重生的关键环节,高效帮扶企业走出困境。

(三)深化个人债务集中清理,探索个人破产“温州样本”

5年来,温州法院依托较发达的民营经济和良好的破产审判基础,探索建立“党委领导、人大监督、府院联动、法院主办、试点先行”的个人债务集中清理工作模式,被评为打造高质量发展建设共同富裕示范区市域样板第一批最佳实践。

1. 强化思想认识,把握重要意义。一是明确试点定位。始终将个人债务集中清理工作放在共同富裕示范区建设和社会治理体系和治理能力提升的视野中谋划推进,增强个人债务集中清理工作的主动性和积极性。二是理清工作思路。积极贯彻落实最高人民法院执破融合工作部署,将个人债务集中清理工作作为解决“执行不能”、落实“终本出清”要求的重要抓手,围绕“当事人一件事”改革,将个人债务集中清理与实质性纠纷化解工作相结合,全面提升司法整体效能。先后出台《关于进一步加强个人债务集中清理工作的若干意见》等3份实施意见,并推动意见落实落地,向基层人民法院及温州市破产管理人协会发放任务清单、工作提示函,明确工作任务、时间节点,做到逐项落实、稳步推进。三是强化组织保障。2024年,温州中院成立专项工作领导小组,召开两级法院“一把手”参加的个人债务集中清理工作推进会。基层人民法院根据辖区体量规模,综合案件数量、当地经济社会发展等因素,科学调配个人债务集中清理案件办理法官数量,合理增加审判辅助人员配额。截至2025年3月,温州法院已确定20余名相对固定的法官办理个人债务集中清理案件。

2. 规范办案流程,提高工作质效。一是统一案件办理规程。召开温州法院个人债务集中清理培训会,发布《个人债务集中清理案件基本操作规程(试行)》《个人债务集中清理文书样式》,着力构建全流程标准化办理模式。二是完善岗位目标管理。结合温州法院个人债务集中清理案件的复杂性及所需办案时间,确定个人债务集中清理案件工作量折算标准,对于复杂疑难、有重大社会影响力的案件适当上浮。三是优化管理人指定规则。温州中院出台《关于个人债务集中清理指定管理人的若干意见》,明确一般指定(含随机指定、轮候指定)、定向指定、推荐指定、批量指定等4类5种指定方式,构建起各县(市、区)辖区个人债务集中清理辅导站名单内指定为主、在辖区外指定为辅的个人债务集中清理管理人指定模式。

3. 突出机制创新,巧解堵点难点。一是积极探索受理前辅导机制。根据温州辖区管理人队伍结构以及市破产管理人协会推荐情况,在全市授牌50家管理人机构设立62家个人债务集中清理辅导站并出台《个人债务集中清理辅导站运行规则》,为债务人、债权人提供就近咨询答疑、引导申报、辅助清理、诚信度评估等志愿服务,提升当事人对个人债务集中清理程序的认知和共识。截至2025年3月,共接受咨询300余人次,移交法院立案受理150余件。二是不断优化方案表决方式。在充分尊重当事人意思自治的前提下创设双重表决规则,先由全体债权人以全体决的形式制定双重多数决的表决规则,再据此对财产分配方案等事项进行表决;创设分类表决机制,将清理方案分为分配方案、清偿方案、信用修复方案,3个方案可以一起表决也可以分开表决,有效提高表决成功率。瓯海区人民法院审结的李某某个人债务集中清理案,引导金融机构债权人以双重多数决表决方式通过清理方案,有效化解21件执行案件,涉及债权金额2000余万元。三是持续搭建金融机构参与平台。与工商银行、交通银行、华夏银行签订合作框架协议、积极推行金融机构一致行动,激活银行债务催收和减免制度。目前,温州地区接受银行移送的个人债务集中清理对象达84人次。瑞安法院办结朱某某个人债务集中清理案,4家金融机构一致行动实质豁免债务24万余元,入选全省法院个人债务集中清理十大典型案例。四是探索"企业破产+个人债务集中清理"双轨办理模式。在办理企业破产案件时,对于破产企业的法定代表人、股东或为其提供担保的自然人,引导其主动申请个人债务清理,形成双轨办理模式。截至2024年12月,温州法院已受理"企业破产+个人债务集中清理"案件9件。

(四)聚焦数智赋能改革,提升破产审判"温州速度"

面对破产审判任务持续加重的新形势新变化,温州法院牢固树立大数据思维,顺应数字改革浪潮,积极探索建立"信息技术+破产审判"新模式,依靠科技赋能,以数字化促进破产审判现代化,有效提升审判质效。

1.高标准深化"破产一件事"改革。温州中院指导瑞安法院研发"破产智审"平台,推动法官、债权人、管理人及政府协作部门在线上同台办案,实现案件进度节点化、债权人会议网络化、资金流转透明化,让债权人"一次都不用跑"。全市已有45家金融机构入驻破产智审系统,实现破产企业相关金融信息"一网通查、一件通办",基本实现高频协执事项"三日办结",部分事项办理平均耗时缩短至一半以上。该平台已被确定为“浙江全域数字法院”试点项目,入选 2021 年度全省营商环境改革创新十佳案例,并在全省法院推广应用。截至 2024 年 12 月,温州法院共录入“破产智审”平台 3719 件破产案件,办结 3840 件。

2. 高效率启用企业破产信息核查“一件事”应用。积极落实《企业破产信息核查“一件事”工作方案》,聚焦破解企业破产过程中信息核查的堵点、难点问题,破除部门间数据壁垒。管理人通过“破产智审”平台、“浙里办”或政务服务大厅等,可线上核查包括市场监管信息、人力社保信息等在内的 96 项内容,实现破产企业各项信息的互联互通和管理人核查破产企业信息的全流程在线办理。

3. 高要求把控管理人非必要用时。指导苍南县人民法院(以下简称苍南法院)研发“非必要用时系统”,构建管理人工作全流程数字化监管框架,在遵守法定期限前提下,设定各环节所需合理用时为必要用时,比对个案各环节实际用时,计算各环节及累计的“非必要用时”,并据此对管理人工作效率进行科学评价。苍南法院试运行后,有效缩短审理期限约 38.5%。该项目被纳入“浙江全域数字法院”改革 2022 年重点任务“法护营商”集成应用破产府院联动子项目,入选“浙江全域数字法院”改革应用一本账 S4。

(五)加强履职保障监管,打造破产管理人“温州示范”

管理人是推动破产程序的重要专业力量,其资质条件、履职保障、日常监管等方面都关乎破产案件的顺利推进与依法办结。温州法院高度重视破产管理人队伍建设,指导市破产管理人协会建立动态考核与专业培训机制,全面强化对破产管理人的规范管理、能力提升与履职保障。

1. 完善日常分级管理。严格落实《浙江法院破产案件管理人管理工作指引》,出台《关于破产管理人分级动态管理的工作规则》,将市破产管理人协会 68 家现有会员编入管理人名册,除 3 位个人管理人及 6 位公职管理人外,按照一、二、三级标准将机构管理人作出分级,分别确定为 9 家、16 家、34 家,并根据年度履职情况等进行动态调整。首创管理人从业人员执业考试,指导市破产管理人协会制定《管理人执业证管理办法(试行)》,定期组织管理人业务水平测试,累计 1000 余人参与考试,有效规范温州地区管理人执业环境。同时,全市管理人以协会为纽带相互合作提升,业务拓展至全国 19 个省份、33 个城市,近年来接待来访考察单位 50 余次,2020 ~ 2024 年共 9 个管理人优秀履职案例入选省级奖项,温州管理人的品牌影响力不断突显。

2. 严格日常履职监管。一是规范竞争指定管理人方式。温州中院调整竞争方式指定管理人模式,出台相应的专门评审委员会组建办法,建立包括两级法院相关部门66人的专门评审委员会成员库,从中选取并组成专门评审委员会对参与竞争的中介机构进行评审。制定《关于竞争方式指定管理人工作规则》,细化竞争方式指定管理人的流程与评分事项,有效防范竞争方式评审环节的廉政漏洞。二是强化资金监管安全。温州中院严格破产案件管理人账户日常监督管理,有效规范破产管理人账户的使用,防范资金风险;发布《关于在全市推行网络询价方式确定破产财产处置参考价的通知》,明确针对破产财产形态和结构简单、能够采用网络询价方式确定财产价值的,应指导管理人采取网络询价方式确定破产财产处置参考价,进一步降低破产办理成本。三是着力推行履职督办。2022年,破产管理人协会召开管理人履职分析会,针对管理人履职过程中的不合法、不规范及履职效率不高的问题,参考“红脸出汗”的方法,第一时间向管理人发送书面督办函、警示函作为督促管理人提高效率的抓手,实质破解管理人站位不高、业务不精、麻痹拖延等问题。目前,累计向30余家管理人发送督办函。相关履职监督经验被《人民法院报》刊发并在全省法院推广。四是注重履职评价应用。温州中院指导市破产管理人协会制定《管理人履职考评办法(试行)》,建立科学的管理人考核、奖惩制度和退出机制。引入行业监督作为轻处分的一种重要形式,对长期未结等破产案件,移交温州市破产管理人协会进行履职调查并通报考评结果,形成有力的震慑与示范效应。

3. 优化履职保障服务。一是提升履职便利程度。针对破产案件牵涉部门多、协查事项杂等现象,持续完善破产智审、破产核查一件事、税院协作系统等破产审判数字化平台,多维推进破产案件高效办理,有力改变管理人调查难、协调难等困难,切实提升管理人履职便利度。二是破解报酬保障难题。除上文提及的全市两级财政设立破产援助专项资金及首创公职管理人制度外,温州中院指导市破产管理人协会设立资金池,由管理人主动将办案报酬中超出10万元部分的10%缴纳会费,共同保障管理人履职,推动解决无产可破案件管理人报酬问题。推动温州市破产管理人协会落实《破产案件会费管理办法》,加强对管理人报酬、财产接管及保存债务人企业账册等履职保障,确保专款专用。三是强化履职能力提升。指导温州市破产管理人协会定期举办实务沙龙,已组织各类培训、交流活动31期,着力全面提升管理人队伍的整体素质。

(六)注重法院队伍建设,打造审判团队"温州力量"

2020年以来,温州中院以破产法庭成立为契机,逐步扩大破产案件集中管辖力度,奋力推进温州破产法庭专业化建设,逐步建立起现代化审判团队与破产审判规则体系。

1. 谋求思想理念现代化。一是加强政治建设。做深做实党建业务活动工作,坚持每月月初定期开展主题党日活动,支部书记领学党建材料、党员群众共话庭室发展,集中讨论业务疑难问题,以党建引领业务建设。分管领导、党支部书记定期上党课,强化党员干部政治意识与责任担当,推动机关党建和业务工作相互促进,有力破解"两张皮"现象。二是更新审判理念。以破产审判理念现代化引领审判工作现代化,始终将市场化、法治化理念贯穿破产审判工作的全过程,针对破产案件个性特征,准确适用清算、重整、和解三大程序,充分发挥破产审判"积极拯救"和"及时出清"双重功能。持续推进破产简化审理机制,实行繁简分流、快慢分道,对符合条件的破产案件审限均压减至6个月以内,有效解决破产案件周期长、效率低问题。相关经验做法被最高人民法院《关于推进破产案件依法高效审理的意见》吸收。

2. 促进审判能力专业化。一是注重审判梯队建设。温州中院遴选业务骨干组建破产审判人才库,温州破产法庭集中管辖全市40%破产案件,通过跟案学习等方式培养破产业务骨干。全市2家基层人民法院设有专业破产审判庭,其余基层人民法院配有专业破产审判团队并有意识培养破产业务骨干,传帮带作用发挥明显,着力形成以温州破产法庭为重心、温州法院协同共建的良好局面,有力打造革命化、正规化、专业化、职业化的破产审判队伍,1名破产法官被评为全省优秀法官,多名破产法官荣立个人三等功、二等功。二是强化法庭数字建设。温州破产法庭于2022年7月入驻新办公场所后,配备"智慧舱"、数字法庭、数字工作室、数字合议室、数字展厅等数字新基建,通过引入全流程在线审理模式,率先实现破产案件"云端办理"常态化。已累计召开线上债权人会议超百场,单场会议最多实现百余人异地同步接入,债权人覆盖超20个省份,有力降低当事人参与成本,让高质量数字化设施的日常应用为当事人提供便民、快捷的司法服务,为推进破产审判体系和审判能力现代化提供数据支撑。

3. 推动业务研讨常态化。一是强化对下指导。成立由副庭长担任组长的业务指导组,建立重大案件预审机制、重大典型案例预选机制、重大案件专案办理制度及基层人民法院协理员制度等,加强对温州法院重大案件业务指导。在预审阶段强化协调沟通、深挖优秀案例素材,案件审理阶段以基层协理员为纽带,以案代训强化案件办理及调研总结能力,案件审结阶段及时固定工作成效、创新成果,提升温州破产审判美誉度。二是深耕难题破解。针对破产审判实务疑难问题,定期开展业务学习,做到逐项剖析、逐个化解、逐案推进,有力破解疑难案件中"梗阻"问题。开设破产审判信箱,征集审判实务中反映较多的共性问题和疑难复杂问题,适时组织两级法院破产法官现场交流研讨。积极关注破产审判先进工作动态,汇总收集各地好的经验做法,累计编发《他山之石》23 期,切实提升破产审判专业水平。

三、工 作 展 望

下一步,温州法院将以习近平新时代中国特色社会主义思想为指引,积极践行党的二十届三中全会"健全企业破产机制,探索建立个人破产制度"的战略部署,充分发挥破产审判"有效拯救"和"有序出清"的积极作用,妥善处理好"破"与"立"、"质"与"量"、"保护"与"发展"的关系,聚焦破产审判新形势、新任务,进一步扬优势破难题、聚合力增动力,助推资源优化配置,以破产审判工作现代化服务温州经济社会高质量发展。

(一)在破产拯救功能发挥上再跃升

将统筹"破"与"立"的理念融入破产审判工作各方面,既要坚守"当破则破"的法律底线,也要积极引导可重整的不清算。主动对标《浙江省营商环境"无感监测"体系 S3 版》要求,深入运用破产清算转重整的有效路径,健全困境企业拯救识别、验证等机制,深挖困境企业重整优势与重整路径。强化府院联动,充分发挥政府在金融机构协调等方面的优势,在极大缩短司法处置周期的同时提高重整成功率。切实以"腾笼换鸟"激活"沉睡资产",为着力推动建立现代企业制度和促进经济社会转型升级作出更大贡献。

(二)在立审执破一体化格局上再优化

贯彻落实最高人民法院关于大力推进执破融合的工作部署,坚持和发展好温州法院在执破融合领域已有的优秀经验,大力推进执行、企业破产与个人债务集中清理的联动、协调和整合,积极探索“执转破”和当事人申请并重的破产申请双轨制格局。一方面,持续做实“执转破”,不断完善“应移尽移、应查尽查、应收尽收”机制,在移送数量、质量、案件受理等方面保持向好态势,不断提升执破融合的影响力、品牌度;另一方面,通过提升立案、审判与破产程序的联动实效,引导符合条件的当事人在立、审、执程序中视情况主动选择适用破产程序,实现破产案件多端导入,着力优化破产程序介入时机。

(三)在个人债务清理推进上再突破

深入学习贯彻《中共中央关于进一步全面深化改革、推进中国式现代化的决定》中“探索建立个人破产制度”的部署要求,以温州中院《关于进一步加强个人债务集中清理工作的若干意见》为立足点,不断总结温州法院有益经验,全面推进个人债务集中清理工作。以受理前辅导站为依托,进一步优化程序启动流程;以金融机构一致行动为示范,进一步激发金融机构债务豁免机制;以府院联动为平台,进一步健全社区调查、委托听证、代表联络等多位一体的诚信审查机制,加快形成更多实践成果,为个人破产立法提供更多温州样本。

(四)在破产法律文化建设上再深入

以破产法律文化型塑推动破产法律制度完善与适用,既要强化破产“公平清偿”理念宣传,更要加强破产制度保护、预防功能宣传。争取召开公检法协调推进会,进一步完善打击“逃废债”的联动机制,破除“破产就是‘逃废债’”的片面观点,着力扭转社会“谈破色变”的传统观念,引导树立良好的社会主义破产法律文化新秩序,努力营造“破产保护、全域诚信”社会氛围,为深化温州破产审判工作推进奠定良好思想基础。

(五)在数智化建设上再跨越

坚持将破产审判信息化建设作为深化破产案件审理方式改革的重要抓手,

在全域数字法院改革中推动破产数字化建设向纵深发展。以全国法院"一张网"建设为契机,推动"破产智审"平台、"破产一件事"应用功能迭代升级,实现"破产智审"平台、"智慧执行2.0"平台、办案办公平台等多平台的数据互通、实时共享,以信息化手段规范破产审判工作、管理人履职工作,助力破产案件办理提质增效。

关于破产管理人履职能力建设的调研报告

——以温州两级法院10年破产审判实践为样本

温州市中级人民法院课题组*

我国现行《企业破产法》引入了国际通行的破产管理人制度，对破产管理人的选任、更换、职责、监督等作了一系列规定，但相对于其在破产程序推进过程中所扮演角色的重要性而言，相关制度供给仍然不足，如破产管理人履职障碍普遍存在、法律地位和履职身份认可度有待提升、履职监督机制较薄弱等。温州作为改革开放的前沿阵地，破产审判起步较早，破产管理人制度得到了广泛适用和长足发展，在积累丰富实操经验的同时，也暴露出不少的履职问题。为推动破产审判管理向规范化、精细化、实效化转型升级，课题组就2013～2022年温州地区的破产管理人履职情况进行梳理，查找普遍问题，深入剖析原因，并提出对策建议。

一、破产管理人履职中存在的主要问题

管理人能否依法履职、勤勉尽责、胜任职务，直接影

---

* 本文为温州中院课题组的研究报告，课题主持人：林锡铭；成员：方飞潮、张元华、贾约瑞、郑国将、傅瑞基。原载《人民司法》2024年第10期。

响破产程序的质量和效率,甚至决定着破产程序的制度功效。课题组通过调研发现管理人履职存在以下一些问题:首先是履职效率问题,占比达 46%,存在债权审查期限长、长期不汇报案件进展、消极执行、对无产或少量财产案件不重视等问题;其次是履职质量问题,占比达 38%,如提交材料不规范、文书常见低级错误等,在接管债务人企业、调查处置债务人财产时存在不到位等问题;最后是职业道德问题,占比为 16%,主要是使用管理人账户资金存在随意性,主观方面缺乏主动担当,遇事不敢抉择,处理事务过于依赖法院指导等。具有代表性的问题包括管理人履职不到位或存在瑕疵、管理人履职效率低下、管理人职业素质不强三方面。

(一)管理人履职不到位或存在瑕疵

一是接管企业不到位。未对接管的账册、财产的具体内容进行登记确认,未对企业资料仔细调查并顺藤摸瓜,对形式不完整的账册不愿意接受实质审查,未及时接管处置债务人资产致使产生保管费用或财产灭失等。二是调查财产不主动、不全面。有的调查流于形式,如仅查询银行账户有无存款,未调取银行流水明细,也未对企业银行账户资金去向进行深入调查;有的管理人未对企业财产尽到审慎审查义务即交付拍卖,导致产生纠纷。三是债权审查不准确。有的管理人怕审查债权出现错误,对债权人申报的债权全部不予确认;有的管理人怕得罪债权人,审核债权过于宽松,与诉源治理理念相悖。四是破产财产处置不规范。方案不规范、程序不到位,放弃商标等财产的处置、未经询价即选定评估机构、选定中介机构未报告法院或债权人会议等。五是诉讼风险把控不严格。未对诉讼风险作出正确评估即提起诉讼,导致败诉后负担高额诉讼费用,如因不熟悉已形成共识的司法裁判标准,在破产法官明确告知相关裁判的情况下仍通过诉讼方式对承租人滞留于房屋内的物品主张留置权。六是提交材料不规范、文书出现低级错误。有的管理人提交材料时直接套用模板,竟出现法院名称错误;还有的管理人报告事项不全面,履职报告反映不出其履职工作进度、遇到的问题及下一步工作计划等。七是将案件转包分包。有的管理人在接受法院指定后,将不属于《企业破产法》第 28 条规定的必要工作,转包、分包给其他机构的律师或者会计师办理,经办人工作能力和工作经验有限,导致案件衔接不畅、进程缓慢。

(二)管理人履职效率低下

一是债权审查周期长。债权审查因债务人企业债权债务关系的复杂程度不同存在较大差异,但管理人对于常态下的债权审查也存在拖延,甚至出现管理人在债权人会议召开两年后才向法院提交裁定确认无争议债权的申请,明显超出通常的审查期限。二是破产财产处置周期长。有的破产财产因存在权属争议、权属瑕疵或者属于历史遗留问题等难以得到快速处置,但有的管理人因没有费用而不对债务人企业的房产进行评估,亦不能灵活变通处理,导致案件处理长期停滞不前。三是破产财产分配周期长。破产财产处置款应当尽快分配,实现破产债权早日清偿,方为破产程序功能所在,但有的管理人长时间没有将拍卖余款分配给债权人,一定程度上损害了债权人的权益,也影响管理人甚至法院的声誉。四是审计报告出具周期长。有的管理人在法院催促审计报告时,均答复审计报告初稿已定,细节方面仍需与审计机构协商,导致审计时间长达 3 年之久。五是长期不报告案件进展,无法推进工作。有的管理人缺乏效率意识、审限观念,长期不汇报案件进展,法院不催即不推进,有困难不及时解决或迫不得已才寻求法院指导,放任问题长期存在。

(三)管理人职业素质不强

一是工作作风有待完善。管理人履职具有一定的公权力属性,尤需注意办事方式及社会影响,但有的管理人在履职过程中凭法院生效民事判决径行上门安装道闸收费系统,强制驱离业主停放车辆,致使与小区物业和业委会发生多次冲突,停车收费设备数次被破坏并诱发多起警情。二是存在畏难情绪,处理事务过于依赖法院指导。管理人依法履职过程中难免会遇到新型疑难问题,但有的管理人就常规性问题也应对不力,如在企业有关人员拒不配合接受询问谈话、移交公司财产和账册资料时,未能及时向法院汇报情况,请求法院协助或对相关行为人采取惩戒措施,反而放任不管;还有的管理人在处置债务人财产时,需要法院明确处置方法,不主动调查协调。三是存在违反职业道德的行为。管理人接受法院指定后开立的管理人账户归集的资金,属于管理人办案中形成债务人企业财产,并非管理人财产,而有个别管理人对账户资金动起脑筋,利用账户资金购买银行理财产品;还有的管理人在破产程序之外收取管理人报酬,甚至存在向取回权人索要报酬等行为。

二、破产管理人履职问题的原因剖析

(一)管理人方面的原因

破产案件需要办理的事项多,配套制度、设施不健全,加之管理人报酬采取按标的额计酬法,无产可破案件管理人报酬只能由破产援助资金进行补助,多种因素叠加造成管理人履职积极性不高。客观因素可从以下三个层面分析:

1. 管理人机构方面。(1)外部案源不稳定。破产属于小众型法律业务,加上大部分破产案件通过随机方式选任管理人,案源的不稳定造成管理人机构无法维系稳定的团队。没有破产案件时,团队成员被打散办理其他案件;有破产案件时,只好临时组建团队,致使团队运行机制无法有效发挥。团队成员之间缺乏稳定的合理分工,个别案件甚至只有一两个缺乏实务经验的新成员参与。此种“三天打鱼,两天晒网”的办案模式,必然造成很多机构虽有管理人资质,但是缺乏办案人才,没有办案经验,改进管理人工作的规章制度更是无从谈起。(2)内部组织架构较松散。一是团队运作机制未发挥作用。部分管理人对办理破产事项没有明确分工,或虽有明确分工但流于形式,未能真正按计划执行。团队成员之间沟通不畅,办理破产事项时衔接不到位,导致成员之间不清楚彼此的任务进展情况,既定的分工、任务未能落实好,直接影响破产程序节点管控。二是内部考核机制不健全。部分机构未将管理人团队办理质效与奖金挂钩,导致部分成员认为做好做坏都一样,缺乏履职积极性。当成员出现履职瑕疵时,机构也未能作出相应惩罚,致使成员缺乏责任感和敬畏心。团队负责人虽然熟悉破产业务,但因没有团队考核要求,亦没有动力开展传帮带工作,未能对新成员进行实质性履职指导与程序跟进。三是监督机制不健全。有的管理人没有认识到自身应当对案件负责,对内部团队的履职行为进行实时监督,错误认为破产案件由法院负责监督,在接受法院指定后即将案件交给团队办理,不再具体跟进案件,产生长期未结案件。

2. 管理人成员方面。(1)业务不精。一是从业人员未接受系统培训。近年来,包括应届毕业生在内的新生力量,不断加入管理人队伍。虽然“破产”业务很热,但多数普通高校未开设破产法课程,毕业生在校未接受甚至未接触过破产法学科教育,进入职场亦没有机会接受系统的培训。二是从业人员不能攻坚克难。日常忙于应付事务性工作,加上办理破产事项相对比较专业与庞杂,从业人员基本没有静心钻研业务的时间,处于对法条一知半解、边学边做的状态。对办理破产案件中遇到的难题,既没有丰富的业务经验,也没有强大的沟通协调能力,造成问题长时间无法解决。(2)作风不实。一是缺乏为民意识。有的从业人员认为其职权是法律赋予的,履职时不注重工作方式、方法,没有考虑群众对破产法以及管理人职责的认知有限,强硬推进、强行接管财产等,产生不必要的纠纷。二是缺乏效率意识。破产案件没有设置审限,有的团队成员对于其他有时限要求的案件优先处理,将破产案件延后处理,久而久之导致有些事项变得更加复杂棘手。三是缺乏责任意识。有的破产事项办理并不复杂,仅需用心调查、尽力查找即可,但有的从业人员因为无产可破案件报酬低,便没有像有产案件那样勤勉尽职。四是缺乏担当意识。在破产案件中,有些事项需要管理人进行专业判断并将结论报告债权人会议。个别管理人因为害怕承担责任,就将问题上交法院,法院没有给出方案便不推进,致使法院从监督者变成决策者,而管理人变成执行者。五是自律性不强。为提高自身收入,个别管理人将账户资金用于购买理财,忽视了资金安全性问题。有的管理人将自身运营费用列入破产费用或者共益债务,由破产财产进行支付,更是损害了债权人利益。

3. 管理人协会方面。(1)对会员共同成长关注不够。管理人协会属于新生型行业自治组织,自身组织架构、管理能力等尚处于发展的初级阶段,没有可资借鉴的成熟经验,导致其未能充分发挥好平台作用,对管理人队伍的整体成长存在提升谋划不够、引导不力等问题,尤其是对于相对落后的会员单位,未能充分搭建帮扶通道,未能有针对性地做好引领、帮扶等“补短板”工作。(2)行业监督机制不够健全。对于会员单位及团队成员的日常管理与案件进展,管理人协会尚未建立全流程、全视域的跟踪监督机制,行业监督作用发挥不够好,导致社会各界对管理人履职形象的负面评价不少,也难以真正做到主动作为、有效应对,一定程度上存在管理松散、管控不力的情形,行业自律水平有待提升。(3)业务培训不够体系化。目前,管理人协会按季度开展实务沙龙,也会邀请专家学者开展讲座及授课,但相关培训缺乏规划且不成体系,加上团队人员流动性较大,部分人员没有系统接受过破产法学习,尤其新进人员未接受过培训或者仅接受过部分培训,不仅与破产相关的知识存在缺失,而且对企业破产法也不够精熟,难以全面胜任履职。

(二)法院方面的原因

1.法院对管理人履职考核评价不到位。温州市中级人民法院、浙江省高级人民法院先后于2017年、2020年出台了《关于破产管理人履职评价办法(试行)》《浙江省破产管理人动态管理办法(试行)》,但仍然存在一些有待完善的空间。例如,现有惩戒措施设置分层较少,一旦适用就涉及停止履职、除名等较重的处罚,故在实务操作中使用率较低。又如,个案评价的项目设置不科学,导致实务中对存在一票否决问题的管理人,个案评分无法得出不合格的评价结果等。据统计,自2017年《关于破产管理人履职评价办法(试行)》出台以来,温州两级法院个案履职评价为第三档的案件仅2件,年度履职评价为第三档的案件仅3件。对比前述梳理的个案问题可知,相对破产案件办理过程中的实际情况来看,有的破产法官没有深刻地理解考核评价的重要抓手作用,对于负面评价的运用不够精准、不够到位,导致个案评价、年度考核流于形式,难以发挥出考评制度的有效引领作用。

2.法院监督“缺位”。(1)法官缺乏督办抓手。《企业破产法》对于管理人监督机制的规定较为原则,存在监督措施空乏、法律责任软化、监督机制运行不畅等诸多问题。在实践中,法院对于管理人的监督形式局限于管理人向法院报告工作、管理人的某些行为须经法院许可、管理人的辞职与更换、管理人接受法院询问、决定对管理人罚款、停止担任管理人或者从管理人名册中除名等,缺乏有效监督管理人的操作规程,导致管理人报告工作消极被动。针对管理人工作拖沓、履职效率低的情形,法院常用方法是电话联系、口头催办,实施效果欠佳。法官对于管理人的某些先行行为往往事后无奈许可,加之更换管理人或对管理人罚款将影响破产进度等,往往导致法官难下决心。(2)法官缺乏监督能力。破产案件尤其是重整案件的审理,被形象地称为“办案与办事的结合、开庭与开会的结合、裁判与谈判的结合”,可见这类对于法官的综合素质要求极高。法官如果自身素质不过硬,诸如专业化程度不够、业务不精、责任心不强,必然导致监督能力不足。当前由于内设机构改革,基层人民法院原已设立的破产审判庭大多无法保留,破产法官同时兼办其他类型的民事案件并且流动性非常大,破产审判队伍的虚化,专业化水平受到严重影响,导致指导不力、监督“缺位”。

(三)外部环境方面的原因

1. 破产法配套法律法规的缺位。当前,市场经济体制主要规范正常企业的经营行为,对于进入破产程序的企业缺乏相应配套的法律法规。作为司法实践"倒逼"的产物,府院联动机制在一定程度上弥补了法律法规、政策制度的缺失,但仍存在事权不足、覆盖面窄、协调成本高、文件操作性不足等问题,诸多程序推进中的重点、难点问题依然难以解决。加之相关会议纪要并非国家层面的法律法规,难以长期稳定地提供制度供给,客观上影响了管理人履职的质量和效率。例如,重整企业信用修复这一破产立法中的空白,严重影响了企业重整后的正常经营和健康发展。尽管温州市中级人民法院 2016 年推动出台了全国第一个解决重整企业信用修复的地方性会议纪要,破解了重整企业银行账户正常使用难、中国人民银行征信系统信用修复难、税务系统信用修复难等系列难题,但管理人在落实上述会议纪要的过程中仍会碰到操作性障碍。例如,商业银行在配合落实信用修复过程中,因会议纪要层级仅为市级规范性文件,往往存在审批过程中上级银行对会议纪要的认可度不高、审批卡壳等现象,直接影响重整企业信用修复效果和正常的经营活动。

2. 管理人履职身份认同度不高。管理人制度正式引入《企业破产法》已近 20 年,然而社会各界对管理人的法律地位仍缺乏必要认识,甚至部分政府部门对管理人的职责权限也缺乏了解。实际上,管理人虽为中介机构,但《企业破产法》赋予了其独特职能,管理人在履职过程中带有公权力属性,而外界对管理人制度的认识理念较滞后,加之多年来形成的只有国家机关才能行使公权力的固有理念,使管理人在履职过程中缺乏一定的公信力,往往导致管理人在依法履行接管、调查、管理、处分破产企业财产等职责时,得不到相关部门的支持与债务人企业有关人员的配合。尤其是破产制度本身可能涉及民事、商事、行政、刑事等问题,需要协调、处理的事项繁杂,牵涉的政府职能部门多,破产程序推进过程中仍存在诸多障碍,法院、管理人协调难度大,致使破产程序拖延冗长,大大降低了破产案件审理效率。

三、提升破产管理人履职质效的对策建议

(一)强化素质拓展,着力提升专业化水平

1. 加强管理人团队建设,完善内部管理机制。(1)完善管理人团队运作机

制。一要设置团队人员梯队。管理人要根据破产案件收案情况,合理组建一线和预备管理人团队,团队人员配置应当充足均衡,避免“一人一团队”。在一线团队工作量饱和、未结案件数量大时,即启动预备团队办理新收案件。具体可由管理人协会指导管理人组建团队,定期检查团队组建及运行情况并向法院报备。各团队人员应一并接受培训,共同提高办理破产业务的能力。二要强化团队协作机制。管理人接受指定后,应及时向法院报告个案管理人团队成员情况。其中,团队负责人协调并关注各项工作的进展情况,具体事项由各成员分工,逐步推进。团队成员发生变更的,需要向法院报备人员变动原因及变动的具体人员,便于法院监督。三要强化机构内部监督机制。机构对团队办理的案件负责并进行内部监督,如发现案件存在推进困难等情形,应当及时组织讨论并解决。对于团队成员履职不到位或者瑕疵的情况,及时整改并作出相应处罚。(2)建立管理人内部考核机制。各中介机构要建立健全管理人内部考核机制,充分依托内部管理优势加强对管理人团队的监督指导。一要引进科学适当的管理制度。将每位成员办理破产案件的工作量和期限做到任务量化、时间节点细化,制作周、月、季、年工作计划,成员应在规定时间内完成既定任务,避免工作随意性,不断提高管理水平和工作效率。二要定期复盘。每周对已经完成的工作、取得的成果进行复盘,实现自我总结和团队驱动。按照计划表对工作事项进行查漏补缺,避免因疏忽而遗漏办理事项,积极稳妥推进破产工作。三要出台奖惩机制。将内部绩效考核和奖金挂钩,在发放基本工资的基础上经考核发放年终奖,提高成员积极性,保障成员待遇。

2. 加强管理人培训教育,着力破除能力恐慌。(1)开展系统完备的业务培训。一要按需开展业务培训。充分考虑管理人新从业人员多的现状,系统开展破产基础知识培训,分专题进行,每季度开展一次,或结合实务沙龙灵活开展,或作为专项培训进行。由法院和管理人协会共同商讨决定培训老师,其他事务性工作由法院指导管理人协会开展,采取线上、线下相结合的方式,尽可能扩大学习受众范围。二要确保培训内容全面深入。为节约培训成本,增强培训便利度,相关学习视频要根据办理破产的环节进行分类,在一定时间内提供给新从业人员学习,并随着破产事业的发展定期更新。同时,适当提高管理人队伍的准入门槛,新从业人员需要完成相应的学习内容方可从业。(2)定期开展职业道德教育。管理人不同于代理人,其责任意识和自律意识更重要。温州管理人队伍起步早，管理人履职问题的发现时间也相对要早，虽说已经出台了一系列制度、措施和手段，但解决问题没有一劳永逸的办法。要结合管理人履职中存在的履职拖延、作风蛮横等突出问题，有针对性地开展履职教育、廉洁教育，改进工作作风，增强忧患意识、作风意识及案件质效意识，在发现问题、解决问题中逐步完善管理人职业道德提升机制，确保守牢廉洁底线。

3. 加强破产案件集中审理，提升破产审判专业化。(1)完善破产审判配套机制。一要完善人才有序成长机制。破产案件需要专业审判队伍作保障，建议由专人或者专门的合议庭办理破产案件，通过提高破产法官审判能力，相应地提高对管理人履职的监督能力。同时要强化对破产专门审判人员的业务指导和培训，保证破产审判队伍的稳定性。二要健全破产审判考核机制。充分考虑破产案件自身及办理事项的特殊性，以及破产案件与普通民商事案件的共通性，进一步细化、量化破产审判绩效考核机制，切实引领破产审判稳健运行。(2)推动破产法庭实质化运行。鼓励有条件的地区探索申报设立破产法庭、破产法院等，集中司法资源，实现破产审判专业化。目前，温州地区苍南、平阳、永嘉、龙港 4 家基层人民法院，分别确定钱库、鳌江、瓯北、新城法庭探索集中办理辖区破产案件，这种在人民法庭集中审理破产案件的模式，为探索破产专业化及破产法院设置奠定了坚实的架构基础。

(二)构筑监督体系，着力形成整体监督合力

1. 充分发挥管理人协会监督作用。(1)合理加大应用力度。借鉴监督执纪“四种形态”中的第一种形态，引入行业监督作为轻处分的一种重要形式。温州市中级人民法院于 2022 年指导管理人协会修订管理人履职考评办法，与行业自治组织构建联动监督机制，对长期未结等破产案件移交管理人协会进行履职调查并通报考评结果，定期复查监督效果，通过让管理人“红红脸、出出汗”，形成个案督办的良好震慑与示范效应。(2)细化完善监督机制。管理人协会还属于新生行业协会，行业监督机制目前还处于探索阶段，要强化创新意识、主动作为，明确监督内容与举措，每年制订监督计划，主动履职检查；继续修订完善管理人履职考评办法，进一步细化操作流程、明确赏罚措施；落实考评工作的相关组织架构和工作人员，形成定期监督与不定期监督相结合的良性工作机制，及时总结提炼形成可复制、可推广的“温州经验”。

2. 切实丰富司法监督举措。(1)完善案件评价体系。管理人发展已经进入关键时期,初期侧重管理人队伍做大做强,法院惩罚措施也相对温和,当前的管理风格要适应新时代发展要求,应进一步提高标准,加大对已有激励措施(适当提高管理人报酬或在竞争性指定管理人时优先考虑为推荐对象)和惩戒措施(个案评价存在一票否决情形的情况和年度履职为不称职的)的适用力度,做到个案评价与年度评价、正面评价与负面评价结果的合理运用。(2)用好书面督办制度。针对管理人履职质量不高、履职效率低下等现象,温州市中级人民法院2018年率先创建了书面督办制度,由破产法官针对个案履职不到位的情况向管理人发送督办函、警示函,要求定期整改,有效督促管理人提高效率、规范履职,目前已在全省法院推广应用。督办函主要是针对管理人履职过程中的效率低下现象进行适用,包括债权审查、破产财产处置、破产财产分配、审计报告出具等环节周期过长的现象;警示函主要是针对管理人履职存在质量问题的情形进行适用,包括管理人接管账册不及时、债权审查不准确、财产处置不规范、团队内部管理制度混乱、重大事项未及时请示报告等。管理人按期完成整改的,可以销号处理;未按期整改的,移交管理人协会调查考评;在个案履职评价等级评定和确定管理人报酬金额时,督办函、警示函作为履职负面评价考虑因素和依据,结案时归入破产案件档案。(3)创新开发管理人"非必要用时"监管系统。为强化对管理人履职效率监督、提高破产审判质效,参照强制执行相关规定创设"非必要用时"监管系统,即在遵守法定期限的前提下,根据破产案件办理程序的需要,设定各环节所需合理用时为"必要用时",比对个案各环节实际用时计算各环节及累计的"非必要用时",法院可以采取数字化方式对管理人各项工作的推进情况予以实时监控,存在超期的向监管人推送预警信息,据此对管理人工作效率进行科学评价。同时,将模块化推进、节点化管控、可控化监管等理念嵌入"非必要用时",通过监管系统来科学、实时评价管理人的工作态势。

3. 开拓运用债权人会议、债权人委员会监督。债权人会议、债权人委员会是法定的外部监督主体,行使外部监督职责。由于债权人会议是临时性的会议体机构,其成员较为分散,召开债权人会议耗时、费资,无法对破产清算实施日常监督,容易出现真空状态。(1)注重事中全面监督。法院要与债权人建立信息沟通机制,及时沟通资产处置、管理人履职情况等重要事项,对管理人进行有效的事中监督,真正做到实时跟踪、全程跟进,也为破产法官形成判断、决策提供必要参考。(2)开启事后必要监督。可以参考执行程序中终结本次执行程序对申请人进行谈话的模式,创建个案终结前征询债权人意见制度,在结案前询问债权人委员会、债权人会议主席或金融债权等高额债权人对管理人履职情况的意见建议,尤其要重视在破产财产分配、企业注销等方面对管理人进行有效的事后监督,防止后续出现失控问题。

(三)注重数字赋能,着力完善破产审判数字化平台

1. 确保办理便捷高效。(1)方便法官办案。积极落实数字化改革要求,切实转变破产法官办案理念与模式,对所有在审及新立破产案件一律使用"破产智审"系统,做到全域使用、发现问题、尽早完善,减少不必要的书面报告或当面汇报,真正做到数字多跑路、管理人少跑腿,实现法院监督更加便利有效。(2)规范管理人履职。逐案配备管理人数据专员,按时完成在办案件的信息与材料录入工作,做到不迟到、不缺项,助力营商环境测评"无感检测"。通过"破产一件事"改革,以流程方式固化破产办理程序、格式、期限等,确保责任落实到位,杜绝推诿情形,规范办案流程与节点,切实提升管理人的工作效率。(3)便利债权人参与。债权人通过微信小程序"阳光司法体验助手"线上申报债权,明确身份类型后灵活选择申报方式。场景中设置债权人会议,集成对话交流、网络投票、文件查阅、视频直播等功能,实现云端智审、省时省心。特别是债权人可以对财产变价方案等事项进行线上投票,表决结果实时生成、自动统计、一目了然。

2. 实现部门多跨协同。(1)积极推动落地。在案件办理过程中,要求基层人民法院积极同当地相关单位进行沟通、同步推进,对表现突出的将在"一本通"考核中予以激励加分,目前已实现 15 类资产核查协助事项一键流转、一网通办。(2)统一规范办理。通过"破产一件事"改革,进一步明确、规范破产程序中府院协同机制的办理事项、标准与流程,特别是对于实践中存在争议、做法不统一的事项,如破产程序终结后的企业注销环节,法院是否需要提交税款无法清偿的函件等,要加大探索研究力度,尽可能形成可复制、可推广的"温州经验"。(3)逐案选择协作。除"一键办理"的所有协作功能外,管理人还可以根据具体案件的核查需求选择对应的协作单位,通过智能生成文书,一键发送至相关协作单位,办理结果在线反馈,实现破产事务办理"流程规范化、一次不用跑"。

3. 做到监管实时智能。(1)注重节点管控。经过前期的深度调研和系统梳理,温州市中级人民法院将管理人履职事项拆解为9个一级节点、84个二级节点,管理人只需根据流程节点上传履职材料,系统会自动提醒破产法官实时查看办理进度、督办落后事项,同时对重要节点进行监测,对管理人履职质效进行评分。(2)应用智能监管。基于必要用时与非必要用时的区分,目前正在细化、完善管理人"非必要用时"机制的监管功能,根据破产案件办理程序的需求,变"串联"为"并联"工作模式,打造管理人工作全流程、数字化监管框架。(3)强化款项安全。破产案件审理不同于普通民商事案件审判,还涉及破产财产的变现处置与分配,即使是"无产可破"案件也涉及管理人报酬的支取,稍有不慎便容易出现廉洁风险。通过"破产智审"系统的实时监管,系统对管理人每发起一笔转账申请都会自动比对转账金额,经破产法官审核通过后方可自动出账,从源头上杜绝管理人履职风险。

(四)强化办理效果,着力推进府院联动"落地生根"

1. 推动破产事务管理机构发挥作用。目前,温州已率先在市司法局设立破产事务管理处,负责指导破产事务管理、协调政府相关部门处理破产事务、配合法院开展相关工作。(1)合理厘定职能分工。加大探索创新力度,借助知名法学院校、科研机构的力量,与破产事务管理处进一步明确职能定位,细化职能、合理分工,强化破产事务的统筹力度、办理效度,形成权力分离、运行顺畅的联动合力,协力完善破产审判配套制度,着力提升办理破产水平,为打造全国首家全链条的破产事务管理部门提供发展路径。(2)循序渐进推动职能分离。司法审判权与行政管理权的分离在国内无先例可循,应当在现有体制框架下保证制度创新的平稳过渡,不宜太过激进,尤其是在职能分工可能存有分歧的情形下。最直观的一点就是管理人报酬目前仍未出台具体标准,不宜过快地将职能全盘交由破产事务管理处,而要有一个合理的熟悉、适应过程。

2. 指导基层破产府院联动机制实质落地。针对温州地区大部分基层人民法院已建立破产府院联动协调机制,但存在县域之间发展不平衡、实质效果欠佳等问题的现状,温州破产法庭通过发挥好集中管辖及专业化审判的职能作用,注重全市"一盘棋"思维,全面贯彻大兴调查研究的决策部署,立足当前实际客观分析问题和困难,明确需要完善的细节环节,建议相对落后的基层人民法院党组在专题研究推进的同时,向中级人民法院提交落实破产府院联动机制情况的报告并指出需要市级层面协调推动的事项，力争将纸面文件中的府院联动机制实质运行、落实到案中，尽可能实现全市整体推进、全面开花结果，变个别盆景为系列风景。

3. 抓好管理人履职便利化文件落实见效。要充分认识到管理人依法履职对于办理破产案件、优化营商环境、助力经济社会发展的重要性，提高政治站位，树立正确理念，大力营造破产保护与拯救功能，用好用足现有法律规定与制度政策，加大对未形成制度规范领域的创新力度，推行“拉网式”查缺补漏，主动补足短板，切实改善包括管理人履职身份认可、便利办理在内的外部环境，不断减少、降低办理破产的时间与成本。

四、结　　语

在破产程序中，法院与管理人追求着公平清偿、兼顾效率的共同价值，二者成功有效地处理破产案件可谓一荣俱荣，拖延受阻或发生负面事件则是一损俱损。通过全面分析管理人、法院、外部环境等因素对管理人履职的影响，可见作为核心监督主体的法院对管理人实施有效监督责无旁贷。要实现提升管理人履职能力这一目标，法院除要加强对管理人的监督外，还应提高审判人员的司法能力和水平，增强处理应急事务、协调各方利益的能力，全面提升法院在破产程序中的引导、指导与主导作用；同时还要搭建平台、创新举措，疏通监督渠道，改进监督方式，共同参与、合理分工，形成监督合力，推动完善市场化、法治化的管理人制度。

关于破产衍生诉讼案件检视与化解的调研

——以温州地区 2018～2022 年破产衍生诉讼案件为样本*

近年来，破产案件数量快速增长，破产衍生诉讼案件数量也随之增长，且往往案情疑难、复杂，制约了破产程序的推进与办理。为进一步提升破产审判效率，降低办理破产程序的非必要用时，确保最大化实现债务人财产价值，本文拟以 2018～2022 年温州法院破产衍生诉讼案件的审理情况为样本，总结破产衍生诉讼案件特点与规律，提出应适当加强对破产衍生诉讼程序启动条件的约束，源头治理因管理人履职能力不足引发的非必要破产衍生诉讼。

一、2018～2022 年破产衍生诉讼案件的基本情况和基本特点

（一）基本情况

2018～2022 年，温州两级法院高度重视、大力加强破产案件立案受理工作，充分保障债权人的破产申请权，做到应立尽立、应收尽收，共受理破产案件 3356 件，并审

---

* 作者：方飞潮、蔡卓森、陈小芝。本文曾获第十四届中国破产法论坛一等奖。

结破产案件3029件，其中破产清算2927件（占比96.6%）、破产重整47件（占比1.5%）、破产和解55件（占比1.9%）。由于温州地区破产清算案件主要来源为“执行案件移送破产审查”，随着涉企终本案件“去存量”工作取得明显成果，收案数虽自2021年起略有下降，但依然保持高位状态。相应地，以“与破产有关的纠纷”及其项下三级案由为收案案由进行统计，同期温州法院共受理2699件、审结2664件破产衍生诉讼案件①，2018～2022年收案数分别为352件、515件、542件、646件、644件；审结数分别为357件、488件、499件、649件、671件，与收案数基本持平。2018～2022年，破产衍生诉讼案件数与破产案件收案数之比②分别为0.55、0.85、0.74、0.92、0.94（见图1、图2）。

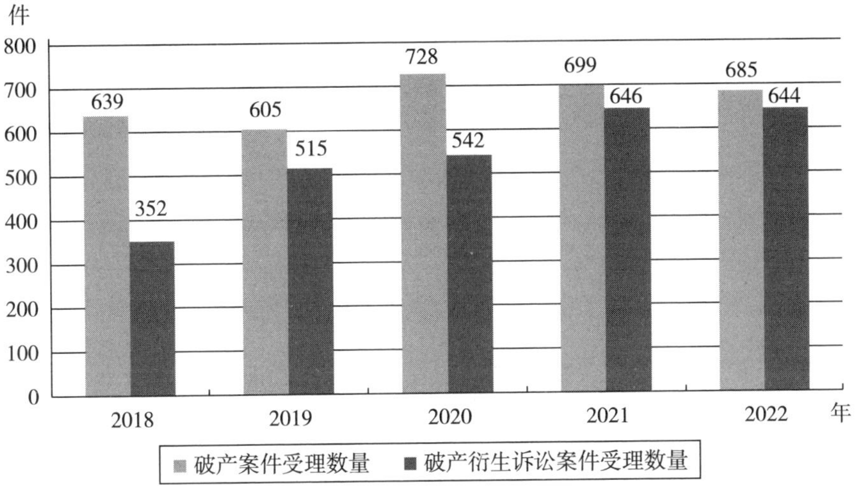

图1　2018～2022年破产案件与破产衍生诉讼案件收案情况

---

① 应当注意的是，由于大量破产衍生诉讼案件案由确定不准确或存在简单根据基础法律关系确定案由的情况，除“与破产有关的纠纷”案由外，大量破产衍生诉讼案件系以传统民商事纠纷如劳动争议、建设工程施工合同纠纷、商品房销售合同纠纷等进行立案，且存在以债务人、中介机构、个人或清算组名义登记为诉讼主体的情形，故仅以与破产有关的纠纷案由为检索条件实际难以准确反映破产衍生诉讼案件准确完整的体量。

② 即每受理一个破产案件平均引发的破产衍生诉讼案件数，本文称为收案比。

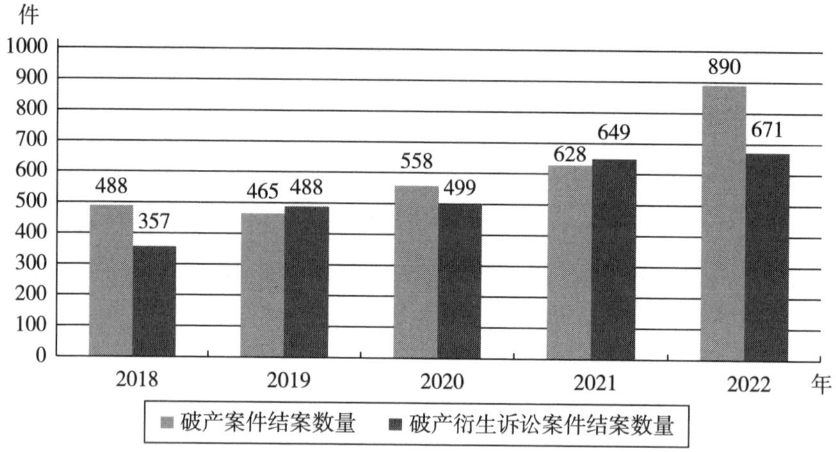

图2　2018～2022年破产案件与破产衍生诉讼案件结案情况

(二)基本特点

1. 案件体量庞大。破产衍生诉讼案件收案数随破产案件收案数“水涨船高”,收案比呈逐年攀升态势。温州两级法院破产案件收案数均列全省第一。需要指出的是,在收案数维持高位运转的态势下,2022年温州两级法院办结破产案件890件,同比激增41.7%,首次出现审结数量大于受理数量,存量案件数出现历史性下降,净下降205件。究其原因是,自2022年起,浙江省高级人民法院开展长期未结案专项清理活动,温州两级法院共清理了265件超3年长期未结案,清理量超上一年度审结案的1/3,清理比例高达96.3%,全省破产案件审结数以及清理数量均居第一。

2. 案件发改率较高。从结案方式上看,2018～2022年破产衍生诉讼案件以裁定形式结案的989件(占比37.12%),以判决形式结案的1675件(占比62.88%)。一审案件调撤率为30.08%,调撤案件以对外追收债权纠纷为主。一审裁判案件的上诉案件有420件,占可上诉案件的25.7%。其中,按撤回上诉处理46件、准予撤回上诉20件、准予撤回起诉并撤销一审判决4件、调解7件、撤销原裁定并指令审理6件、撤销原判并驳回起诉12件、发回重审9件、改判(含变更原判决)81件,改判率达31.49%。

破产衍生诉讼案件发改率较高,主要有以下两方面原因:一是现行破产立法体系不再适应实践需要，立法体系内部存在衔接不畅的问题，导致裁判标准难以做到统一精准，如消费型购房户的物权保护、以房抵债的商品房买卖合同效力、让与担保等非典型担保的优先受偿权等问题。二是基层人民法院审判能力建设有短板。破产衍生诉讼系因企业进入破产程序而引发，与普通民商事案件法律背景不同，具有专业程度高、政策性强的特点，如破产撤销权、管理人对合同的选择履行权、破产抵销权、破产取回权等新类型案件以及涉房地产破产企业的群体性案件等。但是，各基层人民法院破产审判专业化建设还不充分不平衡，案多人少的现象比较普遍，员额法官的知识结构还不能满足破产衍生诉讼专业化、多学科要求，如难以准确适用企业破产法以及民法典、公司法、证券法等法律，在经济、财务、金融等方面的知识和经验存在短板。

3. 办案效率较高。2018～2022 年，温州法院破产清算案件平均审理周期为 433 日；6 个月内审结的破产清算案件数为 1405 件，占比 48%，年平均增长率约为 17%。其中，2022 年破产清算案件平均办理天数超 600 日，且 6 个月内审结数仅占比 39.74%，原因系当年度专项清理长期未结案，客观上使当年度审结的破产案件办理天数增加。故 2022 年度破产清算案件平均办理天数并不能准确反映温州法院办理破产清算案件的时间效率，从 2018～2021 年的数据来看，温州破产清算案件平均审理周期为 243 日，超一半的破产清算案件能够在 6 个月内审结（见图 3）。

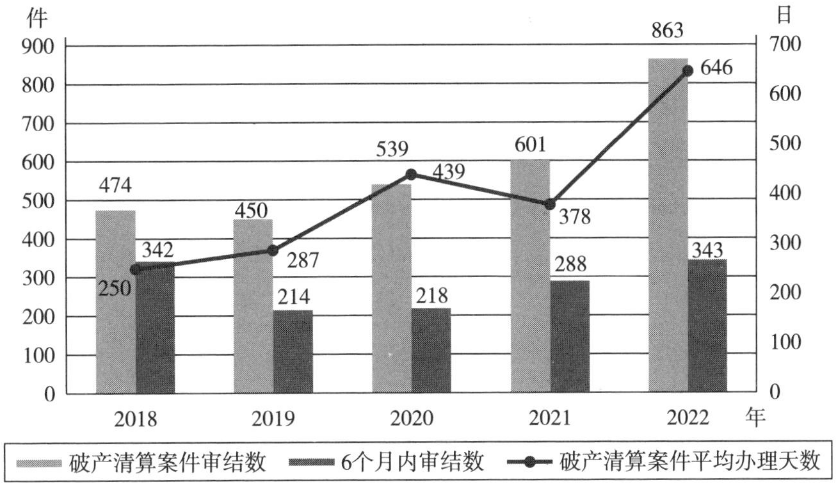

图 3　2018～2022 年破产清算案件审结数与办理时间

同期,温州法院审结的2664件破产衍生诉讼案件中,以判决方式结案的案件平均审理周期为90.60日。在破产衍生诉讼收案量年均增长17%的情况下,平均审理周期从2018年的102日下降至2022年79日,年下降率达6.11%,反映了温州破产衍生诉讼案件审判质效处于向好发展态势(见图4)。

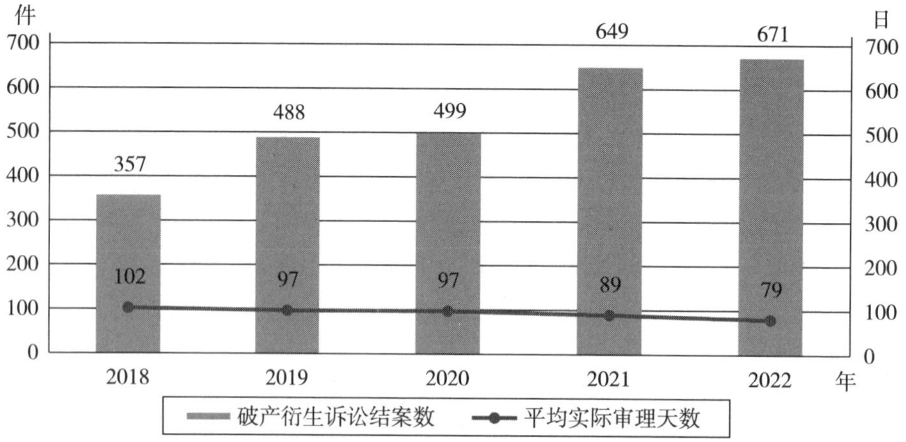

图4 2018～2022年破产衍生诉讼结案数及办理时间

从审理周期分布上看,在3个月内审结的破产衍生诉讼案件占比高达62.63%;在3个月至6个月内审结的,占比31.10%;在6个月至1年内审结的,占比6.15%;超1年审结的共2件,审理天数分别为406日(破产债权确认纠纷)、504日(追收未缴出资纠纷、涉外案件)。通过对实际审理天数超过350日的共计8件破产衍生诉讼与相应的债务人破产清算案件办理时间进行关联研究,其中有5件对应于超3年长期未结案的破产清算案件,1件对应于超2年未结案件,2件对应于超18个月未结案件。不难发现,破产衍生诉讼案件数量、审理天数与破产案件办理周期存在正相关性,破产衍生诉讼审理天数较长的,其破产清算案件办理时间均远超当年度审结的破产案件的平均办理周期。因此,破产衍生诉讼案件审理质效在一定程度上决定了破产案件审理质效,应当引起关注。

二、温州法院破产衍生诉讼的新动向——优化管辖布局

自2022年1月1日起,温州法院试行将部分法院的强制清算和破产案件集

中管辖,并将符合基层人民法院普通诉讼案件管辖标准的破产衍生诉讼案件,交公司所在地基层人民法院审理,试行管辖期限为3年。试行以来,整体运行情况平稳、良好(见表1)。

表1 2018~2022年温州市中级人民法院破产案件与破产衍生诉讼案件收案情况

案件数/件	2018年	2019年	2020年	2021年	2022年
破产案件收案数	47	56	100	116	249
破产衍生诉讼案件收案数[1]	14	69	43	5	2

〔1〕由于立案案由不准确,且承办人在结案时亦未对结案案由进行修改,实际上2018年仅在温州市中级人民法院审理的浙江金盛担保有限公司破产清算案件,提起的对外追收债权衍生诉讼就多达270余件,但立案案由为追偿权纠纷。

一是进一步强化了集约化、专业化的优势。2022年1月以来,温州市中级人民法院(以下简称温州中院)提审了鹿城、龙湾、洞头、文成、泰顺法院的强制清算和破产案件,2022年度收案数达249件,同比增长114.66%,实现当年度温州地区约40%破产案件由温州破产法庭审理。在全市法院破产案件收案数平稳增长的情况下,将破产案件的增长相对集中到新成立的温州破产法庭,有利于深化破产案件专业化、集约化审理,有利于提升破产审判能力,也有利于提高破产审判质效,如上所述,2022年温州地区首次实现破产案件审结数量大于受理数量。

二是在试行范围内实现了审判重心的合理下沉。试行期间,温州中院与被提级管辖法院共受理一审破产衍生诉讼案件368件,占同期全部新收一审民事案件的0.95%。对于原属于基层人民法院管辖的破产案件的衍生诉讼,实际上仍由其审理;属于中级人民法院管辖的破产案件的衍生诉讼,如符合基层人民法院普通诉讼案件管辖标准,则交公司(企业)所在地基层人民法院审理。另外,温州中院经请示浙江省高级人民法院同意后,将职工破产债权确认类纠纷的管辖权移交至基层人民法院。此举有助于推动矛盾纠纷在基层实现公正高效实质性化解,同时契合四级法院职能定位改革试点工作,推动纠纷自下而上有效过滤、精准提级。

三是统筹平衡了全市破产审判资源。鹿城、龙湾两个主城区法院破产审判基础较好,且具有地缘上的优势,适合实现人、案、物的集中管理,且上下级政府部门协作密切,便于畅通上下两级府院联动机制。文成、泰顺、洞头3家法院破产审判力量相对薄弱,破产案件较少,年均破产案件收案总量不足10件,破产案件集中管辖对其影响较小,且易于实现,也能够借此提升温州中院破产审判服务质量。

三、破产衍生诉讼典型案件类型分析

最高人民法院《民事案件案由规定》(法〔2020〕346 号)设置了二级案由“与破产有关的纠纷”,并以三级案由列举了破产衍生诉讼的 13 种纠纷类型。2018～2022 年,温州破产衍生诉讼案件的案由分布如表 2 所示。

表 2　2018～2022 年破产衍生诉讼案件收案情况(按结案案由)

结案案由	2018 年	2019 年	2020 年	2021 年	2022 年	合计
二级案由:与破产有关的纠纷	9	12	141	230	290	682
289. 请求撤销个别清偿行为纠纷	34	50	51	15	15	165
290. 请求确认债务人行为无效纠纷	6	8	1	4	2	21
291. 对外追收债权纠纷	136	188	123	122	104	673
292. 追收未缴出资纠纷	7	10	41	89	131	278
293. 追收抽逃出资纠纷	8	7	7	7	17	46
294. 追收非正常收入纠纷	4	1	1	2	0	8
295. 破产债权确认纠纷	36	39	36	51	43	205
(1)普通破产债权确认纠纷	84	51	49	59	47	290
(2)职工破产债权确认纠纷	22	109	34	20	4	189
296. 取回权纠纷	6	2	2	4	5	19
(1)一般取回权纠纷	1	1	4	2	1	9
(2)出卖人取回权纠纷	0	0	0	0	0	0
297. 破产抵销权纠纷	2	1	5	7	3	18
298. 别除权纠纷	0	1	0	0	0	1
299. 破产撤销权纠纷	8	6	4	7	4	29
300. 损害债务人利益赔偿纠纷	3	1	0	29	4	37
301. 管理人责任纠纷	1	1	0	1	1	4

从上述数据来看，破产衍生诉讼除部分案件的案由未以与破产有关的纠纷类进行定性外，将近1/4的案件仍以二级案由“与破产有关的纠纷”为结案案由，其中大部分案件存在能够与之匹配的三级案由，但未予以准确判定。从三级案由看，对外追收债权纠纷、破产债权确认纠纷占据破产衍生诉讼案件收案大部分，追收未缴出资纠纷收案量上升趋势非常明显。

（一）对外追收债权纠纷

在企业破产清算程序中，对外应收债权属于破产财产。在债务人进入破产程序后，管理人即应启动追收程序，只有在管理人对于全部对外应收债权处置完毕，宣告债务人破产并分配破产财产后，破产案件方能终结。因此，管理人对外应收债权清查、处置极大程度影响着破产程序推进。

从此类案件的收案情况看，收案量位列前茅、居高不下，但进入诉讼后，一审撤诉率又比较高（占比28%）。此类案件高发的重要原因系管理人未有效甄别对外债权是否属于经济性“应收”债权。具体而言，部分管理人在处置对外应收债权时，未针对应收债权的可诉性、可执行性、经济性等效益价值按不同方式处置，而是径直提交债权人会议决定。而金融机构债权人基于内部审批控制制度通常无法直接作出放弃追收债权的决定，故管理人将此类本应以“放弃”方式进行处置的债权，采取“昂贵”的司法程序进行追收，所付出的各种成本远远超过可能追回的经济效益。此类对外债权通常包括已经明显超过诉讼时效、执行期间的，债权凭证缺失、明显不完整或者不具备追收条件的，次债务人早已无可供执行财产等情形。

从审理角度看，对外追收债权纠纷案件的法律适用与一般民商事案件并无不同，法律争议相对较少，亦存在调解空间。因此，对于企业财务账册材料齐全、权利凭证完整或者时间跨度较短等情形下的对外追收债权纠纷案件，因纠纷事实比较简单，此类案件除诉讼外，可以考虑强化前端诉前调解、督促程序支付令等非诉机制。既可以降低债务人企业的诉讼成本，提升清偿率，也可以节省诉讼资源。

企业进入破产程序后，通常涉及债权人、债务人、管理人等三方主体，破产财产的实体权利主体、程序权利主体会产生不一致的情况，从而导致诉讼权利主张以及案件事实查清比一般民商事案件困难。一方面，对于管理人或债务人企业来说,破产企业已停止经营,甚至被吊销多年,管理人难以进行有效接管,不易掌握人员、资料以及财产情况等。诉讼当事人举证困难,难以还原客观事实,尤其是对诉讼时效中断等事实举证难,故无法实现有效追收债权,以保障债权人利益。另一方面,对于次债务人来说,若次债务人在破产案件受理前事实上已经偿还债务,但基于对债务人企业相关人员的熟人关系、交易习惯或者交易不规范等原因,未保留相关还款凭证,则难以通过法庭调查或者辩论形成有效的诉讼对抗进而还原还款事实。次债务人往往因举证不利而承担败诉后果,此类案件处理效果较差。

(二)破产债权确认纠纷

债权人申报的债权需经审查确认后才能在破产程序中行使权利。债权确认程序通常包括债权审查程序、债权确认之诉、债权核查确认程序。根据债权类型不同,破产债权确认纠纷项下还包括两项四级案由,分别为普通破产债权确认纠纷与职工破产债权确认纠纷。对于债权清偿顺序争议,通常也以破产债权确认纠纷为案由进行立案。

破产债权确认纠纷收案量居高不下,除部分债权人受内部审批机制的约束,执着地提起诉讼等因素外,从债权确认程序的角度来看,还与管理人履职能力紧密相关。由于部分管理人履职能力较差,担心审查确认错误,在审核债权时过于小心,对债权人申报的债权全部不予确认,而希望通过司法背书将履职风险最小化。这种做法导致破产案件债权审查周期过长,并引发大量破产债权确认纠纷案件,且易引发债权人不满,导致债权人与管理人之间的关系紧张,不利于破产案件后续推进。此外,破产债权确认纠纷案件的案件受理费是按照财产案件标准交纳,若管理人未勤勉尽责审查债权,债权人只能寻求司法确认,管理人败诉后,实际还增加了与诉讼费相关的共益债务,破产费用增加将导致清偿率的降低,损害债权人权益。

职工破产债权确认纠纷的职工债权审查难度不大。在117件以判决形式审结的案件中,上诉率7.69%。但此类案件以群体性诉讼居多,在117件以判决形式审结的案件中,实际仅涉及18家破产企业。例如,在以债务人温州华侨旅游侨汇公司为被告的案件中,职工原告人数达47名,分别提起47件职工破产债权确认之诉,诉讼请求均予以支持,且未上诉。此类案件可以考虑参照证券虚假陈述责任纠纷的诉讼方式进行，如示范性诉讼、普通代表人诉讼等。

除职工破产债权确认纠纷外，破产债权确认纠纷案件存在诸多疑难复杂问题，如消费型购房户的物权保护、以房抵债性质的商品房买卖合同效力、让与担保等非典型担保在破产程序中的优先受偿问题等，司法实践中均存在较大争议，裁判尺度不一。这使债权人、管理人缺乏可预测的裁判标准，导致债权确认审查程序空转，破产债权确认纠纷不断增加。破产债权确认纠纷与普通破产债权确认纠纷的上诉率达27.67%，二审改判率为29.46%，均高于对外追收债权纠纷案件。另外，破产债权确认纠纷通常调解难度较大，2018～2022年仅6起调解成功，主要原因是法律并没有赋予管理人最终确认债权的权利。对于进入诉讼的有异议债权，管理人处分诉讼权利对相关债权予以确认并由司法调解确认，须经债权人会议表决同意，否则属于损害债权人或债务人利益，可能被追究失职责任。因此，实务中，仅债权人人数不多，且不存在税务机关或银行等机构债权人的情形下，才有可能在诉讼中调解确认相关债权。

（三）追收未缴出资纠纷与追收抽逃出资纠纷

追收未缴出资纠纷，是指在债务人进入破产程序后，因债务人的出资人未履行按期缴纳所认缴的出资额义务，管理人在破产程序中进行追收而产生的民事纠纷。追收抽逃出资纠纷，是指管理人在破产程序中对债务人股东抽逃已投入公司的出资予以追收而产生的纠纷。

认缴制背景下股东未全面履行出资义务是普遍现象，因此，相应破产衍生诉讼较多。同时，此类案件调撤率较低，主要是因管理人作出放弃相关权益的意思表示，须经全体债权人同意。另外，若自然人股东已经被确定为无财产可供执行的状态，且被裁定终结执行程序，债权人在破产程序中提起追缴出资或者抽逃资本的诉讼，实际意义不大，也拖延了破产案件办理时间。

实践中，部分债权人在债务人破产前，可能存在已经按上述规定向股东主张补充赔偿责任的情形，主要依据为最高人民法院《关于适用〈中华人民共和国公司法〉若干问题的规定（二）》第22条第2款。但根据最高人民法院《关于适用〈中华人民共和国企业破产法〉若干问题的规定（二）》第21条、第22条、第23条的规定，若人民法院已经作出生效民事判决书，但尚未执行完毕的，破产申请受理后，由于股东未缴出资实际属于破产财产部分，故相关执行行为应当中止，债权人应当向管理人申报相关债权。此时,管理人能否代表全体债权人提起相关诉讼主张债务人的出资人承担出资责任的?

持否定观点认为,根据最高人民法院《关于适用〈中华人民共和国公司法〉若干问题的规定(三)》第13条第2款、第14条第2款的规定,若未履行或者未全面履行出资义务(或抽逃出资)的股东已经在未出资(或抽逃出资)本息范围内对公司债务不能清偿的部分承担补充赔偿责任,其他债权人提出相同请求的,人民法院不予支持。尽管执行程序中止,但基于生效裁判的羁束力,管理人提出相同请求的,应不予支持。但据此将会出现股东责任“逃逸”的后果,存在执破衔接问题。

持肯定观点认为,若从诉讼性质来看,由于个别债权人享有要求股东的出资加速到期情形而提起的诉讼,系为自身利益诉讼,所获收益归原告债权人个人,而不归债务人,属于“非破产加速”。不同于破产案件中管理人起诉未届出资期限的股东要求其出发义务加速到期,系代表全体债权人起诉,所获收益归破产人,其请求权基础在于《企业破产法》第35条的规定,属于“破产加速”。因此,针对个别债权人提起的相关诉讼对应的执行程序中止后,应由管理人统一对外追收,包括通过司法程序主张,实属应有之义。

但无论是针对否定说中的执破衔接问题,还是肯定说涉及的诉源治理问题,均可以考虑在债权人相关执行程序中,变更管理人为申请执行人继续申请执行,或者由债权人在执行程序中变更其申请为将执行到的相关财产归入破产财产。

(四)追究清算人责任与配合清算义务人责任纠纷

最高人民法院《关于债权人对人员下落不明或者财产状况不清的债务人申请破产清算案件如何处理的批复》以及《全国法院民商事审判工作会议纪要》第118条相关规定,债务人的法定代表人、财务管理人员和其他经营管理人不配合清算的行为导致债务人财产状况不明,或者依法负有清算责任的人未及时履行破产申请义务,导致债务人主要财产、账册、重要文件等灭失,致使管理人无法执行清算职务,给债权人利益造成损害的,管理人或者债权人代表人可以请求上述主体承担相应损害赔偿责任。

由于追究清算人责任与配合清算义务人责任纠纷没有明确可对应的案由,司法实践中存在将其定为二级案由“与公司有关的纠纷”、三级案由“损害公司债权人利益责任纠纷"、四级案由"股东损害公司债权人利益责任纠纷",或者二级案由"与破产有关的纠纷"等不同案由的做法。此类案件系破产案件审理期间发现债务人企业有关人员存在未依照《企业破产法》履行义务的行为,可能需要承担相应民事责任的情形,故案由可以确定为"与破产有关的纠纷"。

《全国法院民商事审判工作会议纪要》第 118 条出台后,为债权人提供了一种破产法框架内的利益追索机制,但是对于实践中大量的无产可破案件,该条也引发了诸多非必要破产衍生诉讼案件,效果未尽如人意。例如,瑞安法院统计表明,依据该条获得胜诉的案件,执行到位率为零。这就需要在破产程序中引导债权人,做好债权人的预期管理。

此外,"职业债权人"问题也应当引起关注。有的资产管理公司从其他债权人处大批量超低价收购"僵尸企业"的"陈年旧账"后,对批量"僵尸企业"申请强制清算或者破产清算,在获得人民法院对公司主要财产、账册、重要文件等灭失的认定后,追究清算人责任与配合清算义务人责任。此类"职业债权人"往往具有专业法律知识,他们利用现有法律规则"挖"历史旧债,使已沉寂的不良债权被激活又进入司法程序。这种现象可能损害小股东利益,对于部分突然出现破产清算原因的企业的相关人员承担"怠于履行义务"的责任,则可能显失公平,故"职业债权人"的行为正当性值得商榷。

四、打造破产司法保护领先地背景下破产衍生诉讼诉源治理建议

破产法作为程序法,是债权人寻求对债务人财产公平分配的团体清理程序的依据。① 对破产程序中发生的实体民事争议,立法规定在破产程序之外通过诉讼程序解决,只有无争议的或已经过法院或仲裁机关生效裁判确定名义的债权债务关系,才能在破产程序中得到执行。② 此即破产衍生诉讼程序的必然性与必要性。

但当前破产衍生诉讼数量多、增幅大、类型多样,如果这种纠纷持续存在,则

---

① 参见邹海林:《重整程序未申报债权的救济问题研究》,载《法律适用》2022 年第 8 期。

② 参见王欣新:《破产法》(第 4 版),中国人民大学出版社 2019 年版,第 147 页。

作为破产工作基础的债务人财产和债权人债权仍处于长期不确定的状态,过多的纠纷争议不符合在破产程序中各方一致寻求化解债权债务关系的要求,亦不利于破产工作的推进。[①] 同时,企业的破产“战线”拉得越长,需要应对的麻烦就越多,企业的资产价值也会随着时间流逝而减损。[②] 事实上,破产衍生诉讼进入执行后,破产财产追回效果不尽如人意。以瑞安法院为例,2020年该院由管理人统一提起的破产衍生类执行案件立案19件,执行标的超15.6亿元,在办17件,终结本次执行2件,执行到位0元。因此,破产衍生诉讼诉源治理具有现实必要性,应当根据破产衍生诉讼案件特性与规律,结合破产审判实际需要和特点,以符合高质量发展要求的现代化破产审判理念,构建破产衍生诉讼诉源治理的新发展新格局。

(一)前端甄别:因管理人履职不当引发的非必要破产衍生诉讼

因管理人履职不当引发的非必要破产衍生诉讼,主要是指管理人未尽审查判断职责,对不具有可回收性的债权一律予以诉讼追收,对明显应当确认的债权无故不予确认而引发债权确认之诉,或者对明显不具有清偿能力的债务人相关人员重复追究个人责任等情形,且破产财产明显不能因上述行为受益,反而阻碍了破产程序的推进效率。因破产效率关系债务人财产价值实现的最大化,直接影响破产程序的成本。因此,对于管理人未勤勉尽责,而使破产程序衍生出非必要诉讼的,必须从源头上严加管理,破产法官对管理人履职应进行监督并给予必要的指导。

1. 对债权追收的审查。管理人应当认识到法律上具有诉的利益并不等同于诉具有经济利益。管理人的信义义务,要求管理人在处理破产财产时负有运用通常的“经济人”在处理自己的财产时所应有的谨慎,包括利用其专业的法律知识与经济知识从经济成本和诉讼风险的角度关注追收债权对于破产财产的实际增益。管理人具有尽力收回、清理债务人财产的职责,由于对外债权不同于实物资产,对外债权受债务人财务账面记载情况、债权凭证完备与否、次债务人结付

---

① 参见姚志坚、王静、陆亚东:《破产衍生诉讼纠纷多元化解机制的构建与运行》,载《人民司法》2023年第7期。

② 参见张钦昱:《我国破产法的系统性反思与重构——以世界银行〈营商环境报告〉之“办理破产”指标为视角》,载《法商研究》2020年第6期。

能力、案件结案时限等多重因素影响，对外债权一律追收，反而有可能损害到债权人、债务人及其他利害关系人等多方的利益，严重拖延破产程序的推进。该理念与世界银行 2023 年 5 月发布的新营商环境评估项目即“营商环境供给项目”（Bussiness Ready）中“办理破产”支柱一：“破产程序规则质量”关于“破产财产及利害关系人”项下指标“拒绝履行权利负担过重的待履行合同，或者拒绝受让权利负担过重的资产”相契合，包括允许在待履行合同的履行成本高于可获得的利益的情况下予以拒绝履行，或者在维持破产财产成本高于可获得的收益时放弃或解除负担过重的资产。

从管理人角度来看，除强调对债权人利益的程序保障原则外，还应当强化管理人对此类案件审查、判断的责任与义务，不能一概交由债权人会议表决。管理人在进行对外应收债权的处置时需要制定最优方案。例如：对于诉讼时效已经过的债权，管理人应制定以放弃的方式进行处置的方案；对于债权凭证不完整或者不具备追收条件的对外应收债权，应确定为非破产债权范围，仅需保障债权人知情权，债权人对此有异议并要求管理人对外追收的，相应诉讼风险（败诉成本）由该债权人承担；对于双方往来账目不清、存有争议的对外应收债权，待厘清并追收到位后另行追加分配，或者经债权人会议表决由债权人受领等。

从破产法官角度来看，管理人应当在第一次债权人会议召开后的 20 个工作日内，对于拟提起的对外应收债权诉讼的情形，向破产法官提交专项报告。破产法官对此进行初步形式审查，对于败诉率明显较高的，提出相关意见。此类意见不具有任何实体法律效力，也不影响相关人员提起对外追收债权之诉。但相关意见将结合诉讼结果作为管理人报酬确定、考核定级、履职评价的参考因素之一。

2. 对债权确认的审查。刘贵祥专委在 2023 年全国法院破产审判工作座谈会上的讲话明确指出，要落实能动司法要求，特别是加强对管理人审核确认债权工作的指导，减少因债权确认不当引发的破产衍生诉讼，促进诉源治理。这些不仅要作为管理人报酬确定、考核定级、履职评价的重要因素，也要作为考核破产法官业绩的重要参考。

从管理人角度来看，浙江法院已经构建较为完整的整体监督体系以倒逼管理人提升履职能力。例如：由温州中院创设，现已推广全省法院的书面督办制度，针对个案履职不到位的情况向管理人机构发送督办函、警示函。对于因管理人未尽审查判断权等履职不当行为引发的非必要破产债权确认纠纷等衍生诉讼,破产法官向管理人机构负责人发送警示函,并作为履职负面评价考虑因素和依据。以此通过机构负责人来督促破产管理人勤勉履职。

从破产法官角度来看,以能动司法理念,考虑由破产法官提前介入化解纠纷。当发现管理人与债权人之间对于特定债权确认发生争议时,发挥人民法院在办理普通民商事案件中的专业优势,集思广益,分析研判发生争议的债权的可能诉讼结果,从而引导管理人与债权人对特定债权的审查结果尽可能达成一致。必要时,破产法官可以组织各方当事人召开有争议债权审查确认的听证会,充分听取各方意见后以灵活方式将可能的诉讼结果告知各方当事人,以便于仍有争议一方当事人相对准确地评估诉讼风险,作出理性的诉讼选择,管理各方当事人的诉讼预期。

(二)中端审查:加强顶层设计,构建债权审查新机制

在债权确认程序中,人民法院依据《企业破产法》第58条第2款的规定,以裁定方式对管理人审查、债权人会议核查过的无争议债权表进行审查确认。在审查确认过程中,人民法院不能以债权表所列债权均已"无争议"而不加审查地直接裁定确认。对于债权表记载的错误内容,人民法院仍有权要求管理人纠正,并取得各债权人以及债务人的无异议表示。这种做法可以及时发挥司法纠错功能,减少不必要的债权确认诉讼,实现破产衍生诉讼案件的诉源治理。但是《企业破产法》仅允许人民法院对无异议的债权表裁定确认,而对于管理人未列入债权表的拟不确认债权、暂不确认债权无法作出确认或者不确认的裁定。有学者认为,《企业破产法》的这一规定既不符合司法实践情况,也不适应法院审查确认债权的实际需要。人民法院审查并裁定确认债权表的程序重点是要对经债权审查会议核查后仍存在争议的债权进行大概率的初步认定。① 受这一观点的启发,建议修改立法或者以司法解释方式规定,在确认债权程序中可审查全部拟确认、不确认、暂不确认债权,并作为提起债权确认之诉的前置程序。

一是规定前置性债权异议裁定程序,不允许有异议的当事人直接向人民法院提起债权确认之诉。可以借鉴的立法例是《民事诉讼法》第238条规定的执行

① 参见王欣新:《破产法》(第4版),中国人民大学版社2019年版,第234页。

异议程序,案外人对执行标的提出书面异议的,人民法院应当在收到书面异议之日起 15 日内审查,并裁定是否成立。对该裁定不服的案外人、当事人可以该裁定为依据提起执行异议之诉。其学理基础在于破产程序是一种概括的清偿程序,又被称为"概括的执行程序"。破产程序与执行程序在部分核心功能的设计上具有一致性,均围绕"公正与效率"价值进行运行,但程序运行中倾向性的价值追求稍有差异。执行程序的价值追求是以效率优先、兼顾公正;破产程序则以公正为首要的价值追求,旨在实现全体债权人的公平清偿。由此可见,执行程序与破产程序在功能设计和价值追求方面,存在功能互通、价值互补的特点。① 执行异议前置审查制度,实际是基于立法实用主义,追求效率原则,以此过滤进入执行异议诉讼程序的案件。② 同样,作为概括性执行的破产程序,对有异议的债权人的理由也可以经人民法院审查后作出是否成立的裁定。这样可以引导债权人预判其异议理由能否得到确认之诉的支持,从根本上减少不必要的破产衍生诉讼。对于部分金融机构来说,此类裁定可以作为核销呆坏账的依据。通过满足金融债权人的坏账核销需求,在一定程度上也能够实现诉源治理目标。

二是坚持债权异议裁定的可诉性原则,即该裁定并不具有实体法律效力,不影响利害关系人的诉权。同样地,基于审执分离理念,实体民事争议应当通过诉讼程序解决。利害关系人不服债权异议裁定的,可以向人民法院提起债权确认之诉,由人民法院适用普通程序对申报的债权进行全面审查后作出实体判断。

(三)后端调控:发挥诉讼费门槛、追责功能

在登记立案背景下,充分发挥诉讼费制度调控功能是健全多元化纠纷解决机制的重要课题,强化引导公民培养理性诉讼观念,根据纠纷性质、纠纷对象、投入产出比选择合适解纷途径。③

一方面,发挥诉讼费门槛功能,即以诉讼收费为原则,以不收费为例外。当事人进行民事诉讼,除了符合法律规定的缓、减、免交诉讼费条件外,均应在登记

---

① 参见齐树洁、陈洪杰:《破产程序与执行程序的冲突及其协调》,载《厦门大学学报(哲学社会科学版)》2007 年第 3 期;王雄飞:《执行程序部分替代简易破产程序功能的必要性和可行性》,载《人民法院报》2017 年 7 月 5 日,第 7 版;韩亮:《论破产程序与执行程序的功能竞争与替代》,载上海市法学会编:《上海法学研究》2020 年第 11 卷 · 总第 35 卷。

② 参见毋爱斌、王彪:《执行异议制度的运行异化与重构》,载《人民司法》2012 年第 11 期。

③ 参见王明辉:《诉讼费制度调控功能的修复与强化》,载《人民司法(应用)》2016 年第 16 期。

立案后法定期限内交纳诉讼费用。从当前的司法实践来看,一些法院对于破产衍生诉讼案件受理费的减、免、缓规则适用存在不同于普通民商事案件的理解和把握,如变通至一律缓交、免交,也有的地方变通至一审判决之前都可以交纳受理费。这些做法不仅得不到《诉讼费用交纳办法》的支持,也降低了民事诉讼中原告的起诉门槛,与《民事诉讼法》的立法精神相悖。首先,根据《诉讼费用交纳办法》第44条第2款的规定,诉讼费用的免交只适用于自然人,故企业法人不是诉讼费用的免交主体。其次,对于债权人对破产企业提起的破产衍生诉讼案件,尤其是无产可破案件,应严格对照《诉讼费用交纳办法》第44条至第47条的规定,适用减、缓、免交政策,甚至可以规定不允许缓交、免交。

另一方面,发挥诉讼费追责功能,由责任方承担为原则的费用负担方式。一是对于个别坚持提起诉讼的债权人,可以采用转移诉讼风险的方式,如败诉时,由坚持起诉的债权人负担案件受理费。二是以裁判规则引导管理人选择诉讼策略。在司法实践中,以《全国法院民商事审判工作会议纪要》第118条追究债权人有关人员损害赔偿责任的诉讼为例,有些管理人为降低诉讼费,选择以较小额的债权甚至拆分债权额方式分批起诉债务人企业相关人员,获得法院的胜诉判决后再全面提起诉讼。对于这种诉讼策略,有的法院适用“一事不再理”原则,驳回后案起诉。这种做法值得肯定。

(四)诉讼中镜鉴:核心争讼与相关争讼划分

我国《企业破产法》第21条规定:“人民法院受理破产申请后,有关债务人的民事诉讼,只能向受理破产申请的人民法院提起。”该条款中“有关债务人的民事诉讼”通常被称为破产衍生诉讼。最高人民法院在《民事案件案由规定》中将“与破产有关的纠纷”列为二级案由,并通过列举方式,进一步界定了破产衍生诉讼纠纷的类型。但是从“有关债务人”到“有关破产”的判断标准仍然宽泛且模糊,导致司法实践中对于部分涉及债务人的民事纠纷是否属于破产衍生诉讼及其管辖问题等产生争议。例如,债务人作为第三人提起的案外人撤销之诉与债务人是否进入破产程序实际上并无关联,但是否属于破产衍生诉讼集中管辖,还是由作出生效裁判的法院进行专属管辖,存在争议。但若将所有涉及债务人的民事纠纷均作为破产衍生诉讼纠纷处理,是现有破产审判人员组织架构难以应对的。因此,为进一步提高破产案件与破产衍生诉讼案件的办理质量与效率,或许在集中管辖与归口问题上可以借鉴美国破产法在破产裁判事项与非破产裁判事项的划分及分流的经验。

美国破产法基于破产案件的综合特征,将破产案件分为三大类。①

第一类是常规性的管理性事务(administrative matter)。这些事务原则上不涉及任何争讼,但又是破产程序的完成所必不可少的,包括通知的送达、清算案件管理人的指定、破产财产变现的批准、向债权人寄送财产分配份额、决算报表的批准。

第二类是仅因破产案件的进行才发生的关于破产"核心"争议问题的裁判事件。根据对象的不同,这些核心争讼采用的形式既可能是"异议程序"(contested matter),也可能是"对抗程序"(adversary proceeding)。前者通常包括解除冻结的申请、债权的异议、财产豁免的异议、出售财产的申请、重整计划批准的异议等;后者即核心争讼的对抗程序则是更为接近传统民事程序。

主要涉及的16种核心争讼,可以粗略分为以下4类:(1)管理性事项:①破产财团的管理事项;②债权与财产豁免的确认或不予确认,以及债权的估价;③破产财团对债权申报人提起的反诉;④关于信贷获取的决定;⑤解除自动冻结的争讼;⑥债务的可免责性的决定;⑦免责的异议;⑧计划的批准程序。(2)与撤销权有关的争讼:①关于偏颇交易的诉讼;②关于欺诈转让的诉讼。(3)影响破产财产的事项:①破产财产交还的争讼;②优先权的有效性、范围、顺位的判决;③财产的使用或出租的决定;④财产出售的决定。(4)兜底性事项:①其他影响破产财产的清理变现或债权债务关系的调整的争讼;②外国破产程序的承认和《破产法典》第15章下的其他事项。

第三类是除去该案当事人恰好是债务人或者其结果可能影响债务人或破产案件这两点之外,与破产案件并不存在任何关联的争议事项,即相关争讼。即使不存在破产案件,这些相关争讼仍然会存在。解决相关争讼采用传统的民事诉

---

① 需要注意的是,由于美国破产法是联邦立法,破产案件归联邦破产专门法院管辖,破产法院是联邦地区法院的组成部分。所有的破产案件均由专业破产法官审理。对于核心争讼与相关争讼的判断,两种争讼是互斥的,涉及合宪性审查问题。对于是否归属于核心争讼案件,涉及管辖权在具有宪法第3条法官地位的联邦地区法官与不具有宪法第3条法官地位的联邦破产法官之间的分配;对于是否属于相关争讼,涉及是否存在联邦破产管辖权,即司法权在联邦法院与州法院之间的分配。参见[美]查尔斯·J.泰步:《美国破产法新论》(上册),韩长印、何欢、王之洲译,中国政法大学出版社2017年版,第319~387页。

讼形式。在Pacor案中,确立了"可预见影响"(conceivable effect)标准,只要证明影响是可预见的或潜在存在便可:(1)基于为债务人所有,但应纳入破产财产的诉因而提起的诉讼;(2)第三方之间进行的对破产财团有影响的诉讼。

将我国破产衍生诉讼相关案由按照上述标准进行分类,见表3。

表3 我国"与破产有关的纠纷"按核心争讼、相关争讼的划分

核心争讼			相关争讼
与撤销权有关	影响破产财产	兜底性事项	
(1)请求撤销个别清偿行为纠纷 (2)请求确认债务人行为无效纠纷 (3)破产撤销权纠纷	(1)取回权纠纷 (2)破产抵销权纠纷 (3)别除权纠纷 (4)追收非正常收入纠纷 (5)对破产债权优先顺位确认纠纷	(1)追究清算人责任与配合清算义务人责任 (2)管理人责任纠纷(以管理人职务身份且以破产财产清偿)	(1)破产债权确认纠纷(除确认优先顺位外) (2)对外追收债权纠纷 (3)追收未缴出资纠纷 (4)追收抽逃出资纠纷 (5)损害债务人利益赔偿纠纷 (6)管理人责任纠纷(个人身份、不牵涉破产财产)

对于破产债权确认纠纷,首先需要明确破产债权审查主要属于管理性事项范畴,管理人应勤勉尽责进行债权审核并由破产法官核查确认;对于债权确认之诉,破产债权优先顺位的确认属于影响破产财产的事项,属于核心争讼范畴;但其余普通破产债权确认以及职工破产债权确认纠纷,实际即使不存在破产案件,这些争议也会存在,只不过从普通给付之诉转变为破产衍生诉讼确认之诉,应当属于相关争讼范围。对于管理人责任纠纷,取决于管理人是以其职务身份还是个人身份被诉,以及诉讼是否牵涉破产财产。若诉讼只针对管理人个人,且非以从破产财产获得清偿或赔偿为目的,则不属于破产案件范畴;若诉讼针对的是管理人的职务身份,且以从破产财产获得清偿或赔偿为目的,则该诉讼就理应属于核心争讼范畴。

对于核心争讼部分案件,涉及破产法基本制度,并根据破产程序的特点、原则对普通民事债权和民事诉讼与执行制度加以变更,对当事人的权利义务予以必要的扩张或限制,同时兼顾对社会利益的维护,专业性、政策性强。例如,破产撤销权与《民法典》债的保全制度、管理人对合同的选择履行权与《民法典》的合同解除制度等制度之间的差异。因此,此类核心争讼案件应由受理破产清算法院集中管辖,并归口破产案件审理部门审理。对于相关争讼部分案件,因其与破产程序或制度本身并不存在实质关联,即使不存在破产案件,这些争议仍然会存在,裁判规则与《民法典》、公司法等制度并无明显不同,以当前破产审判资源,此类案件宜按普通民商事案件确定级别管辖标准,由公司住所地法院管辖,并按照基础法律关系确定由破产审判部门以外的其他业务审理部门审理。

论破产涉税若干问题的解决路径

——基于温州法院的实践展开

温州市中级人民法院联合课题组*

摘要：破产涉税问题已经成为影响破产程序顺利推进的重要因素之一，实践中面临诸多无法在现有制度框架内解决的难题。主要体现为税法与破产法法域上的公私法的泾渭分明，税法对破产企业未能贯彻量能课税原则以及破产法缺乏对破产的规则设置。基于此，对实践中面临的非正常户导致相关事务处理障碍问题、清税证明无法出具影响企业注销问题、企业重整后依法豁免的滞纳金无法核销问题、破产重整程序税收债务减免问题等，应从理念上将破产企业区别于正常企业对待，从立法上修改企业破产法、税法的相关规定以明确规则设置。

关键词：破产涉税；规则缺失；制度完善

诚如学者所言，"从司法实践情况看，破产程序中的税收问题难以解决，是影响法院受理和审理破产案件的重要问题"①。破产审判中遇到的税收问题确实已经成

---

* 本课题主持人：潘光林；成员：方飞潮、李耿、叶希希、杨云平、陈默、范志勇。原载《法律适用》2018年第8期。

① 王欣新、徐阳光：《中国破产法的困境与出路——破产案件受理数量下降的原因及应对》，载王欣新、郑志斌主编：《破产法论坛》第9辑，法律出版社2015年版。

为影响破产程序顺利推进的重要因素之一。虽然法院与税务部门在实践中对破产涉税问题的解决进行了积极的探索,但是由于《企业破产法》及相关法规对破产企业的纳税、税收债权等规定较少,《税收征收管理法》及相关法规对破产企业的税收处理更是鲜有规定,而税收相关政策是中央事权范围,这就导致实践中能够解决的问题非常有限,也让破产涉税问题更为棘手。面对现实困境,笔者试图以实践探索为出发点,探究破产涉税问题形成的根源,从破产法与税法的双重视角分析破产实践中普遍面临的非正常户导致相关事务处理障碍问题、清税证明无法出具影响企业注销问题、企业重整后依法豁免的滞纳金无法核销问题、破产重整程序税收债务减免问题等,并提出解决的路径,以期能为破产涉税规则的顶层设计提供一些有益的参考。

一、破产涉税问题的现状

(一)破解破产涉税难题的实践探索

对于破产审判中发生的涉税问题,各地法院与税务部门都进行了积极的探索,其中温州法院与税务部门的探索非常有代表性,也比较全面。温州市中级人民法院(以下简称温州中院)积极与温州市地方税务局(以下简称温州地税)、温州市国家税务局(以下简称温州国税)进行协商,完善税务司法合作机制,本着先易后难,逐步达成一致意见,先后出台了3个税费协作会议纪要,探索解决了一些破产审判中的涉税难题,提高了破产财产处置效率,增加了破产财产价值,充分保护各方当事人的利益。

1. 建立破产重整纳税评价机制。由主管税务机关对重整计划进行纳税评价,有效弥补了管理人不精通涉税业务的短板,免除了额外聘请税务师的费用,也使战略投资人对重整的税收成本有清晰的判断,免除其后顾之忧。

2. 创新企业所得税退税机制。税务部门在交易环节已对债务人财产拍卖所得预缴征收企业所得税的,债务人企业转破产程序后,税务部门预缴征收的企业所得税应作为破产财产退还。

3. 改变破产财产处置税费承担模式。以往债务人财产处置采用的是税费全部由买受人承担的模式,且具体应承担的金额未能提前披露,严重抑制了市场对购买破产财产的积极性。温州市中级人民法院、温州市地方税务局《关于破产程序和执行程序中有关税费问题的会议纪要》(温中法〔2015〕3号)明确财产处置后交易双方按照税法规定,履行各自的纳税义务。买受方仅需缴纳印花税和契税,其税费负担是明确的,提高了买受人参与购买破产财产的积极性。

4.明确税收债权的清偿顺位。明确在破产程序中,无论所欠税费是否发生在纳税人以其财产设定担保之前,都应申报税收债权,按照破产法规定的顺位进行清偿,受偿顺位列担保物权之后。

5.解决税收滞纳金核销难题。明确税务部门申报的税收滞纳金按普通债权在重整计划中依约定受偿后,未受偿部分依法核销。

6.明确不得预征企业所得税的情形。温州市人民政府办公室《关于印发〈企业金融风险处置工作府院联席会议纪要〉的通知》(温政办〔2017〕84号)明确法院裁定受理破产即表明该企业已经具备资不抵债的情形,其财产处置不应当预缴企业所得税(包括财产在执行程序中处置但处置所得由破产程序分配的情形)。

7.解决破产企业非正常户状态下的无法开具发票难题。破产企业为非正常户的一般纳税人的情形下,面临财产处置后无法开具发票的难题。对此,温州市人民政府办公室《关于印发〈企业金融风险处置工作府院联席会议纪要〉的通知》(温政办〔2017〕84号)对破产企业非正常户转换成正常户的具体操作流程进行了规范。

(二)破产涉税问题依旧突出

虽然实践中法院与税务部门对破产涉税问题的解决进行了积极探索,但是破产企业涉税问题依旧非常突出,并主要呈现以下两方面特点:

一是问题存在具有普遍性。审理破产重整、和解、清算案件,无论企业类型如何,或多或少都会遇到各类涉税问题。比如,《企业破产法》与《税收征收管理法》对税收债权与抵押担保债权的清偿顺位的不同规定如何适用,在实践中存在争议。又如,在部分"三无"企业破产案件中,税务部门对破产程序终结文书可以作为税收债权核销依据认识不足,从而一开始申报债权的积极性很低,往往需要经管理人再三催促后才会申报,这会影响破产案件的审理进程。再如,在破产重整过程中,需要事先对重整计划进行纳税评价,管理人不精通涉税业务,聘请税务师需要额外费用,请税务部门提前介入又缺乏必要的沟通机制,这就可能导致无法获取最理想的纳税评价结果,从而影响重整计划的制定。

二是问题解决具有局限性。税收相关政策是国家统一规定的,是中央事权范围,地方税务部门只能在现有税收政策框架内作适当的变通,因此局限性非常显著。比如,温州法院与税务部门联合出台的多个专题纪要,都是在现有制度下进行有限探索形成的临时措施,这些问题需在立法层面给予根本性解决。又如,税务部门要求征收债务豁免税给重整企业造成巨额负担。税收优惠政策的立法相对滞后,尤其是破产重整税收债务减免制度的确严重影响了破产重整的推进。依法豁免未能清偿的债务是破产程序的必然结果,但是在破产重整程序中,税务部门还会要求对依法豁免的未能清偿债务征收企业所得税,若破产企业债务豁免额较大,则会产生较大的应纳税所得额。对于资不抵债的破产重整企业来说,还需缴纳债务豁免产生的企业所得税,显然会打击战略投资人的积极性,严重影响企业重整成功的可能性,甚至可能导致重整成功后企业再次陷入破产清算的境地。法院与税务部门进行沟通,税务部门往往会以这是中央层面的税收政策决定的,地方税务部门无法作出例外处理为由坚持自己的主张。

二、破产涉税问题的成因分析

为了能够妥善解决涉税问题,需要明确破产程序"特域"中,产生涉税问题的原因。具体而言,破产涉税问题成因主要体现在以下三个方面。

(一)法域上公私法的泾渭分明

破产程序中涉税问题的成因,首先体现为对破产程序认识的不充分,折射出破产法与税法之间的理念分歧和规则冲突。《企业破产法》以"规范企业破产程序,公平清理债权债务,保护债权人和债务人的合法权益,维护社会主义市场经济秩序"①为宗旨;《税收征收管理法》以"加强税收征收管理,规范税收征收和缴纳行为,保障国家税收收入,保护纳税人的合法权益,促进经济和社会发展"②为追求。两法存在公与私的分野、权利与权力的区别,由此导致了具体规则间的不

---

① 参见《企业破产法》第1条。
② 参见《税收征收管理法》第1条。

兼容。延伸而论,破产法与税法的理念分歧本质上根源于两者的法域属性定位的差异,即公法与私法划分的理论。对税法、破产法秉持界限分明的公私二分法理念,固守传统部门法划分方法,从根本上导致了破产程序中涉税问题的产生。而事实上,在公法与私法交融的趋势中,出现了破产法与税法的交叉地带,税法私法化的现象不容忽视,破产法中公权力的介入带来的私法公法化现象也随处可见,唯有实现理念上的融合方可接受交叉地带的规则互认。

近年来,在传统的公私法分野及其衍生的部门法划分理论的基础上,理论界出现了"领域法学"的概念。有学者指出,鉴于部门法划分的弊端,以调整对象和调整方法为标准划分部门法的传统分类研究正逐渐走向式微,面向现实世界、以"问题"和"领域"为定位的研究方式正在兴起,"以问题为中心,旨在汇集多种法律手段、综合地解决复杂社会条件下产生的社会问题"的"领域法学"已经形成。① 领域法学理论及其研究范式,有助于克服我国传统公私法分野和部门法划分理论的弊端,成为弥合破产法与税法理念分歧的重要理论基础。传统法理念上的分歧也将因"领域法学"的兴起而逐渐消弭,破产涉税问题的解决则亟需这种新生理论的支持。

(二)量能课税原则未能得以贯彻

税法基本原则是指导并贯穿税的立法、执法、司法和守法整个过程的基本准则。其中,量能课税原则"是宪法平等原则在税法领域的应用。量能课税的基本要求是,根据纳税人的税收负担能力课征税收"②。但不同于税收平等原则的形式的相对性要求,量能课税原则体现了实质的绝对性要求,是实质的正义原则,对于纳税人条件相同的纳同样的税,条件不同的纳不同的税,而且"随着纳税人经济条件或纳税能力的升降,其税负也相应增减"③。在纳税人无负税能力的情况下,"勉强对其课征税捐,不但可能侵害其生产与发展,而且在大多数的情形亦难以征起,其结果亦徒然增加无谓之稽征费用,提高国家与人民间之摩擦机会与

---

① 参见刘剑文:《论领域法学:一种立足新兴交叉领域的法学研究范式》,载《政法论丛》2016年第5期。

② 刘剑文、熊伟:《财政税收法》(第6版),法律出版社2014年版,第190页。

③ 徐孟洲、徐阳光:《税法》(第5版),中国人民大学出版社2015年版,第31页。

程度”①。破产企业濒临存续边缘,不同于正常运营企业的经济状态,负税能力接近为零,对其依照常态企业标准征税,违反了量能课税原则的要求。在量能课税原则的指导下,应全面系统梳理破产企业纳税规则,不限于课税客体、税基、税率等税收核心要素,还包括税收征收与管理程序规范,与法院、工商、土地、房产等部门工作流程协调规范等方面,而这恰是税务系统目前所缺乏的。

(三)法律上缺乏对破产的规则设置

我国破产法的历史较短,破产文化并未得到普遍的认可,原有的诸多法律主要是基于企业正常状态下的情形进行规则设计,较少关注特殊状态下的企业行为如何调整的问题。例如,现行税法主要立足于正常经营状态下的企业,尚未对企业非正常经营状态的课税问题予以足够的重视,因而缺乏对困境企业税收问题的特殊调整。② 比如,对于无账册的破产企业,税务部门会要求按照正常企业提供具有连续性的账册,若不能提供则以无法计算具体欠税金额为由,拒绝出具清税证明并办理税号的注销。

税法理论上存在课税禁区的说法,狭义上的国家课税禁区是指人民的最低生存所需的所得不得课税。现有学者提出“课税特区”的概念,以此扩大课税禁区理论的适用范围。所谓“课税特区”,是指为保障纳税人的正当权益,征税机关应当慎入(禁入)或者原有税法规则应当作出特别调整的领域。破产程序是课税特区的典型代表,属于需要关注的特殊场域。这就需要税法在重视和保护破产企业的正当权益、注意征税的妥当性等方面作出特别的考虑,这也是“作为课税特区的破产程序”对于原有税法规则带来的冲击和挑战。③

在破产程序的“特区”内,税法规则面临规范供给不足的困境。一方面,税法规定包括税务运行系统都是由中央统一设计,在税法现有规定和税务运行系统都未能与破产程序有效对接的情况下,针对破产涉税问题,地方政府和法院只能在程序上做有限的努力,难以有真正的突破,实体法层面更是束手无策。另一方面,囿于法本位和法理念层面的差异,现行法律规则在破产程序中的解释和运用遭到怀疑。

---

① 黄茂荣:《法学方法与现代税法》,北京大学出版社 2011 年版,第 66 ~ 68 页。
② 参见乔博娟:《企业破产重整税收优惠政策研析》,载《税务研究》2014 年第 3 期。
③ 参见徐阳光:《破产程序中的税法问题研究》,载《中国法学》2018 年第 2 期。

三、破产涉税若干实务问题及建议

(一)非正常户导致相关事务处理障碍问题

1.非正常户状态对推进破产案件进程的不良影响。《税务登记管理办法》第38条规定,已办理税务登记的纳税人未按照规定的期限申报纳税,在税务机关责令其限期改正后,逾期不改正的,经税务机关应当派员实地检查,查无下落并且无法强制其履行纳税义务的,由检查人员制作非正常户认定书,存入纳税人档案,税务机关暂停其税务登记证件、发票领购簿和发票的使用。实践中,大部分破产企业存在生产经营异常、管理人员离岗、内部行政管理混乱等情况,而且这些企业在税务方面往往存在逾期申报等违法违规行为,从而被税务机关经法定程序认定为非正常户,进而导致破产企业无法开具发票、无法变更税务登记证上记载的法定代表人等一系列后果,影响企业破产程序的顺利推进。

其一,非正常户状态影响破产财产的顺利处置。《企业破产法》规定,管理人应当按照债权人会议通过的或者人民法院依法裁定的破产财产变价方案,适时变价出售破产财产。管理人需要处置的资产通常包括不动产、机器设备、车辆、存货等。2016年国务院常务会议部署全面推开营改增试点,将营改增范围扩大到建筑业、房地产业之后,这些资产的处置都需要按5%～17%等不同税率缴纳增值税。买受人依法可以取得相应的增值税专用发票,列支成本费用,其中买受人为企业法人的,因存在巨额的增值税进项抵扣利益而对增值税发票具有更强烈的需求。如果不能按规定取得增值税专用发票,就无法抵扣相应的税款,从而提高了买受人的交易成本。但破产企业一旦被列为非正常户,税务机关就会暂停其发票领购簿和发票的使用,管理人处置财产后将无法依法纳税和开具发票。若破产企业无法开具增值税专用发票,将导致买受人无法抵扣进项税额、列支成本费用,这会缩小买受人的范围,降低通过自由竞争获得合理价格的可能性,若处置的财产是不动产,还会因房产交易过户困难使管理人存在违约可能。

其二,非正常户状态影响重整企业法定代表人的变更。非正常户不但影响税收征管,而且破坏市场经济运行秩序,其危害主要表现在逃避纳税义务、不按规定验销发票、虚开代开增值税专用发票等方面。禁止非正常户变更法定代表人,不仅税务机关可以对上述法定代表人采取阻止其出境等限制措施来督促其履行义务,还可以防范非正常户企业的相关责任人员以注册新企业的方式来逃避税务监管。但是,对于破产重整企业来说,若企业处于非正常户状态,将导致战略投资人进入后仍然无法变更法定代表人,进而影响企业重整后的正常经营。

其三,破坏了相关法律关于破产费用的规定。若管理人申请将企业从非正常户状态恢复为正常户状态,按现有的一般做法,需要缴纳500~2000元的罚款。根据《全国法院破产审判工作会议纪要》(法〔2018〕53号)第28条的规定,破产财产依照《企业破产法》第113条规定的顺序清偿后仍有剩余的,可依次用于清偿破产受理前产生的民事惩罚性赔偿金、行政罚款、刑事罚金等惩罚性债权。现税务机关以不开发票为手段迫使管理人缴纳罚款,扰乱了法律构筑的清偿顺序,破坏了《企业破产法》的公平清偿原则。

2. 破产程序中解除非正常户状态存在困难。根据《企业破产法》的相关规定,在破产管理人接管破产企业之后,应当依法承认其履职身份,理论上可以将破产企业的非正常户状态恢复为正常户状态。但是,根据税务机关的规定,必须先对非正常户逾期申报的违法违章行为处理完毕后,才能将破产企业从非正常户状态恢复到正常户状态。而且上述事项在税务机关金税三期系统中属于强制监控阻断事项,当事人需要先处理违法违章行为、缴清罚款才能由非正常户状态转为正常户状态,否则将无法变更纳税人状态。但是,如前所述,根据《全国法院破产审判工作会议纪要》第28条的规定,民事惩罚性赔偿金、行政罚款、刑事罚金等惩罚性债权劣后受偿。换言之,破产企业在其他债权受偿前向税务机关缴纳罚款缺乏法律依据。税务机关与人民法院相关规定之间的冲突,导致非正常户的恢复存在困难。

3. 破产程序中仍适用非正常户规则缺乏合理性。其一,从破产企业的特殊性来看。当前税收法律法规及规范性文件中列明的税收征管措施都是针对正常生产经营的纳税人设计的,而破产程序作为司法处置的特殊性程序,无论是参与其中的包括作为债务人的企业等民事法律关系相关方,还是法律关系的特殊性设置,都有别于正常主体和正常程序。从破产案件税收债权的征管实践来看,现有的税收征管体系难以满足特殊性程序的需要。例如,被税务机关认定为非正常户的破产企业开具发票问题。按照现有征管体系的要求,企业开具发票方面的规定要以企业正常生产经营为前提,这是针对市场经济活动中正常生产经营的市场主体设计的。根据现有制度,破产企业开具发票必须先由非正常户转为正常户。实际上,破产企业往往不是正常生产经营的企业,而且往往存在法定代表人失联、生产经营停滞等情况,并非严格意义上的正常户。因此,现有规定相当于给破产企业设置了一个前置条件,不利于破产程序的快速处置。又如,处理破产企业破产受理前的违法行为所产生的罚金问题。行政处罚罚金的设置是以给违法行为人以惩戒教育为目的。在企业破产申请受理后,若对破产管理人处理破产申请受理前的罚金进行收缴,难以实现其原本的目的,显得不够合理,但是不进行收缴,税务执法人员又可能需要承担相应的执法过错责任。

其二,从破产管理人的职责来看。有部分企业是在进入破产程序后被新列为非正常户的,原因在于管理人接管企业后未按规定申报纳税。这会涉及管理人是否具有申报纳税义务的问题。从《企业破产法》的立法目的来看,破产程序的功能是公平清理债权债务,保护债权人、债务人和企业职工的合法权益,因此除了要继续债务人的营业的情况外,管理人并不具有申报纳税的义务。因为管理人的职责是接管债务人企业,厘清企业的债权债务关系,并作出公平清偿。绝大多数情况下,尤其是在破产清算的情况下,进入破产程序后,管理人不会继续债务人企业的营业。停止营业后,债务人企业已经不再从事经营活动,税务机关再要求管理人耗费时间和精力从事一项并无实质意义的工作,显然不合理。

其三,从相关法律法规的层级来看。《企业破产法》系由全国人大常委会发布的法律,而《税务登记管理办法》是由国家税务总局制定的部门规章。在法律相关规定与部门规章相关规定不一致时,应当优先适用法律规定。而会议纪要系对法律的解释,用于解决具体应用法律的问题,其效力等同于法律。因此,在企业进入破产程序后,继续适用《税务登记管理办法》而要求企业缴纳罚款并不具合法性。

4.解决破产程序中非正常户难题的建议。从近期的角度来看,在相关法律法规尚未修订的情形下,建议法院指导破产管理人依法积极履责,税务机关给予大力支持,按照现有的规定依法处理非正常户违法违章事项,解决破产企业开具发票、房产过户、税务登记变更等一系列问题。从长远角度来看,在保障国家税收债权的前提下,建议针对破产程序对税收的特殊性需求,在现有税收征管框架之外,制定特殊的征管措施,以保障法院、税务机关和破产管理人之间的流畅衔接。例如,可以允许属于非正常户的破产企业不用处理破产案件受理前的违法违章行为,或是不用缴纳违法违章行为需要缴纳的罚金,或是可以在不用办理非正常户转正常户的情况下允许其开具发票、办理变更税务登记等事项。

(二)清税证明无法出具影响企业注销问题

1. 破产实践中因涉税问题存在的企业注销困难。《公司登记管理条例》(已失效)第43条规定,公司申请注销登记应当提交的文件包括法律、行政法规规定应当提交的其他文件。《税务登记管理办法》第26条第1款规定,“纳税人发生解散、破产、撤销以及其他情形,依法终止纳税义务的,应当在向工商行政管理机关或者其他机关办理注销登记前,持有关证件和资料向原税务登记机关申报办理注销税务登记”。注销后,税务登记机关会出具清税证明,注明企业的所有税务事项均已结清。根据原国家工商行政管理总局、国家税务总局《关于做好“三证合一”有关工作衔接的通知》的要求,申请办理注销登记的,申请人应持税务机关出具的《清税证明》。可见办理企业注销登记须出具清税证明有明确的法律依据,这让破产实务中产生不少难题。

其一,破产企业“三无”的特点导致提交材料难。《税收征收管理法实施细则》第16条规定,纳税人在办理注销税务登记前,应当向税务机关结清应纳税款、滞纳金、罚款,缴销发票、税务登记证件和其他税务证件。破产实务中常见的无财产、无账册、无人员的“三无”企业,既无法提交税务相关证件,更无法清偿税款。此时,要求管理人按规定代为办理税务注销登记手续显然是脱离现实的。如果不办理税务注销登记手续,管理人将无法办理企业登记注销手续,而这与《企业破产法》关于“管理人应当自破产程序终结之日起十日内,持人民法院终结破产程序的裁定,向破产人的原登记机关办理注销登记”的规定不符。

其二,相关法律法规冲突导致税款及滞纳金入库存在问题。国家税务总局《关于进一步加强欠税管理工作的通知》(国税发〔2004〕66号,部分失效)第3条规定:“对2001年5月1日新修订的征管法实施后发生的欠税,税务机关应按照征管法的有关规定核算和加收滞纳金。纳税人缴纳欠税时,必须以配比的办法同时清缴税金和相应的滞纳金,不得将欠税和滞纳金分离处理。”因此,在税收征管实践中,税务机关基于将滞纳金的征缴视同税款进行管理,对欠税和相对应的滞纳金必须按比例入库。但是最高人民法院《关于税务机关就破产企业欠缴税款产生的滞纳金提起的债权确认之诉应否受理问题的批复》(法释〔2012〕9号)规定:“依照企业破产法、税收征收管理法的有关规定,破产企业在破产案件受理前因欠缴税款产生的滞纳金属于普通破产债权。”人民法院认为欠缴税款的本金享有税收优先权,欠税所产生的滞纳金却不能享有。在大多数破产案件中,欠税本金享有税收优先权可以得到优先受偿,而滞纳金作为普通债权,往往难以受偿或者受偿比例较低。这使税务机关在分配到税款之后,税款入库成为一个难题。与此同时,由于税务机关目前使用的金税三期系统对税款和滞纳金按比例入库实行强制监控,在实际操作中无法对欠税本金和滞纳金进行分离处理,税务机关对分配到的欠税本金难以入库。

其三,相关法律法规冲突导致存在滞纳金计算期限问题。《税收征收管理法》第32条规定:“纳税人未按照规定期限缴纳税款的,扣缴义务人未按照规定期限解缴税款的,税务机关除责令限期缴纳外,从滞纳税款之日起,按日加收滞纳税款万分之五的滞纳金。”因此,按照税法的相关规定,须依法对欠缴的税款加收滞纳金并计算到税款入库之日为止。但是根据最高人民法院《关于税务机关就破产企业欠缴税款产生的滞纳金提起的债权确认之诉应否受理问题的批复》的相关规定,破产案件受理之后产生的滞纳金不属于破产债权。由于破产案件受理之后欠税产生的滞纳金不属于税收法律法规规定的依法不予加收的情形,该部分滞纳金难以处理。

2. 破产实践中的权宜做法。原国家工商行政管理总局《关于全面推进企业简易注销登记改革的指导意见》规定,对领取营业执照后未开展经营活动、申请注销登记前未发生债权债务或已将债权债务清算完结的企业,在破产程序终结后,可申请简易注销登记。只需要提交人民法院终结破产程序的裁定、营业执照正、副本即可,不再提交清税证明。在温州地区破产实务中,温州中院和温州市市场监督管理局以会议纪要的方式达成共识,以法院出具的相关文书或情况说明来证明税收债权在破产程序中的受偿情况,以替代清税证明,使破产企业顺利注销登记。应该说,温州法院的做法与原国家工商行政管理总局在一定程度上放宽了企业注销登记要求是不谋而合的。

3. 解决因涉税问题导致破产企业注销困难的建议。其一,针对破产企业设置专门的出具清税证明的规则。办理注销税务登记手续是出具清税证明的前提条件。管理人无法办理税务登记注销手续的原因在于需要提交大量资料并且还要缴清税款。一方面,从破产程序的角度来看,缴销税务登记证件和其他证件的要求可以参照市场监督管理部门的做法,采用登报公告的方式执行。税务部门关于清偿税款的要求则明显与《企业破产法》规定的债权申报、核查、分配的程序冲突，其实质是税务部门试图利用职权改变法律规定的分配规则，这种做法和要求明显损害其他债权人利益，违反了《企业破产法》的公平清偿的原则。另一方面，从合理性角度来看，国家规定实施税务登记，是为了规范税务登记管理，加强税源监控。在破产程序中，只有进行了破产清算，明确要终结破产程序，需要办理注销企业登记时，才可能涉及注销税务登记，此时企业已经不可能再继续生产经营，也不可能成为税源。税务部门继续保留企业的税务登记数据，只会导致数据冗余，降低税务部门的工作效率。因此，我们建议，税务部门可以参照市场监督管理部门的做法，对经过破产清算的企业注销税务登记，出具清税证明。当然，出具清税证明并不当然意味着企业的股东可以免除纳税义务。如果企业股东或者其他清算义务人存在怠于履行职务的行为，税务机关依然可以依法追究其责任。

其二，针对破产企业设置专门的税款本金与滞纳金的入库规则。首先，根据《企业破产法》及相关司法解释的规定，在明确欠税滞纳金不享受税收优先权的前提下，欠税本金和滞纳金的清偿顺位不同，必然会导致两者的受偿比例有所不同。若税收相关法律法规的缺失导致已经分配到的欠税本金无法入库，从而影响破产企业注销，显然违背了破产制度的初衷。其次，《税收征收管理法》对欠缴税款从滞纳之日起按日加收滞纳税款万分之五的滞纳金的立法本意是督促纳税义务人尽快缴清所欠税款。但是，按照《企业破产法》的规定，进入破产程序的企业的相关责任义务已由破产管理人代为履行，且须按规定的法律程序进行债权的清算和偿还，进入破产程序的企业无法主动清缴欠税。再次，由于破产案件从案件受理到案件终结存在较长时间，对该期间的欠税加收滞纳金，既不符合《税收征收管理法》的立法意图，也会增加企业的债务负担，更会侵占其他债权人的权益。最后，从具体操作层面看，税务机关在进行债权申报时，需申报参与分配的税收滞纳金债权的具体数额。由于债权申报存在截止期限，若按照现行滞纳金的加收规定，在债权申报后最终所分配到的税收债权入库时间难以确定，导致税务机关在申报债权的环节难以确定滞纳金的数额，不利于税收债权的申报。因此，笔者建议，通过税收立法明确规定：将破产程序中欠税滞纳金计算的统一截止期限设置在破产案件的受理之日；对进入破产程序的企业，明确税款本金和税收滞纳金之间的区别，允许税款本金和滞纳金分离入库。

(三)企业重整后依法豁免的滞纳金无法核销问题

企业重整后依法豁免的滞纳金在税务系统如何核销在实践中遇到困难。由于现行的税收法律法规未针对破产这一特殊程序的涉税处理作出特别规定,国家税务总局在相关的税收规范性文件中也没有确切的重整概念,只有重组的一些税收政策规定。国家税务总局在《欠缴税金核算管理暂行办法》中规定,对于破产、撤销企业经过法定清算后,已被国家主管机关依法注销或吊销其法人资格,纳税人已消亡的,其无法追缴的欠缴税金及滞纳金,应及时依照法律法规规定,根据法院的判决书或法定清算报告报省级税务机关确认核销;对于实施兼并、重组、出售等改组的企业,主管税务机关应依法清算并追缴其欠缴的税金及滞纳金。可见,国家税务总局对破产重整和破产清算的法定后果还是作了较大区分,即破产清算后,纳税主体消亡,可依法核销无法追缴的滞纳金;重整程序后,企业仍然存续,纳税主体并未消亡,税款滞纳金应持续计算。在金税三期系统中,破产重整程序后不能全额受偿的税收滞纳金自动累计,这虽然与《企业破产法》第94条关于"按照重整计划减免的债务,自重整计划执行完毕时起,债务人不再承担清偿责任"的规定不符,但是基层税务系统核销权限受限,导致重整后企业仍然承受巨额税款和滞纳金负担。

虽然税务人员在相关法律法规缺位的情况下,为避免执法风险,依据《欠缴税金核算管理暂行办法》追缴重整企业税金和滞纳金的做法无可厚非,但这一做法给重整后企业带来巨大负担,其现实合理性有待商榷。我们认为,对破产重整程序依法豁免的滞纳金予以核销符合立法本意和社会经济发展的现实需求。一方面,从法律适用来看,《企业破产法》第94条规定:"按照重整计划减免的债务,自重整计划执行完毕时起,债务人不再承担清偿责任。"同时依据最高人民法院《关于税务机关就破产企业欠缴税款产生的滞纳金提起的债权确认之诉应否受理问题的批复》的规定,税务机关就破产案件受理前因欠缴税款产生的滞纳金属于普通破产债权。因此,破产受理前的税款滞纳金属普通破产债权,应按照普通债权的清偿比例清偿,依照重整计划执行完毕后,未获清偿的税款滞纳金,债务人不再承担清偿责任。1988年施行的《企业破产法(试行)》仅规定了破产清算,并无破产重整概念,2007年施行的《企业破产法》中才有专章规定"重整"。《欠缴税金核算管理暂行办法》系2000年施行,内容涉及企业破产清算、兼并、重组、出售等,此处的重组并不完全等同于破产法上的重整概念。重组是在公司经营出现困难时,经营管理人的自主选择行为;重整则属于公司破产的法定救济形式之一。因此,重整程序的有关问题应适用《企业破产法》规定。另一方面,从制度本意来看,重整制度是对陷入经营困境但仍有重生希望的企业的一种司法救济程序。经过重整的企业,虽然形式上延续了主体资格,但实质上是经过蜕变的新生企业。重整程序产生一种法律上的阻断效应,重整完成也意味着重新开始。如果以企业主体存续为由,让重整后企业承担之前的滞纳金甚至罚款,则违背了重整制度立法本意,也不符合社会经济发展的现实需求。

因此,虽然温州中院和温州国税对此进行了有益探索,但是为实现破产重整程序的立法目的,避免税务人员的执法风险,从长远角度而言,我们建议国家税务总局进一步明确破产重整程序滞纳金核销问题,规定对重整程序中未获清偿的滞纳金应予以核销,债务人不再承担清偿责任,同时亦要在税务操作系统中作出专门设置。

(四)关于破产重整程序税收债务减免问题

破产程序作为新生事物,税收优惠政策的立法相对滞后,尤其是破产重整税收债务减免制度的缺位严重影响了破产重整的推进。目前许多发达国家已将破产重整税收债务减免作为一项基本制度予以确立。破产重整税收债务减免制度实质上是国家作为税收债权人,在一些具有特殊资质、具有保壳价值的企业破产重整过程中,为了防止税收债权根本性流失,与其他债权人达成一致意见,通过减免债务方式,保留企业优质资产,提高破产重整企业对战略投资人的吸引力,使企业复苏重生,从而最大限度地实现税收债权的长远保护。税收应以公共需求为基石,征税的主要意义也体现在为公众提供公共产品,纳税人处于极度危难之中时,国家也有施救义务,涵养税源方能保障国家运转和存续,竭泽而渔只会影响社会财富链条良性循环。

企业进入破产程序后,涉及缴纳的税费主要包括两个方面:一是破产案件受理前发生的税收债权和滞纳金;二是破产程序中对资产进行处置时所发生的包括增值税、土地增值税、契税、营业税、城市维护建设税等在内的流转税和所得税。针对重整企业,还很可能会产生资产保有环节发生的房产税、城镇土地使用税、耕地占用税等税收以及因重整程序中对债务进行豁免而产生的所得税。根据《企业破产法》第113条的规定,除却担保债权、破产费用和共益债务之外,税收债权的清偿顺序仅次于破产人所欠职工的工资和医疗、伤残补助、抚恤费用,所欠的应当划入职工个人账户的基本养老保险、基本医疗保险费用,以及法律、行政法规规定应当支付给职工的补偿金,而优于普通破产债权。在进入破产程序之前,绝大多数破产企业都已亏损多年,所欠税额在企业的负债中所占比例一般都比较高,繁多的税负压缩了本就资不抵债破产企业的债权人的清偿率,对于破产企业来说,更是一个沉重的负担。而在重整程序中,战略投资人则可能要承受较之预期更多的负担。税务部门认为,根据《企业所得税法》第6条、第18条及《企业所得税法实施条例》第22条的规定,于重整程序中依法免除的债务应属"确实无法偿付的应付款项",从而应按5年外债务免除额计征企业所得税,这种认定给重整程序的推进造成了一定的困难。比如,在温州中城建设集团有限公司重整案中就遇到了这种情况,税务部门对于申报债务豁免收入以及重整完成后作债务重整收入申报收入,并以此主张应征天文数字的企业所得税,后经温州市瓯海区人民法院与税务部门多次协商,税务部门最终同意将该问题暂时搁置。造成破产企业在税负减免问题上的困境的主要原因在于目前税收法律法规都是针对正常经营企业设立的税收规则,几乎很少有针对破产企业设立税收优惠政策。即使有,也是针对金融机构、国有企业等特殊主体而设立的,对民营企业并不适用。2015年,依据国务院《关于进一步优化企业兼并重组市场环境的意见》,财政部、国家税务总局发布《关于促进企业重组有关企业所得税处理问题的通知》和《关于非货币性资产投资企业所得税政策问题的通知》,提出了扩大重组特殊性税务处理适用范围,对非货币性资产投资给予递延纳税政策,进一步支持企业兼并重组,优化企业发展环境等优惠政策,但这些优惠政策都是从兼并重组的角度提出的,没有明确指出适用于破产程序,可见相关部门对破产程序仍然缺乏关注。这导致实践中上述税收负担无法依据法律规定获得减免。

对此,温州法院早在破产处置工作领导小组成立之前就已旗帜鲜明地提出应尽量减免破产企业的税收债务的主张。经温州市人民政府同意后出台的《企业破产处置工作联席会议纪要》(温政办〔2014〕90号)也明确指出:"企业破产前欠缴的相关税款,凭法院裁定书按规定程序上报核销;对企业破产过程中产生的相关税费,市国税、地税部门要制定缓减免的相关政策,加大支持力度。"温州中院历经1年半时间的沟通与协调,联合温州国税、地税联合制作的《关于支持和服务企业改制重组破产重整税收优惠政策操作指南》，明确了企业改制重组、破产清算的税收优惠。比如，在审理阶段发生股权结构变化的，可免征“销售不动产”“转让土地使用权”营业税以及股权转让的契税等。囿于税收减免权限，地方性政策对税负减免作用非常有限。《企业破产法》虽设置破产重整计划草案方式表决程序，税收债权人可通过表决减免税收债权，但现实中，税务机关出于执法风险考虑，往往要求税收债权足额清偿，否则即拒绝通过重整计划草案。我国税收法律法规对破产重整程序的税收债务减免问题的规定缺位使仅有的通过表决方式减免税收债权的规定也成为空中楼阁。目前，重整成功率普遍偏低，建立和完善破产重整税收债务减免已成大势所趋。

在破产重整过程中，产生债务豁免是必然的。按照《企业所得税法》的规定，债务豁免需要依法征收企业所得税。若破产企业债务豁免额较大，则会产生较大的应纳税所得额。对于破产重整企业来说，还需缴纳债务豁免产生的企业所得税和滞纳金，甚至罚款，显然会打击战略投资人的积极性，阻碍企业破产重整。因此，针对破产重整程序中的债务豁免所得课税问题，迫切需要税收法律制度的支持。我们建议，国家税务总局尽快出台支持企业破产重整的专项税收优惠政策，明确税收债务减免的审批主体、条件、范围、程序及后续处理。

破产重整若干实务问题探析

——以温州法院破产审判实践为立足点*

破产重整是源于国外的一项制度，我国2007年施行的《企业破产法》同时规定了破产清算、破产和解和破产重整三项制度，其中设专章①，以25个条文②完成了破产重整的制度设计。后续在《企业破产法》实施过程中，最高人民法院先后发布了《关于审理企业破产案件指定管理人的规定》《关于审理企业破产案件确定管理人报酬的规定》《关于适用〈中华人民共和国企业破产法〉若干问题的规定（一）》《关于适用〈中华人民共和国企业破产法〉若干问题的规定（二）》《全国法院破产审判工作会议纪要》等一系列司法解释和司法文件，完善了破产重整制度的规则体系，以推动破产法的顺利实施。各地各级法院在审判实践中也进行了很好的探索和创新，破产重整制度在挽救危困企业、优化资源配置、推进供给侧结构性

---

* 作者：潘光林、方飞潮、叶希希。

① 破产重整制度，国外立法历来有之，所不同者，一有将其规定于公司法中，如1986年以前的英国；二有将其规定于破产法中，如《美国破产法典》和1986年《英国破产法》；三有单独制定重整法，如《日本公司更生法》《日本民事再生法》。我国于《企业破产法》中设置"重整"专章，由此标志我国破产重整制度的形成。参见郭毅敏主编：《破产重整·困境上市公司复兴新视野——以审判实务研究为中心》，人民法院出版社2010年版，第5页。

② 参见《企业破产法》第八章。

改革等方面发挥了重要意义。温州法院在着力推进破产审判工作,尤其是破产重整工作的过程中,针对重整企业的信用修复、涉税等问题,探索总结了一系列做法,并形成了多个地方性会议纪要,出台了全国第一个关于破产重整企业信用修复的地方规范性文件。但是《企业破产法》以及相关配套法律制度不健全,导致在破产重整工作推进过程中遇到的不少问题在实践中仍然缺乏解决路径,民营企业的破产重整审判之路还任重而道远。本文拟立足于温州法院的破产重整审判实践,梳理遇到的相关问题并就其解决路径提出相应的建议,以求教于同仁。

一、逾期申报债权的后果设置有待完善

《企业破产法》第 92 条第 2 款规定:“债权人未依照本法规定申报债权的,在重整计划执行期间不得行使权利;在重整计划执行完毕后,可以按照重整计划规定的同类债权的清偿条件行使权利。”债权申报是债权人参加破产程序、在破产程序中行使权利的必备条件。债权人未在人民法院确定的债权申报期限内按照法律规定申报其债权,被视为放弃或怠于行使其权利,理应承担相应的后果。从前述法条规定可以看出,在破产重整程序中,债权人逾期申报债权的后果仅仅是在重整计划执行期间不得行使权利,也就是在权利行使时间上进行了限制,但是在权利内容上,还是可以按照重整计划规定的同类债权的清偿条件行使权利。这样的法律规则设置,在破产实践中给民营企业的破产重整造成了很大影响。

我国破产重整现状较复杂。虽然国有企业和上市公司的情况会好一些,但是民营企业融资难,为获得资金如银行贷款,通常会被要求股东个人提供担保,从而导致原股东债务缠身,即使企业重整,股东仍需承担担保责任,客观上无法保留重整企业的股东身份,因此民营企业削债式重整非常少,大多需要引入战略投资人。但是民营企业财务不规范、财产混同等情况较为普遍,并存在引发道德风险的可能性。企业的负债情况,尤其是一些担保债务难以被全面、精确地掌握,而让战略投资人承担无法预判的未申报债务合理性不足,司法实践中不少战略投资人就因此打退堂鼓。如果逾期申报的债权是税收债权的话,重整企业更难维护自己的权益。比如,税务部门在法院确定的债权申报期间内基于各种原因没有完全申报债权,待引进战略投资人后,又向管理人申报较大数额的税收债

权,虽然战略投资人不愿意负担,但是税务机关直接在重整后企业的账户上扣减了相应的款项,这对战略投资人而言是超出预期的成本,与重整计划约定不符。这样的成本增加可能会直接导致战略投资人不愿继续履行重整计划,最终将导致企业重整成功后产生纠纷,不利于重整计划的执行。

因此,这样的规定使战略投资人对后续可能需要承担的债务存在诸多顾虑。虽然出售式重整可以解决这样的问题,但是出售式重整有其适用范围的局限性,如果因企业特殊资质等与企业捆绑的无形价值而进行破产重整,那就无法采用出售式重整模式,且出售式重整的经济成本较大。为了规避这样的风险,如果在重整计划中直接约定新投资人不承担原企业债务,则可能会因违反法律规定而无效。如果存在虚假债务或有债务,那后期需要承担的成本更是无法预料。对此,有学者提出,对债权人已收到债权申报的书面通知但未依照《企业破产法》规定申报或申报不全的,不适用《企业破产法》第 92 条的规定,对未申报债权不予清偿。实践中,为了规避这样的风险,很多破产案件在重整计划条款拟定时就对逾期申报债权的后果作特别的设置,即在重整计划中约定,重整前的债务负担与重整后的企业无关,且不得向重整后企业主张。比如,在庄吉集团破产重整案件中,为了打消战略投资人的顾虑,重整计划明确约定包括逾期申报的债权人在内的债权人不能向重整后的企业主张权利。而对于逾期申报的债权的处置方法是其可以跟重整计划中确定的同类债权享有相同的清偿比例,但是在清偿方式上作了变通:如果清偿当时有货币财产,则给予货币分配;若没有货币财产,则以相应比例的应收债权等其他财产权利进行偿还。这样可以使战略投资人对投资成本有预见,彻底打消其顾虑。应该说,在民营企业的破产实践中,大多数重整案件都采取了一定的方式来规避前述风险,但是有学者认为,这种约定违反法律规定,是无效的。因此,实际上《企业破产法》第 92 条第 2 款规定在实践中的效果并不理想,甚至可以说在民营企业破产重整领域,一定程度上已经被架空。

对此,我们建议应对《企业破产法》第 92 条第 2 款进行修改完善,应区分不同情形作出设置。对于由原债务人继续经营的情形,即削债式重整情形,适用现有规定;对于引入战略投资人的情形,则应补充规定逾期申报的债权人不得向重整后企业主张权利,其申报的债权得到确认后,可以参照破产清算程序中对逾期申报债权的后果进行设置,即债权人申报债权前重整计划执行中已经进行分配的,不再对其补充分配,在尚未分配的财产范围内按同等比例受偿,且应在货币不足以满足其受偿标准时,可以其他形式的财产如应收债权等进行分配,并由其自行承担无法兑现的风险。至于《企业破产法》第92条第2款中对逾期申报债权不得在重整计划执行期间行使权利的时间限制则可以取消。这样修改后,可以督促债权人及时申报债权,也可以打消战略投资人的顾虑,更有力地推进破产重整工作顺利进行。

二、关于银行债权人较少投同意票的问题

企业破产重整过程中,银行债权人对涉及债权人表决的事项很少投同意票,一般以投反对票或者弃权居多。而破产重整程序中涉及债权人表决的事项不少,其中最为重要的重整计划草案就需要债权人进行分组表决,银行债权人通常都是最大债权人,却基于各种原因很少投同意票。比如,在某公司破产重整案中,虽然该企业市场前景广阔,且破产重整相对于破产清算而言能盘活企业资产,实现债权人权益的最大化,对企业和社会具有重大意义,但是作为普通债权人并占有较大债权比例的四家银行还是对破产重整计划草案投反对票或弃权。后经管理人多次沟通,四家银行仍然明确表示因内部管理上的规定还是坚持原来的意见,最终导致重整计划草案未获通过。① 银行债权人在破产重整程序中态度不积极,严重影响破产工作的顺利推进。

银行债权人较少投同意票主要有两方面原因:其一,破产重整程序可能使其遭受损失。银行债权人若是担保债权人,可以通过执行程序使债权及时受偿,而债务人企业进入破产程序的话,则其债权肯定会延缓受偿,从而就会产生相应的机会成本损失,比如,会造成收回贷款速度明显变慢,新增利息、逾期利息均会被视为不良贷款的一部分。而且破产重整程序中对担保物的继续使用可能会造成担保物的价值贬损。其二,银行内部管理上缺乏重整应对机制。以重整计划草案的表决为例,银行债权人不予赞成的部分原因是不敢赞成,因为地方分行没有同意通过重整计划的权限,而且地方分行报总行审批是否同意重整计划草案时,总行会认为破产重整后企业仍然存续,银行同意重整计划草案即意味着主动放弃债权追偿,不利于银行自身的债权核销,故不同意通过重整计划草案。

---

① 参见浙江省乐清市人民法院民事裁定书,(2013)温乐商破字第19-3号。

重整是对已经具备破产原因或有破产风险但具有再生可能的债务人实施的积极的拯救程序,旨在最大限度维护债权人利益和社会利益。事实上,银行业仅从自身核销债权角度出发,狭隘地将企业破产重整和企业破产清算进行区别对待,坚持要求以拍卖形式一次性处理破产重整企业资产(破产清算形式),不仅难以提高自身债权清偿率,且很有可能损害其他债权人及职工的利益,也逼迫一个有机会焕发新生的企业彻底走向死亡。之所以存在这一问题,在一定程度上是受《贷款通则》第37条第2款规定的影响。该条规定:"未经国务院批准,贷款人不得豁免贷款。除国务院批准外,任何单位和个人不得强令贷款人豁免贷款。"该条规定的本意在于在制度规则上维护银行金融债权的利益,但是没有考虑到破产重整的特殊性。目前银行在破产重整程序中严格遵守该规定,则必然需要报批,进而就会引发前述问题。对此,建议修订《贷款通则》,对第37条的规定设置例外情形,即银行债权人在破产程序中对同意重整计划草案等事项行使表决权的,可以免除报批程序。

对于重整程序中延缓处置担保物可能给有担保的银行债权人造成损失的问题,应严格按照《企业破产法》中第75条第1款关于"在重整期间,对债务人的特定财产享有的担保权暂停行使。但是,担保物有损坏或者价值明显减少的可能,足以危害担保权人权利的,担保权人可以向人民法院请求恢复行使担保权"的规定行使,同时对有担保的银行债权人在延缓处置担保物期间的损失予以适当的补偿。这是促使重整目标实现与有担保的银行债权人之间能够达成平衡的必然需要,也是完善担保制度信用秩序的需要。只有这样,才能更好地调动各方积极性,为实现各方共赢创造基础条件。

三、股权被冻结时出资人权益调整问题

破产重整本质上是出资人(本文中出资人与股东系指同一概念)、不同类型债权人、战略投资人等多方主体之间进行利益博弈的过程。出资人尤其是实际控制人对企业陷入困境往往有难以推卸的责任,应该承担相应的重整成本,因此在重整过程中对出资人权益进行调整甚至归零是股东承担相应责任的一种方式,具有合理性。同时,在推进困境企业重生的过程中,战略投资人要进入企业成为股东,必然希望以最低的成本取得企业控股权,若出资人权益不作调整,则

战略投资人进入企业的成本会非常高甚至有可能根本无法进入企业。这样的话后续就不能顺利引入战略投资人对困境企业注入资金或优质资产，重整也就难以取得实质性成功。因此对出资人权益进行调整是重整程序的应有之义。实践中，破产重整案件普遍会面临出资人权益如何调整的问题，仅少数破产重整案件没有对出资人权益进行调整。① 以温州实践来看，重整企业均已资不抵债，保留出资人权益缺乏客观基础。目前温州法院审理的所有破产重整案件均对出资人权益进行了调整。可以说，对出资人权益进行调整是有力促成企业重整成功的必然选择。但是因《企业破产法》仅有第 85 条及第 87 条对出资人权益调整作了规定，远不能满足现实的法律需求，实践中存在出资人组的表决程序及表决规则如何规范等问题需要解决，其中股权被冻结时对出资人权益调整如何执行是非常棘手的问题。

《企业破产法》第 19 条规定："人民法院受理破产申请后，有关债务人财产的保全措施应当解除，执行程序应当中止。"但该条款针对的是债务人的财产，对出资人享有的股权并不适用。出资人权益调整方案在重整计划获法院批准后可以付诸执行，但是如果出资人持有的股权被冻结，在法律没有作出明确规定的情况下，如果申请冻结股权的主体不愿配合债务人就出资人调整的股权申请解除冻结措施，则出资人权益调整方案在执行过程中可能会面临障碍。例如，在洞头法院审理的国际大酒店破产重整案件中，出资人股权被冻结，而出资人的债权人不愿配合申请解除冻结措施，在战略投资人与该出资人的债权人协商谈判陷入僵局之后，出资人权益调整方案执行也面临困境。

前述问题在重整案件中并不少见，实践中也缺乏有效的解决办法。温州法院在审理破产重整案件中碰到这类问题时，除通过协商的方式解除冻结措施外，在现有法律框架下，为破解这一困境，探索由冻结股权的法院继续拍卖股权，由于破产企业的股权不具有吸引力，在通常情况下，战略投资人能以较小的代价拍下股权，从而取得股权。这种方式也不是理想的选择，存在战略投资人所投入的成本无法预判的问题，破产状态下股权能否转让也有争议，而且拍得股权后是否需要承担前股东所承担的责任还存在疑义，这些风险会大大影响战略投资人的

---

① 参见曹文兵：《上市公司重整中出资人权益调整的检视与完善——基于 51 家上市公司破产重整案件的实证分析》，载《法律适用》2018 年第 17 期。

积极性。

对此,建议在《企业破产法》修订时或制定相关司法解释时应明确规定两个层面的内容:首先,对冻结申请人、质权人的权益要给予保障。具体保障措施上,可以有不同的设计,可以考虑让冻结申请人、质权人参与出资人组的表决,份额以其冻结的金额为限;也可以考虑在重整计划草案表决前,破产案件审理法院向冻结申请人、质权人释明对出资人权益调整的合理性,其可以提出复议申请,由破产案件审理法院审查后作出决定。其次,在对冻结申请人、质权人的权益进行保障后,要赋予经法院批准的重整计划以司法强制力和执行力,并规定重整案件的受理法院有权直接采取解押解冻等措施,即冻结申请人以其对出资人持有的债务人股权予以冻结为由,主张重整计划对出资人权益的调整损害其利益的,人民法院亦不予支持。股权登记机构应依照人民法院批准重整计划的裁定协助办理出资人股权的变更登记。有关机关已对上述股权采取冻结措施的,应当依照人民法院批准重整计划的裁定解除冻结措施。

四、破产涉税问题较为突出

破产企业涉税相关问题是破产审判工作推进过程中遇到的较为普遍的难题,虽然温州法院出台了多个专题纪要,但是仍有以下方面的问题较为突出。

一是税务部门要求征收债务豁免税给重整企业造成巨额负担。税收优惠政策的立法相对滞后,尤其是破产重整税收债务减免制度的缺位严重影响了破产重整的推进。依法豁免未能清偿的债务是破产重整程序的必然结果,但是在破产重整程序中,税务部门还会要求对依法豁免的未能清偿债务征收企业所得税,若破产企业债务豁免额较大,则会产生较大的应纳税所得额。对于资不抵债的破产重整企业来说,还需缴纳债务豁免产生的企业所得税,显然会打击战略投资人的积极性,严重影响企业重整成功的可能性,甚至可能导致企业重整成功后再次面临破产清算的境地。比如,在温州中城建设集团有限公司重整案中就遇到了这种情况,税务部门将债务豁免作为重整收入,并以此主张应征收几亿元的企业所得税,后经当地法院及管理人与税务部门多次协商,税务部门最终同意将该问题暂时搁置。

二是财务账册中的税务问题无法切断。这实际上也是新出现的重整企业面临的税务方面的信用修复难题。税务部门会以重整成功企业无法提供企业重整前的连续账册为由对重整成功企业另行处以罚款,而且重整成功的企业还面临需对重整之前的税务问题“背黑锅”的问题,这对重整企业的后续经营产生很大影响,同时也加大其他重整案件战略投资人的招募难度。

三是企业重整成功后滞纳金的核销问题仍然存在。如前所述,企业重整后依法豁免的滞纳金在税务系统如何核销在实践中遇到难题。由于现行的税收法律法规未针对破产这一特殊程序的涉税处理作出特别规定,国家税务总局在相关的税收规范性文件中也没有规定确切的重整概念,只有重组的一些税收政策规定。国家税务总局在《欠缴税金核算管理暂行办法》中规定,对于破产、撤销企业经过法定清算后,已被国家主管机关依法注销或吊销其法人资格,纳税人已消亡的,其无法追缴的欠缴税金及滞纳金,应及时依照法律法规规定,根据法院的判决书或法定清算报告报省级税务机关确认核销;对于实施兼并、重组、出售等改组的企业,主管税务机关应依法清算并追缴其欠缴的税金及滞纳金。该文件并没有明确提到重整企业如何处理欠缴税金,而是提到了重组企业。如果重整企业只能参照重组企业处理,两者的处理政策还是存在差别的。破产清算后,纳税主体消亡,可依法核销无法追缴的滞纳金;重整程序后,企业仍然存续,纳税主体并未消亡,税款滞纳金应持续计算。在当前金税三期系统中,破产重整程序启动后不能全额受偿的税收滞纳金自动累计,基层税务系统核销权限受限,这导致重整程序后企业承受巨额税款和滞纳金负担,进而给重整企业的后续经营造成了一定的负担。虽然温州法院联合温州税务部门在一定程度上探索了解决路径,但是目前国家税务总局对此并不认可,仅是在出现问题时个案解决,目前尚未形成类案解决机制,这就导致后续出现问题时还需要费时费力协调,这也会影响战略投资人进入的积极性,进而影响重整程序的顺利推进。

上述问题都是由于税务部门对重整程序缺乏正确认识以及现有税收制度未能有效衔接破产程序而造成的。这导致实践中上述税收负担无法依据法律规定获得减免。重整后的企业是不同于重整前企业的,但是由于税务部门对此认识不足,才会在企业重整成功后仍然要求其继续承担重整前所欠的滞纳金、罚金等。虽然温州法院和温州税务部门对前述问题都进行了有益的探索,但是为实现破产重整程序的立法目的,避免税务人员执法风险,从长远角度来看,迫切需要完善税收法律制度,解决这一制约破产重整程序的关键问题。建议国家税务总局进一步明确依法豁免的未能清偿债务不属于企业所得税的征收范围,对企业重整前的税务问题予以切断处理,对重整程序中未获清偿的滞纳金应予以核销并在税务系统中作相应设置。

同时,针对破产企业税务登记非正常户问题导致不能开具发票进而影响过户手续办理的问题,温州法院和温州税务部门目前已经初步形成具体的操作流程,对该问题的解决进行了探索。从长远角度来看,在保障国家税收债权的前提下,建议针对破产程序对税收的特殊性需求,在现有税收征管框架之外,制定特殊的征管措施,以保障法院、税务机关和破产管理人之间的流畅衔接。针对属于税务登记非正常户的破产企业,可以允许其不用处理破产案件受理前的违法违章行为,或是不用缴纳违法违章行为需要缴纳的罚金,或是可以在不用办理税务登记非正常户转正常户的情况下允许其开具发票、办理变更税务登记等事项。

另外,税务部门在实践中往往利用企业资产处置后需要办理过户手续的时机预缴征收企业所得税,但这种做法对于破产企业显然是不宜适用的。温州也有部分基层税务部门对破产企业资产处置征收企业所得税,然后退税通道又不通畅,导致破产财产不当减少,建议国家税务总局也对此问题予以重视,纠正对破产企业资产处置预缴征收企业所得税的不恰当做法。

五、重整企业信用修复难题突出

(一)重整企业信用修复的必要性

重整企业信用修复问题,主要发生在民营企业破产重整案件中,而在上市企业、国有企业破产重整中可能并不突出。2012年以来温州法院共审理了46件破产重整案件,其对象主要是中小民营企业。这些重整企业通常或多或少都存在法人治理结构不完善、财务不规范等特点,对此,金融机构往往会利用自身优势地位,迫使股东为其企业债务提供担保,从而使公司的有限责任被架空,股东个人不得不为企业债务承担无限连带责任,这种状况导致债务人企业无法自行重整。因为债务人企业的债务可以通过重整依法豁免,但股东依然需要对剩余债务承担责任,其股权将被冻结、拍卖,无法保留股东身份。同时由于中小民营企业规模小,层次不高,所吸引到的战略投资人的实力一般也不是很强,使重整计划的制定和执行变得相对复杂,内容不仅包括战略投资人的投资部分,还包括未列入战略投资人收购范围的资产处置等内容，这就使得重整计划执行通常需要一定期间，有些甚至长达2～3年。在战略投资人接管企业、开始经营时，重整计划往往未执行完毕，从而使重整企业依然背负着历史不良信用记录的包袱，甚至连基本账户都无法正常使用，严重影响企业重整后的正常经营和后续健康发展。因此，如果信用修复难题不解决，则企业即使有战略投资人投入资金而得以重生，也会在后续经营中步履维艰，甚至再次走向死亡。长此以往，将严重影响战略投资人的积极性，进而会导致重整制度在民营企业这个重要商事主体上难以适用。

（二）重整企业信用修复的困境

重整企业信用修复涉及的问题会因重整企业类型不同而有所不同，具体而言，主要表现在以下四个方面：

1. 银行账户正常使用难。破产企业重整成功后需要正常使用银行账户，尤其是基本户。而破产企业的开户行往往是其债权人，在重整计划执行完毕前，开户行通常会主张未清偿的债权（债务）要挂在账户上，款项进入账户会被自动扣划用于还款，这就会导致重整企业无法正常使用银行账户。虽然银行可以封存尚欠债务的形式使重整企业正常使用账户，但银行基本上不愿予以配合，通常会以“这是总行系统已经设计好的”为由拒绝提供解决方案。

2. 中国人民银行征信系统信用修复难。基于历史原因，重整企业在相关商业银行的企业信贷等级以及在中国人民银行征信中心的信用记录均为不良。若不能及时做好信用修复，将导致重整企业在后续经营活动中无法贷款、开具保函、参加招投标等，进而影响正常经营活动的开展，并对重整计划的成功执行产生不利影响。实践中，法院经常与银行业金融机构就此问题进行沟通，但往往由于所欠债务尚未偿还完毕而未有结果。比如，在温州中城建设集团有限公司破产重整案中，企业重整成功后参与投标时，招投标系统对中国人民银行征信系统中存在不良信用记录的企业是会取消其参与招投标活动的资格的；同时招标单位要求竞标人提交特定银行出具的保函，但是该特定银行因温州中城建设集团有限公司存在大量不良信用记录而拒绝出具保函，这导致温州中城建设集团有限公司无法参与投标工作。另外，温州中城建设集团有限公司重整成功后，相当长一段时间内，一直被执行失信名单困扰，经反复协调，上海浦东法院、安徽芜湖法院仍然未将温州中城建设集团有限公司从被执行人失信名单中撤下来,这直接导致温州中城建设集团有限公司在相关地区无法承接业务。可见,重整企业在银行征信系统中的信用无法修复的话,会严重影响后续其正常经营活动的开展,尤其对于温州中城建设集团有限公司这样的建筑类企业而言,其影响更为严重。

3. 税务系统信用修复难。重整企业引进战略投资人后,会涉及税务登记证上法定代表人的变更问题,若前法定代表人被列入税务部门的黑名单,税务机关通常会以变更法定代表人可能涉及逃税为由拒绝办理变更手续。换言之,税务登记证载明的仍是债务人原法定代表人的名字,这将严重影响重整企业的后续正常税务活动。同时,企业重整前大都存在偷税漏税、做假账等财务信用问题,如果财务信用记录不能在重整后修复,则会导致重整后企业可能要为重整之前的财务问题"背黑锅",遭受税务部门的巨额处罚,这对战略投资人来说,显然是极不公平的。

4. 法院执行系统信用修复难。企业重整前往往有许多未结执行案件,从而在执行程序中被列入失信被执行人名单。企业重整成功后,应当将该企业从失信被执行人名单上撤下来,但是部分执行法院对此不理解,也不予配合,收到相关文书后迟迟未将重整企业从失信被执行人名单上撤下来。个别法院甚至还因企业重整前的债务,对重整后企业的资产进行查封、冻结,这给重整后企业造成了非常大的困扰。

(三)重整企业信用修复的建议

重整企业信用修复难,国家立法的缺失是首要原因。综观我国法律、行政法规,多是针对正常经营企业的,几乎没有关于重整企业的相关规定。温州法院的探索一定程度上解决了重整企业信用修复难的问题,但这仅仅是温州的地方探索,其最终解决还是需要国家立法的完善。

1. 完善破产重整相关法律法规。

一是修改《企业破产法》相关规定。要从根本上解决重整企业信用修复难题,首先要在《企业破产法》层面对企业重整成功后的主体地位作出明确规定,进而重塑其良好的信用记录。但是现行《企业破产法》并未对此作出规定,这就导致重整企业信用修复无法可循,实践中只能从法理层面跟相关部门进行沟通,作有限的探索。因此建议修改《企业破产法》,对企业重整成功后的主体地位作出明确规定;同时除了规定对重整计划执行完毕后未获偿债务依法豁免外,还应规定对中国人民银行征信系统中的不良记录、税务系统中的不良记录等予以消除,使重整后企业不再受信用修复难题的困扰。

二是修改相关法律法规及部门规章。《企业破产法》作出相关修改后,《税收征收管理法》《征信管理条例》《人民币银行结算账户管理办法》等配套法律法规,要根据《企业破产法》对重整企业的定位,对重整企业信用修复等问题增加明确具体的规定,使重整企业不良信用的修复有法可依,真正将重整企业的信用重塑落到实处。以《征信管理条例》修改的必要性为例。当前难度最大的是重整企业在银行征信系统的信用修复问题。从当前银行征信记录的修复流程来看,银行的分支机构若要对企业征信不良信息进行修复,都需要报总行审批,而不同商业银行总行对破产重整制度价值的认识不一,这就导致要全面修复企业不良征信记录的难度极大,可操作性极小。因此,实践中更多的是考虑封存重整企业的以往信用记录,即银行在企业重整后另建信用记录,不受重整程序之前的信用记录影响。温州法院目前即采取了这种做法,一定程度上解决了企业重整成功后因信用记录不良导致融资、招投标受困的难题,但效果有限。从长远来看,修改《征信管理条例》,为破产重整企业的信用修复提供渠道,才是解决问题的根本之道。

2. 加大对破产重整程序的宣传力度。对重整成功的企业,应帮助其重建良好信用记录。因为重整成功后的企业相对于重整前的企业而言,虽然名称尚未变更,但是从股东构成、资金投入、后续运营等方面来说,都有别于重整前的企业,因此企业信用应另行重新记录才为公平。在实践中,中国人民银行、税务机关、商业银行等相关部门对此难以理解,认为企业重整前后名称、机构代码相同,应是同一主体,否则应该改变名称或机构代码,其信用记录应该保持延续性。这样的认识给重整企业信用修复造成了很大的障碍。因此,建议加大对重整程序及其制度功能的宣传力度,营造全面、正确认识重整程序并进而支持、配合重整企业信用修复难题解决的良好氛围。

3. 落实执行失信黑名单制度的相关规定。最高人民法院《关于公布失信被执行人名单信息的若干规定》第10条第1款第5项明确规定,因审判监督或破产程序,人民法院依法裁定对失信被执行人中止执行的,人民法院应当在3个工作日内删除失信信息。该规定非常明确指出,破产程序中对失信被执行人中止执行后,应删除其失信信息。但是该司法解释在实际执行过程中,效果并不理想,破产案件审理法院发函告知执行法院后,仍有部分执行法院不予支持和配合,甚至有个别法院在多次沟通后仍拖延处理。因此,建议最高人民法院采取有力措施,将该司法解释的有关规定落实到位,以确保重整企业真正获得新生。

政府主导预重整模式的实证探析

——以温州预重整案例为样本*

预重整制度在发挥破产法的挽救危困功能上具有不可替代的作用。近年来,国内各地的预重整司法实践案例逐渐增多,制定的规范性文件和探索的操作模式也因地而异。温州的预重整探索就国内而言起步较早,温州模式与其他地区的不同之处在于,创新构建了以政府为主导、府院良性互动的预重整机制,在强调当事人自治和重整市场化实施的基础上,通过府院联动机制,有效引进行政资源来弥补司法资源的不足,切实提高重整成功率。目前,温州法院仍在持续加大预重整制度的适用力度,进一步探索机制的完善和优化。本文将以温州预重整实践案例为样本,剖析温州预重整模式的做法和优势,以期对预重整制度的长远发展提供实务参考。

一、政府主导下的预重整模式及其成效

(一)预重整"温州模式"的特点

在缺乏完善的统一立法规则的背景下,2018 年,温州市中级人民法院(以下简称温州中院)在成功审结了年产值达 10 亿元的首例民企温州吉尔达鞋业有限公司

---

* 作者:陈斌、方飞潮、贾约瑞。原载《浙江审判》2022 年第 1 期。

预重整案并促成11家知名企业核心担保圈风险的妥善化解。在总结应用成功经验的基础上,温州中院依托强大的府院联席会议制度,推动温州市政府于2018年12月出台了全国首个预重整专题会议纪要——《企业金融风险处置工作府院联席会议纪要》(温政办函〔2018〕41号)(以下简称《温州预重整会议纪要》),进一步规范了预重整的操作流程,构建以政府为主导、法院积极介入、管理人具体参与的良性互动机制,并在全市法院持续推广适用。

1. 政府主导推动预重整的法理基础和权力边界。各地的预重整模式可归纳为3种:政府主导模式、法院主导模式(以深圳为代表)、当事人主导模式(以南京为代表),温州是政府主导模式的代表。综观国内各地的预重整指引,法院主导模式较普遍。温州模式独树一帜,由政府主导预重整程序的推进,包括预重整程序启动、预重整阶段管理人的选任、战略投资人的引进、社会资源协调等环节。对于政府主导模式,学界存在对行政权力过度干预和介入使预重整失去市场化自治协商的基本特征的担忧。必须特别强调的是,政府主导推动预重整不是重新回到原破产法架构下行政直接干预企业破产的非市场化、非法治化的政策性破产老路。温州政府及有关部门早在2012年即认识到政府适度介入破产法的实施是政府的本职工作,是其应尽的法定职责。"政府管制经济学理论"①认为,企业破产有时恰恰是市场失灵的体现,才产生政府干预的必要性。温州政府着眼于破产外部环境进行"行政干预",这种良性干预为市场的运行提供基本条件,为市场的完善提供服务,是破产法市场化实施的过渡阶段所不可或缺的。②

行政干预可能扩张、渗透,在事实上形成强制性。在预重整过程中,政府需守住权力边界,确保行政权力始终保持克制,在行政干预和市场化自治协商之间维持平衡。温州模式预重整为此作了制度上的设计:一是坚持法治原则,尊重私权自治。政府在预重整过程中的系列行为当然接受法律的规制。《温州预重整会议纪要》旗帜鲜明地提出,预重整应坚持当事人自治原则。无论预重整利益相关方对预重整方案内容接受与否,均充分尊重各方意思自治,避免行政权力干预

① 王俊豪:《政府管制经济学导论——基本理论及其在政府管制实践中的应用》,商务印书馆2001年版,第332页。

② 参见曹文兵:《破产案件审理中司法权与行政权的边界》,载《湖北民族学院学报(哲学社会科学版)》2018年第1期。

私权。政府主导的是预重整的程序走向，而非预重整的实质成败。二是选任专业中介机构担任管理人。政府主导模式并不像旧破产法下的政策性破产一样由政府清算组自行担任管理人角色。政府选任具有专业能力的中介机构担任预重整期间的管理人，最大限度维护各利益关系方和社会公共利益，也避免行政权力的过度介入。三是司法权和行政权平衡。法院通过预登记制度和重大事项的司法备案对预重整程序跟进监督，确保预重整在法律框架内有序开展。

2.预重整“温州模式”中的政府职能。从破产法市场化实施的客观情况来看，当前的过渡阶段需要政府履行引导和协调的职能，适当地介入破产法实施过程。

一是引导启动。温州模式中，预重整程序是由属地政府引导启动的，这是因地制宜的选择。温州当地有重整需求的企业类型以中小制造业为主，债权人类型以金融债权人为主，中小民营企业从企业管理规范程度及公司运行架构等各方面来说都有别于大型企业，其议价能力和自主谈判能力不足以完成预重整所需要的以重整为衔接目标的规范流程，如果没有具备公信力、中立性和权威性的政府机构引导启动预重整程序，恐怕在召集主要债权人集中开会上都存在困难。同时，政府基于自身社会管理职能，全方位地了解辖区企业，对社会经济各方面影响的把握也更为宏观、周延。如果企业不具备重整可能，预重整的启动只会给债权人造成更大的损害，导致程序效力低下和社会资源的浪费，因此，由政府对预重整进行严格审查在当前是有必要的。

二是机构选任。预重整管理人具体参与预重整案件的全流程办理，为保障其在预重整中顺利履职，温州模式由属地政府参照管理人指定的相关法律规定和文件指定管理人，并征求债务人和主要债权人的意见。以浙江瑞集电子科技有限公司预重整案为例，政府邀请全省管理人名册中温州中院辖区的中介机构报名竞争，并成立预重整管理人评审小组，评审小组由管辖法院、处置办、属地街镇、主要债权人、债务人等5～7人组成。既有法院的依法监督，也尊重了债务人企业和主要债权人的自主意愿。

三是资源协调。政府有能力在破产企业的有限资源之外调动其他各种社会资源，解决人民法院、债权人会议、债权人委员会和破产管理人无法解决的问题。在温州吉尔达鞋业有限公司预重整案中，属地政府在法律规范、原则和政策框架范围内，适时、灵活地采取说服、建议、协商、政策指导、提供知识和技术帮助等一系列非强制手段,在小微园建设、厂房土地分割处置、引进投资人、协调银行争取支持方面进行了大量的协调,获得债权人、债务人、重整投资人等利益关系方的同意或协助,最终促成吉尔达鞋业预重整成功。

(二)预重整"温州模式"运行的成效

基于府院联动实践,温州模式预重整机制运行顺利,先后推动多家具有挽救价值的当地核心企业实现重生。与同时期重整案件相比,经过预重整程序的重整案件,债权回收时间缩短,清偿比例提高,司法重整的成功率和审判效率大幅提升,取得良好的法律效果和社会效果。

1. 提高司法重整成功率。如图 1 所示,2017 ~2021 年 6 月,温州两级法院共受理预重整案件 13 件,结案 10 件。2019 年以来,因《温州预重整会议纪要》的出台及相关成功案例起到良好的示范引导作用,预重整案件开始明显增长,在审结的案件中,成功重整的案件占比 70%。预重整制度除降低重整成本以外,还有利于提高重整企业的清偿率,上述案件共化解债权近 30 亿元,平均清偿率达到 18%。其中有财产担保的 5 个案件共涉及担保债权 3.5 亿元,平均清偿率达到 90%。

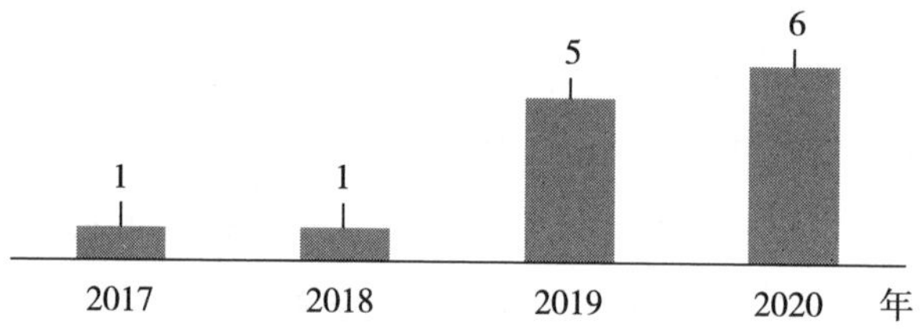

图 1 2017 ~2020 年温州两级法院预重整案件受理情况

2. 有效缩短司法处置周期。在预重整转重整案件中,重整程序中的核心步骤,即债权审核、资产审计评估、重整计划制定、预审查、预表决等,已经在预重整程序中完成,大大提高企业破产案件的审理效率。据统计,温州两级法院近年来普通重整案件审理期限大多为 20 ~30 个月,而经过预重整转重整成功的案件,预重整周期在 3 ~9 个月,重整周期平均审理期限在 1.5 个月左右,其中最短的为 36 天(见图 2),有效避免了对债务人企业正常经营的干扰。

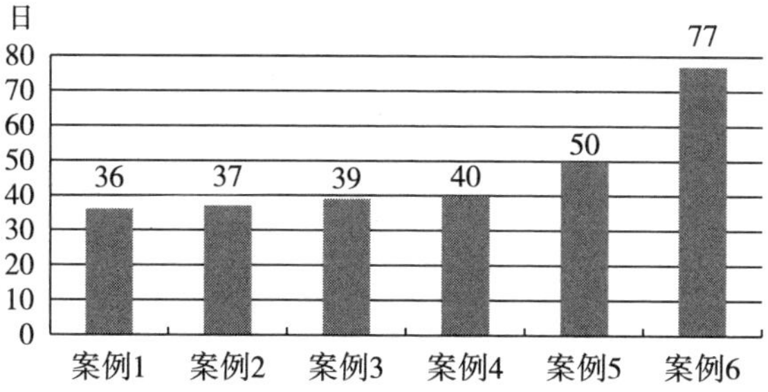

图2　预重整转重整案件的重整审理周期

3. 妥善保全企业主体价值。近年来，温州申请预重整的企业主要是中小民营企业，注册资本大多集中在2000万~1亿元，产业类型以制造业为主，其中七成企业集中在电器、服装、鞋业、食品加工等轻工产业，其中不乏各行业中的“龙头”企业。温州市制造业企业体量偏小、风险多发、抗风险能力较弱，预重整的快速挽救机制，可以避免中小民营企业在漫长的司法程序中失去自赎自救的能力，解决司法重整程序长周期、不可逆的缺陷，避免投资人对企业经营预期及价值的低估，最大限度保护债权人和债务人的利益，有利于维持重整企业稳定连贯的生产经营，挽救一批品牌优质的重点企业。

4. 助力化解担保链风险。从目前收集的样本案例可以发现，温州两级法院审理的预重整案件债权规模主要集中在1亿~10亿元。申请预重整企业的债权人类型以金融机构债权人为主，企业之间多存在互保现象。如温州吉尔达鞋业有限公司预重整案件中，金融机构债权人的债权比例高达99%，债权人高度类型化。金融机构债权人的债权比例过高，对于重整案件的推进来说并非好事。破产重整过程中，囿于审批权限等原因，银行债权人对涉及放弃部分债权等表决事项本就很少投同意票。中小民营企业可能存在的不规范经营现象也会加剧银行等金融机构债权人对其的不信任。预重整机制中，通过政府和法院的积极协调，有利于发挥金融债权人的积极作用，并通过金融债权人等主要债权人的积极参与一体解决企业继续经营、暂缓追究担保责任、取得新融资等关键问题，积极推动重整成功，有效控制担保链快速蔓延的风险。

二、各诉讼构造在政府主导下的角色和作用

(一)预重整程序中的法院角色

1. 司法干预的必要性分析。关于这个问题的分析,不可避免要重申预重整的程序定位。国内主流观点认为,预重整具有程序耦合的属性,综合了庭外自主重组谈判和庭内正式重整程序的优势。[①] 庭外重组和预重整最关键的区别就在于,预重整方案强制效力的取得,而预重整方案的表决效力得以在重整程序中延伸则是因为预重整程序的进行严格遵守了法律规则,包括预重整谈判、信息披露、重整计划制定、利害关系人权益维护、权利人表决等各个环节。[②] "如果不与重整程序进行衔接,那么预重整本质上与一般的庭外自主重组别无二致"[③],和需要政府介入的理由一样,国内环境下,当前的企业是没有能力完成专业性极高的预重整程序的。预重整之所以会取代债务人与主要债权人的庭外重组机制成为主流,主要源于庭外重组机制对于司法干预的迫切需求:[④]一是预重整程序需要法院进行信用加持。债务人企业一旦发生财务困境进入重整或预重整,债权人对债务人的信赖指数降低,庭外重组普遍地会陷入谈判僵局。司法机关具有客观中立性,债权人对其比较信赖,司法机关的适时介入有利于打破僵局,提升债权人等利害关系人的信心,获得债权人对预重整的接受和支持。二是预重整程序需要法院的指导和监督。一方面,法院对预重整进行规则指导,便于预重整转入重整后可以通过法院的审查批准;另一方面,法院起到中立监管的作用。通过对债务人或管理人在企业经营和信息披露等方面的监管,避免发生不公平对待相关当事人的情况。

2. 司法干预的适度边界。现阶段预重整程序需要通过司法干预来有效发挥预重整的制度价值,但司法干预需要适度。一是充分尊重各方意思自治。债务人企业的求生意愿是预重整程序得以启动的最初开关,最终能否重整成功,仍然取决于债权人对重整方案的理解和认可,以及对债务人企业发展前景的预期。

---

① 参见徐阳光:《困境企业预重整的法律规制研究》,载《法商研究》2021年第3期。

② 参见王欣新:《预重整的制度建设与实务辨析》,载《人民司法》2021年第7期。

③ 徐阳光:《困境企业预重整的法律规制研究》,载《法商研究》2021年第3期。

④ 参见潘幼亭、朱晋华:《适度司法干预下的预重整程序》,载《人民司法》2021年第16期。

在债务人认为没有必要进行重整时，应当及时终止程序。在债权人认为重整不能达到预期目的时，应当尊重市场的选择。二是遵守司法的谦抑性原则。在预重整阶段，法院采取的干预措施应当侧重法律指导和监督，以放宽对管理人和债务人企业的限制，充分保障其积极行使权利。

3. 预重整“温州模式”中的法院职能。预重整“温州模式”中，法院履行指导和监督的职责，确保预重整方案与重整计划的司法衔接。

首先是规则指导。在债务人、债权人、管理人的预重整协商过程中，可能会为了各种商业上的考虑而作出安排，但这些安排未必全部符合法律规则的要求。此时，需要法院作为法律规则守护人，对于不符合法律规则的部分进行纠正，对于法律上不具备可行性的予以释明，避免各方协商的重整计划草案不具有法律上的可行性，甚至与现有的法律规则相悖。相关内容包括但不限于：确定参与预重整的债权人范围，债权的核实方式，通知的方式与内容，明确重整计划草案应当具有的内容，债权人会议的召开、表决规则、表决效力等。

其次是备案监督。法院通过预重整预登记制度和重大事项的司法备案，对预重整跟进监督，包括预重整的受理登记、管理人的选任、评估和审计机构的选聘、信息披露的规范性，以及战略投资人引进方式等关键环节，确保重整安排能够保障各方的合法权益不受侵害，确保债权人在预重整期间所作的承诺在进入重整程序后对其仍有约束力。通过对企业经营和信息披露等方面的监管，可以有效避免因信息不对称产生的偏颇清偿、转移资产和逃废债务等道德风险行为。

最后是程序衔接。一是与执行程序的衔接。预重整不具有中止对债务人财产执行的程序效力，实践中拟进行预重整的企业往往都是被执行人，而且其主要财产都被执行程序查封、冻结，要想推进预重整工作，执行工作必须中止。但是在现行法律没有明确规定的情况下，中止执行工作缺乏法律依据，实践中主要依靠法院审执部门协同配合解决，对预重整资产总体上采取暂缓执行、个别资产优先处置的原则，区别对待企业资产，使预重整程序得以平稳推进。在整体暂缓执行的前提下，剥离与重整无关的资产，降低负债额度，减少预重整难度。二是与重整程序的衔接。预重整制度的核心在于预重整程序中的谈判成果可以通过重整程序得到固化。《温州预重整会议纪要》第 9 条规定：“重整计划草案由债务人或管理人制定，并提交债权人会议进行预表决。同意重整计划草案的表决票效力可以带入重整程序。”该核心条款使预重整制度更有可操作性，债权人在预重整程序中作出同意承诺的,法院将不准许反悔,以确保预重整程序的严肃性,避免债权人的随意反悔行为侵害其他利害关系人的合法权益;债权人在预重整程序中作出反对意见的,法院还要秉持有利于案件审理的原则,在重整程序中赋予其再次表决的权利,并应允许其作出改变。①

(二)预重整程序中的管理人角色

1. 设置预重整管理人的必要性。预重整程序专业要求高,无论债务人、债权人还是中立机构,均难以独立完成。从比较法视野考察,在预重整中聘用中介机构或破产从业者来辅助自愿重组谈判是较为普遍的做法。② 国内大部分地方法院发布的预重整规范性文件,也都规定了"临时管理人"或"管理人"的参与。国内学者认为,预重整阶段是需要一个辅导机构或说辅助机构来开展相应工作的,但称为管理人会导致对预重整程序功能和管理人职能的误解。这一观点值得赞同。预重整管理人的职责确实有别于正式重整阶段的管理人,比如,预重整管理人不能行使待履行合同解除权、破产撤销权等。温州模式的预重整制度设计中之所以将辅助机构称为管理人,也是制度创新中出于实务需求的选择。我国的破产实践还远未到达成熟的程度,当前国内除管理人队伍以外并没有具备企业重整能力的中介机构团体。而且管理人角色有一定社会认可度,管理人在破产事务中客观、中立和专业的职业形象便于债务人、债权人理解和接受。同时考虑到预重整成功转入重整程序后的管理人续任问题,从节约司法成本的角度来说,选任名册内的管理人,后续转入重整程序时可以直接留用,更有利于程序的衔接转换。

2. 预重整"温州模式"中的管理人职责。预重整管理人的职责有别于正式重整阶段的管理人,履行的主要是预重整辅助机构的职能。预重整"温州模式"中,预重整管理人负责组织审计工作,制作债务人资产状况报告,组织主要债权人会议,招募战略投资人,起草预重整计划草案等,并向政府、法院、主要债权人会议汇报工作。由于预重整不是法定重整,同时基于预重整的自治原则,预重整管理人原则上不接管企业财产和经营。温州中院的预重整成功的案件,均由债务人企业自行管理,管理人进行企业经营安全方面监督。管理人在组织债权人会议

---

① 参见潘光林、方飞潮、叶飞:《预重整制度的价值分析及温州实践——以温州吉尔达鞋业有限公司预重整案为视角》,载《法律适用》2019 年第 12 期。

② 参见徐阳光:《困境企业预重整的法律规制研究》,载《法商研究》2021 年第 3 期。

和预表决上也是主力，预重整实例已经反映出，一般都是由少数几家金融机构债权人决定着预重整的进程。金融债权人对涉及债权人表决的事项很少投同意票，一般投反对票或者弃权居多。获得金融债权人的同意票，一直是企业破产重整工作的一大难点，尤其在预重整阶段，既要解决银行对预重整法律效力的认可问题，又要做通银行工作使其同意重整计划草案，难度更加升级。以山农股份有限公司预重整案为例，法院、处置办，管理人多方与金融机构进行沟通协调，并由管理人就预重整、重整、预重整转重整等程序问题以及该案涉及的重点实体问题，与农行鹿城支行、农行省行、农行总行进行反复沟通协商，成功促使农行总行在民营企业破产预重整阶段对重整计划草案预表决投同意票。优秀的管理人在预重整案件中发挥的作用是巨大的，能与银行从财务专业角度进行沟通，有效地减轻政府和法院的工作量，降低司法重整的成本费用，提高参与者在法庭内对重整计划表决通过的可能性。

3. 管理人在重整程序中的衔接问题。一是预重整管理人的续任。《温州预重整会议纪要》第 13 条规定："预重整转入重整程序的，原则上应指定预重整阶段的管理人继续担任管理人。"预重整期间，管理人前期已做了大量工作，对企业经营、财务状况和各利益关系方的情况等均比较了解，且与债权人进行了充分沟通，保证管理人的延续，有利于重整工作的顺利推进，避免更换管理人对重整工作带来不必要的波动，以及增加相应的时间成本和费用，为重整计划草案的高效率表决通过提供强有力的保障。例如，温州中院审理的河田集团有限公司预重整案，在重整阶段简化程序，不再采取公开摇号或竞争方式指定管理人，而是指定预重整阶段的管理人继续担任管理人，并同意管理人继续聘用预重整阶段的审计机构进行补充审计，从存量与流量两个方面对河田公司进行审计，全面了解河田公司当前的资产负债情况、企业资金流向和亏损主要原因，从而大大缩短了审理时间，在裁定受理重整后 39 天即重整成功。

预重整管理人也存在被更换无法续任的情形。一种是预重整转入重整程序，第一次债权人会议决议更换管理人的，则应通过竞争方式指定管理人；[①]另一

① 浙江省高级人民法院于 2019 年出台的《破产案件管理人指定工作规程》第 27 条第 2 款规定："预重整转入重整程序的，原则上应指定预重整阶段的管理人继续担任管理人。第一次债权人会议决议更换管理人的，则应通过竞争方式指定管理人。被更换的管理人前期所开展的工作，根据最高人民法院《关于审理企业破产案件确定管理人报酬的规定》，结合其履职业绩合理确定报酬。"

种是预重整失败后债务人仍申请重整并进入重整程序的,预重整管理人不能直接续任,也应根据相关法律规定采取竞争方式指定重整管理人。第二种情形中,预重整管理人不因担任过预重整辅助工作而丧失在正式重整程序中竞争担任重整管理人的资格。

二是预重整管理人的报酬问题。《温州预重整会议纪要》第14条规定:"预重整失败的,由债务人向管理人支付合理报酬。债务人向管理人支付合理报酬不属于偏颇性清偿。预重整转入重整程序的,管理人报酬在破产程序中由法院一并决定,不再单独计算预重整阶段的管理人报酬。"原则上,裁定受理重整申请的,重整管理人报酬按照最高人民法院《关于审理企业破产案件确定管理人报酬的规定》执行,预重整期间管理人履职表现作为法院确定或调整管理人报酬方案的考虑因素,管理人不另行收取预重整报酬。但是,当预重整程序以失败告终后,预重整管理人工作酬劳依其与债务人的协商确定。因此,预重整管理人有必要提前对预重整案件做好风险评估,并事先与债务人协商确定合理的报酬金额和收取方式。

(三)预重整程序中的债权人会议

1. 参与预重整程序的债权人范围。庭外重组的先天弱势在于其成功需要全体债权人一致同意,这就导致了庭外重组的谈判难度极大,结果难以确定,反复谈判导致重组效率降低而成本增加,使庭外重组施行的可行性大大降低。预重整的低透明度和债权人的有限参与度既是这一程序固有和内在的特点,也是其价值和优势所在。[①] 预重整秘密性谈判的目的不是损害普通债权人利益,而是更有利于重整成功,因为公开谈判往往事与愿违,反而不利于重整成功。从法律规范层面来看,最高人民法院《关于适用〈中华人民共和国企业破产法〉若干问题的规定(三)》第11条对"权益未受到调整或者影响的债权人"的理解可以作为确认预重整参与人的参照。另外,对重整计划草案的表决不具有决定影响的小额普通债权人,因为信息不对称、清偿率低、参与程序的成本与回报不对等等,参与程序的积极性较低,一律要求其参与并无必要。实务操作中,出于效率和程序顺畅的考虑,预重整程序一般要求主要债权人参与即可。

① 参见徐阳光:《困境企业预重整的法律规制研究》,载《法商研究》2021年第3期。

2. 预重整“温州模式”中的债权人会议。全体债权人以自己名义参与预重整不具有普遍的可行性，高效组织主要债权人参与预重整表决非常重要。在组织的过程中，由于企业负债普遍存在多样性，不同类型债权人的认知、诉求往往不同，通过单个债权人会议使不同类型债权人达成一致意见存在相当大的难度。因此从提高重整效率和成功机会的角度考虑，预重整期间的债权人会议应当类型化，通过集中相对一致的利益诉求提高谈判效率。如温州吉尔达鞋业公司预重整案中，政府根据债务人的债务类型和特征，以中国银监会办公厅《关于做好银行业金融机构债权人委员会有关工作的通知》为依据，指导金融机构债权人组建金融债权人委员会作为债权人的议事机构，并在其中积极协调参与。又如，浙江林垟房地产开发公司预重整案中，通过单独组建业主会议，充分听取业主的诉求，向其解释预重整过程中引入“资金 + 代建”模式，由资金方提供资金用于续建，获得业主会议的支持，使预重整程序得以继续。

三、温州模式对完善破产法的借鉴意义

（一）统一预重整立法及规则

我国现行《企业破产法》对预重整制度未作出规定，但是这项制度颇受理论和实务界关注。2019 年 6 月，国家发展和改革委员会等 13 部门联合发布的《加快完善市场主体退出制度改革方案》对此作出了规定：“研究建立预重整制度，实现庭外重组制度、预重整制度与破产重整制度的有效衔接，强化庭外重组的公信力和约束力，明确预重整的法律地位和制度内容。”这里明确使用了“预重整制度”的表述，而且将预重整制度和庭外重组制度、破产重整制度并列表述，指明了预重整制度的独立存在价值。最高人民法院发布的《全国法院破产审判工作会议纪要》第 22 条和《全国法院民商事审判工作会议纪要》第 115 条并未使用预重整的概念。法律规定的缺失导致预重整程序适用不统一，在当前实践对预重整制度有强烈需求的情况下，立法应回应现实需求，对该项制度作出相关规定。《温州预重整会议纪要》出台后，债务人的心理预期得以明确，陷入财务困境的企业更倾向于选择进入预重整程序，预重整的成功经验得以在当地有效复制推广。建议在《企业破产法》的修改中增加预重整相关条文，并由最高人民法院出台全国适用的预重整审判指引或者指导性意见，以确立和规范预重整的法律地位和

程序规则,解决包括预重整启动后对执行程序的效力、预重整信息披露的标准等实务难题,对审判实践进行正确引导。

(二)探索设立破产行政管理机构

破产程序是一项需要统筹兼顾、多方协调、整体推进的多元化系统工程。破产配套法律缺失带来的制度供给不足、专门的破产行政管理机构的缺失是导致我国破产法的市场化、法治化实施效果不佳的一大原因,其后遗症也延续到预重整。破产审判中必然遇到的破产衍生社会问题,包括财产接管、职工安置、资产处置、税收处理、金融协调、信用修复、企业注销、破产费用保障等问题的协调处置,使破产审判更加需要引入行政力量推动程序。温州法院通过府院联动探索制度创新,形成了现有的一套相对可行的制度,运用在预重整中也取得良好成效。但由于专门的破产行政管理机构的缺失,目前预重整的行政职能是通过抽调各个行政管理部门的专人组成风险企业帮扶和银行不良贷款处置工作小组办公室(以下简称处置办)来推动的,其优势是协调工作更为灵活有效。但处置办作为一个临时机构,其运作架构、协调机制缺乏稳定性和长期性,破产行政事务应当由专门的行政管理机构履行,其下也可以设立专门用于担任预重整中立机构的部门或指定专人办理。

《深圳经济特区个人破产条例》规定,深圳市司法局下设破产事务管理署,履行管理个人破产管理人、提供破产事务咨询和援助服务、实施破产信息公开、建立完善政府部门办理个人破产事务的协调机制等职责。深圳的探索是一个有益参考,在我国,也可以由国务院设置破产管理局,在省级地方政府设置分支机构,其核心职能是对破产程序进行全面综合管理,实现破产审判工作与行政管理事务的分离。

四、结　　语

中央提出"六稳"和"六保"重大经济发展方针,其中"保市场主体"已成为当务之急。具有预先拯救功能的预重整制度在今后一段时间仍将是政策推进和法律实施所共同关注的问题。关于如何完善与预重整相关的制度建设和规则供给,如何把握在破产法市场化实施的过渡阶段预重整各方的角色定位,如何构建更加有效的府院联动机制等问题,笔者将继续总结经验,指导审判实践,进一步推动预重整乃至整个重整制度发挥其独有的制度价值和作用,以专业精准的司法服务和保障,打造市场化、法治化、国际化的营商环境,进一步助推经济高质量发展。

论行政事务管理权和破产审判权的厘定与运行

——以温州设立破产事务管理处为视角*

回顾我国企业破产法的变迁，办理破产经历了从政府主导到法院主导、政府参与的转变。在“政策性破产”背景下，1986年颁布的《企业破产法（试行）》旨在配合国企改革，政府在企业破产中处于组织领导的地位。随着改革开放及经济全球化的深入，我国迫切需要一种与市场经济体制相匹配的破产法律制度。2006年公布的《企业破产法》，确立管理人、重整等一系列先进制度，标志着我国建立了符合市场规律的企业退出与救治机制。2019年6月公布的《加快完善市场主体退出制度改革方案》明确，加快完善市场主体退出的法律法规，以更好地服务供给侧结构性改革和营商环境优化建设。2020年5月公布的中共中央、国务院《关于新时代加快完善社会主义市场经济体制的意见》对健全优胜劣汰市场化退出机制、进一步完善企业破产法律制度作出了战略部署。在市场化、法治化破产路径的大框架下，法院主导、政府配合的府院联动机制成为破产法最具中国特色的制度创新，如何厘清破产审判权与行政管理权的边界，实现破产程序的全

---

* 作者：林锡铭、方飞潮、张元华、傅瑞基。本文曾获第十四届中国破产法论坛二等奖。

周期、全过程覆盖,增强可复制性、可推广性,对于进一步完善府院联动机制具有重大的现实意义。

一、理论支点:行政事务管理权的基本阐释

(一)行政事务管理权的概念提出

在办理破产过程中,行政事务管理权主要指为保障破产程序顺利推进,赋予政府对破产衍生事务进行管理的权力和责任。我国企业破产法律制度从政府主导的政策性破产转向法院居中裁判的市场化破产,政府与法院在新旧破产体系中扮演不同角色。

1. 我国政府职能的转型。邓小平 1992 年南方谈话时明确指出:"计划多一点还是市场多一点,不是社会主义与资本主义的本质区别。"由此开启了对于计划与市场、政府与市场的功能讨论,进而提出完善社会主义市场经济体制的论断,自然涉及政府职能的边界范围。党的十八届三中全会指出,经济体制改革是全面深化改革的重点,核心问题是处理好政府和市场的关系,使市场在资源配置中起决定性作用和更好发挥政府作用。这是党的十八届三中全会决定提出的一个重大理论观点。① 由此可见,市场与政府职能、作用之显著不同,政府随着市场经济体制的不断完善而华丽转身。有学者认为,政府经济活动的必要性是同市场失灵相联系:公共物品或服务、不完全竞争以及外部效应等决定了公共部门在资源配置中的作用;收入分配不公现象要求公共部门必须调节收入分配;公共部门履行的经济职能则是保证市场经济正常运转以及持续发展。政府职能从计划经济体制下的全能政府逐渐转变为市场经济体制下的服务政府及有限政府。②党的二十大报告则进一步强调,要充分发挥市场在资源配置中的决定性作用,更好发挥政府作用。这体现出既更加尊重市场规律,也更加强化政府规制的定位。

2. 破产案件中政府的适当介入。2006 年《企业破产法》以市场化、法治化为导向,考察国际经验确立破产管理人制度,建立破产管理人中心主义理念。自

---

① 参见习近平:《关于〈中共中央关于全面深化改革若干重大问题的决定〉的说明》,载中共中央文献研究室编:《十八大以来重要文献选编》(上),中央文献出版社 2014 年版,第 498 页。

② 参见郝继明:《建国以来中国共产党关于政府职能转变的不懈探索与基本经验》,载《学习与实践》2011 年第 5 期。

此,行政权对破产案件的影响大幅降低。但这项改革导向并不是排斥政府保障法律实施的职能,而是将行政权介入控制在合理范围内。需要干预论提出,市场具有盲目性、自发性和滞后性的特性,不能始终实现总供给与总需求的平衡,会出现市场失灵的情况,故需要国家的干预。[①] 破产企业涉及多元法律关系、触及众多主体利益,具有巨大的社会影响。不仅涉及物权、股权等法律问题,还涉及职工安置、税费减免、政策帮扶等社会问题,以及行政管理部门之间的管理关系。司法权具有被动性、中立性的特质,这决定了法院在职能范围内集中于审理债务清偿的问题,并不具有调配、整合社会资源和社会动员能力,难以解决社会层面的行政事务性问题。政府行政权具有主动性,还具有劳动社会保障、金融监管、工商、税务等方面的公共服务和社会管理的职能,能够为破产案件提供良好的社会环境。我国宪法、经济法、行政法等赋予政府更多的经济资源控制范围、经济管理权、经济调控权力、社会服务功能,为政府干预企业破产奠定了基础。

(二)行政事务管理权的基本特征

破产案件办理过程中的行政事务管理权并不依附破产审判权而存在,它的独立价值在于保障、服务破产审判,推动破产程序的进行。它也与破产管理人履职不同,相较更加“私权自治”的破产管理人对于债务人企业事务处置,行政事务管理权应当隶属于行政权。

1. 法定性。行政权源自国家宪法和法律规定,法律规定了其产生、实施、结果评价的程序和责任。行政职权则是国家通过法律对相关主体赋能的结果,明确其完成行政管理任务时的范围界限。因此破产过程中的行政事务管理权也应当由法律设定,并由法律赋予专门的主体实施。依法行使行政事务管理权的目标在于保障公平性,既能避免权力的不当行使,使当事人受到不公正的待遇,又能保障当事人的救济权利,及时纠正错误。依法行使行政事务管理权的要求在于规范用权,行政事务管理部门应在其职权范围内履行职责,不能干预法院对破产案件的审理权、债权人的债权以及管理人的履职管理。

2. 公益性。传统行政的法治主要强调政府依法行政,现代行政的法治则注

---

① 参见周及真:《从企业破产重组看政府与市场的关系——以无锡尚德为例》,载《上海经济研究》2014年第12期。

入更多实质性的内容，从管理型逐步向服务型转变，突出公益性。行政事务管理权的公益性包括目的的公益性和空间的公益性两个方面。① 行政事务管理部门除履行处理破产事务的职责外，妥善解决破产衍生的社会问题，维护社会公共利益，还应搭建破产公共法律服务供给平台，建立企业破产预警机制，避免企业破产或者将破产影响降至最低，发挥企业破产法对市场经济转型升级的积极作用，助推国家治理体系和治理能力现代化。

3. 主动性。与司法权“不告不理”的被动性不同，行政事务管理权具有明显的主动性特征。对于管理人行业管理、破产事务办理、破产公共法律服务，行政事务管理部门具有不可推卸的责任，应当主动参与到办理过程中来。一方面，其主要职责职能是服务国家供给侧结构性改革，保障破产程序顺利推进；另一方面，行政事务管理部门的职责与办理破产密切相关，甚至在企业破产程序启动前即就社会维稳、资产处置等问题制订预案，行政事务管理权的主动性特点确保其职权转化为高效、安全、便民的治理效能。

4. 时效性。“迟到的正义非正义”，效率在一定程度上意味着效能，也意味着公正。行政事务管理权具有时效性的特征。行政事务管理部门在行使权力时应注重效率和效能两方面，有效执行法律赋予的职责，以迅速实现公共利益。时效性要求行政事务管理部门具备较强的前瞻能力以及应变能力，在破产案件发展与变化时能够及时组成专项工作专班，供给相关配套措施，妥善处理破产争议，避免低效造成矛盾扩大。

二、府院联动：行政事务管理权和破产审判权的现状管窥

破产审判素有办案与办事、开庭与开会、审判与谈判的综合体之称，办案属于法院职责，办事则属于政府部门的职能，故办理破产需要法院和属地政府的统筹联动。为破解破产审判工作中衍生的诸如职工安置、税收调整、信用修复等社会问题，温州率先构建了较完善的破产配套制度，被誉为“以府院联动机制为特色的温州经验”。

① 参见万里鹏：《行政权的边界界定及其规制研究》，载《宁夏社会科学》2019 年第 1 期。

(一)办理破产的现实需求

现行《企业破产法》在实施中还面临各种各样的困境,缺乏对破产衍生问题常态化解决的配套机制。作为首批破产审理方式改革试点法院,温州法院率先探索创设府院联动机制,专门成立企业破产处置工作领导小组,先后出台近30份府院联席会议纪要,从个案求助、一案一策到搭建平台、专门协商,持续开展常态化、制度化的联络协调,实现了"一个合作机制,多个问题联动解决",有效凝聚府院工作合力,推动破产案件顺利办理。

1. 办理破产衍生事项的需要。我国破产法律制度的顺利实施,离不开政府部门的协助、配合和支持。仅凭法院协调破产衍生事务不仅难度大,有时甚至力不从心,易形成破产长期未结案。破产案件久审未决,既不利于债权人、债务人权益的保护,在一定程度上也损害了司法权威和法律尊严。从破产案件办结、债权人利益维护、困境企业挽救的角度看,法院有必要推动破产行政配套机制的建立,以维护公正、高效的市场秩序。在府院联动机制下,法院和政府部门发挥各自职能优势,由政府部门统筹协调破产行政事务,破解案件中的堵点和痛点问题,为破产长期未结案件清理工作提供有力保障。

2. 完善破产配套制度的需要。我国的破产配套制度还远未完善,相关法律法规规章仅仅立足于对正常经营的常态企业的调整,对陷入债务困境的非常态企业却缺乏有机衔接和有效融合的保障制度,乃至于破产生态下的诸多关系都存在疏离甚至冲突。① 缺少破产配套制度的破产法律制度是悬空的,一些案件进入破产程序后形成"空转"。政府有必要在破产审判之外更好地发挥其社会调整作用。在市场化破产的初期,政府部门和法院之间通过"一案一议"甚至"一事一议"的方式开展联动,属于非制度化的个案解决方式。破产案件的常态化审理对行政配套需求不断增加,温州在充分总结府院联动实践经验的基础上进一步完善府院联动机制,制定有关文件,使之法律化、制度化。出台的文件不仅适用于个案的办理,也适用于同类破产事务的办理,真正依靠法律与制度解决破产衍生问题。

3. 助力经济社会良性发展的需要。破产是市场经济在竞争规律下必然发生

---

① 参见王欣新:《府院联动机制与破产案件审理》,载《人民法院报》2018年2月7日,第7版。

的社会现象，是经济体制市场化、法治化发展到一定阶段的产物。[①] 2011 年温州爆发民间金融风险，温州政府大力支持和推动法院的破产审判工作，通过破产重整、和解程序救治具有发展前景的企业，通过清算程序促使丧失经营价值的企业和产能及时退出市场，防范化解了重大金融风险。《企业破产法》的立法宗旨“维护社会主义市场经济秩序”，体现了该法的核心追求，破产制度在国家宏观经济治理体系中的重要性越来越高，关乎生产力的提高、高质量发展和就业稳定。市场化破产虽将破产管理职能赋予社会中介机构（管理人），但政府要重视发挥破产保护功能，助力国家治理、社会治理。为此，温州积极开展企业破产审判探索，率先构建了完善的府院联动机制。

（二）破产审判府院联动机制的优势

1. 地方党政高度重视。解决破产衍生的社会问题，离不开党委和政府的帮助和支持。即使法院担当作为，如果没有党政机关大力支持，也难以推动、难见成效。一直以来，温州市委、市政府高度重视温州破产审判事业，也为温州法院改革创新、先行先试提供了智力支持，出台的系列府院联席会议纪要，实质性解决了破产难点问题，加快推进了破产事务办理。2022 年 9 月，温州市委、市政府批准在市司法局设立全国首个破产事务管理处，探索破产审判与破产事务管理相分离的工作模式，通过常态化的司法与行政协调机制，推动政府在企业破产程序中发挥积极作用，进一步深化府院联动机制。

2. 专题协调处理有力。府院联动机制通常表现为以协调会形式进行专门协商、以纪要方式确定职能流程，高效解决破产案件遇到的某类具体问题。比如针对重整企业信用修复，温州制定了全国首个解决重整企业信用修复的会议纪要，有效解决重整企业在征信修复、税务登记中法人变更、参与招投标、营业执照被吊销后恢复等难题。再如，税务协作机制，温州法院协同税务部门建立破产重整纳税评价、企业所得税退税机制，有效解决了税收滞纳金核销、破产企业非正常户状态下开票等难题。

3. 便捷高效办理破产事务。在府院联动机制下，温州中院与多个政府部门

---

① 参见王欣新：《个人破产制度从试点到展开还有多远》，载《上海法治报》2023 年 9 月 6 日，B6 版。

会签《关于完善温州市办理破产府院联动机制的意见》,提出要打造多跨协同数字化破产案件办理模式,将办理破产过程中涉及的由多个部门协助办理的事项"打包",通过流程优化、系统整合、数据共享和业务协同等手段,实现"一件事通办",将原先由线下办理的事项转为线上办理,进一步加强破产审判数字化应用和变革,最大限度提高办理破产效率。

4. 稳妥处置涉破产企业风险。府院联动机制在法院与政府部门、金融机构之间搭建起沟通桥梁,实现信息共享共通,防范化解重大风险。温州法院联合公安、检察机关建立在破产审判过程中发现犯罪嫌疑人的移送侦查工作机制,从破产申请审查、管理人清查破产财产、相关人员责任追究等方面对"逃废债"行为进行规制,加强"逃废债"行为的民刑规制,有效维护债权人合法权益。

三、迭代升级:行政事务管理权和破产审判权的离合思辨

(一)破产审判权对行政事务管理权的合理依赖

1. 破产案件的外溢。目前我国有关破产法市场化实施的各种配套法律与制度远未建立完善,缺乏对处于债务困境与破产程序中的非常态企业进行常态化调整的理念和措施。如税收法律、信用制度等,因其本身存在不足,不仅不能与破产法衔接融合,反而有碍企业破产进程。所以要想使破产法能够逐步做到市场化、法治化实施,就离不开各级政府为解决破产衍生社会问题提供直接或间接的支持与服务。温州现行府院联动机制的构建,实质上是审判实务对于破产法律配套制度缺位作出的应激反应和自我调整。并非破产审判必须搭建府院联动机制,而是破产法律的健康运行需要完善的配套行政规范和切实有力的落实措施——这正是府院联动机制所追求和提供的。

2. 破产事务的综合需求。企业破产法是一个社会外部性极强的实践性法律,在企业破产程序中除了要解决债务清偿、财产分配、企业挽救等问题外,还会产生一系列需要政府履行职责解决的与破产相关的社会衍生问题,如职工的救济安置、重整企业信用修复、涉破产的税费缴纳与工商注销登记问题等,需要进行大量的社会协调工作。这就决定了破产审判工作尤其是重大破产案件的审判

工作往往离不开外部支持，尤其是地方党委与政府的支持。[①] 破产案件审理牵涉破产企业与其债权人、债务人之间的各类债权债务关系，还涉及物权、股权、知识产权、证券、保险等法律问题，甚至还涉及劳动、土地、税务、工商等行政管理部门之间错综复杂的管理关系，具有开庭与开会相结合、办案与办事相结合、裁判与谈判相结合的特点。破产事务的综合性决定了破产案件的审理不仅仅是一个单一的事实认定与法律适用问题，而且是一项需要统筹兼顾、多方协调、整体推进的多元化系统工程。

3. 破产制度的特殊要求。办理破产所涉事务、程序，大多并非正常企业，常常会遇到诸如企业风险处置、资产变现、职工安置、税费减免、引入战略投资人、为企业提供政策帮扶等社会层面的行政事务性问题。政府有能力行使社会管理职能和促进经济发展职能，来解决涉税破产、重整企业的信用修复、“无产可破”破产案件的管理人报酬等人民法院、债权人会议、债权人委员会和破产管理人无法解决的问题。

（二）破产审判权依赖行政事务管理权的内在逻辑

1. 权力相互分离与法治中国进程的一体性。破产法市场化即破产审判权与行政事务管理权互相分离是推动落后市场主体退出市场的改革方向。党的十八届五中全会提出“更加注重运用市场机制、经济手段、法治办法化解产能过剩，加大政策引导力度，完善企业退出机制”，发出了人民法院围绕中心、服务大局工作的新举措。在法治中国建设进程中，人民法院与政府职能部门共同承担着维护社会整体利益的职责。

2. 权力各自独立与办理破产案件的融合性。破产审判权与行政事务管理权分属于司法权与行政权范畴。从权力性质看，破产审判权与行政事务管理权各自独立。但行政权和司法权具有同源性，不存在所谓的“制衡”，只是权力分工不同而已。破产案件审理过程中，企业长期以来积累的各种矛盾将集中暴露，利害关系人间的利益冲突比较激烈。预防和化解矛盾争议，是行政权与司法权共同的追求。

3. 权力依法行使与因应社会需求的可能性。企业破产不是简单地让企业走

---

① 参见王欣新：《府院联动机制与破产案件审理》，载《人民法院报》2018 年 2 月 7 日，第 7 版。

向“死亡”,而是以破产手段有效化解过剩产能、提高资源配置效率,进而恢复现有产业和企业发展动力。但法律不可避免地存在滞后性,司法权的本质是一种判断权,是一种“认识”,其所具有的中立性和稳定性也有其局限。行政权的本质是管理权,是一种“行动”,其在发展与变化的社会情势中所具有的应变性和主动性,能够快速、有效地填补破产案件办理中存在的制度漏洞。破产审判权与行政事务管理权良性互动有利于充分发挥各自的优势,共同预防和化解争议,但是二者不能越位、不得缺位,应当以权力独立行使为基础,以法律规制为界限。①

(三)办理破产中行政事务管理权的统分考量

1. 实现破产事务办理的逐项性到专门性。“办理破产”是世界银行营商环境评估的10个一级指标之一,指标的三大支柱分别是破产法律规则的质量、破产程序的制度刚性及其运行基础设施的质量情况,以及破产程序在实践中的效率。设立行政事务管理部门,将多个部门的关联事务整合为一,推行集约化办理,减少有关主体申请材料和跑动次数,有利于提升破产办理的效率。同时,由行政事务管理部门统筹协调各部门,有助于提升政务服务标准化、规范化,实现“一件事一次办”,有效强化破产配套机制建设,优化营商环境。

2. 实现办理流程的任意性到规范性。推动政府参与管理的内容的法治化,围绕破产法展开,以国家立法为基本指引,以部门规章为有力支撑,以地方制度为实施细则,架构起符合本地社会经济发展实际、具备可操作性和执行力的实施机制。推动政府参与管理的机制的常态化,提炼办理破产中普遍由政府解决的问题上升为制度规则,如建立保障无产可破案件破产费用与管理人报酬的破产基金、保障职工债权清偿的工资保障基金,挽救破产企业的税收优惠,重整企业信用修复等制度。推动政府参与管理的方式的实质化,将司法引导与行政配套相衔接,破产管辖法院在宏观层面就破产审理所需的行政配套向破产行政管理机构提交政策研究,破产合议庭在个案层面就不属于法律范畴的衍生社会问题向破产行政管理机构发起联动需求,以便更好地将相关政策融入依法

---

① 参见孙笑侠:《司法权的本质是判断权——司法权与行政权的十大区别》,载《法学》1998年第8期。

处置过程中。①

3. 实现行政事务管理的分散性到集成性。加强政府监管的信息化建设，政府形成对营运不正常的、对市场有较大影响的企业的破产预警和识别机制，形成常态化监管机制。当企业出现危机前兆时及时处置，根据需要适时推进破产程序。② 针对当前申请破产保护时机普遍偏晚的现状，构建企业破产重整全过程监督机制，负责追踪破产法实施、管理和监督破产从业者、追究对破产负有个人责任的董事等公司高管责任、监督有关政府机构及其工作人员，防止权力“寻租”。

四、改革取向：行政事务管理权和破产审判权的运行路径

（一）价值分析：办理破产中“两权分离”的功能诠释

1. 司法层面：助推破产事务管理现代化，助推破产审判现代化。分权体制下权力的专门性（就主体而言）、专业性（就内容而言）、确定性（就范围而言），使每一个特定的国家机关在职权范围内处理的问题都有其特定的权限内容与权力边界。③ 设立行政事务管理部门，有助于分离破产审判权与行政事务管理权。既防止司法能动对行政权力的夺取，又防止行政权力的消极怠工或无序扩张，推动司法权与行政权归位，提升破产审判质效，增强司法公信力。企业破产案件以及个人债务清理案件逐年增加，破产法律制度在经济社会发展中发挥的作用显著增强。在案多人少以及供给高质量司法服务的要求下，有必要分离法院的非审判事务，促使法院聚焦主责主业。由政府部门履行行政事务管理的职能，是对事务管理模式的变革，有利于事务管理现代化。

2. 经济层面：服务经济高质量发展，营造世界一流营商环境。我国破产公共服务还处于起步阶段，由政府部门提供破产配套的公共服务，是一次重要的创新探索。行政事务管理部门集约提供破产领域的公共服务，为困境企业和个人提供破产预警、咨询辅导等，引导困境企业及其利害关系人等市场主体运用好司法

---

① 参见陆晓燕：《“府院联动”的建构与边界——围绕后疫情时代市场化破产中的政府定位展开》，载《法律适用》2020 年第 17 期。

② 参见单卫东、张帆：《优化府院联动机制合力推进破产审判》，载《人民法院报》2018 年 5 月 31 日，第 8 版。

③ 参见胡玉鸿：《行政审判权力来源探讨》，载《法学》2002 年第 1 期。

重整、和解制度，最大限度地发挥破产保护法的作用。同时，协助办理破产工作中的事务，完善破产配套制度，降低破产案件办理的时间和成本，推动市场主体有序退出，切实优化营商环境。

3. 政治层面：助推国家治理能力现代化，服务供给侧结构性改革。浙江是中小企业民营经济大省，而温州作为改革开放先行区和民营经济重要发祥地，民营企业占企业总数的99.5%，在册市场主体突破120万个。市场主体的庞大现实需求决定了对完善的破产审判制度的需求。审判实践反映，大量的诉讼尤其是金融审判方面的诉讼是"无效诉讼"，即被告无偿付能力或者缺乏偿付能力，经过诉讼以后的判决却执行不能，严重浪费了本已非常紧张的司法资源，降低了社会经济运行的效率。由政府部门履行破产事务管理职责，是对破产府院联动机制实践经验的有效整合，有利于提升办理破产能力，可以将大量"无效诉讼"案件或者执行不能案件引入破产程序，节约司法资源，强化"诉源治理"。

（二）机构设置：行政事务管理部门的现实选择

1. 域外实践考察。对于破产审判权与行政事务管理甚或相应的行政管理权的分工，域外有着较丰富的实践经验和成熟的理论基础，尤其是英美法系破产制度。

英国于1984年设置破产管理署，虽是英国工贸部的下属机构，是官方接管人的组织，但在破产业务上是独立于政府的，专司管理人的行政管理职能，包括在特定程序中管理人对破产企业的接管、管理人的指定、管理人职能的履行等。

美国自1986年组建美国破产管理署，设有联邦托管人办公厅作为中枢管理部门，并在全国设有21个分署，分别管理全国及各自辖区的破产事务，其使命是"监督破产案件管理工作与程序流程"，确保破产程序公允高效，以维护债务人、债权人以及社会公众等相关利益主体的权益。不同国家对该类行政机构的职能安排有所不同，但都倾向于由特定的行政部门履行相关特定的行政事务性职能。

2. 现行运作模式。在我国，破产行政事务管理部门尚属于新生事物。在立法方面,仅有《海南自由贸易港企业破产程序条例》①《深圳经济特区个人破产条例》②《温州市创建"两个健康"先行区促进条例》③等地方性法规涉及确定政府部门或机构行使事务管理的职责。

在部门设置方面,2021 年 3 月,广东深圳在市司法局下设破产事务管理署,是全国首家承接个人破产事务的管理部门,相关职能并未囊括企业破产事务。2022 年 10 月,温州在市司法局设立破产事务管理处,是全国首个承接破产行政事务管理职责的行政内设机构,意图管理企业破产和个人破产全链条的行政事务。

3. 未来路径选择。关于事务管理部门的设置,大致有 3 种方案:一是设立独立的行政事务管理局;二是设置附属的破产事务管理机构;三是沿袭破产审判和行政管理二合一的模式,由破产法庭继续管理行政事务。就上述 3 种方案而言,方案三存在诸多弊端,学界和实务界基本形成设立专门的行政管理部门的共识。全国人大常委会执法检查组在《关于检查〈中华人民共和国企业破产法〉实施情况的报告》中亦提出建议:"国务院明确统筹破产行政事务和牵头破产府院联动机制的责任部门,进一步明确相关部门涉破产事务的职责分工,确保府院联动工作机制落地落实。"关于方案二、方案三的区别,主要体现在级别和权限上。方案一的事务管理部门级别更高,在配备干部、设置内设机构和确定人员编制上具有政策优势,自主性也更强。相较而言,方案二的事务管理部门低一级或者低半级,从法律性或者经济性的角度看,宜将行政事务管理部门设在司法局、发改委、市场监督管理局。

笔者认为,设立行政事务管理部门是迭代升级府院联动机制的具体表现。如何设置事务管理部门,应当根据府院联动机制的运行需要来确定。从全国人大常委会执法检查组《关于检查〈中华人民共和国企业破产法〉实施情况的报告》可以看出,虽然多数地方出台了府院联动机制有关文件,但相关政策的落地

---

① 《海南自由贸易港企业破产程序条例》第 5 条规定:"省人民政府确定的工作部门或机构负责行使破产事务的行政管理职能,承担行政与司法协调机制的日常工作。市、县、自治县人民政府根据实际需要确定破产事务管理部门。"

② 《深圳经济特区个人破产条例》第 6 条规定:"个人破产事务的行政管理职能由市人民政府确定的工作部门或者机构行使。"

③ 《温州市"两个健康"先行区建设促进条例》第 34 条第 2 款规定:"政府有关部门依法履行破产管理人监督管理、债权人利益保护以及防范恶意逃废债等破产行政管理职责。"

存在不少障碍和困难,可操作性有待加强。因此,有必要加强顶层设计,提升事务管理部门的层级,更好地推进制度的落地实施。如果层级为县一级,仅温州就有12个县(市、区),而案件办理需要跨区域、跨部门的现象较为多见,县级层级难以体现事务管理部门的优势。因此,根据府院联动顶层设计的需要,行政事务管理部门在中央、省、市层面确定,自上而下,方能更好发挥统筹协调、综合施策的功能,最终在国家层面完善破产配套制度。

(三)职能划分:行政事务管理部门的应有功能

《加快完善市场主体退出制度改革方案》指出,"明确政府部门破产行政管理职能。在总结完善司法与行政协调机制实践经验的基础上,进一步明确政府部门承担破产管理人监督管理、政府各相关部门协调、债权人利益保护、特殊破产案件清算以及防范恶意逃废债等破产行政管理职责"。当前,学界和实务界对于破产事务管理部门和法院在职能分工方面仍存在分歧。笔者认为,行政事务管理部门应当履行下列职能:

1. 行业管理职能。管理人是破产程序的主要推动者和破产事务的具体执行者。管理人制度的健全与否,是影响破产案件办理质量的重要因素,事务管理部门应当履行管理人行业的管理职能。一是强化社会机构的管理。确定管理人及从业人员的资质、建立管理人名册以及完善管理人的指定、考评与奖惩机制等。在考评结果运用的基础上,对管理人名册进行及时更新或者分级分类,改进管理人选任方式,以适应不同破产案件的需求。二是强化协会的管理。指导管理人协会开展行业管理工作、组织管理人业务培训与学习交流等,强化协会行业自律与行业监督的职能,切实维护好协会成员的合法权益,为管理人高效履职创造条件。

2. 事务办理职能。行政事务管理部门作为法院和政府的纽带,应加强对相关破产事务的统筹协调,推动"府院联动"机制落地、见实效。一是落实府院联动机制。健全破产工作协调常态化机制、协调具体破产事项办理的府院联动工作,如破产企业资产处置协调机制、破产企业税费筹划机制、企业信用修复和政策支持机制、协调有关部门调查破产欺诈及相关违法犯罪行为、刑民交叉联动解决机制等。二是强化破产保障措施。完善破产经费保障和援助、破产企业职工权益保障。三是提升管理人履职便利化。提升管理人身份认可度、引导金融机构支持破产、优化部门协作便利管理人履职等。三是开展预重整指导。协助有关部门开展预重整工作,规范预重整管理人选任,实现预重整制度与破产重整制度的有效衔接,强化预重整的公信力和约束力。

3. 公共服务职能。随着我国迈上全面建设社会主义现代化国家新征程,法治中国建设深入推进,人民群众对民主、法治、公平、正义、安全、环境等方面的要求日益增长。[①] 政府对破产公共法律服务的提供负有主体责任。结合我国公共法律服务体系建设的发展要求,行政事务管理部门应当先行谋划,统筹推进公共法律服务的供给。一是承担立案引导和诉源治理职责。建立企业破产预警机制,当企业即将破产时,鼓励企业管理层采取合理措施避免破产,并在不可避免的情况下将其程度降到最低。提供破产申请指导,识别企业陷入困境的原因,将符合条件的企业导入预重整程序。提供破产领域的法律咨询,提升民营企业把控风险能力。二是承担破产监督职责。协助法院监督管理人、公职管理人履职情况,办理接收相关投诉事宜,调处管理人与债权人、债务人之间的矛盾争议,开展管理人年度履职评价等。三是承担跟踪破产法律制度落实职责。协助法院追踪破产企业董事、监事和高管落实公司法诚信义务、企业破产法配合破产清算义务的情况。四是承担健全破产信息登记、公开和共享制度的职责。推动各政府部门共同参与破产信息登记,将企业和个人等市场主体的破产信息、破产状态全流程、多渠道向社会公开,保障各方利益主体的知情权和监督权,提升破产案件办理的透明度和公信力。

(四)过渡方式:办理破产中"两权分离"的理性渐进

破产审判权和行政事务管理权的分离在国内尚无先例可循,在现有体制框架下,应当保证制度创新的平稳过渡。笔者认为,在厘定破产审判事务与行政事务后,法院不宜过快将职能全盘交给行政事务管理部门,应当采取渐进式的过渡方式。

1. 前提:权力平稳有序衔接。设立行政事务管理部门是深化府院联动机制的必然要求,也是政府部门对破产行政事务管理的改革与创新。行政事务的管

---

① 参见熊选国:《加快建设更高水平的现代公共法律服务体系》,载《民主与法制》2023 年第 11 期。

理创新要坚持提升破产办理质效、推进破产公共服务供给,相关权力的移交要平稳有序,从正反两个方面来看,要做到“三个坚持”与“三个不影响”。

从正面来看的“三个坚持”是指:一是坚持法院的审判属性。在府院联动机制中,应当确定法院主导、政府配合的原则。法院在司法程序内审理破产案件,政府部门的协调配合应当按照司法程序的进程有序推进。二是坚持政府的管理属性。政府依法履行破产事务的管理职责,加强管理人行业监管以及协助办理破产公共事务,保障管理人依法履职。三是坚持政府的服务属性。党的二十大报告对“建设覆盖城乡的现代公共法律服务体系”作出重要部署。行政事务管理部门应统筹谋划,完善破产公共法律服务体系,化解基层矛盾,从源头解决破产审判中的复杂疑难问题。

从反面来看的“三个不影响”是指:一是不影响案件办理。在移交职权的清单中,部分职权兼具破产审判和行政事务的属性,与个案中管理人具体履职情况密切相关,如管理人指定、考核及报酬确定等。法院在两权分离初期继续负责上述事务,更能用好考核“指挥棒”的作用,激励管理人勤勉尽责履职,提升办案质效。二是不影响权力衔接。两权在过渡时应当做到不错位和不缺位,各部门明确职权交接的内容和时间节点,依法履行法定职责,避免造成两不管的局面。三是不影响协会运转。破产管理人协会作为管理人之间的行业自治组织,以强化行业自律监管、提升业务水平为目的。政府在行使管理权时应当做到不越位,依法履行对协会的日常管理,避免对业务管理方面的干扰。综上所述,职能移交的优先性应以服务办案为标准,优先解决法院对破产事务协调处理存在障碍、政府对破产行政事务统筹不够的问题,落实“府院联动”机制,推动和保障管理人依法履职。

2.期限:权力过渡时限以3~5年为宜。法院和行政事务管理部门在职能交接时,应当确定职能移交的程序和时限。一是明确职能移交清单。在法院与行政事务管理部门间建立沟通协调机制,以提升办理破产指标为目标,全盘谋划行政事务交接工作。梳理办理破产过程中行政事务的内容,制定权力清单,明确责任。二是商定职能移交顺序。在行政事务交接过程中,法院根据办理破产案件的特点,与行政事务管理部门商定职权移交顺序。对于纯事务性工作,优先由行政事务管理部门接管;对于兼具审判与行政属性的事务,采取循序渐进的方式移交,坚持做好一部分移交一部分,确保行政事务管理部门顺利运转。三是确定移交时限。法院和行政事务管理部门应明确各项职权移交的时间。法院在移交事务后做好指导和传帮带工作,确保职权的平稳过渡。行政事务管理部门则应在相应时限内熟悉工作内容,健全组织架构,实现职能的常态化运行。在行政事务管理部门完善干部配备、内设机构设置后,其处理事务的能力将不断提升。法院在已移交职能正常运转后继续移交其他事务,整个过渡期以3~5年为限。

3. 目标:实现"两权"运行顺畅。法院和行政管理事务管理部门的工作衔接应当具备及时性、前瞻性,尽可能减少企业破产对有关利益主体的影响,充分发挥破产降低债务成本、在整体上促进社会财富优化的功能,并预判可能衍生的影响社会稳定的因素,坚持抓前端、治未病,防范风险于未然。过渡意味着只是暂时性的一个阶段,破产审判权与行政事务管理权在未来应实现完全分离。行政事务管理部门将依法履行相关职责,并建立健全行政事务管理权的运行机制以及管理监督制约体系。行政事务管理权将在法治化、规范化的轨道上运行,统筹协调部门间的协作,加强府院联动机制,在制度和机构设置层面完善破产配套机制。

破产法律制度是市场经济法律体系不可或缺的重要组成部分。政府设立行政事务管理部门,既是落实府院联动机制的创新举措,也是实现破产事务管理现代化的有益探索,更是完善破产法律制度的理性追求。在厘定破产审判权与行政事务管理权的前提下,对行政事务管理部门精准赋权,助推破产事务专业化、集约化管理,有力推动破产配套制度改革,加快建设高水平的现代破产公共法律服务体系,助力破产审判现代化,为优化营商环境、推动经济高质量发展注入实践智慧与制度保障。

执行程序与破产程序衔接的问题与进路

——以温州法院的实践探索为立足点

温州市中级人民法院课题组*

执行程序与破产程序的衔接是颇受理论界和实务界关注的问题。无论是希望通过"执转破"解决破产程序启动难问题和破解"执行难"困境,还是希望借助执行程序提升破产案件审判效率,都已经在实践中得以探索和展开,这些探索也为理论界研究相关问题提供了实践样本。温州法院在执行程序与破产程序如何更好衔接方面的探索早在2013年就已经开始。当时在全国法院普遍面临破产案件受理难问题的形势下,温州市中级人民法院(以下简称温州中院)为了破解这一难题,率先出台《关于执行程序和破产程序衔接的会议纪要》,对符合破产清算条件且挽救无望的企业,及时终结执行程序,纳入破产程序,当年通过执破衔接共受理98件破产案件,促成一大批程序终结案件得以退出执行程序,受理难问题的解决初见成效。在相关司法解释出台后,为进一步规范执行移送破产程序,解决被执行企业破产启动难问题,温州中院又在第一时间出台《关于执行移送破产程序的会议纪要》,对移送流程等问题进行规范。随着执破衔接

---

* 课题主持人:陈卫国;成员:方飞潮、叶希希、贾约瑞。原载《浙江审判》2020年第1期。

工作的推进,从执行端走向破产端的诸多问题得以解决,机制得以完善,破产实践中开始将关注点放在如何在现有法律框架内借助执行程序提高破产审理效率问题上。基于此,温州中院又于 2016 年出台《关于执行移送破产程序的会议纪要(二)》,从建立涉诉涉执查询、破产财产处置的执破对接机制等方面聚焦探索提高破产效率的路径。从近几年的实践情况来看,虽然执破衔接的探索已经有所进展,但是执破衔接中仍然存在诸多问题,还有深入探索的空间。本文拟梳理执破衔接面临的问题、温州法院的做法以及完善建议,以求教于同人。

一、执破衔接的实务困境

(一)司法改革背景下面临破产机构建设困局

审判专业化是破产审判工作取得实质性进展的关键环节。最高人民法院非常重视这个问题,于 2016 年出台《关于在中级人民法院设立清算与破产审判庭的工作方案》(法〔2016〕209 号)后,全国法院的清算与破产审判庭数量快速上升,①破产审判专业化建设发展迅速。但是随着司法改革逐渐进入“深水区”,一些基层人民法院已经在探索内设机构改革和大民事审判。② 一方面,这导致原本已经设立的破产审判庭被合并。比如温州两级法院本已有 8 个法院设立了专门的破产审判庭,但因内设机构改革,目前只剩下 3 个法院还保留着破产审判庭。另一方面,内设机构改革后,部分基层人民法院实行民商事案件打通分案的模式,这与破产审判的专业化发展显然是相悖的。在案件审理期限与绩效考核的压力之下,破产审判法官对破产案件的审理就难免要让步于有审理期限要求的案件。

随着执行移送破产工作的全面铺开,执行移送破产案件大量增加,破产审判力量明显不足。最高人民法院《关于适用〈中华人民共和国民事诉讼法〉的解释》第 513 条至第 516 条以及最高人民法院出台的《关于执行案件移送破产审查若干问题的指导意见》打通了执行案件移送进入破产程序的制度通道,同时在最

---

① 截至 2017 年年底,全国法院的清算与破产审判庭,从 2015 年年初仅 5 家的基础上增至 97 家,包括 3 家高级人民法院、63 家中级人民法院、31 家基层人民法院。参见刘贵祥:《人民法院优化企业破产法治环境、服务经济高质量发展》(2018 年 3 月 6 日新闻发布稿)。

② 参见徐建新:《新形势下破产审判的变革》,第九届中国破产法论坛暨改革开放四十周年纪念研讨会主题演讲(2018 年 11 月 10 日)。

高人民法院“基本解决执行难”工作部署的强力推动之下,执行移送破产审查案件数量增长非常快。据统计,2016～2018年,温州法院共移送破产审查案件1665件,进入破产程序1316件,涉及执行案件17,471件、执行标的502.35亿元。2018年,执行移送破产受理案件数占全部破产受理案件的80.83%。而与之相对应的,温州各法院从事破产审判工作的人员数量却远远跟不上破产案件数量增长的速度。从图1和图2可知,与2015年相比,2018年破产审判业务部门人均办理执转破案件数量增长了480%。

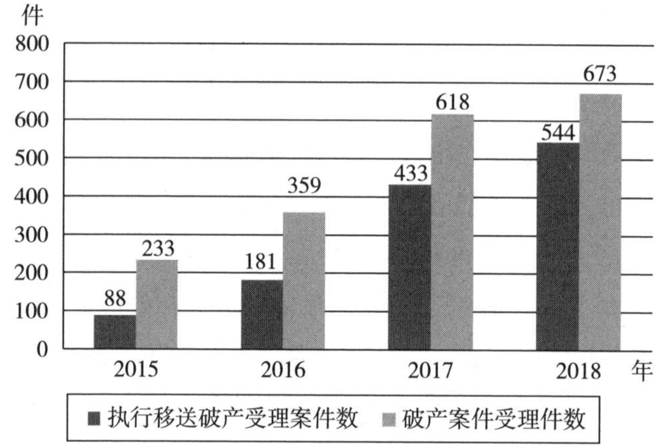

图1　2015～2018年破产受理案件情况

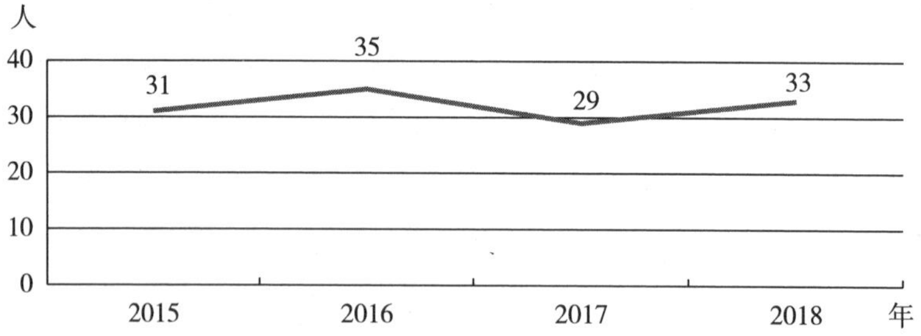

图2　2015～2018年温州两级法院破产审判法官人数

在破产审判力量本就不足的情况下,加上内设机构改革,导致破产机构建设存在困难。如果要解决客观不能执行案件的程序退出问题,当前的破产审判力量很难应对执行案件全部移送的压力;如果后续要推进建立立审执破格局,则更显不足。如不及时增强破产审判队伍的力量,那么当“执行难”得到缓解的时候,

“破产难”问题可能会更加突出。

（二）执破深度衔接有待加强

当前全国范围内普遍存在“大执行、小破产”的审判工作格局。[①] 相较而言，法院执行部门的执法力量、覆盖网络以及机构本身的地位都远远超过了破产审判部门。以温州法院为例，截至2019年3月，全市法院执行部门工作人员人数是破产审判部门人数的5倍。除去最为直观的审判队伍配置对比，还有对涉案财产的调查、控制和处置手段、强制措施的适用、程序设置的简便性等方面，都有着显而易见的“强执行、弱破产”的特点。

正是基于执行程序的优势，这几年法院一直在探索如何借助执行程序提高破产审判效率。[②] 经过多年发展，虽然在开放形式上各有不同，但是目前执行查控平台向破产案件开放已经较多见，最高人民法院重整案件信息平台也已经实现了部分查询功能，破产案件可以借助执行查控平台查询破产企业的涉诉涉执和财产情况，初步实现了资源共享。但是，在破产审判中，债务人及其实际控制人拒不向管理人移交财产、账簿等，还有房屋腾空难等都是比较突出的问题。破产财产的处置主体是管理人，因此跟执行程序相比，缺乏执行程序中所具有的司法强制力。《企业破产法》虽然规定了拘传、罚款等强制措施，同时规定构成犯罪的依法追究刑事责任，但在审判实践中真正采取拘传等强制措施或者追究刑事责任的少之又少。目前，对管理人是否有权直接申请法院对债务人和财产持有人拒不向管理人交付财产的行为申请人民法院强制执行，也没有明确规定。也就是说，破产程序在财产处置方面可采取的强制措施比较有限，这就导致破产财产处置推进缓慢、困难较多。甚至曾有破产案件发生这样的情况，企业进入破产程序前，其厂房经执行程序已经腾空完毕，但是进入破产程序后，相关人员又搬回了企业厂房内。因此，如何借助执行程序提高破产财产处置的效率，仍是需要重点探索的问题。

---

① 参见章恒筑、王雄飞：《论完善执行程序与破产程序衔接协调机制的若干问题——基于浙江法院的实践展开》，载《法律适用》2017年第11期。

② 参见白田甜、景晓晶：《执行程序与破产程序衔接的实践完善》，载中国破产法论坛：《执行转破产暨船舶企业破产专题研讨会论文集》，2018年。

(三)股权被冻结致企业重整受困

破产重整本质上是出资人①、不同类型债权人、战略投资人等多方主体之间进行利益博弈的过程。出资人尤其是实际控制人对企业陷入困境往往有难以推卸的责任,应该承担相应的重整成本,因此在重整过程中对出资人权益进行调整甚至是归零是股东承担相应责任的一种方式,具有合理性。实践中,破产重整案件普遍会面临出资人权益如何调整的问题,仅少数破产重整案件没有对出资人权益进行调整。② 在推进困境企业重生的过程中,战略投资人要进入企业成为股东,必然希望取得企业控股权。若出资人权益调整不到位,则战略投资人在无法控制企业的情况下,显然不愿参与重整。因此对出资人权益进行调整是大多数重整程序的应有之义。以温州实践来看,重整企业均已资不抵债,保留出资人权益缺乏客观基础。目前温州法院审理的所有破产重整案件均对出资人权益进行了调整。可以说,对出资人权益进行调整是有力促成企业重整成功的必然选择。但是《企业破产法》仅第85条及第87条对出资人权益调整作了规定,目前远不能满足现实的法律需求。股权被冻结时对出资人权益调整如何执行就是其中非常棘手的问题。

《企业破产法》第19条规定:“人民法院受理破产申请后,有关债务人财产的保全措施应当解除,执行程序应当中止。”但是该条款针对的是债务人的财产,对出资人享有的股权并不适用。出资人权益调整方案在重整计划获法院批准后可以付诸执行,如果出资人持有的股权被冻结,在法律没有作出明确规定的情况下,如果申请冻结股权的主体不愿配合债务人就出资人调整的股权申请解除冻结措施,则出资人权益调整方案在执行过程中可能会面临障碍,也让重整难度进一步加大。

(四)推进预重整工作的执行困境

预重整制度是在传统的重整制度和庭外重组结合的基础之上,创新而形成的一种新型企业挽救辅助模式。预重整基本的运作方式是:困境企业在向法院

---

① 本文中出资人与股东系指同一概念。

② 兰宝信息、天发石油、浙江海纳、朝华科技、华龙集团、帝贤股份、咸阳偏转等7家上市公司在重整过程中未对出资人权益进行调整。参见曹文兵:《上市公司重整中出资人权益调整的检视与完善——基于51家上市公司破产重整案件的实证分析》,载《法律适用》2018年第17期。

提出重整申请之前，和各方利害关系人如债权人、股东、新的战略投资者等提前进行协商，拟定重整计划草案的重要内容，在取得这些利害关系人中的多数人同意后，将重整申请和重整计划草案提交法院。法院立案后，原来当事人在重整程序启动之前对重整计划所作出的表决同意的约束力延续到重整程序之内，法院在审查以后可以直接批准重整计划进入执行。这样就可以缩短重整期间，节省费用，将对债务人企业的不利影响降到最低。

我国《企业破产法》并没有规定相关制度，但是实践中各地法院对预重整在司法框架内探索运用的情况并不鲜见。基于实践需求和制度优势，最高人民法院于 2018 年 3 月 4 日印发的《全国法院破产审判工作会议纪要》第 22 条对探索推行庭外重组与庭内重整制度的衔接作出了框架性规定，但是对庭外重组期间的管理人指定、执行中止、债权人意见的沿用等关键问题都没有涉及。实践中，拟进行预重整的企业往往都是被执行人，而且其主要财产都被执行程序查封、冻结，要想推进预重整工作，执行工作必须中止。但是在现行法律没有明确规定的情况下，中止执行工作缺乏法律依据，实践中只能依靠协调解决。如果相关执行案件与预重整工作参与法院属于同一地区，经协调可能可以达到执行工作暂停的效果，但是如果两者不属于同一地区，则执行程序协调未必能够达成预期效果，这就导致无法开展预重整工作。

（五）执行移送动力仍不足

2015 年以来，执行移送破产审查案件数量有了实质性突破，但是相较于执行不能案件中符合执转破条件的案件实际体量，还有不小的差距。究其原因，除前述破产审判力量不足以处理全部移送案件外，仍存在执行人员移送案件进入破产审查程序的动力不足、积极性不高的问题。

一是执行工作量不减反增的情形较为常见。执转破案件对破产条件的审查要求较严格，拟移送启动破产的案件，不但要穷尽执行措施，查控企业财产，还要全面掌握企业涉诉、涉执情况，导致执行工作量大幅增加。特别是多个被执行人的案件，存在多保证人、多自然人被执行人的情形，将被执行企业移送破产程序后，对其他被执行人的执行还要继续，从短期效应来看，执行工作量并未实质减少，执行案件数量也未下降。如果破产审判庭最终不受理破产申请，还可能拖延其执行案件办理期限。

二是执行人员普遍对破产业务了解不多。由于破产审判专业性强,而当前执行队伍大多没有受过专门的破产相关法律知识培训,对企业破产法与公司法不够了解,进而对如何判断企业已经具备破产条件存在一定困难,从而也无力承担执行移送破产案件的研判等繁杂工作。同时,执行人员对"以破解执、以执助破"也缺乏深刻认识。在执行任务繁重的情况下,执行人员会认为移送破产没有减少执行案件而缺乏积极性。

二、执破衔接机制的温州探索

(一)强化破产专业化的同时探索执破联合合议庭制度

在设立破产审判庭日渐成为常态的形势下,最高人民法院批准分别在北京、上海、深圳设立了3个破产法庭。为更好助力深化供给侧结构性改革、全方位优化温州营商环境,温州法院将结合破产审判工作实际,申报设立温州破产法庭,培养稳定的专业破产审判团队,这也是进一步推进温州破产专业化建设的需要。与此同时,温州法院进一步探索由执行法官与破产审判法官组成合议庭的方式推进破产案件审理,尤其在执行移送破产程序的案件中,加大由执行法官与破产审判法官组成合议庭的力度。因为执行经办法官对案情、当事人财产情况、财产处置进度、执行到位情况、案件推进的主要障碍点都很清楚,可节省管理人很多前期协调调查的工作,从而大大提高执行移送破产审查案件的审理效率。关于参与破产审理的合议庭执行法官的工作量,由破产审判部门、执行部门和审管办共同研究确定。

(二)借助执行程序提高破产财产处置效率

在"大执行、小破产"的现有格局下,温州法院一直非常关注借助执行程序提高破产财产处置效率的问题。目前不仅已经实现借助执行程序查询破产企业财产情况、涉诉涉执情况的常态化,同时也在借助执行程序提升破产财产处置效率方面进行了探索。具体表现在:

一是完善在执行程序中先行处置财产的工作机制。这包含两个方面的内容:一方面,对破产申请进行审查期间,无论是执行程序将要移送破产的案件还是当事人自行申请破产的案件(未受理),如债务人有财产在执行程序处置中,由预审小组对被执行人(债务人)后续是否可能进入重整或和解程序作出初步判断,在不影响债务人重整或和解,或排除债务人重整、和解可能性的情况下,在执行程序中优先通过网络司法拍卖的方式处置债务人企业的财产。处置所得应交由管理人在破产程序中分配。在还没有破产立案前,执行部门可以对有优先权的执行款进行分配。另一方面,进入破产程序后,破产审判部门发现执行部门正在处置债务人资产的,在不损害各方当事人合法权益的情况下,可以引导债权人会议(或债权人委员会)作出同意执行部门继续处置的决议,授权执行部门继续进行资产处置相关工作。

二是探索引入执行强制措施协作机制。管理人在处置破产财产时,遇到障碍导致资产处置困难的,可委托有关受理执行案件的法院执行,受委托的法院在处置资产时准用执行强制措施;如多个法院都符合委托条件,应优先委托破产案件所在法院或先对委托处置资产采取过执行查控措施的法院,受理执行案件的法院要积极予以协助配合。比如,温州市平阳县人民法院在一起破产清算案件①的财产处置中引入执行强制措施协作机制,取得了良好效果。该案中,破产企业的主要财产是一处厂房,该厂房在案件受理前出租给了7家承租户,租期3~5年。经管理人与承租户多次沟通,承租户拒不腾空,使破产财产处置陷入困境。为快速推进厂房腾空工作,破产案件经办人与该院执行局进行沟通,由执行局基于原执行案件标的在该案破产财产的处置中适用执行强制措施,仅3个月时间即促成管理人与各承租人达成协议,缴纳腾空保证金,4个月时间完成厂房拍卖工作,拍卖成交后,各承租人在2个月内自行搬离,厂房处置难题顺利破解。

(三)借助执行程序解决股权被冻结时的重整难题

股权被冻结时对出资人权益调整如何执行问题在重整案件中并不少见,实践中也缺乏有效的解决办法。温州法院在审理破产重整案件中碰到这类问题时,除了以协商的方式解除冻结措施外,还在现有法律框架下,探索借助执行程序解决这一难题,即由冻结股权的法院继续拍卖股权。实践中,由于破产企业的股权不具有吸引力,在通常情况下,战略投资人在拍卖时能以较小的代价拍下股权,从而取得股权。

当然,这种方式也不是理想选择,只是在现有法律框架内退而求其次的解决

---

① 浙江省平阳县人民法院民事裁定书,(2017)浙0326破8号。

方案。因为这一解决路径可能存在以下问题:一是战略投资人投入的成本无法预判。虽然企业重整前的股权价值极低,多数情况下为零,即使通过拍卖方式获取,战略投资人所花费的成本一般也不高,但是拍卖过程存在不确定性,不能排除最终拍卖确定的价格很高的情形,这就导致战略投资人对这方面的成本无法作相对清晰的预判,增加了其投资顾虑。二是破产状态下被查封股权能否转让是有争议的。对被查封股权进行司法拍卖,其结果是股东的债权人获得部分或全部清偿,实质上股东获取了相应的权益。而在资不抵债情形下,股东不应享有股权权益。即使在少数案件中股东仍享有一定权益,也是经重整计划调整的。三是拍得的股权是否需要承担前股东所承担的责任还存在疑义。比如,前股东尚未履行的出资义务,是否随着股权转让而转移?最高人民法院《关于适用〈中华人民共和国公司法〉若干问题的规定(三)》第 18 条规定:"有限责任公司的股东未履行或者未全面履行出资义务即转让股权,受让人对此知道或者应当知道,公司请求该股东履行出资义务、受让人对此承担连带责任的,人民法院应予支持;公司债权人依照本规定第十三条第二款向该股东提起诉讼,同时请求前述受让人对此承担连带责任的,人民法院应予支持。受让人根据前款规定承担责任后,向该未履行或者未全面履行出资义务的股东追偿的,人民法院应予支持。但是,当事人另有约定的除外。"从该条规定可以看出,如果股权买受人知道或者应当知道前股东未履行出资义务,则可能还需要对前股东履行出资义务承担连带责任。虽然可以在承担责任后向前股东追偿,但是代偿行为本身会产生融资成本,而且能否追偿到位还是未知数。综上,所有这些风险都会大大影响战略投资人的积极性,从而对破产重整的顺利推进造成较大影响。

(四)预重整推进时执行程序的配合

预重整制度在降低企业不良影响、化解担保链方面有非常积极的意义,因此温州市政府非常重视该制度的推进,并选取重点帮扶企业①进行探索。温州吉尔

① 2011 年下半年开始,温州民间金融风波暴发,进而传递至实体经济和金融机构,表现为银行不良率持续在高位运行,企业深陷"两链"风险。温州市政府以府院联席会议和企业破产联席会议为基础,以政府积极有为、银行业同进共退、企业生产自救、司法保障有力为四大支柱,积极开展金融风险处置化解工作。其中一项重要工作是,按照企业的生产经营、资产负债、信心信用等情况,将企业划分为保护、帮扶、破产重整、逃废债务 4 种,分别予以扶持、协调、处置与打击。

达鞋业有限公司作为中国皮革工业协会重点骨干企业、浙江省一级乡镇企业、浙江省工业企业最佳经济效益单位,连续五届获得“中国真皮鞋王”等称号,是鹿城区功勋企业和纳税大户,具有较高的企业价值及品牌价值。但因受到2011年下半年开始的温州局部金融风暴影响,该企业为担保链所困,生产经营陷入僵局。基于该企业的品牌价值,为助力企业获得重生,温州市政府决定对该企业进行“预重整”,并由温州中院参与。在预重整阶段,该企业由于深陷担保圈陆续被多家银行起诉,导致银行账户、固定资产被法院查封、冻结,如法院继续执行,将导致该企业无法正常生产经营,使债权人利益得不到最大化,也将给后期重整工作带来巨大阻力。因此,协调执行程序配合预重整工作是推进预重整工作的前提与基础。

经过法院审执部门协同配合,对吉尔达鞋业有限公司资产总体上采取暂缓执行、个别资产优先处置的原则,区别对待该企业的资产。具体而言,主要采取了以下做法:一是温州市人民政府明确发文对该企业进行预重整,这是预重整程序启动的依据,也是后续着手协调执行问题的基础。二是由温州市人民政府牵头,温州中院执行庭积极组织基层人民法院执行部门共同参与研讨,经与各担保企业和十来家金融机构债权人协商,以努力达成暂缓责任追究的一致意向,防止担保链风险进一步蔓延和扩散,也使预重整程序得以平稳推进。三是在整体暂缓执行的前提下,优先处置两处房产和对外投资,剥离与重整无关的资产,降低负债额度,减少预重整难度。

(五)多措并举有效提升执行侧的移送动力

在执行案多人少矛盾突出和执行绩效考核压力大的情况下,温州法院根据实际情况探索形成多种做法,具体包括:一是指定专人负责。即指定经破产业务培训的专人负责执行案件移送破产程序工作,通过工商、银行、房管、土地管理部门开展“四查”,全面了解被执行企业资产情况,并对符合破产条件的案件进行筛选。在时间上,优先选择正处于执行程序中的案件以及执行程序终结时间在近几年的案件;在财产上,优先选择能实质上减轻执行工作量或有利于提高债权人分配率的案件。专人负责执行案件移送工作,其绩效考核单列,这在一定程度上解决了绩效考核导致执行人员积极性不高以及对破产业务知识了解不够导致不能与移送工作要求相匹配的难题。二是完善执行移送破产案件的考核办法。① 即将破产移送案件数折算为办案数,计入执行法官绩效考核数据中,并视情评选执行移送破产先进集体和个人,以激励执行法官移送破产的积极性。三是建立预审模式。为维护司法统一性,防止执行部门与破产审理部门认定不一致,导致执行案件移送破产后又被退回,使执行前期审查徒劳无果,推动全市12家法院成立由执行、立案、破产审判部门法官组成的执行移送破产程序案件预审小组,专门负责执行移送破产程序案件的预审审查,为拟移送破产的案件提前把关号脉,确保执行移送破产程序试点工作顺利推进。

三、完善执破衔接机制的建议

要从根本上解决执破衔接机制存在的问题,必须从顶层设计上进行完善,须修订《企业破产法》及相关法律法规,或制定相关司法解释。具体应从以下方面着手。

(一)破产程序中可继续适用执行强制措施

《企业破产法》第19条规定,人民法院受理破产申请后……执行程序应当中止。但相关法律对执行强制措施是否可以继续适用均未作出明确规定。从立法本意来说,中止对破产债务人财产的执行程序,其目的在于保护全体债权人的公平受偿权,避免部分债权人获得全部清偿。而强制腾空、强制交付等执行强制措施的适用,并不涉及债权的提前清偿,反而能有效提高财产处置的效力,切实加快破产程序的推进。因此,建议在相关立法中作进一步明确规定,在破产程序

---

① 其他法院也有类似做法。比如,深圳法院对"转出去"的执行案件、"收下来"的破产案件,适当加大在整个绩效考核中的权重。又如,2018年6月江苏省高级人民法院新修订的《关于规范执行案件移送破产的若干规定》第28条,专门就"执转破"考核激励进行规定,对移送执行转破产案件的识别、准备材料、移送及审查、审理分两个阶段折算案件量,建立符合执行移送破产工作规律的绩效考评标准,充分调动执行人员和破产审判人员的积极性。同时,对存在应当征询当事人意见而不征询、应当移送破产审查而不移送、破产案件受理后应当中止执行而不依法中止、不及时移送财产,以及拒不接收移送的执行案件、随意退回移送的执行案件、无故拒绝受理执转破案件等违纪违规问题的,要计入法官绩效考核,情节严重的对相关责任人员进行问责,全方位倒逼法院切实做好执转破工作。参见江苏省高级人民法院民二庭:《执转破司法实务问题研究》,载2018年7月中国破产法论坛《执行转破产暨船舶企业破产专题研讨会论文集》。

中,执行强制措施可继续适用。特别是在执转破案件中,借助执行部门的执法力量、覆盖网络以及成熟的实务操作经验来实施强制措施,是深化执破衔接机制、加强执破协作的重要举措。

(二)赋予重整受理法院解除对债务人股权保全措施的权利

首先,对冻结申请人、质权人的权益要给予保障。关于具体保障措施,可以有不同的设计,可以考虑让冻结申请人、质权人参与出资人组的表决,份额以其冻结的金额为限;也可以考虑在重整计划草案表决前,破产案件审理法院应向冻结申请人、质权人释明对出资人权益调整的合理性,其可以提出复议申请,由破产案件审理法院审查后作出决定。其次,在对冻结申请人、质权人的权益进行保障后,要赋予经法院批准的重整计划以司法强制力和执行力,并规定重整案件的受理法院有权直接采取解押解冻等措施,冻结申请人以其对出资人持有的债务人股权被冻结为由,主张重整计划对出资人权益的调整损害其利益的,人民法院亦不予支持。股权登记机构应依照人民法院批准重整计划的裁定协助办理出资人股权的变更登记。有关机关已对上述股权采取冻结措施的,应当依照人民法院批准重整计划的裁定解除冻结措施。

(三)对预重整期间的执行程序作出合理安排

我国现行《企业破产法》对预重整制度未作出规定,但是这项制度颇受理论和实务界关注。在当前实践对预重整制度有强烈需求的情况下,立法应回应现实需求,对该项制度作出相关规定,其中尤其要关注预重整启动后对执行程序的效力问题。预重整是以政府为主导的程序,因此,应由属地政府发布书面文件宣布预重整程序启动。预重整程序启动后,管理人开展工作、相关债权银行上报争取支持都有了依据,同时,预重整对象作为被执行人的相关执行案件要中止,这是后续推进预重整工作的基础。执行案件中止,这是总体原则,但也要允许例外情形存在,针对那些与后续重整程序无关的财产,可以在预重整期间予以先行处置,以提高财产处置效率,更好地推进预重整工作顺利进行。

四、结　语

无论是执行案件移送破产审查还是借助执行程序提高破产审理效率,都有利于健全市场主体救治和退出机制,有利于完善司法工作机制,有利于化解执行积案,是人民法院贯彻中央供给侧结构性改革部署的重要举措,也是当前和今后一段时期人民法院服务经济社会发展大局的重要任务。为了更好地完成这项重要任务,除要在立法上完善相关制度外,还要进一步探索建立执行法官承办简易执转破案件的审理机制。比如,为了解决当前破产审判力量不足、执破衔接流转慢、"执转破"案件受理需求大等问题,针对"无财产、无账册、无人员"的"三无"债务人企业案件,以及被执行人财产已在执行阶段变价且债权债务关系清晰、债权人数较少的案件,可将破产程序视为执行不能程序的自然延续,列入执行法官的职责范围,由执行法官继续审理。① 另外,针对执行案件中多担保人导致执行移送破产积极性不高的情况,一方面,要完善信贷风险审查机制,真正落实银行作为出贷方的审查责任,从而扭转银行贷款中的有限责任无限化现状。因为现行企业贷款担保链条的形成,既源自市场信用的缺失,也与银行转嫁信贷审查风险的现象相关,即银行在发放贷款时,为确保贷款安全,要求债务人企业的股东个人提供各种担保,实际上是将公司股东有限责任异化为无限责任,对市场经济秩序的运转具有极大的负面效果。另一方面,要重点研究推动制定个人破产法。在个人破产法的立法空档期,可以通过个人债务集中清理模式,激活银行债权减免制度,对涉企业破产的个人担保债务作彻底了断。可见,后续要推进执破工作的深入开展,需要内部审理机制的进一步建立健全、立法层面的进一步完善以及配套制度方面的细化等。只有多方共同推进,才能更好地助力"僵尸企业"退出市场,促进过剩产能出清,实现市场资源的更有效配置,构建市场化、法治化的破产重整制度。

---

① 参见陈晓君、郝振:《执行与破产之功能衔接与制度构建——以执转破案件的审理为中心》,载中国破产法论坛:《执行转破产暨船舶企业破产专题研讨会论文集》。

破产程序担保人求偿权申报之困境与破局

——基于《民法典担保制度解释》第 23 条第 2 款的理解与适用*

在破产程序中，担保债权享有多重保障，同时受禁止债权人超额受偿及债务人重复清偿的限制，债权申报规则相对复杂：不仅需要平衡担保债权人、担保人与债务人的实体权利，还需兼顾破产与担保两种制度之间的价值平衡与调适。尤其是在债务人破产程序受理前，担保人已部分清偿的，债权人、担保人之间如何申报债权，已对司法实践造成困扰，亟待统一解决。本文中，笔者将围绕最高人民法院《关于适用〈中华人民共和国民法典〉有关担保制度的解释》（以下简称《民法典担保制度解释》）第 23 条第 2 款①，主要针对破产程序中担保人现时求偿权②的申报和受偿进行梳理，尝试构建债权人、担保人共同申

---

* 作者：林锡铭、叶希希、叶飞、陈小芝。本文曾获第十五届中国破产法论坛二等奖。

① 《民法典担保制度解释》第 23 条第 2 款规定："担保人清偿债权人的全部债权后，可以代替债权人在破产程序中受偿；在债权人的债权未获全部清偿前，担保人不得代替债权人在破产程序中受偿，但是有权就债权人通过破产分配和实现担保债权等方式获得清偿总额中超出债权的部分，在其承担担保责任的范围内请求债权人返还。"

② 现时求偿权：对应于将来求偿权，是指对债务人享有的现实的、时下要求债务人清偿债务的权利。其源于《企业破产法》第 51 条第 1 款。

报模式,并提出立法修改建议,确立担保人现时求偿权参照适用衡平居次原则,以供司法实践借鉴参考。

一、申报程序不规范导致当事人利益受损

《民法典担保制度解释》第23条第2款系根据《民法典》第700条①的精神,明确在破产程序中,债权人可同时向债务人和担保人行使相应权利的前提下,对担保人的求偿权予以限制,但当担保人在债务人破产程序受理前已清偿部分债权,债权人尚未获得全额清偿之情形下,担保人能否以求偿权申报债权,司法实践中的理解与适用存在争议,造成司法实践做法不统一的局面。

(一)法院维度:债权申报确认模式的不统一

《民法典担保制度解释》出台以后,为避免损害债权人利益,司法实践中调整了债权人与担保人同时在破产程序中受偿的做法,但对于担保人能否以现时求偿权申报债权,以及债权申报、审查确认流程尚未形成统一的规范,并且导致了实务中存在不同程度的混乱现象。司法实践中主要有以下3种模式:第一种模式,债权人全额申报,一律不允许担保人以现时求偿权申报债权,如其申报,也将不予确认。第二种模式,债权人全额申报,允许担保人申报,但不在无争议债权表中予以确认,只对其进行备注说明。第三种模式,债权人、担保人共同申报,即在担保债权仅部分受偿时允许担保人和债权人各自申报破产债权。以上3种模式并存,导致一线法官、破产管理人及各方当事人在案件审理中无所适从。

示例1:以债务人某公司为例,假设债权人A对债务人享有100万元债权,在破产程序受理前,担保人a代偿50万元,现债权人A申报债权100万元,担保人a申报债权50万元。按照前述观点,将分别出现以下3种版本的无争议债权表(如表1、表2、表3所示)。

---

① 《民法典》第700条规定:"保证人承担保证责任后,除当事人另有约定外,有权在其承担保证责任的范围内向债务人追偿,享有债权人对债务人的权利,但是不得损害债权人的利益。"

表 1　某公司无争议债权表(第一种模式)

债权编号	债权人	申报金额	确认金额	债权性质
1	A	100 万元	100 万元	普通债权
2	a	50 万元	0	—

表 2　某公司无争议债权表(第二种模式)

债权编号	债权人	申报金额	确认金额	债权性质	备注
1	A	100 万元	100 万元	普通债权	担保人 a 已代偿 50 万元

表 3　某公司无争议债权表(第三种模式)

债权编号	债权人	申报金额	确认金额	债权性质
1	A	50 万元	50 万元	普通债权
2	a	50 万元	50 万元	普通债权

(二)债权人维度:表决权分配不均损害其他债权人利益

允许债权人申报的债权额不受削减的观点,主要是考虑到对保全自己债权有积极态度的债权人,程序上应当保证其获得较多分配。① 虽然债权人为自身债权积极采取了保全,但是否意味着其在破产程序中会相较担保人或其他债权人有更高的积极性,两者并无必然联系。甚至在个别案例中,债权人本金 3000 万元及利息均已全部清偿,仅剩几十万迟延履行利息未得到清偿,如允许其以全部债权 3000 多万元申报债权,并以该金额行使表决权,虽然其债权可以得到最大限度的清偿,却损害了其他债权人的合法权利(获得的清偿比例降低)。此外,其基于自身利益考虑,可能会利用其优势地位,滥用多数决制度,或怠于行使表决权。如在表决是否起诉不配合清算义务的法定代表人、股东及高管等企业经营管理人员时,上述人员往往已承担连带责任,并进入执行程序,故债权人大概率会避免重复起诉而投反对票。事实上,由于担保人往往是最终责任的承担主体,除了担保人与债务人有其他更紧密联系的情形以外,通常担保人参与破产程序的积极性会高于债权人,故担保制度旨在增加担保债权的清偿概率,债权人通过

① 参见郁琳、吴光荣:《与破产法有关的几个担保问题》,载《法律适用》2021 年第 9 期。

担保人获得部分清偿已经实现了担保目的,不应过度予以保护。

(三)担保人维度:担保人行使诉讼权利受限

根据《企业破产法》第 56 条第 2 款,债权人未依照本法规定申报债权的,不得依照本法规定的程序行使权利。债权的集体与个别清偿程序,区别仅在于债权实现的程序不同,而程序问题不应影响当事人的实体权利。换言之,集体清偿程序中的特殊制度如债权申报,其程序开展不应影响债权人的实体受偿权利,只有根据实体法律规定的行为或者事实,才能产生消灭债权债务这一实体法律关系的后果,这是一项基本原则,即"程序不消灭实体权利"。[①] 破产程序中各种衍生诉讼的结果对担保人最终承担的责任具有重大影响,限制担保人以现时求偿权申报债权,其将不能作为诉讼主体参与破产衍生诉讼,从而保护其自身合法利益。如依照最高人民法院《关于适用〈中华人民共和国企业破产法〉若干问题的规定(二)》第 23 条,或《全国法院民商事审判工作会议纪要》第 118 条,代表全体债权人提起相关诉讼。

示例 2(为便于说明理解,以下对案情作相应简化):某银行(系唯一债权人)先后向法院申请甲、乙公司破产清算。该银行对甲公司享有 1000 万元债权,执行程序中甲公司股东 A、某公司丙作为担保人各代偿 250 万元。破产受理后,经清算甲公司破产财产 600 万元,对外尚有应收债权 100 万元未起诉追收。该银行对乙公司享有 1000 万元债权,执行程序中担保人某公司丙代偿 800 万元。

问题 1:基于债权一致性原则,如甲公司允许该银行以 1000 万元全额申报债权,并经法院裁定确认,现该银行要求法院以 1000 万元债权审查乙公司是否具备破产原因,法院是否准许?

问题 2:担保人丙公司能否申请乙公司破产清算?如允许,乙公司破产清算受理后,丙公司能否申报债权?如不允许,丙公司作为该案申请人,在其债权破产程序中又如何体现,是否会形成逻辑悖论?

问题 3:法院裁定确认该银行无争议债权 1000 万元,现甲公司破产财产 600 万元(尚余 400 万元破产债权未得到清偿),能否以资不抵债裁定宣告甲公司破产?能否裁定终结破产程序,并对甲公司工商注销?担保人 A、丙公司如提出异

① 王卫国:《破产法精义》(第 3 版),法律出版社 2023 年版,第 160 页。

议,法院该如何处理?

问题4:该银行通过破产分配和实现担保债权等方式已获得超额受偿,其已丧失参与破产程序的动力,故表决反对甲公司通过诉讼方式对外追收债权方案时,担保人A、丙公司的合法权益该如何救济?

问题5:甲公司股东A存在实缴出资未到位,或不配合破产清算,该银行不同意起诉股东A,管理人亦不予追收或主张赔偿,担保人丙公司能否代表全体债权人提起上述诉讼?

问题6:该银行在破产程序中受偿600万元后,基于银行内部审批程序,要求法院出具法律文书作为支付凭证,将超额受偿的100万元返还给担保人A、丙公司,法院该如何处理?

问题7:该银行怠于返还超额受偿的100万元,且担保人A、丙公司无法联系时,管理人能否代表担保人A、丙公司向该银行主张返还?

上述问题并非笔者杜撰,在审判实务中已陆续出现,或将会出现,其根本原因是担保人求偿权在破产程序中应如何申报、受偿的问题,故急需专家学者予以答疑解惑。

二、对《民法典担保制度解释》第23条第2款的重新解读

造成担保人现时求偿权申报的困难,既有司法理论层面的问题,亦有法律规范方面的不足,故需要从司法理论及实践层面进行探讨。

(一)担保人现时求偿权申报的法律依据

《企业破产法》第51条①规定担保人可以在破产程序中以其对债务人的现时求偿权或将来求偿权申报债权。具体包括两个方面:一是在人民法院受理破产前,担保人已经代替债务人清偿债务的,其针对债务人所享有的求偿权的数额是确定的,为担保人已经代替债务人清偿债务的数额,担保人有权以其清偿额对债务人行使求偿权,即以清偿额向管理人申报债权。二是债务人的担保人即使尚

① 《企业破产法》第51条规定:“债务人的保证人或者其他连带债务人已经代替债务人清偿债务的,以其对债务人的求偿权申报债权。债务人的保证人或者其他连带债务人尚未代替债务人清偿债务的,以其对债务人的将来求偿权申报债权。但是,债权人已经向管理人申报全部债权的除外。”

未代替债务人清偿债务,但由于债权人对于其未被偿付的部分,有权要求担保人清偿,担保人有可能在此后被要求代替债务人清偿债务,对于此要求,担保人不得拒绝,其可以债务人的将来求偿权申报债权。同时,《民法典》第700条对此也作了明确规定,担保人承担担保责任后,除当事人另有约定外,有权在其承担保证责任的范围内向债务人追偿,享有债权人对债务人的权利,该权利当然包括债权申报的权利。因此,当前若限制担保人在破产程序中以现时求偿权申报债权,与上述法律规定相违背。

(二)担保人将来求偿权申报除外限制情形

将来求偿权是指对债务人享有的非现时的、将来要求债务人清偿债务的权利。《企业破产法》第51条第2款对担保人将来求偿权的申报作了例外限制。其立法逻辑在于,如果债权人已经向管理人申报全部债权,那么担保人就不再承担清偿全部债务的义务,其将来求偿权也就失去存在的基础,故在该种情形下,不再允许担保人申报债权,以避免重复清偿。各国在破产债权的申报问题上,均试行不得重复申报清偿原则,即不得经过两次申报取得双重受偿。① 但对担保人将来求偿权申报予以除外限制需满足以下前提条件:一是限制的客体系将来求偿权,而非现时求偿权;二是债务人的担保人尚未代替债务人清偿债务,即不适用于担保人已经代替债务人清偿部分或全部债务的情形;三是债权人已经向管理人申报全部债权。

(三)《民法典担保制度解释》第23条第2款的解读

关于该款的理解与适用,大多数观点认为,如果债权人在破产程序开始前,通过请求担保人承担担保责任而先行获得了部分清偿,债权人在债务人破产程序中仍应当向破产管理人全额申报破产债权,而非债权人仅可申报未受偿债权并由担保人就已清偿部分行使求偿权。其理由仍在于《民法典》第700条,即担保人行使追偿权不得损害债权人利益。此时,担保人只能待债权人超额受偿后,要求债权人返还额外的受偿金额。②

① 参见汤维建:《破产程序与破产立法研究》,人民法院出版社2001年版,第209页。

② 参见最高人民法院民事审判第二庭:《最高人民法院民法典担保制度司法解释理解与适用》,人民法院出版社2021年版,第252页。

上述观点的理解偏差在于：一是对该款的过度解读。该款系《民法典》第700条规定的担保人行使追偿权不得损害债权人利益之原则，是关于担保人债权受偿层面的规定，并非对债权申报层面的限制。债权申报就如诉讼案件中原告诉权，只需具有直接利害关系，并符合相应法定条件即可行使。具体而言，担保人行使追偿权是一过程，而债权申报只是其中一个环节，追偿权的实现还需经过后续债权确认、财产处置及分配清偿程序，即担保人行使追偿权能否实现其受偿目的，关键取决于管理人对破产财产的处置分配，不应以未知的受偿结果来倒推断定其必会损害债权人利益，从而限制担保人现时求偿权的申报，甚至剥夺担保人表决权、诉讼权等程序权利的行使。

二是忽视破产程序中财产分配的认可调整功能。破产财产分配方案的认可是指破产财产分配方案经债权人会议依法表决通过后，再由人民法院裁定认可的程序。因此，对于经债权人会议表决通过的破产财产分配方案，并不会赋予其当然有效的法律效力，仍须经过人民法院的审查认可。在法院审查认可环节，完全可以在保障担保人现时求偿权申报的前提下，将其申报金额按比例清偿部分调整分配给债权人，从而实现债权人与担保人权利的“双赢”局面。

三是将担保人将来求偿权申报除外限制扩张至现时求偿权。如前文所述，担保人求偿权申报除外限制需满足一定条件，不宜扩张适用。具体而言，担保人在债务人破产程序中以求偿权申报债权，不应局限于担保人已清偿债权人的全部债权，或以债权人未申报债权为前提。如在破产程序开始前，债权人通过请求担保人承担担保责任而先行获得了部分清偿，也应允许担保人以现时求偿权申报债权。

（四）允许担保人现时求偿权申报的司法实践价值

债权申报是不确定多数债权人集体清偿程序中的一项必备制度，破产清算程序、强制清算程序等集体清偿程序中都存在债权申报问题。一般认为破产债权是基于破产程序启动前原因成立的，经依法申报确认，可对债务人财产中获得清偿的可强制执行的财产请求权。① 在破产程序中，除劳动债权外，其他债权人都应当在人民法院确定的债权申报期限内申报债权。只有进行债权申报，才能

① 参见王欣新：《破产法》（第4版），中国人民大学出版社2019年版，第196～203页。

确定有权参加清偿的债权人范围,确定不同债权人间的清偿顺序,从而实现对多数债权人的有序公平清偿。在破产程序中,如果债权人未依照《企业破产法》相关规定申报债权,不得依照《企业破产法》规定的程序行使权利,包括成为债权人会议成员、参加债权人会议并行使表决权、代表提起诉讼等权利。事实上,允许担保人参加债权人会议并行使相应的权利,并不会直接产生损害债权人利益的后果。相反地,从实践案例①来看,担保人积极行使相关权利,也会推进破产程序的进行,符合债权人整体利益。同时,在破产程序中一并解决担保人与债务人之间的关系问题,有助于案件的法律效果和社会效果的有效统一。《企业破产法》最初的立法目的是保护债权人的利益,其立法宗旨与担保法类似。但随着社会的发展与进步,《企业破产法》的立法宗旨经历了从债权人本位到债权人与债务人利益平衡,再到社会利益本位的平衡协调。② 相较而言,限制担保人申报模式更侧重于保障债权人利益优先,但不利于债权人、担保人之间利益的平衡,而债权人、担保人共同申报模式则兼顾两者利益的保护,更符合审判实务需要。结合前文示例 2,结合可能存在的问题,现将两者的司法实践价值作如下比较(如表 4 所示)。

表 4　两种模式司法实践价值比较

序号	审理环节	限制申报模式	共同申报模式
1	案件预审(破产界限)	按 1000 万元还是 500 万元债权额审查易引发争议	以 500 万元债权额审查更符合实际
2	债权申报	担保人不能申报,无法参与破产程序	担保人申报 500 万元,可参与破产程序
3	债权审查	债权人债权额确认后不能调整	根据实际清偿情况动态调整债权人债权额
4	债权人会议	债权人享有 1000 万元金额的表决权,损害其他债权人利益	担保人享有 500 万元金额的表决权,利益相对平衡
5	财产分配	债权人可能存在超额清偿	可避免债权人超额清偿

① 参见浙江省温州市中级人民法院民事判决书,(2024)浙 03 民终 1708 号。

② 参见徐阳光:《破产法视野中的担保物权问题》,载《中国人民大学学报》2017 年第 2 期。

续表

序号	审理环节	限制申报模式	共同申报模式
6	终结程序	无争议债权表记载金额大于实际金额,导致公司资不抵债而被强制工商注销	担保人撤回债权申报,可避免公司被强制工商注销
7	衍生诉讼	担保人无权代表全体债权人提起诉讼	担保人可代表全体债权人提起诉讼

三、构建债权人、担保人共同申报模式

担保人求偿权的申报问题,涉及民法、企业破产法和民事诉讼法的相互融合,在司法实践中如何赋予担保人以现时求偿权申报债权,需对申报模式重新构建,并在分配清偿阶段予以适时调整。

(一)债权人、担保人共同申报模式之构建

在债务人破产受理前,担保人已全部代为清偿或尚未清偿的,以及破产受理后担保人代为清偿的情形,司法实践中并不多见,但债务人破产受理前,担保人已承担责任但所担保债权未完全实现的情形普遍存在,债权人与担保人的利益冲突也较为激烈,因为破产财产通常不足以同时满足全体债权实现。破产债权的实现通常需要经过申报、清算及分配程序,而担保人和债权人如何参与其中对权利的实现至关重要。就如何确保剩余债权的优先实现而言,德国法采取的模式是,在所担保债权仅部分受偿时允许担保人和债权人各自申报破产债权。德国法通说认为,若担保人在债务人破产程序开始前已向债权人给付,则担保人得以其追偿权进行债权申报。这意味着,担保人与债权人均可参与到债务人破产财产的分配中,并按照各自债权金额的比例受偿。此后债权人得就其未受偿之债权继续请求担保人予以清偿,从而贯彻《德国民法典》第 774 条第 1 款规定的债权人利益优先原则。① 该模式可确保债权人、担保人之间利益冲突的顺利解

① Vgl. MüKoBGB/Habersack, 8. Aufl. 2020, BGB §774 Rn. 15; MüKoInsO/Bitter, 4. Aufl. 2019, InsO §44 Rn. 28.

决,在不损害债权人利益的前提下,保障担保人在破产程序中的权利行使。针对前文示例1,表5调整如下所示。

表5　某公司无争议债权表(完善版)

债权编号	债权人	申报金额	确认金额	债权性质
1	A	50万元	50万元	普通债权(主债权)
	a	50万元	50万元	普通债权(次债权)

特别说明:在担保人a不申报债权时,可由债权人A代为申报,但债权人A不得代替担保人a行使表决权等程序性权利。

(二)保障债权人分配清偿利益优先

在运用债权人利益优先原则时,德国法通说允许债权人与担保人分别申报债权,在剩余债权无法完全实现时,由担保人返还。①

该原则在破产程序中分配清偿阶段的运用,应着眼于破产财产分配应当服务于且受制于实体法上的权利实现规则。虽然担保人得以其现时求偿权参与破产债权申报,但在破产财产分配阶段就应当顾及剩余债权的优先实现。在具体操作上,应当允许债权人以其破产分配后尚未实现的债权为限,向破产管理人主张优先受偿应由担保人受偿的部分。② 即法院在裁定认可破产财产分配方案时,重点审查担保人行使追偿权是否违反《民法典担保制度解释》第23条第2款之规定,明确在债权人的债权未获全部清偿前,担保人不得代替债权人在破产程序中受偿。实务操作中,可在破产财产分配方案中作如下表述:

示例3:根据《民法典》第700条、《民法典担保制度解释》第23条之规定,因本案1号债权的债权人A的债权未获全部清偿,故将担保人a应受偿部分款项由债权人A优先受偿。后续如有破产财产追加分配,则按此原则进行分配,不再另行提请债权人会议表决。

或表述为:根据《民法典》第700条、《民法典担保制度解释》第23条之规定,因本案1号债权的债权人A的债权已获全部清偿,故剩余债权由担保人a按比例受偿。后续如有破产财产追加分配,则按此原则进行分配,不再另行提请债权

---

① 在担保债权完全受偿以前,保证人经由债务人破产财产分配所得之利益本应归属于债权人。这意味着,保证人因追偿权的(部分)实现侵害了债权人的权益归属,故成立权益侵害型不当得利。

② Vgl. Soergel/Gröschler, § 774 BGB, Rn. 10.

人会议表决。

(三)债权人例外超额受偿情形之处理

审判实务中,为避免债权人超额受偿情形的出现,担保人在清偿了全部或部分债权后,应当主动向破产管理人提供相应的清偿凭证,披露担保责任的承担信息,破产管理人也应及时向担保人反馈对债权人清偿债权的进展与结果。如前文所述,适用债权人、担保人共同申报模式,且对债权人分配清偿适用利益优先原则,理论上应可避免债权人超额受偿情形的发生,但司法实践中亦会有例外。例如,债权人未如实告知其债权受偿情况,或担保人下落不明无法通知其申报债权。在债权人超额受偿且怠于返还情况下,担保人可依照《民法典》主张其不当得利,要求债权人予以返还。但如果担保人下落不明无法主张,管理人可依照《企业破产法》向债权人主张返还。理由是,债权人超额受偿部分属于破产财产,对外追收破产财产属于管理人职责范围,故管理人可向债权人主张返还,并归入破产财产。担保人未受领的,管理人予以提存,并按照《企业破产法》第118条[①]处理。

四、确立债权人、担保人主次清偿顺位

秉着"先破后立"之原则,债权人、担保人共同申报模式的构建,及对分配清偿的适时调整,尚须在立法层面予以明确。

(一)将主体"保证人"修改为"担保人"

原《企业破产法(试行)》第13条第1款规定,"所有债权人均为债权人会议成员。债权人会议成员享有表决权,但是有财产担保的债权人未放弃优先受偿权利的除外。债务人的保证人,在代替债务人清偿债务后可以作为债权人,享有表决权"。该款仅对担保人代替债务人清偿债务后在破产程序中的地位进行了规定。在起草《企业破产法》过程中,原草案第50条为:"债务人的担保人或者债

---

① 《企业破产法》第118条规定:"债权人未受领的破产财产分配额,管理人应当提存。债权人自最后分配公告之日起满二个月仍不领取的,视为放弃受领分配的权利,管理人或者人民法院应当将提存的分配额分配给其他债权人。"

务人的其他连带债务人,以其对债务人的求偿权申报债权。”最终《企业破产法》条文将草案中的“担保人”替换成“保证人”,并增加保证人或其他债务人可以将来求偿权申报债权的规定,但是没有明确担保人在破产程序中是否享有代位求偿权。自2021年1月1日起施行的《民法典担保制度解释》第23条第2款明确了“担保人清偿债权人的全部债权后,可以代替债权人在破产程序中受偿”。[①] 故在《企业破产法》修改中仍需对担保人是否享有代位求偿权予以明确,将“保证人”修改为“担保人”,在立法上做到更好地衔接。

(二)将“求偿”表述修改为“追偿”

综观《民法典》第178、392、519、700条,《民法典担保制度解释》第23、24条等,均采用“追偿”“追偿权”表述。且理论界及实务中,对该“追偿权”是否“代位权”尚有较大争议。此外,担保责任追偿权,又称代位求偿权,是指为债务人提供担保的第三人,在承担了担保责任后,享有的向债务人追偿的权利,并将该案由确定为“追偿权纠纷”。而《企业破产法》第51条、《全国法院破产审判工作会议纪要》第31条等均表述为“求偿”“求偿权”。[②] 故为保持立法表述的严肃性,宜将《企业破产法》中“求偿权”表述统一修改为“追偿权”,并将《企业破产法》第51条第1款中的“求偿权”修改为“现时追偿权”,对应于第2款中的“将来追偿权”,以保持立法的一致性。

(三)“全部债权”的外延需立法予以明确

对《企业破产法》第52条[③]规定的债权人的“全部债权”,有不同理解:第一种观点认为,以债权成立时的全部债权申报;第二种观点认为,以债权成立时的债权,减去非依破产程序的任意清偿后所剩余的数额为债权总额进行申报;第三种观点认为,根据我国国情更适宜采取宣告时现存额主义(或剔除主义),以申报时实际存在的剩余债权为标准,即以债权成立时的债权数额减去其依据所有方

---

① 参见最高人民法院民法典贯彻实施工作领导小组编著:《中国民法典适用大全:商事卷·企业破产法(一)》,人民法院出版社2022年版,第370～371页。

② 参见最高人民法院研究室编著:《最高人民法院新民事案件案由规定理解与适用》,人民法院出版社2021年版,第402页。

③ 《企业破产法》第52条规定:“连带债务人数人被裁定适用本法规定的程序的,其债权人有权就全部债权分别在各破产案件中申报债权。”

式或者程序所受的清偿数额为债权总额。① 笔者认为，第三种观点更合理。理由是，根据民法理论，债因清偿而消灭，担保人在向债权人偿还部分债务后，该部分债权债务即因清偿而消灭，债权人再在破产程序中申报该部分债权无法律依据和合同依据。结合《企业破产法》第 51 条第 1 款关于对担保人求偿权申报的确认，也能反映出我国债权申报模式采取的是前述现存额主义。故如果允许债权人全额申报债权，即申报范围超出破产程序受理前未获清偿部分的债权数额，需要在《企业破产法》修改时作出特别规定，从而避免破产程序中债权申报规则的混乱。

（四）担保人行使追偿权参照适用衡平居次原则

衡平居次原则主要通过使内部债权人不当债权居次受偿的手段，达到维护外部债权人正当利益和破产实质公平的目的。《全国法院破产审判工作会议纪要》第 39 条②规定了不当关联债权劣后受偿，且该不当关联债权不享有别除权的规则，首次从司法政策层面确立了衡平居次原则。在债权人、债务人、担保人三者的关系中，债务人与担保人属于内部关系，债务人、担保人与债权人属于外部关系。在内部关系与外部关系相冲突的情况下，应当优先满足外部关系。故在破产程序中，债权人、担保人同时申报债权时，可参照适用衡平居次原则，对《企业破产法》第 113 条进行修改，在普通破产债权项下增加担保人行使追偿权时形成的债权应居次于担保债权人受偿，但需特别说明的是：一是因债权人与担保人的主次关系源于同一债权，故该原则适用范围仅限于同一笔债权，而不应扩大到其他债权。二是区别于关联公司或控股股东等内部债权的非“自动居次”，因担保人居次受偿系依照《民法典》第 700 条、《民法典担保制度解释》第 23 条的规定，属法定适用情形，该原则是否适用不依靠法官的自由裁量权，应“自动居次”。三是债权人全额受偿后，因担保人居次受偿原则再无适用条件，故该原则自动失

---

① 参见王欣新：《破产法》（第 4 版），中国人民大学出版社 2019 年版，第 212 页；最高人民法院民法典贯彻实施工作领导小组编著：《中国民法典适用大全：商事卷·企业破产法（一）》，人民法院出版社 2022 年版，第 377 页。

② 《全国法院破产审判工作会议纪要》第 39 条规定：“协调审理的法律后果。协调审理不消灭关联企业成员之间的债权债务关系，不对关联企业成员的财产进行合并，各关联企业成员的债权人仍以该企业成员财产为限依法获得清偿。但关联企业成员之间不当利用关联关系形成的债权，应当劣后于其他普通债权顺序清偿，且该劣后债权人不得就其他关联企业成员提供的特定财产优先受偿。”

效。担保人代偿后居次受偿如图1所示。

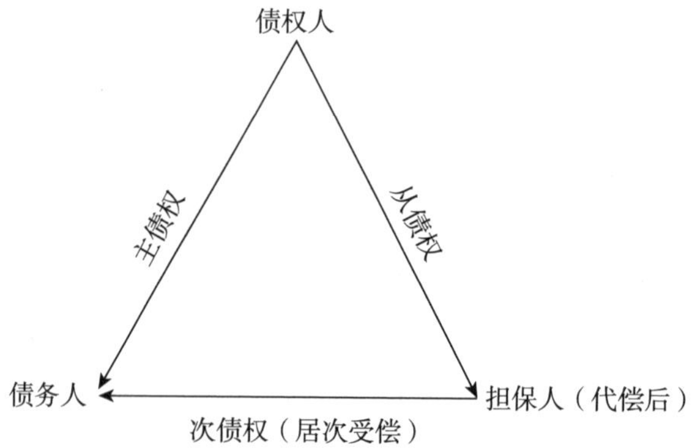

图1 担保代偿后居次受偿

五、结　语

对于担保债权申报及调整问题的探讨,除应遵循债权人多重保障、禁止债权人超额受偿、禁止债务人重复清偿等基本原则外,还需要考虑担保人求偿权的实现与破产程序效率的衡平与居次。现行破产规范对于担保人求偿权的限制应与担保制度规范协调,而关于担保债权部分受偿时的债权申报及调整规则尚待法律进一步作出明确规范。

论无法清算破产衍生诉讼案件裁判思路

——以《九民纪要》第118条管理人代表诉讼为视角*

在破产案件审理过程中,债务人企业的有关人员下落不明或者财产状况不清的现象时有发生,管理人依据《全国法院民商事审判工作会议纪要》(以下简称《九民纪要》)第118条提起衍生诉讼主张有关人员承担民事赔偿责任,法院对此类案件(本文称为无法清算破产衍生诉讼案件)该如何裁判,是当前困扰中基层人民法院法官的复杂难题。虽然2008年最高人民法院发布的《关于债权人对人员下落不明或者财产状况不清的债务人申请破产清算案件如何处理的批复》作出了原则性规定,2019年《九民纪要》第118条进行了系统阐释,但依然难以应对审判实务中纷繁复杂的纠纷样态。本文就无法清算破产衍生诉讼案件审理过程中遇到的问题,进行逐项梳理和深入探讨,以厘清裁判思路。

一、明确案件类型:请求权基础选择

无法清算破产衍生诉讼案件发端于资不抵债的破产程序,缘起于无法清算下债权如何公平受偿,同时具备债

---

* 作者:张元华。原载《山东法官培训学院学报》2023年第4期。

务人企业资不抵债、无法清算以及管理人代表诉讼3个要件,有着独特的理论基础与法律规定。

(一)裁判思维正确:坚守"双向"理念

《九民纪要》第118条第1款明确,法院审理无法清算破产衍生诉讼案件时,既要充分贯彻债权人利益保护原则,也要避免不当突破股东有限责任原则。这两个原则,犹如索道左右两边的护栏,给法官指明了裁判方向,要求其裁判时既不能左偏,也不能右偏,确保裁判思路正确无误。由于债务人企业资不抵债进入破产程序,首要目标或任务便是债权人利益如何得到有效保护。债务人企业的有关人员下落不明或者财产状况不清导致无法清算,也就是说债务人企业到底有无资产、有多少资产等对于债权清偿至关重要的相关事项无法查明,必然影响债权无法清偿时债权人权益能够得到何种程度保护的问题。债务人企业对外负债且进入破产程序时,公司已然资不抵债,但公司及其股东的责任承担仍需遵循《公司法》的相关规定,即有限责任制度,才能符合公司设立之意图,否则公司制度将被架空,危及公司实体的正常运转。

但从表述与实际来看,上述两个原则并非同等重要,而是明显不同,有所侧重。一是"一主一辅",即前者为主,后者为辅。前者不仅仅是破产的原则,也是债务清偿的原则,可谓亘古不变,以其为主理所应当。二是"一守一破",即前者全程坚守没有例外,后者可以突破,存在例外。后者可以突破是存在条件限制的,所谓"避免不当突破"亦即可以依法突破,突破的法律依据在哪?在《公司法》第23条第3款的规定,此乃我国确立的"刺破公司面纱"规则。也就是说,当存在个人财产与公司财产混同情形时,应当适用"刺破公司面纱"规则由股东对公司债务承担连带责任。由此可见,通常情形下不得突破股东的有限责任,唯有公私混同情形下才可突破股东有限责任,由其对公司债务承担连带责任,以更好地保护相关债权人的利益。

(二)法律依据准确:明确请求权基础

纠纷进入诉讼程序,当事人与法官均需明确诉讼请求的法律依据,当事人方可提出明确的诉讼请求,法官才可把握正确的裁判思路,无法可依时则另当别论。民事纠纷以原告"请求"被告为某种给付为典型,据以支持原告"请求权"的规范基础或法律行为，称“请求权基础”。[①] 简言之，请求权基础，是指支持一方当事人向他方当事人有所主张的法律规范。[②] 此法律规范是无法清算破产衍生诉讼案件与债务人企业有关人员承担损害赔偿责任的连接点，直接影响案件的裁判方向与审理结果。

基于前述双向保护理念以及破产衍生诉讼案件的特殊性，可以明确两点。其一，由于此类案件发生于破产程序中或终结后，裁判依据应为《企业破产法》的相关规定，而非《最高人民法院关于适用〈中华人民共和国公司法〉若干问题的规定(二)》(以下简称《公司法司法解释二》)第18条等规定。这表明不能从公司的法律原理及规定去寻求支撑依据，以改变过往部分司法实践中依据公司法律规定进行裁判的旧貌。其二，若根据条文表述，可大致区分为人员下落不明、财产状况不清两种类型，但如此区分的表述不够严谨科学，存在模糊领域、交叉地带，应当归属于类型发生原因，而不足以从分类视角涵盖所有情形。[③] 比如，人员下落不明，存在主观不明与客观不明之别，主观不明反映出债务人企业有关人员的主观恶意，客观不明则是其他客观因素导致不明而没有恶意，且有全部客观不明与部分客观不明之分，需要细化区分情形对待。在实践中，大多数此类案件的人员下落不明属于主观故意情形下导致的不能清算，也有少部分小微企业财务制度不健全、财务账册不规范导致无法清算。此实质也与主观上未依法落实健全的财务制度有关。

仅凭逻辑和“规范正当性”还不够，需要符合实践理性和“基于结果的正当性”，[④]还应当根据现行相关法律规定明确请求权基础，方能更加有利于诉辩双方当事人陈述事实理由及法官裁判。为此，按照其配合义务履行的时间及相应义务的不同，科学地区分为以下两种类型：一是未及时申请破产清算型。该类型针对的是债务人企业出现《公司法》第232条规定的情形时，依法负有清算责任的人未及时履行破产申请义务，导致债务人企业主要财产、账册、重要文件等灭失

---

① Vgl. Dieter Medicus, Anspruch und Einrede als Rückgrat einer zivilistischen Lehrmethode, AcP 174(1974), S. 313ff.

② 参见王泽鉴：《法律思维与民法实例：请求权基础理论体系》，中国政法大学出版社2001年版，第56页。

③ 参见高春乾：《“无法清算”的类型化与程序规则完善》，载《山东法官培训学院学报》2018年第3期。

④ Vgl. Luhmann, Rechtssystem und Rechtsdogmatik, 1974, Stuttgare/Berlin/Mainz. S. 13f.

的,原告应当依据《企业破产法》第7条第3款的规定,主张债务人企业的有关人员承担损害赔偿责任。二是未依法配合破产清算型。该类型针对的是债务人企业进入破产清算程序后,债务人企业的有关人员未履行配合清算义务,导致债务人企业财产状况不明的,原告应当依据《企业破产法》第15条的规定,主张债务人企业的有关人员承担损害赔偿责任。

二、区分当事人义务:诉讼主体与责任主体之合理认定

无法清算破产衍生诉讼案件的特殊性,不仅在于债务人企业具备破产原因进入破产程序,债务人企业的财产、账册等应由管理人接管,更在于债务人企业有关人员导致无法清算,由此引致在诉讼主体、责任主体方面有别于普通民事诉讼。

(一)诉讼主体的列明:区别法定义务与分类处理

依据民事诉讼法理论,诉讼主体应当具有诉的利益,否则不能参与到诉讼之中。诉的利益作为一种"筛选"与"过滤"机制,其中蕴含的一项显著功能就是防止原告滥用诉权,随意提起一些虚假的甚至借诉讼名义损害被告合法权益的诉讼。① 我国民事诉讼制度没有诉讼要件审查制度,类似诉之利益等诉讼要件或案件要件的内容都被归入起诉要件之中。② 从实质上来说,就是当事人必须与诉讼案件存在财产归属、债务清偿等法律上的利害关系,此类诉讼的原告、被告等主体,与债务人企业的有关人员的法定义务相关,应当区分情形分别对待。

1.原告。此为利益受到损害的主体,需依据义务不同进行适当区分。(1)依法负有清算责任的人未及时履行破产申请义务时,根据《企业破产法》第7条第3款、《九民纪要》第118条第4款的规定,应列管理人为原告。该法规定申请破产清算的主体为"依法负有清算责任的人",且第4款再次明确"'有关权利人起诉请求其承担相应民事责任',系指管理人请求上述主体承担相应损害赔偿责任",可见,由管理人依法履行职责作为原告具有合法依据,操作起来也简便高效。

① 参见陈健:《对没有诉的利益的起诉应予驳回》,载《人民法院报》2018年1月11日,第7版。
② 参见张卫平:《诉的利益:内涵、功用与制度设计》,载《法学评论》2017年第4期。

(2)债务人企业进入破产清算程序及其有关人员未履行配合清算义务时,根据《企业破产法》第15条、《九民纪要》第118条第4款的规定,管理人可以作为原告起诉。此时系配合清算义务的履行,故应由管理人履职提起诉讼。

当然,在管理人未按前述规定提起诉讼时,个别债权人可以作为原告自行提起诉讼。这里牵涉到两个问题:一是管理人应当向债权人告知此类诉讼的意义、案件受理费垫付,以及不起诉的风险与法律后果,管理人不起诉情形下方可由个别债权人自行起诉。因为管理人具有中立立场、专业优势,理应在破产程序中为债权人提供前述业务指导,以便债权人作出合理选择,应当属于管理人的履职范围。二是个别债权人自行起诉的诉讼请求范围,依照全体债权人的全部债务金额还是依照个别债权人自己的债权金额予以确定。如果依照全部债权金额,涉及超过该个别债权人份额外的其他债权额的案件受理费缴纳问题;如果仅依照个别债权人的债权金额,涉及是否允许其他债权人另行起诉,抑或法院依职权追加其他债权人应诉,胜诉款项均应归入破产财产。就此,要明确一个前提,即此类诉讼为侵权责任纠纷,应当受"一事不再理"原则的统摄。个别债权人就起诉金额征询其他债权人意见,在难以取得其他债权人意见时也可在债权人会议作出决议后,其作为原告自行提起诉讼,其他债权人则不得就剩余债权额另行提起诉讼,这也符合诉源治理的要求。

2. 被告。此乃承担损害赔偿责任的主体,亦需依据义务不同进行区分。(1)依法负有清算责任的人未及时履行破产申请义务时,根据《民法典》第70条及《公司法》等相关规定,可沿用《公司法司法解释二》第18条的规定,列有限责任公司的股东、股份有限公司的董事和控股股东为被告。[①] 必要时,可以将实际控制人列为被告。根据《民法典》第70条第2款的规定,法人的执行机构或者决策机构的成员都可以成为清算义务人,但立法并没有直接将股东列入清算义务人范围,更没有将清算义务人范围限定为股东(即使是有限责任公司)……通常,由法人组织中有权决定法人解散的机构担任清算义务人,从职权衔接等角度讲较为顺畅。[②] (2)债务人企业进入破产清算程序及其有关人员未履行配合清算义务时,根据

① 参见最高人民法院民法典贯彻实施工作领导小组主编:《中华人民共和国民法典总则编理解与适用》,人民法院出版社2020年版,第359页。

② 参见王欣新:《论清算义务人的义务及其与破产程序的关系》,载《法学杂志》2019年第12期。

《企业破产法》第15条第2款的规定,被告应为债务人企业的法定代表人,或者经法院决定的财务管理人员和其他经营管理人员。另外,当事人主张债务人企业的实际控制人导致破产案件无法清算且经法院查明属实的,也可将其列为被告。

3.第三人。当个别债权人提起诉讼时,应列债务人企业为第三人,管理人为诉讼代表人;债务人企业依法被注销时,应列管理人为第三人。此举将债务人企业列为第三人,是为了更好地查明案件事实,以确定赔偿款项归属,这也与判决胜诉的赔偿款项应当归入债务人财产或者破产财产相一致。

(二)责任主体的认定:现行法律规定与实践问题

有损害就会有赔偿,因此需要明确责任主体。无法清算破产衍生诉讼案件因债务人企业存在破产情形,造成债权人损失的主体又与债务人企业有关人员履行职务行为有关,且不同岗位主体的职务行为存在不同或者实践中的交叉、混乱等,导致责任主体认定方面存在一定的困惑。

1.破产前:未及时履行破产申请义务时的责任主体

(1)理论界定:破产清算申请义务主体。当债务人企业出现破产之虞时,依法负有提出破产清算义务的申请人,应当与公司利益息息相关,否则会扰乱公司的日常经营管理秩序,造成不必要的纷争。《企业破产法》第7条第3款规定为"依法负有清算责任的人",指已解散的资不抵债公司负有申请破产义务之主体概念,在不同的公司清算阶段指向不同的义务主体,[①]应当包括"应清算未清算情形下依法负有启动清算程序的清算义务人"和"未清算完毕情形下已经成立的清算组"。[②] 有学者指出,"依法负有清算责任的人"既包括清算义务人,即"在公司解散时负有在法定期限内启动清算程序、成立清算组织,并在公司未及时清算给相关权利人造成损失时依法承担相应责任的民事主体",也包括清算人,即"在清算程序启动后负责公司具体清算事务的人,公司法中的清算人为清算组,破产法

① 参见赵吟:《公司清算义务人侵权责任的体系解构——兼论〈民法典〉第70条与〈公司法司法解释二〉相关规定的适用关系》,载《法治研究》2020年第6期。

② 《最高人民法院民二庭负责人就〈关于适用《中华人民共和国企业破产法》若干问题的规定(一)〉答记者问》,载北大法律信息网,https://www.pkulaw.com/lawexplanation/3d855e5312f84971bb704d8550e7605dbdfb.html,最后访问日期:2021年12月23日。

中的清算人则是管理人”。[①] 如此区分具有必要性与合理性，既考虑了所处阶段，又考虑了主体义务，相对较为周延，毕竟不同阶段的义务及其主体存在变化，可能前后不一。况且，《企业破产法》第 7 条第 3 款也区分了“未清算”“未清算完毕”两种情形，但具体范围应为何人并未予以界定，结合进入破产程序需要具备资产不足以清偿债务之条件，可见，该“依法负有清算责任的人”仅限于负有及时申请破产清算义务的人，不包括要求启动强制清算的申请人。为此，确定“负有清算责任的人”的法律依据，应当是《企业破产法》，而非《公司法》及其司法解释。

（2）实务操作：主体认定法律适用问题。对于何为“依法负有清算责任的人”，《企业破产法》未予明确规定，而《民法典》第 70 条第 2 款规定：“法人的董事、理事等执行机构或者决策机构的成员为清算义务人。法律、行政法规另有规定的，依照其规定。”据此，企业法人的执行机构或决策机构的成员为清算义务人，只要按照不同的企业类型明确执行机构人员或决策机构人员即可。有学者认为，参考立法机关编写的释义书可以看出，立法者在规定清算义务人制度时已考虑《民法典》第 70 条与《公司法司法解释二》的衔接问题，并没有否认股东作为清算义务人的地位。[②] 也就是说，依据《公司法司法解释二》第 18 条第 1 款的规定，有限责任公司的股东、股份有限公司的董事和控股股东未在法定期限内成立清算组开始清算，导致公司财产贬值、流失、毁损或者灭失的，应当在造成损失范围内对公司债务承担赔偿责任。当债务人企业资不抵债应予破产而未能及时申请破产清算造成损失时，上述主体应当承担相应的损害赔偿责任。然而，存在 3 个困惑。首先，《企业破产法》第 7 条中的“依法负有清算责任的人”，与《民法典》第 70 条中的“清算义务人”应当不属于同一概念；如果从同一意义上处理适用的话，后续修改《企业破产法》时应当考虑衔接完善。其次，只有在债务人企业同时存在解散事由和破产原因的情况下，才可能产生清算义务人的清算义务，只有在清算义务人对存在解散事由的债务人企业未依法及时提起清算程序包括破产清算程序的情况下，才可以认定清算义务人未履行清算义务，[③]一般不能将《公司法》标准泛化在破产程序中适用，即原则上不能简单套用《公司法》及其司法解

① 王欣新：《论清算义务人的义务及其与破产程序的关系》，载《法学杂志》2019 年第 12 期。

② 参见王成：《〈民法典〉与法官自由裁量的规范》，载《清华法学》2020 年第 3 期。

③ 参见王欣新：《论清算义务人的义务及其与破产程序的关系》，载《法学杂志》2019 年第 12 期。

释处理,在《企业破产法》没有规定时,应当按照《民法典》及相关原理处理。最后,《民法典》第 70 条第 2 款规定“法律、行政法规另有规定的,依照其规定”,而《公司法司法解释二》仅为司法解释而不属于法律、行政法规,此“另有规定”应当另有所指,在一定程度上存在法律适用的衔接障碍,有待《民法典》相关司法解释予以明确。

2. 破产中:未履行配合清算义务时的责任主体

(1)法定代表人责任:转让挂名情形如何处理?因自己的行为造成他人损失的,依法应当承担赔偿责任,这是民法的基本原理。债务人企业无论是否进入破产程序,其法定代表人都应当承担法律责任,对此并无异议。但对于现实生活中存在的法定代表人转让、挂名之情形,法院是否需要审理查明?对此,应当充分尊重市场监管部门的营业执照、工商登记之公示公信效力。通常情形下无须审理查明,可直接判令企业营业执照所载明的法定代表人承担损害赔偿责任,这是自行行为责任的体现。至于现任法定代表人主张存在挂名情形,或者其担任法定代表人时并未接受相关财产、财务账册等资料的,其本人须对公司法定代表人的法律风险有基本的认知,当被要求充当公司挂名法定代表人时要慎之又慎;因一时疏忽被挂名则变更权容易被他人左右,现行法律并未对如何赋予当事人救济途径进行明确。为践行诉源治理减少诉累,应由现任法定代表人提供(初步)证据证明接任时的财务账册交接情况,并且主动申请追加前任或原法定代表人为被告,以便法院查明破产案件无法清算的真正原因后,准确认定导致无法清算原因的责任主体及其相关责任,便于赔偿损害。

(2)管理层责任:其他责任承担主体如何界定?根据《企业破产法》第 15 条第 1 款的规定,债务人企业的财务管理人员、其他经营管理人员等有关人员,在破产清算中负有配合、协助清算的义务。主要从能否实施清算的角度来讲,除人员到场接受询问外,关键还在于对于债务人企业财产、财务账册等资料的保管、移交,第 127 条也规定了相应的法律责任,《九民纪要》第 118 条再次明确此类主体的配合清算义务及责任如何追究。因为在公司依法应当清算及存在破产原因等情形下,公司管理层有着直接感知与理性判断,作为与公司所有者的股东存在委托代理关系的管理层不能视而不见或者听之任之,应当尽到超越善意第三人的谨慎等职责义务,在没有履行前述义务的情形下理应承担相应的责任,由此引导公司管理层尽心尽责做好本职工作,否则不利于公司日常经营管理及非正常状态下的义务履行。

问题在于,当财务管理人员、其他经营管理人员经营不善或者保管财务账册、公司资产不当导致财产、账册灭失时,《企业破产法》第 15 条规定由人民法院决定,而司法实践中基本上没有制作此类决定书,那么该决定如何定性与处理?民事决定,是指法院为了保障民事诉讼的顺利进行,对诉讼过程中发生的阻碍诉讼活动正常进行的某些特殊事项或者诉讼障碍进行处理时,所作出的具有法律约束力的结论性判定。[①] 虽然说民事决定的作出并不会直接导致诉讼程序的变化,而仅仅是与诉讼程序的某些进程相关,是对程序进程中发生的障碍或者阻却事项所作的处理。[②] 但决定之作出,首先在于存在的必要性,在于保障民事诉讼程序的推进,通常利于查明案件事实,有时还可能影响案件的实体处理。经查询中国裁判文书网和法信系统,破产案件及其衍生诉讼审理过程中基本没有采用决定的方式处理,这可能与此为新类型案件有关。为此,可以采取两种方式予以解决。一是严格处理方式,由破产衍生诉讼合议庭依法作出决定,作出主体并非原破产案件合议庭,这是从案件办理需要及亲历性考量。至于决定作出后是否可以申请复议等,同其他决定并无二致;二是简化处理方式,由破产衍生诉讼合议庭在审理中查明债务人企业的财务账册等资料、财产的实际管理与控制人,在判决书说理部分阐释明确是否为财务管理人员、其他经营管理人员,无须另行作出决定书,此举相对而言更具有操作性,既简单易行又不失法度。

(3)所有者责任:股东是否需要承担责任?公司制度的设立意图之一,便是公司所有者即股东与管理层即控制者的适度分离,并且以有限责任来阻隔公司债务与股东个人债务。正如学者所言:“现代公司投资的财产所有者,由于将其财富委托给公司的控制者,其地位乃由独立的所有者变成了单纯的资本报酬的领受者。”[③]股东虽然作为投资者与盈利者,但并未实际参与公司的具体管理与日常运营,与公司是相对独立的两个主体,公司责任原则上由公司资产承担,此为其一。《企业破产法》第 15 条第 2 款明确规定:“前款所称有关人员,是指企业的法定代表人;经人民法院决定,可以包括企业的财务管理人员和其他经营管理人

---

① 参见赵钢、占善刚、刘学在:《民事诉讼法》(第 3 版),武汉大学出版社 2015 年版,第 307 页。

② 参见傅郁林:《先决问题与中间裁判》,载《中国法学》2008 年第 6 期。

③ [美]阿道夫·A. 伯利、[美]加德纳·C. 米恩斯:《现代公司与私有财产》,甘华鸣、罗锐韧、蔡如海译,商务印书馆 2005 年版,第 5 页。

员。”可见,破产清算中负有保管公司财产、印章、账簿及文书等资料的义务人员,系指公司的法定代表人、财务管理人员或其他经营管理人员,既未提及股东的保管义务,也未提及股东负有清算义务或配合清算义务,此为其二。另外,从法律规范结构的假定、处理、后果三要素来分析,《企业破产法》第 15 条是公司有关人员(法定代表人、财务管理人员、其他经营管理人员)配合及协助清算法律规范的假定与处理,而第 127 条是公司有关人员配合及协助清算法律规范的后果,两条规定密不可分地构成公司相关人员应协助、配合清算的完整法律规范,故两条规定所提及的有关人员与有关责任人员是包含关系,有关责任人员是违反了配合清算义务的有关人员(法定代表人、财务管理人员、其他经营管理人员),[①]此为其三。且《九民纪要》第 118 条明确不得突破该有限责任原则,唯有依法需要追究股东责任情形下方可突破,故股东原则上不承担赔偿责任。有学者指出,股东虽然没有直接保管和移交财产、账册、重要文件等的义务,但在公司运营过程中却直接或间接负有对公司法定代表人、董事、监事、高级管理人员等的监督职责……这时责任的性质不是清算义务责任,而是股东怠于履行公司监督职责等过错责任。[②]

三、依法认定因果关系:侵权责任纠纷审理之关键

当事人到法院立案时,诉讼服务中心工作人员通常将此类案件的案由确定为与破产有关的纠纷,此“有关”到底属于何种纠纷?现行规定中没有相匹配的具体案由,可以参照“损害债务人利益赔偿纠纷”确定为“损害债权人利益赔偿纠纷”,专门指债务人企业的有关人员下落不明或者财产状况不清导致无法破产清算,造成债权人财产利益的损失,管理人在衍生诉讼中要求债务人企业的有关人员承担损害赔偿责任的纠纷。其实质属于侵权责任纠纷,应当从侵权行为与责任之因果关系层面予以考量,也就是对于法定义务之违反而产生的赔偿责任。

---

① 参见王永敬:《股东应否承担公司无法破产清算民事责任之辨析——以公司法、破产法及〈全国法院民商事审判工作会议纪要〉为视角》,载周海荣主编:《晟典律师评论》总第 12 期,人民法院出版社 2021 年版。

② 参见王欣新:《论清算义务人的义务及其与破产程序的关系》,载《法学杂志》2019 年第 12 期。

(一)正面认定:因果关系考量因素

债务人企业的有关人员在无法清算破产衍生诉讼案件中应当承担的损害赔偿责任,源于其自身在债务人企业履职过程中存在不当行为。此不当行为既可能由于自身的过失,也可能由于自身的明知,但无论出于何种心理状态,其作为一个完全民事行为能力人,应当为自己的所作所为承担相应的法律责任,甚至在履职前就应当知晓相应的法律规定,以明确在履职过程中的可为、应为或者不可为的边界。实践中,存在不少劳动者不当履职给用人单位造成损失的,用人单位可以根据劳动合同约定、规章制度及侵权责任法等法律法规的规定向劳动者主张赔偿,[①]更不用说企业的法定代表人、管理人员等的履职不当责任。

总体而言,此类案件的因果关系应指债务人企业的有关人员的不当履职行为,导致破产案件无法清算或者部分无法清算,给债务人企业的债权人造成了无法清偿的损害后果。结合《企业破产法》《公司法》《会计法》等规定,债务人企业的有关人员负有及时履行破产申请或者配合清算的义务,造成管理人无法执行清算职务的,应当承担赔偿责任。具体考量因素包括:(1)债务人企业的有关人员有无在法定期限内及时履行破产清算申请义务;(2)债务人企业的有关人员未及时履行破产清算申请义务的,是否导致债务人企业的主要财产、账册、重要文件等灭失;(3)债务人企业的有关人员有无履行向管理人移交财务账册等配合清算的义务,如移交的财务账册是否真实、完整与规范等;(4)债务人企业的有关人员移交的(部分)财务账册是否导致债务人企业的财产状况不明;(5)其他合理情形。

司法实践中,大多数此类案件的赔偿范围具体如何难以确定,甚至无法审查清楚,从而推定债务人企业破产案件中法院裁定的无争议债权额为债权损失额,此可谓不得已之举。上述考量因素的列举,正是为了更客观、更合理地确定侵权范围及赔偿范围,也基本反映了债务人企业的有关人员是否及时履行破产清算申请义务及配合清算义务。前者,判定较简单容易;后者,则因涉及因果关系的认定而相对复杂。因为真实、准确、完整的账册、文件能够客观反映公司资产、负债状况,是债务人企业依法进行破产清算的基础。反之,如果债务人有关人员提

---

① 参见张朴田:《劳动者不当履职对单位的赔偿责任研究》,载《法律适用》2020年第6期。

供的账册、文件等，无法真实、准确反映经济往来与业务流水，则应承担不利法律后果。诸如：(1)公司财务会计报表、会计账簿、会计凭证和交易文件等全部下落不明、毁损或灭失的；(2)公司财务会计报表、会计账簿、会计凭证和交易文件等部分缺失、毁损、灭失，通过其他途径无法恢复、弥补的；(3)公司内部管理制度不规范，导致公司财务会计报表、会计账簿、会计凭证等的合法性、真实性与完整性无法确定的。对此等义务的履行，应当因岗而异，依据不同职位设置相应的义务。比如，法定代表人作为公司的主要负责人，负有全面的领导、管理责任；财务管理人员作为公司聘用的专业财会人员，主要履行财务账册等资料的管理、保管义务；其他经营管理人员则根据是否参与财务账册文件资料的保管管理，是否存在转移、转让机器设备等情形分别对待。

案件审理过程中，经常遇到抵押担保等从债权是否列入损害赔偿范围的问题？从侵权之债的因果关系来看，从债权通常不列入衍生诉讼赔偿范围，除非是专业担保公司或者从担保行为中受益。法院采取“一刀切”的做法，操作起来相对简便，但社会效果欠佳，要充分考虑破产的特殊性。其一，从逻辑基础来看，强制清算适用《公司法司法解释二》第18条第2款由股东对公司债务承担连带责任，其逻辑基础是资大于债，而破产情形下的逻辑基础是资不抵债，且《九民纪要》第118条明确禁止适用《公司法司法解释二》第18条第2款的连带责任。作为侵权之诉，讲究的是因果关系，亦即造成多少损失便赔偿多少，不是简单地对所有债权人的债权连带，从债权的因果关系理由不充足，主债权可以推定为损失，而从债权推定为损失则存在系列矛盾或问题。因为立法层面的逻辑基础不同，处理思路也不同。其二，从日常生活经验来看，公司资产能覆盖债务时逃废债的盖然性很小，一般来说资不抵债才会想方设法去逃废债，进而导致无法清算，此时债权人得不到100%清偿也是正常的。其三，从审判实务来看，把判项做大履行不能，导致实际执结率下降，影响执行法官的办案效率，同时也存在重复计算的嫌疑，关键在于绩效考核指标数据如何合理设置的问题。综合立法规定、审判实践、日常生活经验，将从债权剥离出来不予考虑是可行的。

另外，如果债务人企业的有关人员在破产案件审理中未提供相关财产、财务账册等资料，而在破产衍生诉讼中提供真实、完整的财务账册，法院一般不应支持，但其在破产程序中不知道或者不应当知道的，可以移交财务账册作免责抗辩。同时，如果根据财务账册及其反映的主要财产下落说明不存在无法清算的其他情形,法院可以将财产线索交由原管理人依照《企业破产法》第 123 条进行财产追收和分配,同时驳回起诉。至于有关人员故意逃避责任的情形,可以根据个案审理情况依据《企业破产法》第 127 条的规定予以罚款,无须另行阐述是否需要处罚规制。

(二)合理抗辩:免责事由考量因素

现实世界复杂多变,且大多数债务人企业进入破产程序前,已经运营停滞多年,债务人企业的有关人员也形同虚设,如果不区分实际情况一律追究其法律责任,可能与实际情况不符,由此导致显失公平。侵权责任抗辩事由是侵权责任法的主要制度,它的主要功能是阻却责任成立和减轻或免除行为人的责任。[①] 假若债务人企业的有关人员在诉讼中抗辩其对于财产或财务账册的毁损、灭失具有一定的合理性因素,法官在裁判时就应当充分考量是否可以减轻或者免除其承担损害赔偿责任。

合理的抗辩可以引起相应的免责,关键在于抗辩情形需要具有合理性维度,通常表现为债务人企业无法清算与债权人遭受损害之间没有因果关系,或者证据不足以证明怠于履行清算义务导致损害后果的发生。一方面,先预设侵权责任成立,这需要推定或认定无法清算导致债权人受损;另一方面,需要论证无法清算之后果并非债务人企业的有关人员所致。通常而言,减轻或免除侵权责任的抗辩事由配置,主要包括受害人过错、第三人过错、不可抗力三方面,具体包括以下几个考量因素:(1)发生台风、洪水等不可抗力或者非有关人员过错引起的火灾导致债务人企业主要财产、账册、重要文件等灭失的;(2)他人故意且债务人企业有关人员不存在故意或者重大过失导致债务人企业主要财产、账册、重要文件等灭失的;(3)债务人企业的有关人员在破产程序中配合管理人履职,但管理、保管、控制财务账册的其他人员故意不提供导致债务人企业无法清算的;(4)其他合理情形。综上可见,上述因素所涉债务人企业的财务账册、财产的毁损灭失,均由客观原因或者他人原因引起,相应的无法清算后果与债务人企业的有关人员无关,自然应当进行免责处理,不得向有关人员主张损害赔偿责任。

---

① 参见梅龙生:《论侵权责任抗辩事由的配置及其体系》,载《河南师范大学学报(哲学社会科学版)》2011 年第 5 期。

四、厘定赔偿范围及表述裁判主文:司法规范化之刚需

有救济才有权利,有损失就应填补,才能实现公平正义。债务人企业有关人员未能依法履行企业破产申请及清算配合义务,导致债务人企业无法清算并引致其债权人利益受到损害的,应当赔偿相应的损失。如上文所述,此类诉讼为侵权责任纠纷,而侵权责任法的主要功能是“补偿”,更确切地说是“填补损害”,[①]但因其有别于交通纠纷、医疗纠纷等,存在一定的隐蔽性、间接性等特征。

(一)赔偿范围认定:债权额简单相加抑或合理剥离

侵权责任法作为民法的重要组成部分,是以损害事实的发生作为制度适用的前提的,其调控民事权益受损后的损害填补问题,使损害恢复到如同损害未曾发生时的应有状态。[②] 此类诉讼通常以各个债权债务关系为基础,对于个别债权一般由判决书认定,大多数案由为合同纠纷、借款合同纠纷、担保债务纠纷等,这些诉讼有别于无法清算破产衍生诉讼案件属于侵权责任纠纷之定性,前述判决未及时履行有别于侵权损害赔偿,关键在于债务人企业的相关财产、账册等是否毁损灭失导致无法清算情形下,给全体债权人造成了损害。

原告提起诉讼时,通常以债权额简单相加作为诉讼请求金额,法官此时该如何判断?笔者认为,对于原告主张的损失范围,不宜简单地以债权额相加予以计算,这既有效防止裁判结果与企业经营规模差距过大,也合理限制法官的自由裁量权。司法实践中,可以参考下列顺序酌情处理:(1)一般来说,应当通过对财务账册的专业审计来确定损失赔偿金额,需要审查审计报告确认的审计截止日、相关数据是否真实可行;(2)若诉讼请求已明确为去向不明资产等部分损失,应当结合债务人企业的有关人员移交的财务账册是否一致来决定损失赔偿金额,如财务账册或者其他证据能够证明损失仅限于某一范围,应当仅以该范围为限;(3)必要时,可以通过收集类似于债务人企业向政府部门提交的税务会计报告中

---

① 张新宝:《侵权责任法立法:功能定位、利益平衡与制度构建》,载《中国人民大学学报》2009年第3期。

② 参见曹险峰:《填补损害功能的适用与侵权责任法立法——兼评〈侵权责任法草案(三次审议稿)〉的相关规定》,载《当代法学》2010年第1期。

的资产负债表、利润表、纳税申报额度等相关资料，综合认定损失赔偿金额；(4)穷尽上述方法仍不能合理区分损失赔偿范围的，方可将法院裁定确认的无争议债权表中未受清偿的债权总额(含职工债权等)作为损失赔偿金额；(5)合理区分主债权与从债权，从债权原则上不列入损失赔偿范围，除非具有注册资本、经营规模、从债权属于债务人企业经营范围、债务人企业从中获利等合理性因素(此点较复杂，也存在较大争议，有待司法解释予以细化明确，以规范、统一裁判尺度)；(6)案件受理费、执行申请费、破产案件申请费、管理人报酬、律师费用等相关诉讼费用、共益债务，不予支持；(7)债权总额之外的利息损失不予支持，但判决后怠于履行的，可依照《民事诉讼法》第264条的规定承担迟延履行期间的债务利息。

(二)判决主文表述：共同责任与款项归属

判决主文表述是否规范明确、具体，直接影响后续执行程序能否落实，无法执行时还可能引发新的诉讼，实践中确实存在生效裁判、执行文书执行内容不明确的情形。为此，最高人民法院《关于适用〈中华人民共和国民事诉讼法〉的解释》第461条规定，当事人申请人民法院执行的生效法律文书应当具备权利义务主体明确、给付内容明确两个条件，最高人民法院《关于人民法院立案、审判与执行工作协调运行的意见》第11条也区分各种情形明确了具体的要求。判决主文具体化过程，实际上是当事人的实体权利之内容通过“纠纷处理装置”予以具体化并实现的过程，[①]可见对当事人权益的影响甚大。

无法清算破产衍生诉讼案件具有一定的复杂性、群体性，为了确保判决能够得到有效执行，更需要在措辞表述上谨慎、精准、明确。(1)当多个被告需要承担责任时，是否区分过错程度等分别承担责任。对此，需要合理区分是债务人企业及其有关人员的内部责任还是应当向债权人承担的外部责任。鉴于债务人企业有关人员身份的特殊性，以及相关配合行为的复杂性、长期性，在判定多个被告承担赔偿责任时，应当对损失不区分过错大小承担共同赔偿责任，无须区分被告的过错大小或者岗位不同而明确按份承担责任。如果明确按份责任，不仅会增

---

① 参见曹云吉：《判决主文明确化：程序法理与权力分工》，载《法律科学(西北政法大学学报)》2020年第6期。

加法官裁判负担,还不利于债务人企业偿还债务,极有可能损害债权人的债权。然而,在相关事实清楚或债务人企业有关人员均无异议的情形下,也可以尝试结合各被告的身份、职责分工、经济收入等因素,区分过错大小合理确定各自责任。笔者认为应当两点前置,即债务人企业有关人员均到庭应诉并对各自责任份额无异议,如此才有利于判决执行及债权保护。(2)此类案件的原告存在如债务人企业、管理人或个别债权人的情形,胜诉的赔偿款项应当如何处理?这需要考虑诉讼意图及程序意义。此类诉讼之目的,意在填补债权人的损失,至于原告为谁、由谁提起诉讼并不重要,都要经过破产程序的公平受偿原则进行分配。实际上,债务人企业、管理人起诉时名异实同,而个别债权人起诉时也经管理人明确胜诉款项归入债务人财产或者破产财产,故无论原告是债务人企业、管理人还是个别债权人,均应在判决文书中明确前述赔偿款项归入债务人财产或者破产财产,以利于回归破产程序公平清偿债权的本旨。

五、结　语

破产案件本就相对难办,加上无法清算,足见其破解难度非同寻常。两种情况的叠加,在一定程度上与债务人企业财务制度不健全、逃废债及社会诚信度低等因素有关,而裁判方向的把握及损害赔偿范围的认定,则直接影响企业破产中债权人利益的保护程度,还将成为企业破产处置工作的风向标,事情小意义大。债务人企业作为市场主体,在退出市场而无法清算之际,相关主体的利益如何保护与权衡,企业有关人员未履行法定义务时责任如何追究等,应当抓住《企业破产法》修改契机予以细化明确,以便法官有法可依、准确认定、统一裁判,助推法治化、市场化、规范化的一流营商环境建设。

自由财产的界定标准与立法路径选择*

随着信用规模、消费模式的发展及经济全球化，个人以自然人身份参与经济、金融活动愈加频繁，个人消费与商业活动呈现密不可分之势，相伴而来的是个人债务纠纷日益增长，个人债务如何清理被提上重要议程。2019年2月，最高人民法院《关于深化人民法院司法体制综合配套改革的意见》要求，“研究推动建立个人破产制度及相关配套机制”。2019年6月，《加快完善市场主体退出制度改革方案》明确指出，要在完善企业破产制度的基础上研究建立个人破产制度。《深圳经济特区个人破产条例》于2021年3月生效施行。浙江、山东等地方法院秉持满足市场需求、勇于改革创新，出台了个人债务清理相关规范，但相应的自由财产制度设计还比较笼统、概括，有必要细化完善。本文从时代背景出发，在当前试点探索基础上，通过回顾自由财产发展历程探寻其背后的权利冲突和价值基础，挖掘合理的界定标准，同时考察域外立法实践，寻求适合我国国情的自由财产立法路径，以期对个人破产立法有所裨益。

---

* 作者：张元华、朴泰隆。原载《人民司法》2023年第10期。

一、实践探索:自由财产的相关规定与经验启示

(一)试点地区规定

自由财产也称豁免财产,是个人破产区别于企业破产的特色制度之一,最能体现出两种制度之间的差异。其作为个人破产制度的核心内容之一,与破产免责制度相辅相成,共同促进"帮助债务人全新开始"立法目标的实现。当前学界对自由财产没有统一定义,如为了保护债务人基本的生存权和发展权,个人或类似个人的债务人的破产财产中,基于法律规定或者法院决定,由债务人保留而不得用于分配清偿的财产;[①]"在个人破产制度下,由法律规定的,或由法院酌情决定的,可由破产人自由管理、使用和处分的,不得查封和扣押并用于分配清偿的财产";[②]以"合理生活"为要素,为了保障破产人及其家人的合理生活需要,使部分财产不归入破产财产供其自由支配的财产。[③] 简言之,自由财产是无须归入破产财产,供破产人自由支配,满足破产人及其家人合理生活需要的财产。当前,各地已有相关规定。

1. 深圳立法。《深圳经济特区个人破产条例》第36条既明确了自由财产的具体范围,也规定了累计总价值不得超过20万元;至于具体分项的价值,考虑细致性及变化性,则授权由深圳市中级人民法院另行规定,目的在于保障债务人及其所扶养人的基本生活及权利。

2. 浙江指引。浙江省高级人民法院《个人债务集中清理(类个人破产)工作指引(试行)》第26条第5项规定,管理人提出对债务人生活必需品(豁免财产)清单的意见,第39条第4项规定,债权人会议审议生活必需品(豁免财产)清单,第41条明确债权人会议的审议结果"作为人民法院依据《中华人民共和国民事诉讼法》第二百四十四条确定'被执行人及其所扶养家属的生活必需品'范围、金额的重要依据"。可见,它仅规定了自由财产操作性程序,对于实质性的范围与

---

① 参见刘静:《个人破产制度研究:以中国的制度构建为中心》,中国检察出版社2010年版,第209页。

② 文秀峰:《个人破产法律制度研究——兼论我国个人破产制度的构建》,中国人民公安大学出版社2006年版,第140页。

③ 参见徐阳光:《英国个人破产与债务清理制度》,法律出版社2020年版,第100页。

金额方面则援引《民事诉讼法》的相关规定处理。

3. 其他规定。温州市中级人民法院制定《关于个人债务集中清理的实施意见(试行)》时,考虑债权人会议一致表决方式中蕴含了债务人自身生活等考量,没有作出相应规定。台州市中级人民法院《执行程序转个人债务清理程序审理规程(暂行)》第37条明确要求债务清理对债务人的生活保障,规定"在债务清理期间,债务人及其所扶养的家庭成员的生活水准保持在本地最低工资标准或所对应的通常水平,如遇疾病、自然灾害等特别情况,经管理人许可,可适当放宽上述限制条件",第54条规定了豁免财产范围,但没有明确操作程序。东营市中级人民法院《关于个人债务清理的实施意见(试行)》第16条第4项规定,管理人应当提出对债务人豁免财产范围的意见,继而在第24条明确了豁免财产范围,规定"价值较大、不用于清偿债务明显违反公平原则的,不认定为豁免财产"。苏州市吴江区人民法院《关于个人债务清理的若干规定》第26条规定了豁免财产范围,并在第27条规定"管理人对豁免财产清单提出意见,一同提交第一次债权人会议审查"。

(二)经验启示

1. 强化理念贯彻。个人破产不同于企业破产,主要在于自然人破产后主体资格并未消灭,仍要考虑未来的生存和发展,确保债务人"重新开始"已是现代个人破产的理念。① 当前规定都体现出对债务人及其家庭生活的保障,但囿于立法理念贯彻不深,不少规定忽视了债务人后续发展的预期需求。

2. 明确界定标准。各地对自由财产缺乏统一的界定标准。任何事物都有其内涵和外延,合理划清边界才能厘清事物本质,正如自由并非没有边界、并非可以随性而为,自由财产也非没有边界,关键在于如何把握其内涵和外延。为此,需要在考察自由财产制度发展变迁的基础上,明确其背后的权利冲突与价值基础。

3. 平衡地域差异。自由财产是保障破产之自然人的生存生活、未来发展所需,自然要立足其所处的地域,而我国幅员辽阔,各地经济发展水平差异较大,生活消费水平明显不一,即使同一地区(以省或市为标准)也不可避免地存在一定

---

① See Rafael Efrat, *Global Trends in Personal Bankruptcy*, 76 AM. BANKR. L. J. 81 (2002).

程度的差异,故而需要注重平衡地方差异性,防止全国“一刀切”的简单做法。

二、界定标准:自由财产的实质意义与价值基础

个人破产的历史是一部债务人宽恕史,对债务人的惩罚力度逐渐下降,宽容度逐渐提升,破产法进化的方向即从惩戒主义到宽恕主义。① 破产债务免责和自由财产正是在宽恕主义理念下诞生的产物。自然人宣告破产后,债务原则上免除,部分债务例外往往是政策考虑和价值判断的结果,同理,自由财产范围的确定也需要建立一套行之有效的界定标准。② 通过回顾自由财产制度的演变脉络,挖掘自由财产背后的理论逻辑,总结出构成自由财产的“内容要素”。另外,同样立法逻辑下因不同地区、时间的价值观念、经济条件、风俗习惯等因素的影响,必然产生不同的立法结果、发展样态。究其原因在于自由财产的价值基础未能明确,需要回顾自由财产制度的历史沿革,提炼出自由财产范围变化的“影响因素”。

(一)内容要素:自由财产的实质意义

早期破产法奉行“破产有罪”观念,③此时债的概念具有人身责任的含义。债的含义由人身责任向财产责任过渡,债务的清理方式也历经了财产占取制度到财产拍卖制度,再到财产零卖制度,最后到财产让与制度的转变,破产被视为一种救济手段,逐渐重视对债务人人权的保护。④ 概言之,自由财产的出现以债的人身责任向财产责任过渡为前提,其背后是个人的财产权保护与人权保障之间的冲突,最终价值衡量的结果是倾向于保障人权,故其内容要素的探讨需围绕人权保护理论展开。

1. 保障债务人生存。人权保障首先保障的是人的生存,即生存权的保护。

---

① 参见项焱、张雅雯:《从破产有罪到破产免责:以英国个人破产免责制度确立为视角》,载《法学评论》2020年第6期。

② See Rafael I. Pardo & Michelle R. Lacey, *Undue Hardship in the Bankruptcy Courts: An Empirical Assessment of the Discharge of Educational Debt*, 74 University of Cincinnati Law Review 405, 413-419(2005).

③ 参见周枏:《罗马法原论》,商务印书馆2014年版,第735～736页。

④ 参见徐国栋:《罗马破产法研究》,载《现代法学》2014年第1期。

生存权也被称为适当生活水准权，是指人们获得足够的食物、衣着、住房以维持有尊严的相当生活水准的权利，它包括食物权、衣着权、住房权等具体内容。① 生存权可从如下三层含义理解：第一层维持基本物质生活。“生存”一词从文义角度可理解为免于饥饿，免于流离失所，提供必要的衣物、食物、住所，以防止食不果腹、衣不蔽体，此乃最基本的生存需求。第二层维持一定水平的物质生活。《世界人权宣言》《经济、社会及文化权利国际公约》谈及生存权含义时，强调相当生活水准、最低健康生活水准。② 因此，对债务人的生存保障不能仅仅是让其活着，更重要的是需要达到一定的经济水平，维持人生存的吃穿住行等标准要与当前社会经济文化相适应。③ 第三层公民免于精神层面的贫瘠。现代生存权的含义早已不局限于物质层面，从单一的经济内涵发展到包含经济社会文化多个层面的权利。故而将“最低的生活保障”或“相当生活水准”仅仅理解为物质保障是片面的，还应包括最低限度的精神文化生活保障，具体体现在教育、文化等领域提供必要的支持。

2. 促进债务人发展。“促进人的自由全面发展是人权的最高价值追求”，④ 人权保障不能仅仅局限于人的生活生存，还需要促使人的未来发展，发展权同属于最基本人权，二者互为表里、相辅相成。即便债务人已进入破产程序，其发展权也不可肆意剥夺，就发展而言，其目的是更好地帮助债务人经济康复，应考虑为其留下职业发展的财产，为债务人事业的“全新开始”奠定基本的物质基础，促进债务人发展权利的实现。⑤ 反之，若债务人长期无法取得重新开始的机会，对社会而言也是无益的，既无法创造有效的社会价值，也会徒增不稳定因素。

3. 保障债务人人格利益。人权保障同样不能忽视对人格利益的保护，因为人是有思想、有精神、有寄托的。日常生活中，债务人往往都拥有重大精神价值或特殊使用价值的财产，以及保险、养老金等具有人身专属性的财产，这些可统称专属于债务人自身的财产。立法保障此类财产，其实质在于对个体之自然人精神生活的关注与强调，这类财产的精神价值和纪念意义相较其实用价值更值

---

① 参见朱丘祥主编：《宪法学》，清华大学出版社2009年版，第273页。

② 参见郑贤君、李样举：《作为宪法权利的物质帮助权辨析》，载《长白学刊》2009年第3期。

③ 参见刘海年：《适当生活水准权与社会经济发展》，载《法学研究》1998年第2期。

④ 中华人民共和国国务院新闻办公室：《为人民谋幸福：新中国人权事业发展70年》，人民出版社2019年版，第13页。

⑤ 参见徐阳光、陈科林：《论个人破产立法中的自由财产制度》，载《东方论坛》2020年第3期。

得保护,体现出对人格尊严、精神寄托的保护。此外,破产本质是概括执行程序,对这类专属于自身的财产无法执行。

(二)影响因素:自由财产的考量价值

1. 人权思想。自由财产的诞生以人权思想占据主流社会文化为标志,个人破产立法价值选择逐渐向债务人一侧倾斜,开始考虑债务人破产后的生存问题,不能仅仅因为债权就剥夺债务人及其扶养人赖以生活的物质保障。[①] 因此,人权思想是自由财产制度诞生的理论基础,也是其后续发展的指引,其本质体现的是一种人文关怀和人文精神,故自由财产范围的确定要彰显出特有的人文关怀。日本破产法关于自由财产的规定十分具有弹性:在具体案件中,根据债务人的生活状态、特别需求,经法院同意,对于程序开始时的自由财产种类、金额以及破产人将来可能获得的收入等进行考量,可以相应地扩大自由财产范围,当扶养较多家庭成员的债务人持有少量现金时,本不属于自由财产的银行存款和私家车等财产依据程序也可视为自由财产。[②] 澳大利亚破产立法还体现出对特殊群体的照顾,为荣退军人提供的房屋、为农夫提供的用于生产的资金皆属于自由财产。[③]

2. 经济因素。从经济发展的视角看,在商品社会早期,社会主流价值观念是鼓励生产、自由竞争、优胜劣汰以及财富最大化。因此,这一时期债权人利益绝对化,债务人利益尚未得到重视,直到自由资本主义时期随着社会财富积累到一定程度,人类存在的第一个前提即供人类生活的衣食住行得到满足,人们开始有更高层次的价值追求,更注重对人的平等保护,自由财产制度才得以正式确立。此外,以各国自由财产制度发展为线索,可以发现每一次的制度变革都有经济因素的推动。例如,英国自由财产制度最早的雏形为"衣服和工具不用作偿还债务",到《1705年破产法》首次规定允许债务人从财产中留下必要的生

---

① 参见文秀峰:《个人破产法律制度研究——兼论我国个人破产制度的构建》,中国人民公安大学出版社2006年版,第141页。

② 参见[日]山本和彦:《日本倒产处理法入门》,金春等译,法律出版社2016年版,第108～111页。

③ 参见张卫:《澳大利亚自然人破产法律制度研究》,载《海南大学学报(人文社会科学版)》2002年第2期。

活费用,[①]后续发展自由财产范围都随着经济发展变化而扩大。同时,随着1973年英国经济萧条和通货膨胀引发大量破产,暴露出大量不幸的债务人,推动着破产法的改革,进而形成了自由财产的规定。[②] 美国早期破产法发展囿于多方利益博弈、经济放缓等,联邦统一豁免规则迟迟不能出台。[③] 第二次世界大战后为刺激经济,颁布一系列旨在刺激消费的政策,20世纪50年代经济强劲增长,消费阶层就此诞生。[④] 与之相伴随的是过度消费理念的兴起、经济的崛起、商人阶层的壮大,消费信贷业务的发展导致个人债务纠纷日益严重,这为个人破产的进一步发展提供了必要的社会背景,促使"联邦统一豁免规则"的诞生。毋庸讳言,经济因素的作用不言而喻,个人破产及其核心的自由财产制度的诞生和发展与经济发展是如影随形、亦步亦趋的,确定合理的自由财产范围更需要立足于国家的经济发展背景。

3. 社会公共利益。将个人利益奉为圭臬的时代,自不可能减损自身权益以保全他人人格,社会流行的观念是社会一定时期价值理念的反映,因此,只有社会价值理念逐渐重视社会公共利益的考量,自由财产制度的价值才能彰显。一方面,自由财产不仅事关个人生存和发展,更起到社会保障的作用。若没有自由财产制度,大量债务人及其扶养亲属很有可能流离失所,成为社会中不稳定因素,既危害社会稳定,又会给经济文化造成负面影响;[⑤]美国学者也指出,自由财产的首要目的是保护社会利益即社会税收,一旦债务人一贫如洗,则不能创造出可供纳税的财产,从而损害社会整体利益。[⑥] 另一方面,面对特定社会利益的需求,自由财产范围会呈现扩张的趋势。如日本大地震曾造成重大人身、财产损害,为应对自然灾害及其衍生后果,日本在其立法体例下扩大了自由财产范围,

---

① 参见袁跃华:《近代英国个人破产观念的变迁》,载《河北大学学报(哲学社会科学版)》2021年第2期。

② 参见付翠英编著:《破产法比较研究》,中国人民公安大学出版社2004年版,第44~47页。

③ 参见[美]小戴维·A. 斯基尔:《债务的世界:美国破产法史》,赵炳昊译,中国法制出版社2010年版,第3~5页。

④ 参见陈夏红主编:《中国破产法:中国破产法的现代化:从〈大清破产律〉到〈企业破产法〉(1906-2006)》,谢琳等译,中国大百科全书出版社2018年版,第349~359页。

⑤ 参见刘静:《个人破产制度研究:以中国的制度构建为中心》,中国检察出版社2010年版,第211页。

⑥ See Woodward, *Exemptions, Opting Out, and Bankruptcy Reform*, 43 Ohio St. L. J. 335, 337 (1982).

最终通过制定禁止扣押灾害抚恤金、救援金的相关法律,进一步扩大了自由财产的范围。[①] 概言之,自由财产具体范围的划定不能忽视对社会公共利益的衡量。

三、立法路径:折中式的立法选择

(一)立法模式选择

划定自由财产的范围通常从财产种类和财产价值两个角度进行。[②]《世界银行自然人破产问题处理报告》将自由财产立法模式划分为 3 种:一是预留总价值达到规定上限,债务人可寻求从破产财产中获得一系列自由财产。该模式主要存在于破产法在性质上还是刑罚的时代,仅停留在一种低水平的保障,已被淘汰。[③] 二是假定破产申请时债务人所有的财产都可以豁免,由破产管理人申请回收对债权人和破产财团有价值的、超额的特定财产。该概括式立法模式以德国、日本等国为代表,采用“必要”“适当”等抽象词代替价值,自由财产在民事诉讼法、民事执行法中都表现为“不可扣押、执行的财产”。如《德国民事诉讼法》第 811 条专门规定了 14 种情况下免于被执行扣押的财产,第 1 款规定“以维持适当、中等生活需要为限的衣服、家具、床上用品等不得扣押”。三是规定一系列可豁免的财产种类和对应的价值,由债务人提出申请。该列举式立法模式以美国为代表,《美国破产法典》第 522 条(d)款列举了 12 类财产及相应限额。其优势在于:第一,财产范围较广泛,对债务人的保障充分;第二,财产种类明确、财产价值具体,具有较强的指引性,具体案件适用时更加公正、透明,也有利于引导公众申请破产;第三,法律适用更具确定性,降低法官的自由裁量权,至少形式公平得以保障。但弊端也明显:第一,过于细致的立法模式在一定程度上缺乏灵活性,可能出现法律脱轨于时代的现象;第二,过于广泛的财产豁免建立在债权人承担较大负担基础之上,存在利益失衡之嫌;第三,我国长期存在经济发展不均衡、资源分配不均匀等现实问题,若完全采取列举式,存在立法技术的困难。

---

① 参见[日]山本和彦:《日本倒产处理法入门》,金春等译,法律出版社 2016 年版,第 109～110 页。

② 参见徐阳光、韩玥:《个人破产的三重控制机制:基于个人债务集中清理实践的分析》,载《法律适用》2022 年第 6 期。

③ 参见自然人破产处理工作小组起草:《世界银行自然人破产问题处理报告》,殷慧芬、张达译,中国政法大学出版社 2016 年版,第 94 页。

笔者认为,应在兼采两种模式优势的基础上,采取折中式的模式:以列举式的思路为主,将财产种类予以具体化、明确化,同时在部分财产价值限制上借助概括式立法的思路,予以抽象限制。具体理由如下:首先,个人破产领域的相关立法要避免形成所谓的“主流”“通用”“标准”的方法或技术。[①] 对各种模式的比较研究是为了更好地厘清立法的理念和思路,而非形式化地比较其功能优劣,应当博采众长、取长补短地借鉴经验,选取适合我国的立法模式。其次,个人破产在我国长期处于缺位状态,当前社会存在个人破产理念接受度不高、制度普及不足等问题,以列举式为主的模式,可使自由财产范围更加明确,既可以让大众对这一制度的内容有清晰的认识,又可以有效引导债务人选择申请破产作为退出市场路径,还便于实践操作,节约司法成本,避免过度的自由裁量权造成不公。最后,如前文所言,全部采取列举式的形式对我国国情而言立法上存在困难。兼采概括式立法模式中的价值确定方法以灵活应对现实困境,缓解立法僵硬,做到立法上的“因地制宜”。

(二)财产种类划分

1. 保障债务人生存的财产。

(1)住所。“无立锥之地,至贫也”。生存的第一要义即民有所居,满足人民最基本的居住需求,符合生存权的第一层含义。房产既是人的安身立命之所,也是家庭财富的主要组成部分。[②]《深圳经济特区个人破产条例》未将房产纳入自由财产的范围,也没有规定房产变现所得可以保留一部分用于债务人暂时租房之用。理由主要有:第一,个人破产在我国尚处起步阶段,不宜采取过于宽松的立法态度,以免过度损害债权人的财产权益,造成立法目的本末倒置;第二,囿于我国高房价的经济现状,将房产纳入自由财产,存在违反公平原则之嫌;第三,房产背后还涉及金融贷款等问题,若处理不好,可能危害金融系统领域安全,不利于塑造社会信用体系。因此,本文采用“住所”这一表达方式,以区别于房产概

---

① 参见自然人破产处理工作小组起草:《世界银行自然人破产问题处理报告》,殷慧芬、张达译,中国政法大学出版社 2016 年版,第 94 页。

② 《中国家庭金融调查报告》显示家庭房产负债比例为 29.78%,房产是一个家庭占比最大的资产、负债,房贷款总额远远超出家庭年收入;《疫情后时代中国家庭的财富变动趋势——中国家庭财富指数调研报告》也显示出,对于财富增长的家庭来说,房产依旧是影响家庭财富的最主要因素。

念,强调自由财产保障的是债务人在特定财产上法定限额内的利益,而非财产本身,更不是慷慨地为债务人保留整个房产。[①] 同时,也考虑个体的经济差异,不是所有的债务人都具备房产这一资产,对于无房产的,通过为其提供租赁房屋的经济条件从而保障其居住利益。将住所划入自由财产的目的是"保护无助的妇女和儿童免受挥霍的丈夫的挥霍行为的侵害"和"作为一种明智的公共政策用以保证破产人的妻子儿女保有免受债权人追索的栖身之所",从而保证所有公民获得正常的经济福利,以维护社会安全与稳定。[②] 因此,住所在目的上应限定为"生活所必需",强调债务人使用该财产作为个人或家庭的住所,是通常的、主要的、处于支配地位的住所。

(2)生活必需费用及生活必需品。在满足最基本居住条件的基础上,同样要帮助债务人及其扶养人在未来一段时间内保持一定生活水准继续生活下去,满足债务人一定的、适当的生活水平,即生存权的第二层含义。生活必需费用主要指用于家庭日常生活开支的财产,支付食物、水电费等费用,多以存款为主,以金融资产为代表的投资性权益多排除在外;生活必需品涉及人基本日常生活,包括服饰、做饭用具、家具、家用物品等生活必需品,由于其种类繁杂难以一一列举,所以借鉴民事执行制度的"生活必需品"统一概括。

(3)债务人扶养家属教育上所必需的费用和物品。受教育权是我国宪法规定的一项基本权利,经济上的窘境不应成为剥夺受教育机会的理由,为债务人扶养家属提供必要的教育支持,避免其精神文化生活的贫瘠,此乃生存权第三层含义的体现。具体到保障范围,"教育"是指义务教育,具有低成本、普遍性、公益性的特点。而高等教育及技能、特长培训因其高成本、特殊性、非公益性等特点,应排除在外。

(4)必需的医疗资源。必需的医疗资源,是指债务人及其扶养家属因身体缺陷或陷入重大疾病所必需的药物、医疗辅助器具等。考虑债务人或其扶养亲属可能存在重大疾病或身体残疾等现实问题,允许其保留诸如轮椅、仪器、特殊药品等医疗用品,彰显了法律的人文关怀,体现出当代社会的温情。

---

① 参见[美]大卫·G.爱泼斯坦、[美]史蒂夫·H.尼克勒斯、[美]詹姆斯·J.怀特:《美国破产法》,韩长印等译,中国政法大学出版社2003年版,第604页。

② 参见[美]大卫·G.爱泼斯坦、[美]史蒂夫·H.尼克勒斯、[美]詹姆斯·J.怀特:《美国破产法》,韩长印等译,中国政法大学出版社2003年版,第601页。

2. 促进债务人发展的财产。

(1)生产资料。生产资料,是指债务人赖以生存、维系其后续发展、获取经济来源的工具,美国采取专业书籍和谋生工具的称谓。[①] 以农业生产为例,其生产资料可包括种子、肥料、生产器具、灌溉工具等物品。生产资料旨在谋生,需要考虑工具与债务人职业需求之间的"相关性"和"必要性"等因素。为债务人保留职业工具,不仅是帮助其继续投入生产尽快脱离贫困,更是要增加社会劳动力、提高社会财富、增加国家税收。

(2)未公开的发明创造或者未发表的著作。日本规定与发明或者著作有关的、尚未公开发表的作品属于自由财产范畴,[②]笔者也赞成归入自由财产范畴。首先,专利申请权和作品发表权专属于发明创造者、作者所有,其行使依赖其主观意愿,债权人无权强迫其为之。其次,权利人可通过利益衡量选择以专利权或商业秘密的形式予以保护,选择商业秘密的保护方式是正当的商业选择,无可厚非。最后,考虑著作权的构成要件之一就是"作品应当是思想或者情感的体现",相比发明创造来说主观色彩较浓厚,甚至会涉及著作权人或者第三人的隐私利益,又因其性质难以用于执行分配,应允许债务人保留这类财产,待日后发表可以产生广泛的社会效益和巨大的经济价值,从长远考虑更有助于清偿债务。

3. 保障人格利益的财产。

(1)专属于债务人自身的财产。人身损害赔偿请求权具有专属性,其目的是惩罚不法行为,若将其归入破产财产予以清算分配,则其设立目的可能会削弱。[③]同样适用专属于债务人的抚恤金、伤残补助金、社会保险金、最低生活保障金、没有现金价值的人身保险。

(2)具有特定精神价值的财产。主要指具有纪念意义的物品、与宗教有关的物品、荣誉表彰物品等。这类财产对债务人来说有非凡的象征意义,但是实用性和可变价性并不高,执行这部分财产对债务人造成的伤害远大于变现的经济

---

① 参见[美]查尔斯·J.泰步:《美国破产法新论》,韩长印、何欢、王之洲译,中国政法大学出版社 2017 年版,第 973 页。

② 参见徐辉:《论个人破产制度中的债务人财产》,对外经济贸易大学 2014 年博士学位论文,第 78 页。

③ 参见联合国国际贸易法委员会:《破产法立法指南》,2006 年版,第 73 页。

价值。

(3)专属于特殊群体的财产。《军人抚恤优待条例》为现役军人、退伍军人、烈士遗属等国家优抚对象提供的物质保障,包括补助金、慰问金等财产应划入自由财产范围。其正当性基础在于,既体现出国家对特殊群体的照顾,有利于实现实质正义,也有助于弘扬红色精神,增进社会福祉。

(三)财产额度限制

1.保障债务人生存的财产中,应为住所、生活必需费用、教育必需费用这3类财产设定具体额度。笔者认为,具体额度不宜采取"固定数值"的形式,而应考虑与各地公租房、最低生活保障等政策相衔接。理由在于:首先,时间上,我国仍处于经济发展繁荣时期,经济发展资源有向二、三线城市倾斜的趋势,法律的稳定性与现实变化的矛盾注定是不可调和的,故而很难设置统一的数值。其次,地域上,各地经济发展不同步、不平衡。以"住所"为例,各地房价差异过大,甚至部分地区的房产存在"房炒不住"的乱象,导致各地的基本居住成本不一,若设置统一数值标准,难以做到实质公平。最后,公租房、最低生活保障等具有社会福利性质的政策,旨在为经济困难的弱势群体提供满足其基本生活水平的救济,其目的与自由财产目的之一保障债务人生存高度重合,故可资借鉴。一方面,就现实因素而言,公租房等政策一直为国家所倡导,最低生活保障标准也在民事执行领域中多有采用,因此,我国各地方都已具备成熟的实践经验。另一方面,就立法技术而言,自由财产制度与各地福利政策相衔接可以降低立法成本,实现立法上的"因地制宜",伴随现实社会中经济发展、政治环境与价值理念的转变,可相应地对该项制度修改与调整,进而实现财产额度设计上的动态性与均衡性。具体到各项财产:

(1)"住所"的额度可以参考公租房的标准,[①]公租房是旨在帮助低收入、低

---

① 2014年起根据国务院批转发展改革委《关于2013年深化经济体制改革重点工作意见的通知》。国务院办公厅《关于保障性安居工程建设和管理的指导意见》等文件精神,各地公共租赁住房和廉租住房并轨运行,并轨后统称为公共租赁住房。公租房是对中低收入家庭且住房困难的家庭提供社会保障性质的住房,保障方式和标准根据《关于进一步规范发展公租房的意见》:对低保、低收入住房困难家庭和分散供养特困人员,可以实物配租为主、租赁补贴为辅;对中等偏下收入住房困难家庭,可以租赁补贴为主、实物配租为辅。具体保障方式可结合保障对象意愿和公租房供给因地制宜确定。

人均居住面积的家庭、新近就业人员、外来务工人员等特定困难群体提供保障性的住房，采取实物保障和租房补贴并举的形式。公租房具有租赁价格低廉、政府指导定价、建筑面积受限的特点，通常以设区的市为单位出台公租房政策，各地政策大体上相同，只是在申请标准、使用方式、租赁价格等方面存在差异，租金一般采取分档补贴的形式。

（2）“生活必需费用”“教育必需费用”的额度可以参考各地最低生活保障的标准。最低生活保障，是指对收入低于当地最低生活标准的人口给予基本生活费用的补贴，具有临时性的特点，与公租房政策一样具有社会保障的性质。《城市居民最低生活保障条例》强调，最低生活保障标准应包含未成年人义务教育费用。[①] 因此，最低生活保障标准可以涵盖上述两种财产。此外，根据《社会救助暂行办法》第 10 条第 1 款规定，“最低生活保障标准，由省、自治区、直辖市或者设区的市级人民政府按照当地居民生活必需的费用确定、公布，并根据当地经济社会发展水平和物价变动情况适时调整”。各地根据经济发展水平、财政状况、人均生活水平、物价指数公布并调整各地的最低生活保障标准。总之，各地的公租房和最低生活保障制度，都是在国家政策的指导下立足于本地经济发展水平的具体落实，相关财产具体额度参考以上标准，既能降低立法成本，又能实现各制度之间的良性互动与衔接。

2. 生活必需品、教育必需品、必需的医疗资源这三类财产的价值限制采用“不可替代性”标准。当前探索中对类似财产价值限制一般采用“较大经济价值除外”的反向排除方式。“不可替代性”标准优于“较大经济价值除外”的标准，具体理由：其一，“不可替代性”标准有实施的现实可能性。不可替代性思路源于英国破产法中合理置换规则，所谓合理置换是指管理人认为某项自由财产具有较大的变现价值且变现价值超过合理置换成本，管理人将该自由财产归入破产财产并购买合理的置换物，要求置换物能够合理、充分地满足原自由财产所能满足的需求。[②] 合理置换规则主要基于清偿利益最大化的目标，也基于现实中大量自由财产存在可代替的可能性，如家具这类财产，根据品牌、工艺、花纹等因素价

---

① 《城市居民最低生活保障条例》第 6 条第 1 款规定：“城市居民最低生活保障标准，按照当地维持城市居民基本生活所必需的衣、食、住费用，并适当考虑水电燃煤（燃气）费用以及未成年人的义务教育费用确定。”

② 参见徐阳光：《英国个人破产与债务清理制度》，法律出版社 2020 年版，第 101 页。

格高低不一,但是在质量合格前提下都能满足日常生活所需。其二,“不可替代性”比“较大经济价值”的标准指导性更强。相较于后者,“不可替代性”更加直观、细致,既细化了法官自由裁量的标准,也有助于债务人对特定财产能否豁免形成合理预期。其三,对于医疗资源类财产采取“不可替代性”标准或许是更佳选择。医疗资源主要出于人权保障目的,保护身体缺陷或患有重大疾病的弱势群体,实际生活中不排除特定药品、医疗辅助器具价值高昂但不具有合理代替物,若一味采用“较大经济价值除外”标准,最终可能导致法律适用与人权保障目的相冲突的结果。

3. 促进债务人发展的财产价值限制采取“相关性”“必要性”等方式。对这类财产施加价值限制主要针对生产资料。生产资料旨在帮助债务人重建经济能力,因其谋生手段、后续发展不同,所需财产亦不同,此类财产外延甚广,难以通过设置具体额度予以限制。因此,秉持“财产种类多样化,价值判断抽象化”的原则,引入“相关性”和“必要性”两项判断标准,在未来司法实践中通过法官自由裁量予以判断,主要考察财产与债务人职业需求之间的相关性,在满足相关性的前提下判断该财产对其后续谋生是否必要。

4. 保障债务人人格利益的财产原则上不设限制。这类财产划入自由财产范围的原因大致可分为因性质无法执行和不宜执行。因性质无法执行,基于破产程序本质上也是执行程序,无法执行,无须施加限制;不宜执行囿于人权保护理念并兼顾制度实施产生的社会效益的影响,对此类财产施加价值限制可能存在与人格利益保护理念相冲突之嫌。总之,这类财产不宜设置价值限制,原则上采取“全额”豁免的态度。

四、结　　语

个人破产在优化营商环境、市场主体平等保护、缓解债务危机等方面发挥着不可替代的作用,自由财产制度直接影响个人破产的程序推进与办理实效。习近平总书记指出:“司法体制改革必须为了人民、依靠人民、造福人民。”①以人民为中心的司法理念是新时代下人民观的集中体现,是中国特色社会主义法治

① 习近平:《论坚持全面依法治国》,中央文献出版社2020年版,第147页。

的根本所在,是习近平法治思想的根本所在。[1] 因此,自由财产制度的构建,既要体现对债权人的公平保护,也要体现对债务人人权的保护功能,前瞻性地考虑我国法治进程、经济状况等,践行以人民为中心的理念,彰显人文关怀,本土化构建与国情相符的自由财产范围。

① 参见张文显:《习近平法治思想的理论体系》,载《法制与社会发展》2021 年第 1 期。

个人债务集中清理制度及温州实践

温州市中级人民法院课题组*

建立个人破产制度的必要性和迫切性,已经越来越受到社会的广泛认可。而在个人破产法出台前,在现有法律框架内,开展与个人破产制度功能相当的试点工作,为个人破产法的制定提供一定的实践基础和参考依据,具有重要意义。为此,个人债务集中清理制度应运而生。有学者认为,个人债务集中清理,在现有法律框架内应当属于执行和解的范畴,但其试点的目的在于获得与实施个人破产制度类似的社会效果。① 目前,浙江温州、台州、丽水,以及江苏吴江、广东东莞等地都开展了类似的个人债务清理尝试;深圳则借"建设中国特色社会主义先行示范区"之势开展经济特区个人破产条例立法活动。对此,本文旨在以温州模式个人债务集中清理制度及温州地区的司法实践为研究视角,探讨温州模式下个人债务集中清理制度的合法性基础、与国内外其他相近制度的差异,以及对当前构建我国个人破产法的理论和实践价值。如无特别说明,本文所指个人债务集中清理制度均为温州模式语境下的个人债务集中清理。

---

* 课题主持人:陈卫国;成员:陈斌、方飞潮、叶飞、黄小若。本文曾获第十一届中国破产法论坛一等奖。

① 参见王欣新:《个人破产法的立法模式与路径》,载《人民司法》2020 年第 10 期。

一、个人债务集中清理制度的概念及法律特征

（一）个人债务集中清理制度的概念

1. 在破产制度较发达、完备的国家或地区，个人破产制度具有各式各样的制度安排。以英国为例，法定个人债务清理程序有个人自愿安排、债务纾缓令、（狭义）破产清算，非正式的个人债务清理程序包括象征性支付计划、债务合并、债务注销、与债务人的非正式安排、全部一次性解决方案、债务管理计划等。[①] 根据法院的参与程度，又可以分为庭内程序与庭外程序。由此可见，英国的个人债务清理体系中具有较为完备的多样化清理制度。从需要取得全体债权人同意和法院参与等特征来看，温州模式下的个人债务集中清理实践，在一定程度上类似"庭外债务安排的庭内化尝试"。

2. 温州模式下个人债务集中清理制度的定义。温州模式下的个人债务集中清理制度，是以个人破产法的原则和精神为指导，对现有的执行和解、参与分配等执行制度和理论进行的整合安排，借助现有的执行制度部分实现个人破产制度功能的一套制度规范。

就其合法性而言，个人债务集中清理本质上是属于执行特别程序。把个人债务集中清理等同个人破产显然是不能成立的，但简单地把个人债务集中清理制度等同于执行和解也无法充分体现和理解该制度的意义。温州模式下的个人债务集中清理制度，兼具执行性和破产性的特性，又具有自身的特殊性。

（二）温州模式个人债务集中清理制度的法律特征

1. 作为合法性基础的执行性。温州模式的个人债务集中清理，本质上是借助现有法律框架内的一系列执行制度完成的。在个人债务集中清理制度的构建和实施过程中，必须要明确个人债务集中清理制度的执行性。其执行性主要体现在以下几个方面。

其一，法律性质和制度依据上的执行性。法院在改革试点的探索工作上，绝对不能脱离法律的规定进行，必须要依法进行。为此，温州模式的个人债务集中

① 参见徐阳光：《英国个人破产与债务清理制度》，法律出版社2020年版，第10～11页。

清理制度在构建时严格遵守现有执行制度的基本要求,不得侵犯相关债权人的合法权益,否则会存在滥用职权、枉法裁判的法律风险。在个人债务集中清理工作中作出的具体措施,必须严格把握其合法性,找到法律、法理依据。

其二,措施手段上的执行性。在温州模式的个人债务集中清理制度中,首先要求债务人在法院有执行案件,以借助执行程序开展工作;关于限制债务人的一系列制度设计,如行为限制令等,源于执行制度的限制被执行人高消费措施;以执行中"和解长期履行"的方式结案,可以为将来恢复程序留有法律途径等。

其三,操作模式上的执行性。温州模式下的个人债务集中清理案件在执行系统中立"执清"字号,在执行系统中流转,并借助执行手段开展工作;在案件办理上,根据债务人的不同情况,分为执行部门办理、破产审判部门办理,并推进执破深度融合,推动执行、破产法官组成联合合议庭审理案件。

2. 作为制度价值的破产性。温州模式的个人债务集中清理制度,在制度设计和价值取向上具有破产性。

在价值选择上,执行制度仅是为保障生效判决的强制力和实现申请执行人的合法权益,而破产的内涵不仅包括对债权人利益的保护,也包括对债务人的救济。① 个人债务集中清理制度是以破产理论和理念为目标和支撑而设计的,其宗旨和目的一方面是使全体债权人获得公平的清偿,另一方面也是期盼能让"诚实而不幸"的债务人获得重新开始的机会。个人破产,已经不是单纯个人的原因所致,其背后涉及国家在金融信贷、中小企业发展、经济发展动力选择机制和分配、社会保障制度等国家重要政治经济活动内容等方面重要而基本的选择。②

在制度外观上,个人债务集中清理制度借鉴和采用了诸多破产程序,尤其是个人破产程序中的特色内容,如自由财产制度、债务豁免制度、管理人制度、失权复权制度等。

在制度功能上,不同于个别执行程序,个人债务集中清理是对债务人多个债权债务关系的集中性、概括性的清理、执行,其结果是使多个债权能获得公平、有效的清偿,使"诚实而不幸"的债务人能够获得重新开始的机会,使不诚信的债务

---

① 参见[美]查尔斯·J. 泰步:《美国破产法新论》(第3版)(上册),韩长印、何欢、王之洲译,中国政法大学出版社2017年版,第2页。

② 参见刘静:《个人破产制度研究——以中国的制度构建为中心》,中国检察出版社2010年版,第78页。

人得到应有的惩罚。

上述特点反映出，个人债务集中清理制度区别于个别执行程序，更具有破产法色彩。

3. 区别于破产、执行的特殊性。前述执行性和破产性的相互作用，使个人债务集中清理制度具有其自身的特殊性。因为要兼顾措施手段的合法性基础和价值目的的破产性功能，个人债务集中清理制度在操作中具有较执行、破产程序更为严格的要求。具体表现在以下几个方面。

其一，意思自治取代依法裁决。现有的执行、破产制度中，法院拥有依法裁决的权力，在破产程序中尤为显著。如在法定条件下裁定批准通过分配方案、重整计划草案等，但在个人债务集中清理制度中，要严格遵守意思自治的原则。

其二，表决机制上的特殊性。在破产程序中，债权人会议表决采取“多数决”，只需表决人数达到一定的比例即可认为债权人会议决议通过。但是，在个人债务集中清理制度中，债权人会议的表决应当采取“全票决”的表决机制，这是个人债务集中清理制度合法性的核心，也是其具有局限性的重要缘由。

二、个人债务集中清理制度的现实背景及价值分析

（一）现实背景

1. 宏观层面：顺应立法和政策的大势。健全的市场经济需要完整的破产制度，包括企业破产制度和个人破产制度。个人债务集中清理制度，是顺应个人破产立法的大趋势应运而生的。

就历史发展的纵向维度而言，破产法诞生之初便是从个人破产开始的，企业破产制度至 1844 年英国《合股公司法》问世后才逐渐形成；就世界各地立法选择的横向维度而言，个人破产制度是当前法律制度较完备、经济发达的国家地区的普遍选择，其中包括美国、英国、日本、俄罗斯、法国、德国等。

2018 年 10 月 24 日，最高人民法院提出要研究推动建立个人破产制度，畅通“执行不能”案件依法退出路径。2019 年 2 月，最高人民法院发布《人民法院第五个五年改革纲要（2019—2023）》，提出“研究推动建立个人破产制度及相关配套机制”。2019 年 6 月 22 日，国家 13 部委《加快完善市场主体退出制度改革方案》明确要研究建立个人破产制度，重点解决企业破产产生的自然人连带责任担

保债务问题,明确自然人因担保等而承担与生产经营活动相关的负债可依法合理免责。个人债务集中清理制度的实践,无疑有助于加快推进个人破产立法的进程。

2. 中观层面:促进信用体系的健全和完善。个人破产制度和相关的配套制度彼此关联、相互促进,建立个人破产制度之后,能够倒逼其他制度的完善,形成一个良性的循环。[①] 在所有反对当前建立个人破产制度的观点中,最主流的是认为目前我国社会信用体系还不完善,如果实行个人破产制度将可能导致债务人滥用该制度以逃避债务。事实上,这是对个人破产制度的误解,个人破产制度与信用体系的关系,同样适用于个人债务集中清理制度。

首先,认为必须在信用体系完备之后再考虑建立个人破产制度的观点,存在倒因为果的逻辑错误。其一,就世界范围而言,现代信用体系建立时间并不长,而现代个人破产制度建立的历史却有百年以上,商自然人的破产制度更是源远流长。由此可见,个人破产制度并不以完善的个人信用体系为前提和基础。其二,从我国司法实践来看,企业破产制度建立之时,信用体系与完备两字还相去甚远,随着企业破产制度的实行推广,企业信用体系也逐步健全。因此,要求先有完备的信用体系再建立个人破产制度的观点是站不住脚的。其三,社会个体的信用问题不能等同于信用体系不完备,国内信用体系建设的症结,主要在于“守信正向激励不足、失信惩戒打击不力”。

其次,个人破产制度作为一项法律制度,是现代信用体系不可或缺的一部分,该项制度的建立能够进一步推动、保障信用体系的健全和完善。第一,个人破产制度有助于促使个人征信体系的健全。目前个人信用“信息孤岛”现象普遍,相对而言,法院案件信息能够做到及时公开。由法院主导办理个人破产案件,就能在一定程度上实现个人综合信息的归集功能,从而加快推进个人征信体系的建立健全。第二,个人破产制度可以补齐信用体系当前的不足。完整的社会信用体系应当同时包括失信惩戒和守信激励两个方面,当前信用体系主要强调的是对失信者的惩戒,而忽视了对守信者的激励和保护。通过个人破产制度设计,对具有良好信用记录、如实说明个人及家庭财产状况的债务人实行破产保

---

① 参见刘静、刘崇理:《建立我国个人破产制度的若干问题研究》,载《人民司法》2020 年第 19 期。

护,实现信用体系上的“正向激励”。

3. 微观层面:弥补解决个人债务过剩问题的制度缺口。建立个人债务集中清理制度,是解决个人债务过剩问题的现实需要。

首先,应当认识到目前经济发展阶段出现的个人债务过剩问题客观存在,大量因个人财产不足而执行不能的案件积压就是具体的体现。失业、经商失败、金融市场不景气等都可能成为个人贷款违约的主要原因;在自然灾害、个人致残事件发生时,更是缺乏金融机构对个人债务人生存和发展的支持。[①] 另外,过度的金融创新导致的担保链问题也亟须得到有效化解。以温州地区为例,因局部金融风波引发的担保链问题导致大量企业进入破产程序,并且连带了诸多个人股东的担保责任,导致个人出现资不抵债的经济状态。且近年来因信用经济的高速发展,越来越多的个人因无力偿还银行信用卡债务而陷入困境。个人破产立法的动机是个人债务危机的出现呈现出一定的规模,相当数量的个人已经或者即将陷入不能支付、无以为继的财务危机。[②]

其次,个人执行不能案件的大量积压,反映出现有制度的不周延。作为自然人的被执行人缺乏可供执行的财产,而又缺乏同企业一样的破产路径作为制度出口,就导致法院存在大量的无法执行的案件因“暂无发现可供执行财产”而以“终本”的方式结案,但是这无法从根本上清理债权债务关系。通过个人债务集中清理制度,可以有效引导当事人去积极打破这一僵局。个人债务集中清理方案履行完毕的,参与个人债务集中清理程序的执行案件可以根据不同情形分别以执行完毕、终结执行等方式结案;执行完毕的事由可以是和解协议履行完毕,终结执行的事由可以是和解撤回执行申请或者和解长期履行。

需要指出的是,不能仅看到个人债务集中清理乃至个人破产制度对执行不能案件的化解作用,就认为该制度是为化解执行难问题而设立的,更应当看到出现这一现象的本质指向的是制度的缺位。要防止机械地将个人债务集中清理制度、个人破产制度视为解决执行难问题的工具。

---

① 参见中国人民银行研究局、中国人民银行金融研究所课题组:《中国个人破产法律制度调查报告》,载《金融时报》2011 年 11 月 27 日,第 3 版。

② 参见刘静:《个人破产制度研究——以中国的制度构建为中心》,中国检察出版社 2010 年版,第 71 页。

(二)理论价值

1. 对个人破产制度设计的价值

第一,从个人债务集中清理制度的构建中,可以对个人破产制度的核心内容和基本要素有更为直观的了解。以温州个人债务集中清理制度为例,对适用对象的选择,可以帮助对日后建立个人破产制度有更全面的考量,从失权复权制度、债务豁免制度、公职管理人制度等个人破产核心制度的搭建,可以更深刻地理解个人破产制度的核心功能和价值追求。

第二,从个人债务集中清理制度在实践中难以突破的"瓶颈",去反思个人破产立法应重点攻克的难题。由于个人债务集中清理制度是在现有法律框架内进行的改革,难以大胆突破法律法规的原则性规定,不能随意侵害当事人的合法权益,因此,在实践中必然存在难以解决的困难。而这些困难的解决路径,正是可以通过个人破产立法来克服的。

第三,根据个人债务集中清理制度的实践反馈,及时调整个人破产法的立法选择。个人债务集中清理制度实践中的适用对象范围问题、公职管理人介入后程序效率和成本问题、债权人的参与程度问题、对债务人的限制措施和复权条件问题等,都可以在实践中得到反馈,作为立法者立法选择时的参考依据,为个人破产立法服务。

2. 对现有企业破产制度的价值

个人债务集中清理制度不仅对个人破产研究具有价值,对企业破产制度同样具有价值。个人债务集中清理制度通过执行程序实现个人破产的效果,为在破产审判实践中开展执破融合实践的可行性和意义提供了新的视角,为破产程序借助执行程序、强制执行措施提高破产程序的效率提供新的参考。

(三)社会价值

1. 为信用建设进行政策宣示。当前信用体系和法院民事强制执行制度,更多注重的是对失信者的惩戒,而忽视了对守信者的激励和保护。通过个人债务集中清理制度的设计,对具有良好信用记录、如实说明个人及家庭财产状况的债务人,实现附条件免除部分债务的结果,达到"破产保护"的效果;同时也对全社会起到宣示作用,促使民事主体更加珍惜和维护个人的信用评价。

2. 为诚信原则提供法律指引。通过个人债务集中清理工作，向社会宣传一种诚信精神，即只要自始至终做诚实的经营者，在失败时仍有一个制度安排让其有机会重生。通过法律适用，指引民事主体不仅要有诚信的意识，还要有合规的诚信行为，如主动履行债务、按时如实申报财产、严格执行限消规定、配合法院执行等；反之，不诚信的行为，诸如隐瞒、转移财产等，会有失去重生机会、受到法律惩罚等后果。从正、反双向的反馈，让全社会尤其是背负债务的个人认识到诚信的重要意义，从而为诚信原则提供正确的法律指引。

（四）实践价值

1. 为个人破产立法提供民营企业主与个体经济样本和实践素材。个人破产立法需要广泛的实践样本作为参考，而温州地区的实践样本具有鲜明的特色和重要意义。温州是中国的中小民营企业之都，也是个体工商户最集中的地区之一。受温州局部金融风波和担保链影响，以及个人过度负债及经营投资失误等原因，不少民营企业主、个体工商户及其亲属陷入严重资不抵债的困境。因此，温州地区的实践样本具有很强的参考意义。

2. 为个人破产案件办理提供“府院联动机制”的参考。在温州个人债务集中清理试点过程中，正是依靠党委的坚强领导、人大的支持推动和府院持续联动，使个人债务集中清理试点工作得以顺利推进。在个人破产法司法实践过程中，可以充分发挥府院联动制度的效能，与相关党政机关密切联动，在破产受理、财产调查、债权人表决、管理人职务认可、逃废债打击等各个环节形成合力。

三、温州模式个人债务集中清理制度的适用范围及基本原则

（一）适用范围

个人债务集中清理制度的适用对象应从严把握，谨慎筛选。这主要是基于两方面的考虑：一是为尽可能避免逃废债。由于个人债务集中清理制度还在试行的起步阶段，适用对象范围过宽不利于对“逃废债”行为的控制和监督。二是囿于制度的效力范围。温州地区的个人债务集中清理制度仅适合适用于温州辖区，因为对涉温州辖区外的债权人及政府机构等，难以有效协调。

基于此,温州模式个人债务集中清理制度的适用对象具体要求有以下3点:第一,需是自然人。个人债务集中清理制度是为了解决个人破产制度供给缺位的权宜之策,其适用对象只能是自然人。第二,属人管辖原则。个人债务集中清理制度的适用对象限于具有温州户籍,或者在温州缴纳社会保险满一年,或者在温州有实际经营业务的自然人。第三,以商个人为主要对象,但不排除消费者。个人债务集中清理制度的适用对象主要限于商个人,如企业法人已进入破产程序,对该企业法人负保证责任的自然人,因股东人格或者财产与公司混同而承担清偿责任的自然人,对非法人组织的债务负清偿责任的自然人经营者。但在特殊情况下,对于因生活困难无力偿还债务的自然人和其他自愿提出还款安排并征得全部申请执行人同意的自然人也可以进行个人债务集中清理。

(二)基本原则

1. 意思自治原则。个人债务集中清理制度的执行属性决定了其应当严格遵循意思自治的原则。该原则首先体现在程序的启动上,即温州模式的个人债务集中清理制度需依申请启动程序,要求被执行人申请且经申请执行人同意。一方面,考虑申请执行人没有申请债务清理的动力,并且个人债务集中清理参照个人破产制度精神,很大限度上是对被执行人的一种救济制度,是被执行人在强制执行制度下实现重生和东山再起的机会;另一方面,由于个人债务集中清理往往意味着对债务人更严苛的诚信要求,甚至需要主动申报相关家属的经济状况,对债务人来说是负担的加重,由其自身提出申请更有利于程序推进。因此,在程序的启动上,由债务人提出申请更为适宜。此外,在个人债务集中清理的一系列重要制度上,也处处体现意思自治原则,如"全体决"的表决机制、债务人权利让渡和义务扩大等。

2. 诚信原则。个人债务集中清理制度应当遵循诚信原则。个人债务集中清理参照个人破产制度,其目的是为"诚实而不幸"的被执行人提供救济,所以申请债务清理的被执行人应当是诚信的。诚信原则解决的问题主要是,在给予被执行人救济的同时,也要保护债权人利益,避免被执行人利用个人债务集中清理程序"逃废债"。

诚信原则主要体现在三个方面:第一,事前诚信。被执行人如果想通过个人债务集中清理程序寻求救济,实现重生,其应当进行全面如实的财产申报、承诺不进行高消费、没有因拒执行为而被处罚、没有曾经为逃避或者拖延执行而与债权人达成执行和解且因自身原因导致和解协议没有履行或者不能履行等。第二,事中诚信。这主要是对终止个人债务集中清理程序的制度设计,一旦出现或者发现被执行人有不诚信行为,立即终止个人债务集中清理程序,或者驳回申请。并且,如果个人债务集中清理方案经过两次债权人会议表决未通过,也应当终止个人债务集中清理程序,以避免被执行人滥用该程序拖延执行。第三,事后诚信。个人债务集中清理方案履行完毕之后,除非债务全部清偿的,否则被执行人仍应当承受一定年限的信用限制,包括行为限制和资格限制,以体现其对之前所做承诺的诚意和作为债权人对其债务免除的对价。

四、温州模式个人债务集中清理的特色制度及实践成效

截至2020年6月,温州两级法院共计立"执清"字号案件38件,涉及执行案件232件,涉标的额11.93亿元,已办结"执清"案件26件,其中11件成功清理结案。囿于篇幅,关于公职管理人制度、自由财产制度、失权复权制度、预清理制度等其他个人债务集中清理制度中的具体内容,本文不作展开。下文就温州模式个人债务集中清理中的部分特色制度进行介绍。

(一)表决规则设计:在充分尊重意思自治的前提下突破创新

1.制度设计。温州模式的个人债务集中清理制度原则上采用"全体决"的表决规则,债权人会议表决事项应当由全体参与个人债务集中清理程序的无财产担保债权人同意。采用"全体决"而非"多数决"制度,体现对债权人权利的高度尊重,也是其合法性的基本要求。

但也存在例外情形可以"多数决":如果债权人会议经"全体决"决定,特定事项由2/3以上参与个人债务集中清理程序的无财产担保债权人同意的,或者按双重"多数决"等其他方式决议的,依其约定。这在本质上也是对于当事人意思自治的尊重。

2. 典型案例:瓯海区人民法院李某个人债务集中清理案。[①] 债务人李某在温州市瓯海区连续经营多家企业,并以个人名义借款用于公司经营,后因经营不善而欠下巨额债务,共有21位债权人(其中2家为金融机构),涉及债权金额20,565,060元。

在个人债务集中清理案件的债权人会议上,全体债权人以"全体决"的形式,通过了特殊表决规则:由参与个人债务集中清理债权人会议的半数以上人数通过,且该债权额需占无财产担保债权额2/3以上,表决即为通过。后债权人会议依据表决规则对李某的个人债务集中清理方案进行表决,其中银行等几位债权人要求延后表决,最终同意个人债务集中清理方案的债权人占总参会人数的90.48%,其所代表的无财产担保债权额占总额的88.84%,通过了该清理方案。2019年12月18日,瓯海区人民法院依法向债务人李某发出行为限制令,同时裁定认可李某的个人债务集中清理方案,终结对李某在该次清理所涉案件中的执行。

该案是基于当前金融机构债权人内部层级审批制度和核销政策限制所做的表决规则创新,实现了对金融债权豁免难题的突破,促成债权人、债务人及社会效益多面共赢的局面,具有很强的路径探索和实践复制意义。

(二)第三人代偿机制:为各方提供多样化的债务清理方案

1. 制度设计。温州模式的个人债务集中清理制度确立了第三人代为履行作为债务清理方案的一个重要方式。债务清理申请人的个人债务集中清理方案可以约定由第三人直接向债权人支付款项或者以第三人财产履行。如果个人债务集中清理方案因特定事由而终结履行,已经由第三人直接向债权人支付的款项或者以第三人财产履行的部分继续有效,第三人不得要求债权人返还;但个人债务集中清理方案终结后恢复原判决执行的,不得执行第三人财产或者要求第三人履行,当事人另有约定的除外。

2. 典型案例:永嘉法院金某个人债务集中清理案。债务人金某因经营不善致资不抵债,经生效裁判文书认定的债务共计四笔,本金合计1,857,000元,4起

① 参见蔡雄强、夏旭丽、郑拓、郑菲菲:《个人债务集中清理的实务难点与思考——以温州瓯海法院审结的李某个人债务集中清理案为视角》,载《人民司法》2020年第10期。

案件均立案执行。经执行调查发现金某名下的财产如下：坐落于永嘉县的一处房屋，因权证瑕疵，永嘉县自然资源规划局复函建议暂不予处置；另有位于岩坦镇的老屋一间；无其他可供执行财产及固定收入，难以清偿债务本息。

在个人债务清理中，金某提出由第三人（亲属）一次性代为清偿部分本金，债权人放弃部分本金及全部利息的方案。经协商，最终由第三人偿还各债权人的债务，各债权人放弃剩余债权。债权人表决通过上述清理方案，同时明确自清理方案全部履行完毕之日起5年内，若发现债务人未申报的重大财产，或者存在欺诈、恶意减少债务人财产或者其他“逃废债”行为的，债权人可以请求按照原债务额进行清偿。

该案中因个人债务清理申请人还款能力不足，由其亲属作为第三人代偿部分款项，这是该案债务人和债权人能达成个人债务清理方案的关键，也是个人债务集中清理能够顺利开展的有效推动力。

（三）权利义务调整：债务人的权利让渡和义务扩张

1. 制度设计。债务人义务的扩张与其最终享受债务免除的利益是相关的，具体表现为：不仅债务人在执行程序中负有容忍执行的义务，而且债务人的配偶和直系亲属也负有接受债权人及人民法院质询和询问并如实陈述的义务。债务人的配偶应当同意接受人民法院对其财产情况的调查，包括视情况对其一定年限的银行流水进行调查；必要时人民法院可要求债务人直系亲属或其他家庭成员提交承诺书承诺配合或者同意配合财产调查。通过债务人义务的扩张确保人民法院能够对其个人及家庭财产状况进行调查，最大限度地防范了“逃废债”行为。

与之相应的，债权人在个人债务集中清理程序中的权利，如知情权、表决权、质询权、监督权等，也将被强化。

2. 典型案例：平阳法院蔡某个人债务集中清理案。该案系全国首例成功审结的具备个人破产功能的个人债务集中清理案，被各大媒体称为“全国‘个人破产’第一案”。[①] 债务人蔡某原系温州某机械公司股东，该公司被裁定破产清算。

---

① 《直击中国内地个人破产第一案　当小股东成为企业债务人》，载搜狐网2019年11月19日，http://m.sohu.com/a/354730498_428290。

经生效裁判文书认定,蔡某与控股股东均应对该破产企业原债务214万元承担连带清偿责任。经查,蔡某和其配偶胡某每月各自的收入约4000元,蔡某在其现就职的另一家公司持有1%的股权(实际出资额5800元),还有一辆已报废的摩托车及零星存款。蔡某被列为被执行人之后,因其长期患有高血压和肾脏疾病,且其孩子正就读于某大学,整个家庭入不敷出,花销巨大,确无能力清偿上述巨额债务。

该案债权人全体表决通过了债务清理方案。方案中约定,蔡某在18个月内一次性按1.5%的清偿比例即3.2万余元清偿,同时约定:"该方案履行完毕之日起六年内,若其家庭年收入超过12万元,超过部分的50%将用于清偿全体债权人未受清偿的债务。自个人债务集中清理方案全部履行完毕之日起六年内,若发现债务人未申报的重大财产,或者存在欺诈、恶意减少债务人财产或者其他逃废债行为的,债权人可以请求恢复按照原债务额进行清偿。"

该案较全面地体现了温州模式个人债务集中清理制度的多项特色功能,融入自由财产、债务豁免、失权复权等个人破产制度理念,初步实现了与个人破产制度相当的功能和价值取向。该案中,债务人及其配偶积极配合法院及管理人的调查,获得了债权人的广泛认可。

(四)管理人制度:兼顾程序的效率与成本

1.引入管理人制度。参照企业破产制度,在个人债务集中清理程序中引入管理人制度。温州个人债务集中清理制度规定,由人民法院根据具体情况,直接指定入选人民法院管理人名册中的中介机构负责具体工作,利用企业破产中较为成熟的管理人制度,协助法院办理个人债务集中清理案件,引导各方当事人及时有效地清理债权债务,提高案件办结效率。同时,考虑债务人财产状况,为控制成本,明确管理人报酬及公告费等必要费用在个人债务集中清理程序中未受清偿部分,参照《企业破产法》的相关政策,从破产援助资金中支出。管理人履职的合法性依据本质上源于执行法院的委托和各方当事人的同意。

2.创设公职管理人制度。为进一步减少指定管理人的成本、增强后续监管力度,温州中级人民法院联合温州市司法局等单位探索建立公职管理人制度,并推动出台了全国首个关于公职管理人制度的府院联席会议纪要。公职管理人制度采用"个人担任、机构管理"的模式,规范公职管理人的指定与更换程序和公职管理人的职责,并规定了公职管理人原则上不收取报酬。

自2020年4月文件出台以来至2020年7月底,温州市两级法院办理个人债务集中清理案件中已有12件由公职管理人参与。

五、温州模式个人债务集中清理制度实践的反思及建议

(一)个人债务集中清理制度自身不足

1. 政策支持的有限性。温州个人债务集中清理制度是在市委、市政府的大力支持下诞生的。2018年11月7日,温州市委、市政府印发《关于创建新时代"两个健康"先行区加快民营经济高质量发展的实施意见》,提出"探索破产制度改革,试行将个人破产纳入破产主体范围"。温州法院利用破产审判搭建的府院联席会议机制,推动形成关于个人债务集中清理的会议纪要,明确各相关部门要协助做好个人债务集中清理程序有关事项,这是温州个人债务集中清理工作前期取得重大突破和重要成果的关键。

但是,对于该试点工作的政策支持力度仍是有限的,不能完全满足审判需求。目前的试点依据,主要来自市委的部署要求,以及浙江省发展和改革委员会、浙江省政府常务会议审议通过的引领性创新项目,并明确作为需国家层面支持的改革创新项目,要求积极争取国家支持;最高人民法院明确已启动相关工作,争取全国人大授权批准开展个人破产制度试点。但目前个人债务集中清理工作与依法授权试点或授权地方立法还有不小的差距。

2. 表决机制的局限性。在现有法律框架内,"债权人会议的多票决制度"和"法院依职权裁定通过清算方案"这两项破产法核心制度无法确立适用,只能代之以"意思自治原则",这必然会影响个人债务集中清理的效率和效果。从目前实践的反馈看,主要有以下两种问题较突出。

一是金融债权人的表决问题。自然人因担保等而承担与生产经营活动相关的负债,已经成为比较突出的社会问题,影响和制约了民营经济高质量发展和民营企业家的健康成长,也是个人债务集中清理工作希望突破的方向。但是,因涉及债务减免,一般需由全体债权人表决通过个人债务集中清埋方案,而金融债权人因审批机制等因素,通常会投反对票或弃权票,因此,如何争取金融债权人的支持是目前碰到的最大难点问题。

二是债权结构复杂时的表决问题。在债权人较少以及债权额较小的债权债务关系较为简单的案件中,个人债务清理方案相对容易通过。但是在债权人数多、债权种类复杂的案件中,由于"全体决"规则的限制,个人债务清理方案往往不容易获得通过。在夫妻债务联合清理的案件中,债权关系往往更复杂。

3.监督机制和"逃废债"打击有待进一步加强。在当前监督体制和法律规范下,对于债务人"逃废债"的行为仍不能完全杜绝,导致债权人对个人债务集中清理案件中债务人的诚信情况不能完全信任,甚至多有抵触。尤其在债务清理方案通过后,对债务人后续的监督机制能否到位、监督措施是否有效,都不能完全放心,这在很大程度上影响了个人债务集中清理工作的结果。

目前,对于个人债务集中清理程序中出现或发现的逃废债行为,法律规制主要是依据"拒不执行判决、裁定罪",但是该罪名的法定刑较低,对债务人的威慑作用有限。

事实上,"逃废债"问题不仅存在于个人债务集中清理中,在企业破产和执行程序中同样存在。持续加大对"逃废债"行为的打击力度,需要进一步协调各相关职能部门和社会各界形成合力,也有待法律约束的进一步强化。

(二)个人债务集中清理制度现有问题的解决路径

1.拓宽改革范围、深化改革领域。第一,可以积极向上争取更高权限的试点授权。深圳借"建设中国特色社会主义先行示范区"的优势开展经济特区个人破产条例立法,为该市的个人破产制度改革提供有力的法律保障。若能通过向上级寻求更大权限、更深层次的改革试点,可以有效解决诸多制度设计上的难题。第二,可以积极深化争取细分领域的试点授权。在向上争取获得更高层级试点的同时,应该发挥主观能动性,向细分领域争取改革试点,深化、细化改革内容,如在金融债权清理领域展开探索。

2.多渠道争取金融债权人的支持。在内部设计上,可以争取和引导金融债权人变通表决方式,以同意采取双重"多数决"表决规则的方式,达到通过债务清理方案的目的;在外部协调上,向上争取上级法院协同国家金融监督管理总局、人民银行等相关部门,就金融机构债权人参与支持个人债务集中清理工作进行研究论证和支持指导,充分发挥金融纠纷化解中心作用,激活完善金融机构的债权催收和债务豁免制度。

3. 实现诚实信用原则最大化。要让债务人自身遵循诚实信用原则，使债权人能够感受到债务人的偿债诚意，也要让债权人能够清楚掌握债务人财产的静态和动态状况，清楚地了解债务人的偿债能力，获得确实充分的参与感。诚信原则最大化，既能最大限度实现债权人利益，又能提高债权人会议通过债务清理方案的可能性，给诚实的债务人“新生”的机会。

此外，要让债务人动员家庭成员自愿参与个人债务集中清理程序，配合债务人如实申报财产、接受调查。债权人及社会公众对债务人及个人破产制度最大的疑虑是担心债务人“逃废债”，要让债权人全面地了解债务人的财产动向，这就需要债务人家庭成员的自愿配合。

(三)温州实践对个人破产制度的参考意义

1. 注重债务人财产调查制度的构建，规范家庭成员等利益相关主体的配合义务。个人不同于企业，不具备财务账册等可以直观反映企业财产动向的书面材料，在财产调查上相对困难。这就需要与债务人有密切财产往来的其他相关人员的配合，而该配合义务则需要通过立法加以调整。温州个人债务集中清理制度的实践表明，债务人配合管理人的调查、向债权人披露自身财产状况的程度，会直接影响债权人对是否同意债务清理方案的判断。

债务人财产调查制度的完善程度，直接决定了管理人调查报告的说服力，影响着分配方案通过的可能性，也关系债务人可能出现“逃废债”的可能性。除相关人员的配合义务外，还涉及债务人财产报告或调查的时间跨度要求、债务人自由财产范围等诸多问题，需要进一步研究完善。

2. 注重债务豁免及失权复权制度的规范和弹性。在温州模式个人债务集中清理制度实践中，不同案件的债权人对于债务清理方案中偿债时间、复权时间等要求各不相同，具有较大的差异性。因此，在个人破产制度构建过程中，建议广泛收集素材，全面听取社会意见，寻求一个合理的、能为社会所接受的期限和条件，并留有合适的弹性空间允许当事人意思自治。

3. 利用温州模式的可复制性，扩增实践样本。温州模式的个人债务集中清理的合法性，使该模式具有可复制性。在确保不违背现有法律规定、不损害各方当事人合法权益的前提下，可以考虑在更大范围内对个人债务集中清理进行实践尝试，探索出更多样化的清理模式、更符合我国国情的个人破产路径。

4. 探索建立公职管理人制度。一方面,公职管理人对个人破产程序有重要的制度价值。公职管理人制度既可以有效降低个人破产程序的经济成本,也可以借助行政力量加强对债务清理方案后期执行、债务人行为等方面的监督力度。另一方面,从与国际接轨的角度看,温州模式中的公职管理人制度的实践,可以为个人破产法在公职管理人的制度构建和探索破产审判权与破产事务管理权的适度分离上提供有益的思考。

论破产管理人制度中司法、行政和市场的平衡与完善

——从温州市公职管理人制度出发

温州市中级人民法院课题组*

破产管理人制度在破产法中具有重要意义。管理人是破产程序中最重要的机构之一，管理各项破产具体事务。破产程序能否在公正、公平和高效的基础上顺利进行，与管理人的活动密切相关。① 从 1986 年原《企业破产法（试行）》到现行《企业破产法》，我国的破产管理人制度经历了从行政机构主导到市场化、职业化、专业化的转变，是我国破产法律制度逐渐成熟完善的重要内容。

然而，我国的破产法律制度目前仅限于企业破产，而没有个人破产相关的法律制度。随着个人破产司法实践的开展，部分法院开展了行政机构参与破产管理事务的实践。2020 年 4 月，温州出台《关于在个人债务集中清理工作中探索建立公职管理人制度的府院联席会议纪要》，在全国首创在个人债务集中清理工作中设立公职管理人制度，由行政机构参与破产管理人工作。2020 年 8 月，深圳出台《深圳经济特区个人破产条例》，规定人民

---

* 课题主持人：陈斌；成员：方飞潮、黄小若。本文曾获第十二届中国破产法论坛一等奖。

① 参见王欣新：《破产法》（第 3 版），中国人民大学出版社 2011 年版，第 64 页。

政府设破产事务管理部门,履行的主要职责有:提出个人破产案件管理人人选,管理、监督、保障管理人履职行为,调查处理破产欺诈和相关违法行为,建立完善破产信息登记和公开制度,提供破产事务咨询和援助服务等。这些尝试的出现有其内在原因,也有其外在基础。本文旨在从温州市公职管理人制度的探索实践出发,探讨现有破产管理人制度存在的不足,分析温州公职管理人制度的内部成因和外部客观基础,并通过其制度构建为未来个人破产立法以及企业破产法中管理人制度的构建与完善提供有益的思考。

一、问题的缘起:个人破产语境下破产管理人制度的现实问题

个人破产相较企业破产,具有其特殊性——个人破产案件的破产财产规模整体而言与企业相比较小,个人破产案件数量可能会显著高于企业破产案件数,个人破产的清偿方案可能需要长期履行等。这些特性决定了现有的企业破产管理人制度无法完全满足个人破产实践的司法需求。从司法实践来看,在现有企业破产管理人制度下,绝大部分破产案件是由社会中介机构担任管理人,这是破产管理人队伍市场化的成果,但现有制度与个人破产的上述特性之间存在以下内在矛盾。

(一)个人破产案件工作量与管理人报酬之间的矛盾

个人破产案件与企业破产案件不同,个人破产案件普遍需要的工作量与现有管理人制度下的管理人报酬存在不匹配的问题。

在破产财产很少或者没有的情况下,个人破产案件中管理人的工作量会明显高于企业破产案件。以温州地区为例,企业破产案件中,无破产财产的企业绝大部分是没有账册需要审计,其中又有大部分是联系不上公司法定代表人、股东的情形。在此类案件中,管理人无须对账册进行审计,也无须对财产线索进行进一步的追查、诉讼,工作量相对较少。而在同样没有破产财产的个人破产案件中,管理人需要对债务人的财产状况、财务支出情况进行详尽的调查,并且个人银行流水等支出情况往往比企业更琐碎、更繁杂,其工作量相对较大。因破产财产较少或者没有,此类案件管理人注定无法收取过高的报酬,最终导致工作量与

管理人报酬之间的不平衡。

在破产财产相对较多的情况下,个人破产案件的财产体量又往往无法与破产企业的财产相提并论,这就使在有破产财产的案件中,企业破产案件往往比个人破产案件提供更高额的管理人报酬。

在各国和地区的个人破产案件中,消费者破产占有很大比例,而消费者破产则更具有资产负债金额较小的特点。破产财产的体量小,一方面,会导致管理人报酬较低,进而导致其履职积极性降低;另一方面,破产财产少导致清偿率较低时,管理人的报酬对于债权人而言在心理上的接受程度也会较低。因此,现有企业破产的管理人制度下管理人报酬与个人破产案件的工作量之间存在一定的矛盾。

(二)个人破产案件数量与现有管理人队伍履职能力之间的矛盾

从国外的破产法实践经验来看,个人破产案件的数量相比企业破产案件要高出很多。在英国,据统计,1999～2001年,英国受理的个人破产案件总数分别为37,526件、37,444件和37,323件,而同期公司破产案件总数分别为16,813件、16,907件和18,181件;[①]在美国,现行破产法典颁布前的1971～1979年,每年根据破产法案第13章提出破产申请的案件不超过50,000件,从1981～1991年,依据第13章的破产申请数量从86,778件增长到244,192件,而到2003年,依据第13章案件的申请数量已经增长到467,908件。[②]

个人破产案件数量的庞大,会导致两个主要矛盾:一是现有管理人队伍可能出现“供不应求”的问题。管理人履职精力、团队配置可能难以适应个人破产案件数量激增的需求。二是破产援助资金力有不逮。当前,全国多地法院设立的破产援助资金制度在补贴无财产的企业破产案件上尚能发挥作用,但难以满足个人破产案件受理以后可能出现的案件数量激增后的需求。因此,扩充管理人队伍以及降低管理人报酬这项成本是个人破产立法的更优选择。

---

① 参见[英]费奥娜·托米:《英国公司和个人破产法》,汤维建、刘静译,北京大学出版社2010年版,第14页。

② 参见郭新华:《家庭借贷、拖欠与破产研究》,知识产权出版社2010年版,第150页。

(三)个人破产案件履行的长期性与现有管理人制度监管能力之间的矛盾

个人破产相较企业破产,往往更多地涉及清偿方案的长期履行。例如,《美国破产法典》第13章程序中规定,债务人必须向法院提交计划,写明以未来收入清偿债权人的方式,该计划的期限通常限制在3年至5年;[①]《日本民事再生法》中规定,小规模个人民事再生的清偿期限不得少于3年,债务人收入较少,3年也无法满足最低清偿额的要件时,可以延长至5年等。[②]

清偿方案履行的长期性,会导致两个主要矛盾:一是由社会中介机构担任破产管理人,其长期监管的能力不足,精力和手段有限,难以很好地发挥监管效果;二是由社会中介机构担任破产管理人,其监管行为的公信力不足。

因此,对长期履行清偿方案的监督,需要兼具公信力与执行能力的主体参与,这就产生了行政力量和行政手段介入的空间。

二、问题的延伸:破产管理人制度中司法、行政与市场的互动

除个人破产外,政策性破产案件、大量的无破产财产可供分配的企业破产案件、对破产管理人的监管、预重整等诸多企业破产的相关领域,都与行政有着密切的关系。破产管理人队伍的"市场化",并不能简单地等同于"去行政化";相反,破产法作为规范市场主体退出的法律,具有明显的经济法属性,是离不开行政力量的介入与互动的。

(一)管理人队伍:从行政到市场再到"市场失灵"

我国破产法律制度对破产管理人队伍的选择,经历了从"行政"到"市场"的转变。1986年颁布的原《企业破产法(试行)》第24条第1款、第2款规定,企业宣告破产后应由清算组接管破产企业,清算组成员由人民法院从企业上级主管部门、政府财政部门等有关部门和专业人员中指定;2006年现行《企业破产法》

---

① 参见[美]道格拉斯·G.贝尔德:《美国破产法精要》,徐阳光、武诗敏译,法律出版社2020年版,第50页。

② 参见[日]谷口安平主编:《日本倒产法概述》,佐藤孝弘、田言等译,中国政法大学出版社2017年版,第308页。

颁布后，管理人可以由有关部门、机构的人员组成的清算组或者依法设立的律师事务所、会计师事务所、破产清算事务所等社会中介机构担任。这标志着我国破产管理人制度开始迈向市场化、职业化、专业化的方向。现行《企业破产法》颁布以后，社会中介机构担任破产管理人成为绝大多数破产案件的选择。

然而，随着近年来破产审判常态化进程的推进，由市场自主选择的破产管理人出现了不可忽视的难题。其一，破产审判发展早期出现的国有企业或集体企业政策性破产，往往伴随许多历史遗留问题，经常由政府机构人员组成清算组进行接管，即便是由市场化的社会中介机构担任破产管理人，也需要政府部门牵头协调解决。其二，在破产审判常态化以后，出现了大量无破产财产可供清偿的破产案件，也自然无法支付管理人报酬，管理人履职的积极性受到重挫。为解决这一难题，各地政府多采取设立破产援助资金的方法，其实质是将本应由企业承担的破产成本公共化。其三，随着个人债务集中清理实践的开展而逐步显现的市场化破产管理人缺乏履职积极性的问题，若仅通过提高破产援助资金补助标准来解决，很可能会导致财政成本过高。这些都是破产审判实践中，仅依赖市场化的破产管理人制度无法妥善解决的问题。

(二)管理人监管:司法审判权与行政监管权集中于法院

在现有企业破产制度中，法院具有集司法审判权和对管理人的行政管理权于一体的特点。法院既要负责破产案件的具体办理，行使司法审判权；又要对管理人工作进行监管，行使监督权；还要编制管理人名册，并对管理人队伍的发展和管理人业务开展进行指导，行使行政管理权。

司法审判权与行政管理权集中于法院的一体化模式，在破产审判发展的初期具有重要意义，有助于以法院为核心高效培养管理人队伍，加强法院对于破产管理人履职行为的指导与监督。法院能够根据实践需要及时地调整完善地方管理人队伍建设，从而更好地推进破产审判。

但在破产审判发展到一定阶段后，尤其是地方破产审判基础较为夯实，管理人队伍趋于成熟，并且在破产审判常态化、破产案件数量规模化以后，在破产审判力量有限的情况下，法院对管理人履职的监督能力也是有限的，仅仅依靠法院行使行政管理职能，难以适应破产审判实践的需要。为加强破产管理人的队伍建设和对破产管理人履职的指导监督，全国各省市逐渐成立地区性的破产管理人行业协会,但是仅仅依靠自治性的破产管理人协会也无法完全分担法院的监管职责,仍需强有力的行政力量介入。

(三)域外模式:市场化管理人制度中的行政色彩

在市场经济发达、破产法律制度较成熟的英美法系国家和地区,破产管理人制度中并不缺乏行政因素。广义的管理人在各国家和地区破产法的不同程序中称谓有所不同,在不同阶段也有可能由不同的角色担任。

1. 英国破产体系中的官方接管人

在英国破产法体系中,官方接管人、个人债务自愿安排程序中的监察人以及私人部门的破产从业者都可能成为破产程序中的管理人。英国设有破产服务局,作为英国政府的执行机构,在破产程序中行使相关法律所赋予的法定职责,包括官方接管、破产调查、职工遣散管理、行为监管等职责,破产服务局下设官方接管人机构。① 根据英国破产法的规定,官方接管人是法定的"第一破产管理人",只要破产令一经颁发,官方接管人就变成破产管理人,除非法院或者内阁大臣任命了其他人为破产管理人。② 需要指出的是,大多数情况下官方接管人仅在破产人的财产不足以支付管理人报酬的情况下才会担任管理人,有足够财产支付管理人报酬的破产案件,会倾向于指定私人部门的破产从业者为管理人。

英国破产法具有典型的行政介入色彩,设有专门的破产管理职能部门,并且可以通过官方接管人来解决管理人报酬难以支付的问题。

2. 美国破产体系中的联邦托管人

美国破产法设置了联邦托管人制度。联邦托管人在性质上属于独立于司法机关和立法机构的破产事务执行机构。联邦托管人的主要职责在于履行与破产案件有关的行政性职责,其具体负责的事项包括:确定管理人名册,指定管理人,审查酬金申请,确保涉案报告的提交和酬金的发放,监督重整计划或偿债计划的制订,指定和监督债权人委员会,监督破产案件的进程,进行必要的破产审计等。③

---

① 参见徐阳光:《英国个人破产与债务清理制度》,法律出版社2020年版,第63页。

② 参见徐阳光:《英国个人破产与债务清理制度》,法律出版社2020年版,第87页。

③ 参见[美]查尔斯·J.泰步:《美国破产法新论》(第3版),韩长印、何欢、王之洲译,中国政法大学出版社2017年版,第96页。

美国破产法中的联邦托管人制度,体现了破产案件司法裁判职责和行政管理职责相区分这一重要原则。

3. 我国香港特别行政区破产体系的破产管理署

我国香港特别行政区的《破产条例》设有破产管理署。破产管理署为市民提供服务,在无其他人士可担任受托人或清盘人的情况下,出任受托人或清盘人;对委托富有经验的私人机构担任清盘人处理清盘案的计划作出管理,并监察这些清盘人的工作操守,确保他们有效执行法定的职责;调查破产人、无力偿债公司的董事及高级管理人员的情况,并因应对与破产清盘有关的罪行进行检控,以及在认为公司董事行为不当,不适宜参与任何公司事务时,提出申请撤销他们的董事资格;执行《破产条例》和《公司条例》第Ⅴ部及第Ⅵ部关于清盘的条文等。①

由此可见,建设和壮大市场化的破产管理人队伍,与行政力量、行政因素参与破产管理人制度并不矛盾,而是相辅相成的。

(四)我国破产审判实践中行政与司法互动的现实基础

在我国当前破产审判实践中探讨行政权与司法审判权的进一步互动,是具备现实的土壤和客观可行性的。

1. 行政部门从事破产管理事务的队伍基础

行政部门具备能够胜任破产管理事务的专业人员。管理人队伍可以在司法行政部门现有的具备法律职业资格的专业人员基础上扩充,包括但不限于司法行政部门内部工作人员、法律援助律师、公证员等取得法律职业资格的人员,并可以另行专门组建相关的职责部门、招聘相关工作人员。

2. 行政机构代为履行管理人职责具有制度基础

管理人履行监管职能,可以依托现有的社区矫正制度、社会工作者制度等社会治理制度,借助村民委员会、居民委员会等基层自治组织的力量,在此基础上完善监管能力,建立较为良好的配套制度。

《民法典》设立了遗产管理人制度,遗产管理人要对财产进行接管、清理债权债务关系并分配财产,在没有合适人员担任遗产管理人时,由民政部门或者村委

---

① 参见董文斌:《如何规制我国破产程序中的行政权》,载《江苏经济报》2009年6月17日,B03版。转引自杨俊广、曹文兵:《破产案件中司法权与行政权的边界与衔接》,载张善斌主编:《破产法的"破"与"立"——〈企业破产法〉施行十周年纪念文集》,武汉大学出版社2017年版,第8页。

会担任遗产管理人,这是行政机构代行财产管理职责的良好范例。1986年制定的原《企业破产法(试行)》规定清算组成员由人民法院从企业上级主管部门、政府财政部门等有关部门和专业人员中指定;现有企业破产制度、《民事诉讼法》以及《公司法》都对清算组作了规定。在破产实践中,特别是国有企业的破产涉及国有资产处置、职工安置等复杂问题,需要由政府有关部门、机构的人员组成的清算组担任管理人。

3. 行政力量参与管理人监管的实践基础

相较法院,行政部门对于监督、管理社会中介机构担任的管理人具有充分的正当性和丰富的经验。根据《注册会计师法》,国务院财政部门和省、自治区、直辖市人民政府财政部门,依法对注册会计师、会计师事务所和注册会计师协会进行监督、指导。根据《律师法》的规定,司法行政部门对律师、律师事务所和律师协会进行监督管理和指导。

4. 破产审判中司法与行政的互动

随着破产制度对市场经济的作用日益受到重视,政府部门对破产程序的介入程度越来越高,互动也越来越深入。在企业破产案件的办理中,政府、法院的互相协作形成的“府院联动”模式也越来越得到各地司法实践的采用和推广,这为行政力量参与和介入破产管理人制度提供了国内司法实践的现实土壤。

三、本土化探索:温州市公职管理人制度的构建

2020年4月,温州出台《关于在个人债务集中清理工作中探索建立公职管理人制度的府院联席会议纪要》,涉及公职管理人的管理、公职管理人指定与更换、公职管理人职责以及工作保障机制等内容,开展破产管理人制度中司法、行政与市场良性互动的本土化探索,包括管理人队伍的公职化和管理人监管的行政化。

(一)管理人队伍公职化

1. 公职管理人由“个人担任,机构管理”

温州公职管理人制度采用“个人担任,机构管理”的模式,主要基于以下理由:第一,借鉴境外制度中个人担任管理人的模式。我国香港特别行政区由破产

管理署负责破产管理人工作,以个人破产为例,署长在法院作出破产令后担任暂行受托人,破产管理署的工作人员参与完成相关工作,后续可以视情况由署长担任受托人,或者委任一名或多名受托人。① 可见,我国香港特别行政区是由个人担任管理人,但是由团队完成相关工作。第二,基于温州个人债务集中清理的客观情况。温州公职管理人制度在个人债务集中清理工作中探索建立,与企业破产相比较,个人债务集中清理的法律关系通常较为简单,虽然涉及财产调查核实等工作,但相关工作机制在个人债务集中清理的府院联席会议纪要中已有明确规定,管理人的履职难度一般不会太大,个人或其团队在多数案件中可以胜任相关工作。第三,结合上级法院繁简分流的制度导向。浙江省高级人民法院出台的《关于深化执行与破产程序衔接推进破产清算案件简易审理若干问题的会议纪要(二)》中规定,对规模较小、债权债务关系又比较简单的企业破产案件,鼓励指定《浙江省人民法院破产案件个人管理人名册》中的个人担任管理人,并认为指定个人管理人可以使职责更加明确。由个人担任公职管理人,是繁简分流的体现,也符合经济原则。第四,顺应我国的行政和司法管理模式。若是机构担任管理人,不便监管自身行为;由个人担任公职管理人,并由相关机构进行管理,更符合当前的认知模式。

2. 公职管理人资格的公职性和专业性

关于公职管理人的资格身份问题,设置了两个基本条件:首先,必须是公职人员,这是公职管理人的应有之义;其次,应具有一定的法律专业素养。公职管理人由司法行政机关中具有从事法律职业资格和公职身份的人员担任;公职管理人名册,由法院和司法局共同编制确定。

通过对公职管理人公职性的规定,确立行政因素参与管理人队伍建设,是温州市公职管理人制度中管理人队伍公职化的核心要素;通过对公职管理人专业性的规定,确保公职管理人具备履行管理人职责的专业能力。

3. 公职管理人的市场化结合:允许公职管理人聘用必要工作人员

参照《企业破产法》的规定,考虑案件处理中可能涉及财务等方面的专业性事务,温州市公职管理人制度允许公职管理人聘用必要的工作人员。对聘用必

---

① 参见[英]费奥娜·托米:《英国公司和个人破产法》(第2版),汤维建、刘静译,北京大学出版社2010年版,第206~208页。

要工作人员的程序,按照是否会给债务人增加费用的不同情形,设置了不同的决定程序。若不会给债务人增加费用,按行政性管理事务处理,由司法行政机关管理机构决定;若会给债务人增加费用,则会对债权人、债务人等主体的权益产生影响,因此,需要法院对其必要性进行审查后予以许可。

这一规定体现公职管理人制度中公职化与市场化的结合,并不因为管理人队伍行政化的尝试而排斥市场化的因素,而是结合案件的实际需要进行合理配置。

(二)公职管理人制度的主要内容

1.公职管理人的指定和更换

考虑当前个人债务集中清理案件法律关系并不复杂的实践情况,且该制度处于探索阶段,因此,温州市公职管理人制度未对适用公职管理人的案件范围作出限定,而是由法院根据个人债务集中清理案件的具体情况来决定是否指定公职管理人。同时,考虑温州市个人债务集中清理制度中规定了由政府预清理的条款,为了填补预清理期间管理人缺位的空档期,在由政府预清理时,由公职管理人协助完成事务性工作,以便更好地推进预清理工作。

公职管理人的更换条件,参照企业破产案件中管理人更换的条件设置,增加了债务人提出申请的权利。这主要是基于两点考虑:一是温州市个人债务集中清理实施意见中规定,债务人可以和债权人协商一致推选债权人代表履行管理人职责,基于其选择管理人的权利,应该赋予其相应的更换管理人的权利;二是在司法实践中,破产管理人侵害债务人利益的情形也偶有发生,并且在个人债务集中清理程序中与债务人的关联尤为密切。因此,温州市公职管理人制度赋予债务人申请更换管理人的权利,并由法院审查后决定是否更换。

2.明确公职管理人的职责

按照温州市个人债务集中清理制度的规定,公职管理人负责个人债务清理程序中的事务性工作,以及人民法院认为应当由债务清理管理人负责处理的其他工作,包括:接受人民法院指定,做好个人债务清理案件的对接工作;通知已知债权人申报债权,审查债权并制作债权表;调查核实债务人的基本情况和财产申报情况,制定债务人财产报告;提出对债务人生活必需品(豁免财产)清单的意见;拟定财产分配方案并实施分配;组织召开债权人会议;管理、监督债务人在考察期内的行为;其他人民法院认为管理人应当履行的其他职责。同时,公职管理人应当勤勉尽责,及时向人民法院报告工作,并接受债权人的监督。

3. 公职管理人原则上不收取报酬

公职管理人原则上不收取管理人报酬,是公职管理人制度降低破产成本的核心追求,也是其制度建立的出发点之一。因当前公职管理人均由公职人员在其本职工作之外兼职担任,为推动公职管理人工作扎实有序开展,保障公职管理人履职的积极性和有效性,在坚持公职管理人不收取报酬的基础上,配套设置公职管理人经费保障制度,主要用于支付在个人债务清理程序中未受清偿的必要费用、公职管理人工作激励机制建设以及其他必要的开支。

为进一步降低个人债务集中清理的成本,根据温州市个人债务集中清理制度的规定,对于公职管理人在履职过程中必然会产生的公告费以及聘用必要工作人员的费用等,其在个人债务集中清理程序中未受清偿的部分,可以从当地企业破产援助资金中支出。

(三)公职管理人监管的行政化

1. 司法行政机关公共法律服务部门为公职管理人的管理机构

考虑司法行政机关既有司法行政管理职能,是法律服务类行业主管部门,同时又具备丰富的公共法律服务资源,因此,温州市公职管理人制度确定由司法行政机关公共法律服务部门担任公职管理人的管理机构,并经批准增挂公职管理人管理机构牌子。公职管理人制度确定将个人债务集中清理工作中涉及的部分行政性事务的管理职责交司法行政机关行使。作为公职管理人的管理机构,其主要职责是完善和维护公职管理人队伍,履行对公职管理人工作的监督、管理、协调等,确保个人债务清理、债务人信用修复前的行为监督、管理人工作相关的档案保管等事务的落实。

2. 管理人管理机构职能的延伸探索

公职管理人管理机构在对公职管理人进行监管的基础上,探索建立社会律师参与激励机制,鼓励市场化破产管理人队伍参与个人债务集中清理工作中,工作时间可计入律师公益服务时间。并对于个人债务集中清理程序中表现优秀的,在行业评先评优、政府法律顾问和“两代表一委员”推荐工作方面予以倾斜。

在对公职管理人进行监管的同时,探索联合法院加强对社会中介机构破产管理人的监督管理,人民法院对律所管理人评价结果,同步向司法行政机关备案,列入律所行业年度综合评价内容。通过行政部门对公职管理人的监管和探索,对以律所等社会中介机构为代表的市场化管理人的联合监管,在公职管理人制度中深化司法、行政和市场的互动。

四、温州市公职管理人制度的意义与思考

(一)市场化清算组织和行政化清算组织互为补充,完善破产管理人体系

律师事务所、会计师事务所、清算公司等社会中介机构构成的市场化清算组织,与以公职管理人为代表的行政化清算组织,通过公职管理人制度的实践,可以探索二者间的互动与互补,丰富和完善破产管理人体系。具体而言,公职管理人制度具有以下优势:

第一,公职管理人制度能够有效降低个人破产程序的成本。由行政部门或者行政人员担任破产管理人,履行行政职能或者公共事务管理的职能,无须收取管理人报酬,或者可以借鉴法律援助的形式,有效降低债务人需承担的费用。

第二,公职管理人制度能够有效提高对个人偿债计划长期履行的监管力度和监管公信力。破产管理人依托于行政部门,可以有效调动社区街道、居委会或者村委会等行政力量和社会治理机制,充分借助和借鉴如社区矫正等现有制度搭建的配套设施,对债务人清偿方案的长期履行提供较有效的监督,并且以行政部门的公信力为管理人的监管结果和履职行为背书。

第三,公职管理人制度能够丰富破产管理人体系,完善管理人制度,为不同类型的破产案件提供更丰富、更灵活的制度选择,从而更好地实现全体债权人的利益。尤其在破产财产不足以支付管理人报酬,市场化破产管理人缺乏履职积极性的案件中,优先采用行政化清算组织,既能避免市场主体趋利性导致管理人缺位的问题,也是政府部门承担起市场主体清理责任的应有之义。

(二)司法监督与行政监管互为补充,完善破产管理人监管机制

对于破产管理人的监管,既包括司法程序中具体履职行为的监督,也包括司法程序外管理人队伍的管理。破产管理人名册的维护、破产管理人分级管理以及履职评价的开展等,在工作性质上更具有行政管理色彩;而破产管理人在具体

案件中的履职行为是否恰当,是否尽到忠实勤勉的义务等,更适合在司法程序中由审判人员进行判断。

管理人监管工作的分离,可以让破产审判法官从行政事务中解放出来,更专注于破产审判工作本身,更侧重对破产审判事实进行法律判断,以及处理破产相关的诉讼纠纷。同时,也有助于避免权力过于集中导致的制度风险。

(三)从公职管理人制度出发,开展破产管理人制度的本土化探索

1. 建设专业性和职业性的行政化清算组织队伍

若要构建行政化的管理人队伍,既需要公职人员具有较高的破产法律相关的职业素养,又需要有较高的专注程度。在专业性上,应当设置一定的准入门槛,如具有法律职业资格或会计类职业资格,才能有履行管理人职责的基本专业技能;在职业性上,破产管理人工作需要投入大量的时间和精力,公职人员若本身有其他业务,在个人破产案件受理常态化后,必然无法满足司法实践的需求。因此,若要构建稳固、常态化的行政化管理人队伍,须设立专门部门并配备具备一定能力的公职人员,全职负责破产管理人业务。同时,要配置健全的管理人培训和培养配套制度,以不断提高管理人履职水平。

2. 设置专门的破产管理人监管机构

针对我国的管理人体系,建立一个面向律师事务所、会计师事务所、破产清算事务所以及公职管理人等职业破产管理人的行政机构,专职负责破产管理事务。通过专设机构,既有助于解放法院在行政管理职能上的精力,强化破产审判的专业性,又能更好地服务于管理人队伍的建设、培养和监督。

(四)构建司法、行政、市场三者良性互动的破产管理人制度

公职管理人制度的构建,是借助行政力量解决破产审判现实问题的具体表现。但是应认识到,这并非仅仅是权宜之计、一时之需。我国近年来的破产审判实践一再证明,解决好破产审判中遇到的难题,发展好破产审判常态化事业和营造办理破产便利化的营商环境,都离不开司法机关、行政机关和市场经济之间的良性互动。

以公职管理人制度为纽带,可以深化破产事务的府院联动。破产制度是市场主体的退出制度,是经济法调整市场经济的重要内容,这其中既需要法院发挥

好破产审判职能,也离不开政府部门的行政管理。通过管理人制度行政化的推进,法院与行政部门在破产事务中的合作与互动将进一步渗透融合,从行政部门配合法院的司法工作,转变为行政部门之间的协作与配合,在为社会主义市场经济主体提供健全的破产法律制度上形成观念和行动上的合力。

论个人债务集中清理方案分类表决规则的构建*

个人债务集中清理试点工作目的在于获得与实施个人破产制度类似的社会效果，在现有法律框架内应当属于执行和解的范畴。[①] 温州法院探索开展的个人债务集中清理制度，借助于现有的执行和解参与分配等执行制度和理论，参照个人破产的原则和精神进行程序设计，以执行的手段达到个人破产的效果而形成制度规范。[②] 根据温州市近年来的实践反馈，因没有个人破产法而产生的金融债务豁免表决困境，是个人债务集中清理工作的堵点、难点问题。对此，本文拟借助个人债务集中清理性质上的执行性，探索构建个人债务集中清理方案分类表决规则，从而实现个人债务集中清理功能上的破产性。

---

* 课题主持人：林锡铭；成员：方飞潮、叶建克、陈小芝。本文曾获第十四届中国破产法论坛二等奖。

① 参见王欣新：《个人破产法的立法模式与路径》，载《人民司法》2020 年第 10 期。

② 如无特别说明，本文所指个人债务集中清理制度均为温州模式语境下的个人债务集中清理。

一、提出问题:破解金融债权人表决困难

(一)表决困难由来

1. 意思自治下的全体一致决

在执行和解制度中,允许当事人双方就生效法律文书确定的内容达成和解协议,基于处分原则,当事人可以在法律规定的范围内自由处分自己的民事权利,这是由民事权利自身性质决定的。在个人债务集中清理语境下,“集中”是在执行程序中将单个债因具有相同债务人这一属性进行汇集,在缺乏自然人破产中“债权人会议的多数决制度”和“法院依职权裁定通过清算方案”两项制度立法支撑的情况下,“清理”中需要对此类债的非集合体作出免责等行为,其法律性质为共同法律行为,只有全体债权人达成完全一致的意思表示才能形成团体意思,此即高度意思自治下的全体一致决,亦为个人债务集中清理制度合法性的基石。

2. 任一债权人持一票否决权

一票否决权是全体一致决这枚“硬币”的另一面,即任一债权人可以通过行使否决权完全阻却多数一致意志欲通过的表决事项,故该表决规则的局限性非常明显。尤其在清理涉金融债权时,金融机构债权人不同意通过清理方案成为多数案件的共同阻碍,故相关终本案件难以通过个人债务清理制度予以化解。究其原因,金融机构债权人不同意免责或态度消极并非对债务人的不认可,也不关乎对收益成本的理性考量,主要原因仅在于缺乏明确的法律依据,工作人员担心承担不合规的责任。① 因此,金融机构债权人对个人债务集中清理工作持观望态度。以至于有金融债权人在个案中回复:“我们宁愿让这债权挂账挂着,一分钱拿不到也不能豁免债务人的保证责任,按照内部管理制度我们没有权力作出这样的决定。”②因此,实践中,金融机构债权人参与个人债务集中清理程序的积极性不高,通常对清理方案投反对票或弃权票。

---

① 参见最高人民法院民二庭课题组:《司法实践视野下自然人破产免责制度的构建》,载《法律适用》2022年第2期。

② 浙江省高级人民法院:《浙江法院个人债务集中清理(类个人破产)工作报告(2020年)》。

（二）破解表决困境

1. 应然路径

在有自然人破产立法支撑的情况下，一方面，自然人破产免责可以作为金融企业呆账核销依据，金融机构应当不会排斥；另一方面，“多数决制度”和“法院强制批准”两项破产法核心制度在自然人破产中得以适用，前述因金融机构债权人一票否决导致的表决困境将随之化解。以《深圳经济特区个人破产条例》为例，其对重整计划的表决规则与《企业破产法》保持高度一致，通过双重多数表决标准判断债权组是否通过，且人民法院可依申请作出强制批准裁定。此外，《个人破产法（学者建议稿）》亦设置了“多数决制度”和“法院强制批准”两项制度，只是在“多数决制度”上采取了反向统计标准，并在“法院强制批准”上取消了依申请的前置条件。

2. 实然路径

（1）一致行动原则

温州市关于开展个人债务集中清理的《企业金融风险处置工作府院联席会议纪要》，首次提出金融债权人一致性原则，即鼓励金融机构债权人在个人债务集中清理程序中可以根据法律、法规和人民法院或者债务清理管理人的建议，对债务清理、清偿计划等相关事项采取一致行动。通过人民法院向金融机构债权人发送“建议”的方式进行司法公信力背书，金融机构债权人对此给予了高度认同，有效提升了金融机构债权人参与个人债务清理工作的积极性，也展现了人民法院的司法担当。

适用情形：一个案件中存在多个不同的金融机构债权人，鼓励金融债权人共同参与。例如，在债务人朱某某个人债务集中清理案件中，7 位债权人中有 4 位金融机构债权人，通过逐一与金融机构沟通，促成 4 位金融机构债权人采取一致行动对金融利息债权予以实质性豁免。

（2）双重表决规则

温州法院在充分尊重当事人意思自治的前提下创新设计了双重表决规则，即先由全体债权人一致同意通过一项表决规则，然后再根据通过的表决规则对财产分配方案等事项进行表决。

适用情形：一个案件中金融机构债权人数及数额比例较低，在事先征得金融机构债权人同意的情形下,适用双重多数决表决规则。例如,在债务人李某个人债务集中清理案件中,21位债权人中有2位金融机构债权人,债权人会议先以全体决的形式制定双重多数决的表决规则,再以“同意个人债务集中清理方案的债权人占参与会议人数的90.48%,其所代表的无财产担保债权总额占债权总额的88.84%”通过了个人债务集中清理方案。

(3)程序终结处置

根据《浙江法院个人债务集中清理(类个人破产)工作指引(试行)》(以下简称《浙江省高院工作指引》)第56条的规定,人民法院裁定终结个人债务集中清理程序后,对于不同意免除债务人剩余债务的执行案件在符合设置了五年行为考察期等条件的情况下,可以裁定终结执行。

适用情形:在清理方案被部分通过的情形,对于“诚实而不幸”的债务人,通过执行案件的终结来实质性地达到破产制度中债务免责的法律效果。

(三)遵循路径依赖

前述实然路径作为一种合法的变通选择,能够解决特定债权结构下的表决问题,但仍存在不同程度的局限性。金融债权人一致性原则目的在于鼓励金融机构债权人主动积极参与个人债务集中清理试点工作,提高金融机构债权人对于清理结果的认同度,但要求金融机构债权人自主决定让渡其部分权利,现阶段难度较大。对于双重表决规则来说:一是在程序适用方面,受限于全体一致决的前提,特殊议事规则通过率并不高;二是在实体权益方面,即使由全体一致决通过的双重多数特殊议事规则,当清理方案涉及金融债务部分豁免且金融机构债权人持异议的情形下,根据不得损害反对者或沉默者合法正当权益的基本要求,特殊议事规则通过的清理方案仍存在合法性担忧。

个人债务集中清理,就其合法性而言,本质上属于执行特别程序,故破解金融债权人表决困境的路径仍须依赖现有执行制度,即使路径曲折,也绝对不能脱离法律的规定。在表决规则路径选择上,除了争取金融机构债权人在全数决情况下同意清理方案,还应当在现有法律框架内探索对多数债权人均同意清理方案,但在少数金融机构债权人囿于内部审批机制等原因持反对票或弃权票的情形下,如何让“诚实而不幸”的债务人获得“新生”机会。浙江省高级人民法院的做法,系在当前个人破产立法缺失的情形下,对于债务免除制度选择了“走半步”

的处置路径。以该规定为指引，可以考虑对持“不同意”态度的债权人对“不同意”的内容作更精细的区分，并以现行执行制度实施不同的处理方式。

二、清理方案分类表决规则的具体构造

温州模式的个人债务集中清理，在本质上是借助现有法律框架内的一系列执行制度完成的。表决规则的设计应当始终以个人债务集中清理制度执行性为合法性基础，一方面，要求严格遵守现有执行制度的基本要求；另一方面，也应当充分利用现有执行制度的强制性规定。

（一）清理方案分类表决规则的定义

所谓的个人债务集中清理方案分类表决规则，是将清理方案根据具体内容划分为分配方案、清偿方案、信用恢复方案，分类方案单独或共同经双重多数决通过后，根据现有执行法律制度对不同方案分别适用不同的表决规则及处理方式。

在表决方式上，3 类方案既可以一起表决，也可以单独进行表决。

在表决过程中，清理方案虽未经全体无财产担保债权人表决通过，但对清理方案投赞同票的无财产担保债权人人数超过无财产担保债权人总数的 2/3，且其代表的债权额超过无财产担保债权总额的 2/3 时，意味着债权人团体中多数意志对于债务人具有较高的认同度。以此为前提条件，在个人债务集中清理程序中借助执行相关强制性规定，对分配方案、清偿方案和信用恢复方案分别作不同处理。

（二）分配方案表决规则

分配方案是对现有可供分配财产的处置方案。将分配方案从清理方案中剥离，主要有以下两方面的考虑。一方面，由于债权人对于尽早分配债务人现有财产的目标较一致，且个人债务集中清理程序中对现有财产分配亦严格遵循了按比例分配原则并禁止个别清偿，并不损害债权人合法权益，故实践中债权人会议对分配方案的异议问题并不突出，全体一致决通过率较高。另一方面，基于分配程序深层的立法考虑在于利用个别执行程序解决自然人或者非法人组织不具备

破产能力情形下债权平等清偿的问题①,个人债务集中清理中对现有财产的分配与执行参与分配程序具有内在统一性,故借助参与分配程序的强制性规定能够提高分配效率。

具体而言,对于经过执行程序、个人债务集中清理程序变价到位的现有可供分配财产,由管理人制作形成分配方案,提交债权人大会表决。债权人表决一致通过分配方案的,按照当事人意思自治原则,分配方案立即发生法律效力,由管理人予以执行。若分配方案未获债权人一致同意的,经人民法院审查通过的,对全体债权人有效,必要时可以由人民法院依职权制作并实施。若债权人不服分配方案的,仍可依照相关法律规定提出分配方案异议或分配方案异议之诉进行救济(见图1)。

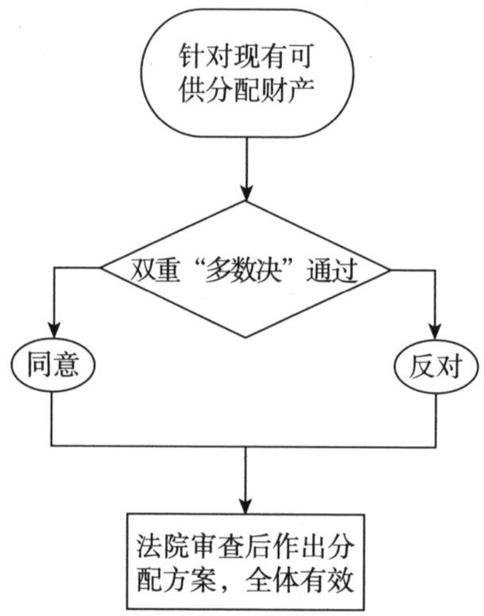

图1　分配方案表决规则

(三)清偿方案表决规则

清偿方案是对财产分配后未受偿的债权的处置方案(见图2)。

① 参见江伟、肖建国:《民事执行制度若干问题的探讨》,载《中国法学》1995年第1期。

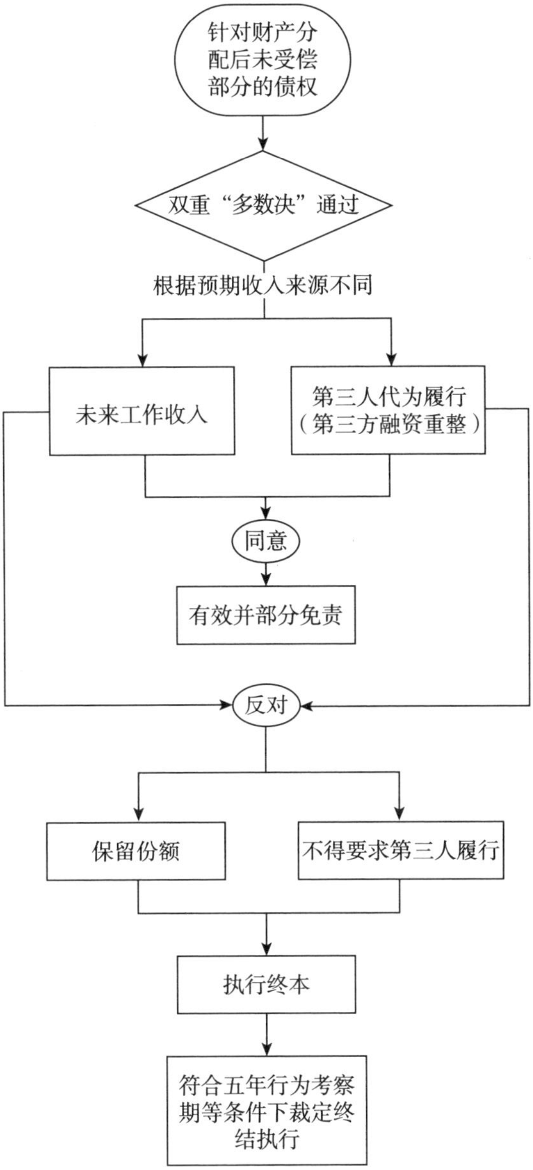

图2　清偿方案表决规则

清偿方案以债务人未来收入为基础,往往涉及债务免责问题,成为金融豁免难题的“高发区”。鉴于清偿方案的实质为执行和解,其执行属性决定了表决规则应当遵循的意思自治原则,除应关注反对者的否决权外,还应当尊重多数一致意志对于其表决权对应部分债务免责的决定,两者可以予以区分。

具体而言,人民法院可以依据被执行人的申请,认定该清偿方案对投赞同票的债权人有效,并在该部分债权人范围内实施清偿方案,免除相应债务。对反对清偿方案的债权人,沿用执行程序进行处理,债务人有预期收入的,参与分配保留该部分债权人相应份额并提存发放;债务人没有财产可供执行的,依法终结本次执行程序结案。为充分保护反对者的合法权益,清偿方案执行过程中不得发生个别清偿。

1. 根据债务人预期收入来源作区分

(1)未来工作收入。债务人依靠特定职业或从事经营活动取得的收入,可在保留基本生活保障费用后,按照比例清偿债权,此项收入作为债务人自身收入,应为反对清偿方案的债权人保留分配份额。

(2)第三人代为履行。清偿方案中约定由第三人代为履行债务,清偿方案对同意的债权人有效。部分债权人不同意该清偿方案的,基于合同相对性原理,不同意的债权人不得要求第三人履行。

(3)第三方融资重整。对资信评价良好的债务人,可引入第三方机构融资支持,与债务人形成新的债权债务关系,融资资金用于定向清偿同意清偿方案的债权人。

需要注意的是,在第三人代为履行与第三方融资重整的模式下,第三人清偿行为的法律性质为债权受让,第三人取得的债权人地位与其他未参与清偿的债权人处于同等地位和受偿顺位。

2. 根据债务人履行期限作区分

(1)一次性清偿。即按照一种清偿方式或是多种清偿方式组合,一次性清偿一定比例的债务后,债权人豁免剩余债务,且一般不再设定考察期,成功清理该笔债务。

(2)分期清偿。在债务人履行能力有限的情形下,可以按照一定期限、笔数、金额提出分期清偿计划,分期清偿期间即考察期。

(四)信用恢复方案表决规则

信用恢复方案系对债务人失信信息的处理方案(见图3)。

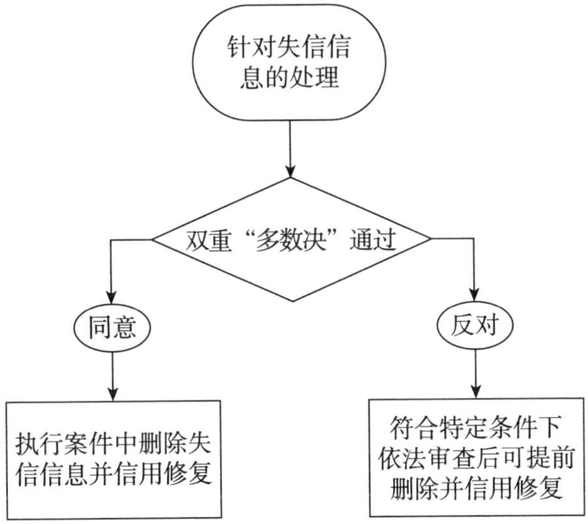

图3　信用恢复方案表决规则

在现有财产分配、预期收入清偿后，对于债务人的信用恢复问题，应单独制作信用恢复方案，提交债权人表决。人民法院根据表决结果，在赞同信用恢复方案的债权人所涉执行案件中，要删除债务人的限制消费、失信被执行人信息，并采取信用修复措施；在个别反对信用恢复方案的债权人案件中，对债务人参与个人债务集中清理程序，以及配合财产分配工作、主动提出清偿计划的行为按照最高人民法院《关于公布失信被执行人名单信息的若干规定》第2条所列“积极履行生效法律文书确定义务或主动纠正失信行为”情形进行认定，依法审查后可以决定提前删除失信信息，并采取相应的信用修复措施，以帮助其恢复创业创新能力。

（五）不参与清理的执行债权人

对于债权人明确表示不参与个人债务集中清理程序，并要求继续对债务人适用强制执行程序的，在清理过程的分配方案中应当予以列明，保留其与其他债权人同等比例的受偿额。不参加个人债务集中清理的执行债权人可以列席会议，但没有表决权。在清理过程中，不参与清理的执行债权人明确表示接受清偿方案、信用恢复方案的，在征得债务人及有表决权的债权人同意后，可转换为参与清理程序的债权人，直接按照清理方案实施。

(六)未进入执行程序的债权人

由于现行执行制度下,不享有优先受偿权的债权人参与执行分配的前提条件为取得执行依据,基于个人债务集中清理制度的破产性价值,为了实现集体清偿功能,对于未进入执行程序的债权人,在自愿放弃表决权并经其他债权人同意其参与的情况下,可以参与个人债务集中清理。经表决通过的分配方案与清偿方案对该债权人有效;清理方案实施完毕后,该笔债权债务关系消灭。未进入执行程序的债权人在参与个人债务集中清理程序后又申请强制执行的,人民法院应当立案执行,立案后终结本次执行程序,并不得将申请个人债务集中清理的被执行人纳入失信被执行人名单。

三、清理方案分类表决规则的制度意义

(一)微观层面:解除个人信用制约

当前,信用体系和民事强制执行制度更多注重对失信者的惩戒,而忽视对守信者的激励和保护。根据最高人民法院执行信息公开数据显示,截至2023年9月26日,全国失信被执行人数量达到845万余人,并将保持持续增长态势。一方面,失信增量源源不断。对于部分债务人属于客观上履行不能,因实务中引导履行、配合执行机制不健全,致使被纳入失信名单;另一方面,失信退出机制运行不畅。能够足额清偿债务、取得债权人谅解后退出失信名单的债务人数量,远远比不上同期被纳入失信名单的人数;又因个人破产制度空白,部分缺乏履行能力但有履行意愿的债务人,仍无法有序退出执行程序和失信管理。清理方案分类表决规则单独剥离表决实施信用恢复方案,意味着即使个别债权人不同意清偿方案,最起码能够将"诚实而不幸"的债务人从失信泥潭中解脱出来,解除对其个人信用的制约,从而获得重新创业的机会。进一步来看,这种规则设计有利于强化守信激励功能,通过对具有良好信用记录、如实说明个人及家庭财产状况的债务人实行类个人破产保护,同时也向全社会起到宣示作用,促使债务人更加珍惜个人信用评价。

(二)中观层面:构建金融和解制度

根据柠檬市场理论,在借贷市场,出借人需要花费一定的贷前成本来解决借

贷双方的信息不对称问题，出借人贷前调查成本越高，对借款人的了解就会更加深入，出借人对贷款业务的控制能力也就更强，贷款违约率相应降低。换言之，随着贷前审查成本的降低，违约损失势必上升。由于我国尚未建立个人破产制度，出借人基于个人无限责任而轻视贷款损失风险，对于大额借款，通过自然人互保联保作为贷款内控条件；对于信用卡等小额信贷，则忽略贷前审查。当借款人获得的对外借款明显超出自身负债能力所能够得到的效用水平时，即背离了以信用为核心的运行原则。① 当前，清理方案分类表决规则结合前述浙江省高院工作指引第 56 条规定采取的近似免责考察期及许可免责的规定，促使反对者基于对收益成本的理性考量而让步，在一定程度上反向促成清理方案以全票决通过。结合温州法院探索实施的金融债权人一致行动原则，以及由金融机构在银保监部门的统筹下筛选一批具有诚信度的债务人，推动个人债务清理程序的启动；并通过将部分债务人的财产转入金融机构债权人特设的银行账户之中达到深入参与监督债务人的财产的目的，②加深对于清理结果的认同，从而进一步搭建更为全方位、多维度的金融债务和解制度。

（三）宏观层面：推进个人债务清理

当前，个人债务集中清理制度顺应个人破产立法的大趋势应运而生，对于我国建立个人破产制度具有重要的制度价值与社会意义。金融债务豁免因没有个人破产法而产生的表决困境，将会随着个人破产法的出台而化解，但当下对表决规则的创新探索仍具有现实需求。通过表决规则破解金融债务豁免难题，其目的还在于推进个人债务集中清理工作中自由财产制度、管理人制度、失权复权制度等个人破产程序规则在司法实践中的实施并获得反馈，从而及时调整个人破产法的立法选择。例如，对债务人的限制措施和复权条件问题、公职管理人对于债务人失权期间监管效率和成本问题等，均须在清理方案通过后予以实践。因此，清理方案分类表决规则在现行执行制度框架下，若能发挥实用的工具价值，即能完成其推进个人债务集中清理试点工作的历史使命。

---

① 参见易有禄、万文博：《个人破产的法经济学分析》，载《江西财经大学学报》2019 年第 5 期。

② 参见温州市中级人民法院课题组：《论个人破产中金融债务和解制度的构建——从个债清理中金融债务豁免的实践出发》。

试论个人债务集中清理诚信审查体系的构建

温州市中级人民法院课题组*

2024年7月18日，党的二十届三中全会审议通过了《中共中央关于进一步全面深化改革、推进中国式现代化的决定》，其中部署了“探索建立个人破产制度”这一改革举措，这为推动在国家层面构建个人破产法律制度提供了政策依据。当前，探索如何构建符合我国历史文化传统、解决我国发展中出现的现实问题、为我国社会所接受的个人破产制度规则，具有现实必要性。本文拟基于温州地区探索具有个人破产制度功能的个人债务集中清理制度的实践现状①与发展趋势，探讨个人债务集中清理诚信审查体系的构建。

一、温州个人债务集中清理诚信审查体系之实践概述

个人债务集中清理是未来个人破产的过渡性制度，具有鲜明的“实践先行”的特点。自2019年以来，温州市

---

* 课题主持人：赵江涛；成员：林锡铭、叶希希、叶飞、陈小芝。本文曾获第十五届中国破产法论坛一等奖。

① 如无特别说明，本文所指个人债务集中清理制度均为温州模式语境下的个人债务集中清理。

两级人民法院依托较发达的民营经济和良好的破产审判基础，探索建立了“党委领导、人大监督、府院联动、法院主办、试点先行”的个人债务集中清理工作模式，在具有个人破产实质功能的个人债务集中清理方面实现创新。截至2023年，累计受理个人债务案件718件，涉及执行案件3406件、标的额27亿元，结案498件，其中成功清理120件，清理债权额达1.12亿元，取得了良好的成效。温州市已经形成规范化的诚信审查“三步走”体系，即事前、事中、事后三阶段诚信审查。截至目前，温州市范围内清理成功的案件中，没有一个债权人反映债务人存在“逃废债”的情况。

（一）事前诚信审查

事前诚信审查，系在个人债务集中清理程序启动前，在实体规范层面，要求债务人先前不存在不诚信行为并全面如实申报财产；在程序层面，辅之以受理前辅导程序，确保程序规范化启动。

一是以债务人不存在“不诚信行为”为先决条件。一方面，执行法院在个人债务集中清理程序启动前应当对债务人的诚信度进行评估。另一方面，通过设置不符合受理条件的情形，剔除不诚信的债务人进入个人债务集中清理程序。如负债原因，排除因赌博、挥霍消费等不良原因导致不能清偿债务等情形；如先前行为，排除以伪造证据、暴力、威胁等方法妨碍案件审理、抗拒执行的，或者以虚假诉讼、虚假仲裁或者以隐匿、转移财产等方法妨碍诉讼、规避执行的不诚信情形。

二是以债务人全面如实申报财产为基础。债务人应当填写的申请材料包括个人债务集中清理申请书、近亲属信息、财产申报表、债权人清册、诚信承诺书与不进行高消费行为承诺书等材料。经初步形式审查，若债务人已经申报但不全面的，应当要求其补充申报，并重申不如实申报的法律后果；若发现债务人未如实申报的，给予相应的惩戒。例如，在某案件中，债务人因有一处房产未在财产申报表中申报，被裁定驳回申请。

三是辅之以受理前辅导程序，确保程序规范化启动。在受理前辅导程序中，通过对债务人咨询答疑、申报辅导，告知债务人进入个人债务集中清理程序应当恪守诚实信用原则，如实披露相关信息，履行相关义务；如作虚假陈述或误导性陈述，导致人民法院作出裁决的，要依法承担相应法律责任。以瑞安市人民法院个人债务集中清理特设共享法庭辅导站为例,该辅导站已接受债务人咨询超300余人次,移交法院立案受理100余件。

(二)事中诚信审查

相比以形式审查为主的事前审查,事中诚信审查系对债务人诚信度的全方位实质审查,决定了个人债务集中清理程序的成败。当前,事中诚信审查体系以公职管理人为主要履职主体,贯穿财产核查、债权申报以及债权人会议等各个阶段,并以委托社区调查机制确保诚信调查结果符合客观实际。

一是审查主体方面。温州于2020年4月首创公职管理人制度,主要目的在于解决因个人债务集中清理案件工作量与市场化管理人报酬金额之间、案件数量与市场化管理人队伍履职能力之间,以及案件履行的长期性与市场化管理人监管能力之间的三对矛盾引发的市场化管理人履职不尽责问题。事中诚信审查,通过充分引入公证、法律援助等公共服务资源,既确保了个人债务集中清理程序中诚信审查实质化,也保证了经个人债务集中清理程序诚信审查后的债务人诚信度具有公信力。当前,温州在册公职管理人有59名,截至2023年指定公职管理人参与办理个人债务集中清理案件累计155件。

二是审查内容方面。其一,以财产情况为核查重点。由于我国个人信用体系尚不成熟,现阶段个人债务集中清理程序事中诚信审查主要以财产核查为重点,若经过调查发现债务人实际财产情况与其申报情况不一致,则认定债务人存在不诚信行为。其二,对债权申报的诚信审查,包括对债务形成原因及真实性的审查。若债权人恶意负债,也属于不诚信行为。例如,在某案件中,债权人指出债务人在向其借款时已经身负高额债务,故怀疑债务人在向其借款时即存在主观恶意。又如,某案件中,债务人名下有600多万元的拆迁权益,在召开第二次债权人会议时,经债务人引导,新增多名债权人申报了近1000万元的债权且人数无法确定,该案因可能存在虚假申报债权情形被终结。其三,对债务人会议参与情况进行审查。若债务人拒不参加债权人会议并拒绝接受债权人质询的,则终止程序。此外,如果个人债务集中清理方案经过两次债权人会议表决未通过,也应当终止个人债务清理程序,以避免债务人滥用该程序拖延执行。

三是委托社区调查机制。以平阳县做法为例,通过委托司法局驻乡镇司法所实地走访、询问群众意见等措施,深入了解债务人的个人财产、家庭经济、生活作风、消费习惯等,形成对债务人的诚信评估报告。通过该项机制,平阳县人民法院在李某某案件中正向确认了李某某的诚信度,在黄某案件中反向发现其隐匿债务行为,取得了良好的实践成效。

(三)事后诚信审查

事后诚信审查,主要是对债务人在免责考察期或行为限制期间的诚信监管。

从审查方法来看,一方面,继续发挥公职管理人与委托社区调查机制在事后审查阶段的制度优势,由公职管理人定期走访,借鉴社区矫正等已搭建的现有制度平台,对债务人进行诚信监管。另一方面,实行社会化监督机制。例如,以适当形式向社会公开个人债务集中清理名单。债务清理申请人在信用恢复之前,应当接受社会各界对其信用限制和财产情况的监督。任何人发现其有违反规定情形的,均可向债务清理管理人报告。

从审查结果来看,自个人债务集中清理方案全部履行完毕之日起 5 年内,发现债务人有未申报的重大财产,或者存在欺诈、恶意减少债务人财产或者有其他"逃废债"行为的,将恢复按照原债务额进行清偿,并根据情节依法采取罚款、拘留等措施;情节严重的,依法追究刑事责任。此外,对于严重违反行为限制令的,债权人可以请求恢复按照原债务额进行清偿。

二、以诚信审查为核心之个人债务集中清理程序观念转换

在当前法律框架下,个人债务集中清理的法律性质属于执行和解。基于此,引发了对该程序的三大质疑:一是个人债务集中清理程序无异于执行和解程序;二是个人债务集中清理程序之成功标志为和解成功或债务免责;三是只有符合免责条件的债务人才能适用个人债务集中清理程序。[①] 因此,本文拟基于对个人债务集中清理程序发展趋势的实践观察,提炼归纳出当前个人债务集中清理程序以诚信审查为核心在程序功能、价值目标以及适用范围三个维度发生的观念转化,以回应前述质疑,求教于方家。

---

① 参见王欣新:《个人破产立法中的观念转换与制度支撑》,载《中国应用法学》2024 年第 1 期。

(一)功能维度:诚信审查系个人债务集中清理程序之独有功能

对于“个人债务集中清理程序无异于执行和解程序”的质疑,在一定程度上也反映了个人债务集中清理实践中在主客观方面的误区。其一,主观层面,基于“将个人破产等同于债务免责的片面性理解和绝对化处理”的错误理念,①过度关注个人债务集中清理程序中的债务豁免问题。其二,客观层面,以争得债权人同意债务豁免为结果导向,从债务人财产状况调查到清偿方案达成,在一定程度上陷入了与执行和解的同质化。因此,在部分实践案例中也出现了问题:由于债务人多没有收入、没有财产,小部分管理人履职出现结果倒置的情况——先征求个别债权人的意见,在明确债权人拒绝豁免债务后,就直接动员债务人撤回个人债务集中清理程序。

经过近年的理论研究与实践发展,可以发现对于个人债务集中清理程序功能的认知发生了观念转换,即诚信审查系个人债务集中清理程序之独有功能,具有一般的执行和解程序不可替代的制度价值。其一,以诚信审查为核心。个人债务集中清理程序系围绕对“人”的“诚信”审查展开,对于债务人财产的核查系验证债务人是否“诚信”的要素之一。其二,类个人破产保护功能系建立在诚信审查基础之上。一方面,未经诚信审查,债权人同意债务豁免,应当通过执行和解程序进行。另一方面,只有当债务人通过诚信审查,才有可能向债权人争取债务豁免的机会;若债权人不同意债务豁免,仍具有获得类个人破产保护的机会,如退出终本执行。其三,个人债务集中清理程序之诚信审查功能逐渐得到社会认可。经过近年的个人债务集中清理工作实践和引导,债权人发现个人债务集中清理程序并不是一个帮助债务人逃避债务的程序,很多国有金融机构债权人也愿意参与清理程序,例如,在永嘉县人民法院办理的李某案件中,中国农业银行股份有限公司永嘉县支行以先本后息方式还款豁免约14.5万元的方式同债务人达成和解。

综上所述,唯有确立诚信审查在个人债务集中清理程序之核心地位,方能避免个人债务集中清理程序陷入与执行和解程序同质化的境地,进而为个人破产立法提供具有更高契合度的实践样本。

---

① 参见王欣新:《个人破产立法中的观念转换与制度支撑》,载《中国应用法学》2024年第1期。

(二)目标维度:以诚信审查为先决条件实现债务人退出执行程序

对于“个人债务集中清理程序之成功标志为和解成功或债务免责”的质疑,在实践中已经发生了观念转换,即以诚信审查为先决条件实现债务人退出执行程序,达到类个人破产保护的司法效果。

对于大部分无资产、无收入的债务人而言,由于其几乎无法提供任何有价值的财产(包括未来收入)以获得债权人减免债务或者做出其他让步的机会,协商过程在许多案件中几乎毫无意义。因此,在通过清偿方案实现债务清偿与豁免的路径外,还需要在现行法律框架下探索类似个人破产清算程序的债务清理路径。从实践来看,部分因企业债务而负有连带债务的企业主,由于过度负债而成为失信被执行人,其重新获得劳动的机会也已严重受阻,在个人债务集中清理程序中普遍表现出对于删除失信信息的强烈诉求。2024 年 1 月,在全国高级法院院长会议上,最高人民法院提出探索建立以个人破产制度作为自然人被执行人的“执行不能”案件的出口。鉴于此,浙江省高级人民法院在《浙江法院个人债务集中清理(类个人破产)工作指引(试行)》中提出,“人民法院裁定终结个人债务集中清理程序后……对于不同意免除债务人剩余债务的执行案件,在符合设置了五年行为考察期等条件的情况下,可以裁定终结执行”。2024 年 1 月 26 日,浙江省通过的地方性法规《浙江省优化营商环境条例》第 22 条第 4 款明确了“对申请债务集中清理的个人,经审查后符合条件的,可以按照规定删除其失信信息”。以平阳县人民法院办理的李某某案件为例,该案通过委托社区调查机制与检察监督,对债务人进行诚信审查后,最终达成的清理方案为:(1)暂时停止对债务人采取强制执行的各项措施;(2)为债务人李某某设置 1 年的信用考察期,期间自 2023 年 11 月 28 日起至 2024 年 11 月 27 日止。考察期满未发现其不诚信行为的,终结对债务人李某某的执行。因此,和解成功或债务免责并非个人债务集中清理程序成功唯一标志。

(三)适用维度:诚信审查准入“阀门”控制

对于“只有符合免责条件的债务人才能适用个人债务集中清理程序”的质疑,基于前述对于个人债务集中清理程序之诚信审查功能以及终本清仓路径的论述,对于程序启动条件的观念已自然随之转换。探究个人债务集中清理程序适用范围,还涉及对未来个人破产制度准入“阀门”松紧程度的把控问题。

从比较法视域来看,不同国家的个人破产制度虽然在具体规定上有所差异,但对于诚信的要求却是一致的。例如,德国《支付不能法》第1条表明,个人破产是给予诚实的债务人免除剩余债务的机会。① 又如,美国自1898年起债务人是否诚实行事才是决定其是否可以被免责的决定性因素。② 因此,其审查逻辑自然是以诚信为入口到以债务豁免为出口的审查路径。

具体到个人债务集中清理程序的准入“阀门”控制,从应然的角度来看,适宜从宽把握,宽进严出;从实然的角度而言,需要考虑程序的运行成本。

从应然角度来说,要从宽把握。其一,需要考虑吸引“诚实而不幸”的债务人尽早进入破产程序③,将把不守信的债务人排除在破产制度之外作为事中诚信审查的重点任务。其二,对于部分债务人因我国没有个人破产制度而引起的不诚信行为给予救济出口。其三,采取宽入严出审查规则,个人债务集中清理程序本身即为打击逃废债工具,能够通过诚信审查发现隐蔽的不诚信行为。

从实然角度来说,在准入制度方面设计过度包容规则或者过少包容规则,均必须权衡一般标准的应用成本,④尤其是针对司法资源的承受能力。目前,浙江省内多个地区已经开始探索在征得债务人同意后,在立案或审判阶段启动个人债务集中清理机制。温州地区的法院考虑辖区内案件体量庞大且长期处于“案多人少”的高强度运转状态,目前仍以债务人存在执行案件作为前提条件,仅有条件的法院将端口前移,探索在立案或审判阶段进行个人债务清理工作。

三、个人债务集中清理诚信审查思路与规则设计

(一)调查重心:由财产转向诚信

对债务人财产进行调查是个人债务集中清理程序中的重要内容。然而,财

① 参见李飞主编:《当代外国破产法》,中国法制出版社2006年版,第12页。

② 参见殷慧芬:《论自然人破产免责制度中的利益衡平》,载《西南政法大学学报》2021年第4期。

③ 参见自然人破产处理工作小组:《世界银行自然人破产问题处理报告》,殷慧芬、张达译,中国政法大学出版社2016年版,第53页。

④ 参见自然人破产处理工作小组:《世界银行自然人破产问题处理报告》,殷慧芬、张达译,中国政法大学出版社2016年版,第156页。

产调查仅仅是判断债务人是否“诚实而不幸”的重要因素之一，并非个人债务集中清理程序的核心内容。在个人债务集中清理程序中，明确将诚信作为调查重心，主要有以下几方面的考虑。

其一，个人财产调查难度较大，而且工作量与管理人报酬明显不匹配。在资产方面，企业作为拟制主体，严格遵循商事外观主义且具备财务账册制度。与之不同的是，个人往往无法清晰地统计并罗列自身的所有财产与收入，个人财产还常常和家庭共同财产混同。在支出方面，个人支出项目数额较小且较分散、琐碎，既很难完整还原所有交易的原始情况，又难以针对每一笔交易的必要性和合理性制定统一的评判标准。

其二，对于个人的财产调查应当主要由执行程序完成。相较于个人债务集中清理程序中对债务人财产调查的效能，执行程序更具集成优势。从调查手段方面来看，执行程序已形成较完整的执行信息化体系，在浙江省执行“一件事”综合集成改革的背景下，智慧执行系统打通了法院与省市县三级自然资源、税务、综合执法等1000多家协作单位的数据信息，其效能远远超过管理人履职调查。从调查结果方面来看，在经历了对债务人财产的大量审查工作之后，债务人无收入、无财产的情况仍居多，基本与原执行案件所反映的财产状况一致。

其三，个人债务集中清理程序以诚信作为调查核心，旨在实现类个人破产功能。倘若办理个人债务集中清理案件的法官或管理人在主观上不能准确认知个人债务集中清理程序的制度目标，在办理案件过程中仍然围绕债务人财产调查以及清偿方案的达成，那么个人债务集中清理程序与一般的执行和解将没有明显区别，最终可能陷入与执行程序同质化的困境。相反，由于个人债务集中清理程序存在立法空白以及难点、堵点问题，更容易出现程序空转或者引发新的矛盾纠纷等情况。

（二）调查主体：公职管理人制度

破产管理人制度在个人债务集中清理程序中具有重要意义。针对个人债务集中清理过程中存在的管理人取酬难、失权期间监管难等问题，公职管理人制度应运而生。从管理格局来看，主要体现在3个维度：一是在行政管理维度，公职管理人以“个人担任，机构管理”模式运行，由司法行政机关公共法律服务部门作为公职管理人的管理机构，并增挂破产事务管理处牌子，承担相关行政性事务管理功能,履行对公职管理人工作的监督、管理、协调等职责。二是在行业协会维度,由温州破产管理人协会吸收公职管理人作为会员,提供专业培训服务。依托个人债务集中清理特设共享法庭与法律援助机制引入律师志愿者,协助公职管理人进行债务人受理前辅导程序以及审查债权、制作清理方案等专业事项,激发管理人队伍整体活力。三是在司法监督维度,探索破产审判权与破产事务管理权的适度分离,将破产法官从行政事务中解放出来,聚焦于公职管理人的具体履职行为是否恰当、是否尽到忠实勤勉的义务等。

从实践效果来看,以下三个方面问题应当予以关注。

一是公职管理人专业化问题。公职管理人的履职能力相比市场化管理人较薄弱,其原因较复杂。一方面,管理人履职专业性强,若不具备专业素养与实践经验,则难以胜任;另一方面,也存在公职管理人本职工作任务繁重、岗位流动频繁等多重因素。在实践中,各个法院都在进行相应的调整尝试。例如,通过指定公证处辅助人员作为公职管理人清理团队成员,推动公证处整体参与个人债务集中清理;或由个人债务集中清理的特设共享法庭协助公职管理人办理案件;或者以公职管理人联合市场化管理人的形式共同办理个人债务集中清理案件。

二是公职管理人适用范围问题。若要在全国层面建立公职管理人制度,一方面,需要对公职管理人的工作量及人员数量进行测算,并考虑公职管理人在履职成本等方面的财政承受能力;另一方面,公职管理人对于“无产可破”案件只能进行有限承接。在大量执行不能案件的现实背景下,“无产可破”案件占了绝大部分,公职管理人难以承受如此庞大的体量,原则上还是应当优先考虑市场化管理人。

三是公职管理人履职保障问题。由于市场化管理人通常难以在个人债务集中清理案件中获得报酬,所以在现阶段,当中介机构担任管理人时,大多把自身劳动当作公益行为,并不追求回报;但是,在小部分管理人中也出现了履职不够勤勉尽责的情况。公职管理人原则上不收取报酬。对于履职过程中产生的公告费等必要费用,应从当地财政企业破产援助资金中支出;温州破产管理人协会也为个人债务案件建立了专项补助机制。尽管如此,从司法成本以及管理人资源等方面长远考虑,还是需要探索管理人报酬市场化机制。

(三) 调查对象:家庭成员配合调查义务

基于中国传统的家文化背景,家庭是最基本的社会结构存在。对自然人进行个人债务集中清理,必然牵连其配偶在内的整个家庭。从温州地区个人债务集中清理程序有关家庭成员的制度设计来看,主要体现在三个方面。其一,债务人的配偶及成年直系亲属负有容忍债权人及人民法院质询和询问并如实陈述的义务。债务人的配偶应当同意接受人民法院对其财产情况的调查;必要时人民法院可要求债务人成年直系亲属同意配合财产调查。其二,尽管家庭成员不需要承担失信惩戒后果,但应尽量引导家庭共同财产进入个人债务集中清理程序供全体债权人分配。其三,在自由财产保留方面,不仅限于债务人本人,还应当考虑家庭职能正常发挥所需要的必要财产豁免。

从实践情况来看,以下两方面难点问题应予以关注。

一方面,大量债务人希望自己的个人债务集中清理工作不涉及家庭其他成员。该现象主要与债务人心理有关,如在某案例中债务人因对企业债务负连带保证责任,不希望个人债务集中清理影响其已结婚的成年女儿的家庭生活,最终申请撤回个人债务集中清理申请。又如,部分家庭因债务人过度负债原因,家庭关系紧张,配偶或者成年子女不愿意配合个人债务集中清理工作。但从社会大众角度来看,若一个家庭通过一个人破产了结所有债务,而其他家庭成员仍旧过着优越的生活,也令人难以认可与接受。因此,为了避免在个人债务集中清理程序中引起家庭内部恐慌,缓解债务人及其家庭成员的焦虑和担心,家庭成员配合容忍义务应当集中在诚信调查方面,对于财产核查要“抓大放小、关注眼前”①,可以通过撤销权等进行事后干预。

另一方面,对债务人夫妻双方债务进行共同清理时的情况复杂。其一,从实践案例来看,家庭共有财产进入个人债务集中清理程序一并用于偿债,能够有效提高债务清理成功率。例如,龙湾区人民法院办理的邵某个人债务集中清理案件,邵某所负债务系因其丈夫投资经营失败所致,双方为共同债务人,债权人同意将丈夫债务一并纳入和解,并明确债务减免的效力及于邵某丈夫。又如,瓯海

---

① 参见郭靖祎:《个人破产立法中的制度规则衔接问题研究》,法律出版社 2022 年版,第 179 ~ 182 页。

区人民法院办理的李某个人债务集中清理案件中,由于债务人李某配偶吴某积极配合个人债务集中清理工作,将家庭财产拆迁补偿款946万元款项全部用作偿债资金,最终清偿率达48.455%,债权人放弃对剩余债权追偿的权利。其二,从债务类型来看,往往同时存在夫妻一方的个人债务、夫妻双方共同债务,部分债权人出于经济收益考虑而不愿意共同清理,最终导致配偶债务集中清理失败。因此,有必要建立家庭成员债务共同清理债务的一般规则。

(四)诚信推定规则:裁量权之规范

对于"诚信"的判断,既要避免法官或者管理人作出草率的判断,也要避免其提出过于严苛的要求。在个人债务集中清理程序中,关于诚信判断需要注意两个方面的问题。

其一,要防止个人诚信的判断标准过于主观。从实践情况来看,债权人往往会因债务人过去的还款表现,而在主观上对债务人形成"老赖"等不诚信的印象。管理人则出于工作量、报酬以及责任等因素的考量,对债务人的诚信要求也较高。在涉及亲属债务时,管理人会有不同的评判:对于债务人主动提出将亲属债务排除在清理范围外之后自行处理的行为,大部分管理人会表示支持,但也有管理人据此对债务人的诚信度产生怀疑;此外,对于债务人亲属申报债权却无法提供借款凭证的行为,有的管理人会直接将其认定为不诚信行为。在诚信存疑的前述情形下,管理人便会申请终止清理程序。事实上,对于亲属债务的清理是一个比较复杂的问题,个人债务集中清理中债务人亲属债权确实大量存在,实践中甄别其真伪难度较大,债权人也较难接受债务人近亲属全额参与分配而豁免债务人余债。[①] 同时,在熟人社会单元结构下,只要在债务人不明确表示不清偿债务,亲属往往能够容忍债权保持欠债状态,无须经司法程序,即给予债务人一定的喘息机会。

其二,确立诚信推定规则,目的是既要避免陷入与执行和解程序同质化的后果,又要控制对债务人诚信判断的自由裁量权。一般来讲,诚实信用属于道德的范畴,从规范意义和法律意义上看,其内涵和外延都具有不确定性,具有开放松

---

① 参见余德厚、欧平、洪泉寿:《个人破产亲属债权清偿中"衡平居次"原则的适用——兼评〈深圳经济特区个人破产条例〉第89条》,载《西南民族大学学报(人文社会科学版)》2024年第5期。

散的特征。诚信推定规则的确立,意味着经过个人债务集中清理程序的调查甄别后,如果未发现债务人存在不诚信行为,那么就应认定其为诚信债务人,并给予相应的司法保护。所谓的债务人不诚信行为,可以参考民事诉讼法上当事人违反诚实信用原则的行为,例如,存在施奸计而形成有利于己的诉讼状态的行为、与先行行为相矛盾的行为以及滥用诉讼权利的行为等。[①]

(五)表决规则:有限的意思自治

个人债务集中清理必然涉及债权与债务这一对矛盾之间此消彼长的博弈关系,需要通过表决规则的设计,把握好债权人和债务人两者整体利益的平衡。当前,如何获得金融机构债权人对清理方案中有关债务豁免事项的同意,成为个人债务集中清理案件的关键所在。金融机构债权人不同意免责或态度消极并非对债务人的不认可,也不关乎对收益成本的理性考量,主要原因在于缺乏明确的法律依据,工作人员担心承担责任。[②] 基于此,在个人债务集中清理程序中,表决规则正在从绝对意思自治原则朝着有限的意思自治原则方向调整。一般情形下,只有免责方案需要经全体无财产担保债权人表决同意或按意定的表决规则确定的比例通过对全体债权人有效,其他情况并不需要全体一致决通过。例如,温州个人债务集中清理方案分类表决规则,该表决规则将清理方案根据具体内容划分为分配方案、清偿方案、信用恢复方案,分类方案单独或共同经双重多数决通过后,根据现有执行法律制度对不同方案分别适用不同的表决规则及处理方式。[③] 此外,债权人会议也可以根据个案需要,灵活采用视为同意表决、双重表决、同意法院裁决等规则进行表决(见图1)。

---

① 参见王琦:《民事诉讼诚实信用原则的司法适用》,载《中国法学》2014年第4期。

② 参见最高人民法院民二庭课题组:《司法实践视野下自然人破产免责制度的构建》,载《法律适用》2022年第2期。

③ 温州市中级人民法院课题组:《论个人债务集中清理方案分类表决规则的构建》,载第十四届中国破产法论坛文集(第七册),第437页。

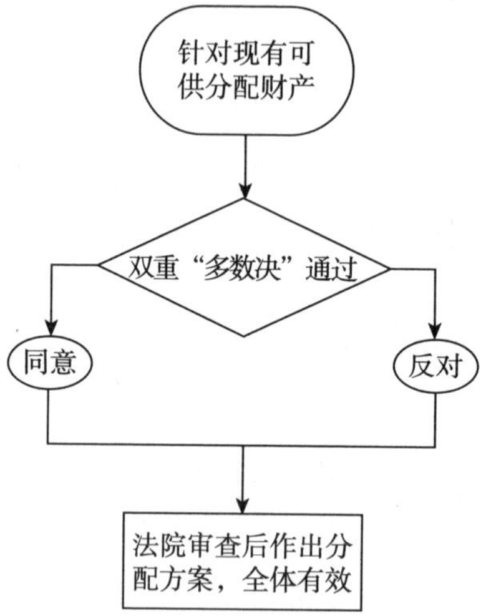

(a)分配方案表决规则

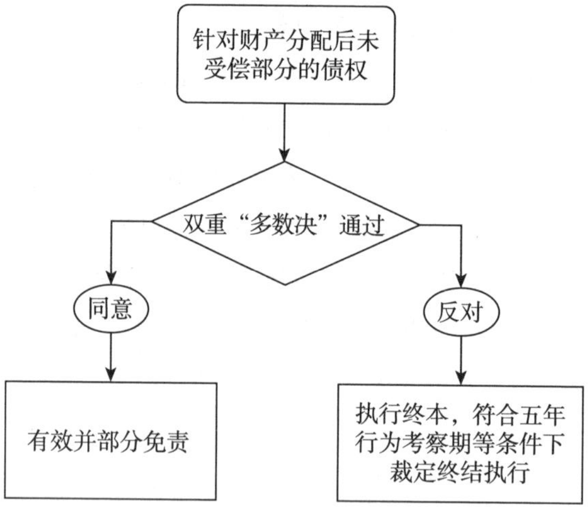

(b)清偿方案表决规则

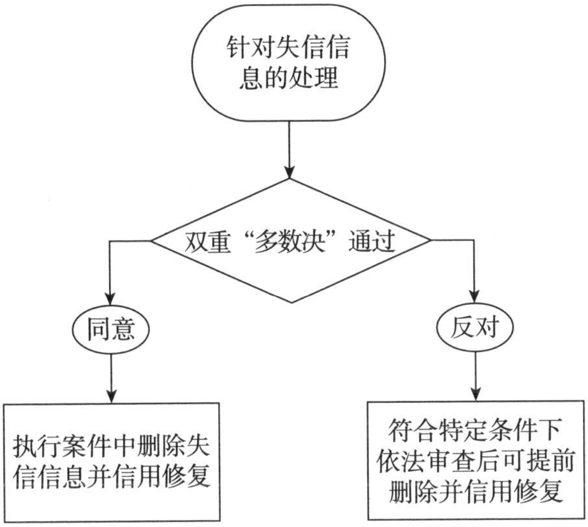

(c)信用恢复方案表决规则

图1　分类方案表决规则

四、个人债务集中清理诚信审查体系配套制度

“法治的话语机制必须依赖一系列非常具体的非话语的机制。”①从司法实践层面来看，构建个人破产制度所面临的困难，不仅是一个知识、一个观念的问题，甚至不仅是金钱的问题，还涉及诚信社会的全面组织、结构和整合等多方面问题，故须在现实中国社会中的法律实践资源进行开掘的基础上，探索个人破产制度与民间规则之间可形成良好互动关系的契合之处。

(一)委托社区调查机制

个人债务集中清理程序委托社区调查机制，是指以社会力量对债务人包括个人财产、家庭经济、生活作风、消费习惯等相关情况进行调查，并提供诚信调查评估意见的一种工作机制。该项机制充分借鉴了刑事案件社区矫正制度及其社会调查评估机制。

---

① 苏力：《送法下乡：中国基层司法制度研究》，北京大学出版社2022年版，第314页。

1. 调查主体

利用社会力量开展调查工作,是委托社区调查机制的本质特征之一。结合社区矫正制度中审前社会调查探索发展来看,调查评估主体有如下方式:一是委托具有一定专业技能的社会志愿者;二是由司法行政机关承担调查评估工作;三是委托专业的社会工作者。① 从当前已经形成的实践案例来看,平阳地区主要是将社区调查工作委托给司法局驻乡镇司法所,由司法所所长具体承担调查评估事务。

2. 机制功能

委托社区调查机制兼具事中诚信审查以及事后诚信监督的两大功能。一是诚信调查。根据社会生态系统理论,研究一个人,一定要同时了解他(她)所在的家庭、朋友、邻居、工作单位、社区环境等各种环境系统,从个人与各种环境系统互动的角度考察人面对的问题。② 被调查主体对于债务人的个人经济、家庭情况、生活作风、消费习惯等情况的反馈意见等,有助于形成债务人的诚信画像。二是诚信监督。通过委托社区调查机制,能有效调动社区街道、居委会或者村委会等社会力量,对债务人清偿方案的长期履行提供较为有效的监督。

3. 实践案例

正面案例:在前述平阳县人民法院办理的李某某案件中,李某某因其对丈夫所负的10万元金融借款债务承担连带责任,通过委托社区调查机制发现,李某某已与其丈夫离异,借住在某寺庙,没有子女,个人生活较困难,且案涉贷款的实际使用人是连带保证责任人;该案通过全过程引入检察监督增强了公信力,最终凭借司法所出具的报告,金融机构债权人认可李某某为"诚实而不幸"的债务人。

反面案例:在黄某的个人债务清理案件中,经委托社区调查机制发现,黄某儿子生前在另一个村有价值百万元的未登记拆迁安置房,而黄某并未如实进行财产申报,对其遗产继承份额有所隐瞒,管理人据此申请终止了个人债务集中清理程序。

---

① 参见邓峡峡:《我国社区矫正审前社会调查评估研究——以法院委托调查为视角》,载《昆明理工大学学报(社会科学版)》2015年第4期。

② 参见付立华:《社会生态系统理论视角下的社区矫正与和谐社区建设》,载《中国人口·资源与环境》2009年第4期。

(二)第三方听证制度

“听证”(hearing),本意为诉讼上应听取他方当事人意见的制度,源于普通法上的自然正义观念,听取两方面意见之法理。随着司法听证的广泛应用和不断发展,形成了“决策听证制度”,是指在决策中,听取有关团体、专家学者的意见,特别是听取与该决策有利害关系的当事人的意见,其主要是为了决策的科学化和民主化。①

听证制度在个人债务集中清理诚信审查体系中的运用,系通过邀请代表委员、村居干部、地方乡贤以及当事人进行公开听证,依据听证结果来判定债务人是否诚信的一种信用评价模式。通过第三方听证制度,既能增强对于债务人是否“诚实而不幸”主观判断问题上的内心确信,同时也是破产法律文化建设的重要组成内容。

从实践案例来看,在天台县人民法院办理的许某某个人债务清理案件中,存在4名金融机构债权人债务豁免的难题。债权人会议由于无法通过议事规则、表决办法、整理计划等而陷入僵局。之后,通过召开信用评价听证会,邀请人大代表、政协委员、村干部对许某某的个人诚信情况进行表决,评定其诚信度较高,债权人未提出异议,天台县人民法院据此作出裁定,批准了许某某的个人债务清理方案。

(三)受理前辅导程序

个人债务集中清理程序受理前辅导程序,是指在个人债务集中清理程序启动前对债务人就个人债务集中清理程序规则与实体权利义务进行释明的工作机制。该项机制借鉴了比较法上的个人破产辅导机制,在国际上多数国家也都在实质上要求债务人在申请个人破产前,要经过咨询辅导的前置程序。②

在个人债务集中清理程序中建立受理前辅导程序,具有现实必要性。一方面,从当前社会观念来看,债务人期望减少债务数额甚至免除债务,或者延长债务履行的期限,故有必要通过受理前辅导程序规范程序启动并管理债务人预期;

---

① 参见丁煌:《听证制度:决策科学化和民主化的重要保证》,载《政治学研究》1999年第1期。

② 参见李曙光:《中国个人破产立法的制度障碍及其克服》,载《政法论坛》2023年第5期。

另一方面,债权人间接表现为对个人债务清理程序的漠视以及无条件地反对一切表决事项等情况,需要由辅导站通过承担普及个人破产知识的社会工作,助推破产法律文化建设。

从实践运行情况来看,瑞安法院对个人债务集中清理特设共享法庭辅导站,由资深的企业破产管理人团队负责人担任庭务主任,针对债务人的财产状况、债务情况以及家庭成员情况等进行谈话辅导,同时充分阐释清理程序的要求,在辅导阶段将债务人的陈述、申报信息等相应证明材料的内容予以固定,并确认其真实性。通过该辅导站引导进入个人债务集中清理程序的案件成功清理率超过20%。

论构建个人债务集中清理与强制执行的联动退出机制

温州市中级人民法院课题组*

2019年国家发改委等13部门联合发布《关于印发〈加快完善市场主体退出制度改革方案〉的通知》(发改财金〔2019〕1104号)以来,个人破产制度的试点探索工作在全国引起广泛关注。个人破产制度是破产法的重要内容,也应是共同富裕的保障性制度。法的价值是立法的思想先导。法律的功能,不仅在于为人们提供一套行为规范,更在于创设和维护一种环境,以促进人民实现对公平、正义、自由、秩序等法律价值的诉求。2020年12月2日,浙江省高级人民法院(以下简称浙江高院)发布《浙江法院个人债务集中清理(类个人破产)工作指引(试行)》。2021年3月1日,《深圳经济特区个人破产条例》施行。随着实践经验的逐年累积,对比上述条例和指引的内容,发现个人债务集中清理程序设置的主要目的并不仅仅在于免除债务人的全部债务,更要实现无法免债情形下的自然人债务人终本案件的执行退出,让"诚实而不幸"的债务人有机会重整旗鼓、东山再起,通过类个人

---

* 课题主持人:林锡铭;成员:戴真、方飞潮、叶希希、陈成荣、张元华、陈聪、林寿兵、陈小芝、陈怿昀、杨立夫。本文曾获第十五届中国破产法论坛一等奖。

破产探索打造"浙江样板",为个人破产立法贡献智慧与经验。

一、现状:强制执行终本库的自然人被执行人退出方式

(一)强制执行终本库的推出

2009年3月19日,中央政法委、最高人民法院联合发布《关于规范集中清理执行积案结案标准的通知》,认可了"终结本次执行程序"这一结案方式。终结本次执行程序从根本上改变了我国法院对无财产可供执行案件的传统处理方式,其特点在于执行可恢复性,终本程序案件虽然有形式结案外观但实质上并未终结,一旦申请执行人发现被执行人有可供执行财产,可向法院再次申请恢复执行且不受申请执行时效期间限制;法院查询到被执行人可供执行财产的,应当及时恢复执行。随着法院执行工作的进一步发展,特别是有了网络财产查控系统、失信被执行人名单制度后,建立终结本次执行程序制度的条件已经基本成熟。2015年1月1日起施行的最高人民法院《关于执行案件立案、结案若干问题的意见》对终结本次执行程序的结案方式、结案标准,作出了明确和具体的规定。2015年2月4日施行的最高人民法院《关于适用〈中华人民共和国民事诉讼法〉的解释》,则以司法解释的形式正式确立了终结本次执行程序制度。

然而,从制度的缘起、形成与发展的历程来看,终本程序是为消化执行积案而设,其法理基础自始不足,终本案件始终以"挂案"的方式存在于法院系统中,始终无法退出,从而难以让群众感受到最具有获得感的公平正义。从制度效能来看,基于终本程序结案的工具性作用与司法资源的有限性,终本程序曾经因难以被认同而出现了"虚置"的现象,存在不符合终本结案的实质要件的情形,且终本恢复执行难的问题较为突出。尽管明确了本该由债权人承担的市场风险应向债权人合理地回归,终本程序却产生了终本案件信息库中的案件不断增加与中止执行与终结执行的功能被覆盖之负面效应。案件执行不能的现状通常难以被打破,绝大部分执行程序从未得以恢复,对于申请执行人的保护已实质沦为公权力的无限期投入。鉴于将终本程序作为常规结案方式无法从实质上解决案件的积压问题,故而有必要推动此类案件从执行程序中彻底退出。

（二）强制执行终本库的现状

最高人民法院《关于人民法院解决“执行难”工作情况的报告》指出，2016 年至 2018 年 9 月，全国法院共受理执行案件 1884 万件，每年申请执行案件约 650 万件。目前进入执行程序的案件中，大约 43% 属于确无财产可供执行的“执行不能”情形。中国执行信息公开网的数据显示，截至 2024 年 5 月，全国法院执行案件数量新收 421 万余件，结案 278 万余件，终本案件数量约占 48%，全国失信被执行人已达 835 万余例，如此庞大数量的失信名单中，自然人约占 85% 以上。截至 2023 年 11 月，浙江全省法院执行收案 32.09 万件；首执实施案件收案数 30.92 万件，占一审民商事案件收案数的 53.03%；含执保、执恢案件共收案 62.4 万件，同比上升 11.95%。结案（不含执恢、执保案件）30.77 万件，同比下降 6.42%。首执案件终本率为 46.33%，执行标的到位率为 38.2%，执行完毕率为 31.94%。面对不断增长的案件数，再加上不断从终结本次执行状态重新恢复执行的存量案件，执行法官即使加班加点也无法快速办结执行案件，当事人的权利也无法得到有效保障。大量的新增和存量案件只会让进入执行程序的案件一拖再拖，影响当事人的合法利益。

终结本次执行程序为执行不能的案件提供了暂时性退出窗口，但该程序中大量案件无法恢复执行，亟待建构案件退出机制以化解积案。2024 年，为进一步解决执源治理、执行终本出清问题，最高人民法院提出关于终本案件“七个一批”的工作部署，要求通过实质剥离、有效核销、专项清理、执破融合、交叉执行、自查核销、综合治理等方式，全面梳理库存终本案件，强化跟踪督导，推动“涉企”终本案件 3 年基本出清，“有财产可供执行”的终本案件基本出清。浙江省各地法院应当发挥司法的主观能动性，以“如我在诉、如我在执”的精神理念，探索具有浙江特色和辨识度的执行退出工作机制。

（三）强制执行终本库的退出路径

终结本次执行程序案件退出的前提条件是被执行人有合理的无财产可供执行事由并在执行过程中履行法定配合义务，且案件客观上无法通过破产程序清退，在恢复执行方面通过排除执行时效规则限制强调被执行人的“无限责任”，固然起到了防止被执行人逃避债务的作用，却忽视了案件在终本前往往已是难以执行到位的“骨头案”,终本后极有可能因被执行人无法恢复履行能力而陷入实质终结状态,积压在终本库中长期无法退出,给执行工作带来挑战。终本程序属于特殊的终结执行,理论上具备终结执行可能性,后续管理措施亦为案件退出执行程序提供了现实基础。但审慎交易并自行承担交易风险本就是双方当事人应承担的责任,国家发挥兜底性作用不意味着执行资源的永久性投入,毕竟执行不能的决定性因素在于债务人履行能力这一无法通过制度完善和法院介入进行调节的领域,忽视执行力量的有限性而把对胜诉利益的追求作为强制执行的唯一价值目标将造成执行程序“消化不良”。

2019年,丽水市中级人民法院首创“终本案件有序退出管理机制”,为终本案件之退出提供了实践范本。公证机关通过走访确认被执行人确无财产可供执行的状况并出具事实核实报告,在经过被执行人宣誓程序后,对于符合退出标准的案件予以终结执行。然而,目前此类司法尝试仍在少数,因立法层面缺乏对终本程序和终结执行的必要统筹,致使难以恢复执行又无法破产的案件只能固守在终本程序中,仅以发现可供执行财产作为推动执行进展的唯一动力,缺乏其他灵活变通的处理方式。通过推行“执行+公证”模式实现终本案件有序退出,在宣告终结执行前须经过公证调查、法院审核及被执行人宣誓等一系列流程,确保被执行人确系生活困难、报告的财产状况如实全面且确无可供执行财产,在很大程度上体现了对被执行人“诚实而不幸”要素的考察。

在《强制执行法(草案)》制定过程中,起草者出于节约执行资源及提升执行效率的考虑拟定法律条文,以终本满5年且未发现被执行人可供执行财产作为案件退出的适用条件,虽考虑到了强制执行的效率取向,却未充分考虑到其与个体正义间的价值平衡,忽视了案件退出可能对执行债权人实体及程序权益造成的减损。在设定终本案件的退出要件时,应充分考虑执行效率与被执行人机会主义间的界限问题。

二、探索:个人债务集中清理的当前实践

2019年7月10日,温州市府办出台关于开展个人债务集中清理试点工作的专题会议纪要,明确各相关部门要协助做好个人债务集中清理程序有关事项,强调金融债权人一致行动原则并解决管理人指定及报酬问题。2019年8月13日,

温州市中级人民法院出台《关于个人债务集中清理的实施意见(试行)》,将个人债务集中清理定义为执行中的特别程序,同时确立意思自治和诚实信用原则两大基础原则。

(一)个人债务集中清理的定位

在执行程序中探索个人债务集中清理是浙江法院提升社会治理体系、治理能力现代化和优化法治化营商环境的重要体现,既能充分提高执行当事人的程序"参与度",也能切实提升执行当事人的实体"获得感"。个人债务集中清理的真正目的应当是让一直存放在终本库当中的执行案件合法有效地"退出",最终实现终本清零的效果。但因为目前没有相关的法律规定可以支撑个人债务集中清理模式,所以在实现这个目的的同时,仍然需要全面考虑全体债权人的意愿。个人债务集中清理是人民法院在现有执行和解、参与分配等执行法律框架下,参照破产理论、原则进行程序设计,充分利用当事人意思自治原则,以集中执行手段达到"类个人破产"效果而形成的制度规范。前两种模式因其局限于全体债权人意愿问题,在司法实践中,清理难度较大且不可复制。第三种模式是在考虑全体债权人的意愿后,出于法律衡平的原则,最终需要由法院强制裁定终结债务人名下现有的全部执行案件,但并不消灭债权债务关系,这样既在一定程度上保障了债权人的利益,又能让"诚实而不幸"的债务人脱离法院强制执行带来的禁锢,在现有的司法体系中,这是一个能被普遍认可的做法。为了实现个人债务集中清理的目的,当前,温州地区法院探索形成了债务重组模式、和解模式、执行退出模式。

个人债务集中清理程序能普遍解决的是执行中产生的问题,可以看作"执行纠偏"的救济途径,其本质是特殊的执行程序、类个人破产制度。考虑到法院的执行力包含审判权和强制权的特征,为推广个人债务集中清理程序,并让社会大众所普遍认同,应当制定一个让法院能够强制裁定执行退出的制度。为制定上述制度,必须先梳理执行终本案件的情况和个人债务集中清理的情况,以期做到有的放矢。

(二)个人债务集中清理的发展现状

2018 年 11 月,时任最高人民法院院长周强向全国人大常委会作报告时,首次提议"推动建立个人破产制度"。2019 年 2 月,《人民法院第五个五年改革纲要(2019—2023)》中提出研究推动建立个人破产制度,浙江温州、台州、丽水遂昌等地法院开展类个人破产制度探索试点,台州市中级人民法院于2019年4月26日出台《执行程序转个人债务清理程序审理规程(暂行)》。温州市中级人民法院于2019年8月13日制定《关于个人债务集中清理的实施意见(试行)》,在具有个人破产实质功能的个人债务集中清理案件办理方面实现破冰。2020年8月31日,深圳市人大常委会颁布《深圳经济特区个人破产条例》。

在总结前期试点经验的基础上,浙江高院于2020年12月2日发布《浙江法院个人债务集中清理(类个人破产)工作指引(试行)》,意味着在现行法律框架内,正式全面开始类个人破产制度的浙江探索,杭州、宁波、温州、湖州等地也先后出台关于个人债务集中清理的实施意见、操作规程。目前,浙江法院正着力推进个人债务集中清理与强制执行的执破融合机制建设,充分发挥执行部门的“债务人筛选”优势和破产审判部门的专业能力优势,实现个人债务集中清理与执行案件高效联动,推行“执行筛选+会商甄别”双向联动工作模式,能够有效引导符合条件的债务人及时申请进行债务集中清理。执行部门对系列案件的处理难度、银行债务数额、占比及可协商性等形成评估意见,与破产部门会商是否受理;在破产部门完成清理裁定终结后,执行部门及时完成对被执行人的信用修复等程序,进一步完善执行程序与破产程序的衔接,最大限度维护各方当事人合法权益。

三、纽带:个人债务集中清理和强制执行的联动基础

个人债务集中清理程序的开展,对于债权人来说,能使其获得高效、公平的清偿,同时化解了债权人与债务人之间的矛盾;对于诚信的债务人来说,能给予其一个脱离债务桎梏、东山再起的机会,有助于激发企业家的创业创新活力,推动社会经济高质量发展。和企业破产制度的产生与设定目的存在不同,企业破产是基于股东对公司承担有限责任产生,而个人债务集中清理制度更看重债务人实际的履行能力和履行意愿。在个人债务集中清理的工作中,通过债务人主动申报、接受债权人质询、人民法院依职权调查核实、管理人调查核实等措施,鉴别出“诚实而不幸”的债务人,通过附条件债务免除、诚信财产申报、合理确定“生活必需品”等措施,实现破产制度中豁免财产的制度目的,同时发挥管理人作用,

对债务人个人债务概括执行、集中清偿。

基于此，个人债务集中清理制度不仅应坚持以单一的当事人申请主义为原则，将自然人纳入“执转破”适用的范畴确有必要。但于法院来讲审查难度过大，相较于判断企业债务人是否具有破产原因，面对自然人时法院难以在执行阶段对“诚实而不幸”的债务人身份进行准确识别。一是由于信息收集审查存在困难，自然人的信息较之公司更加隐蔽复杂，通过债权人举报、债务人自行报告和法院调查收集的个人债务人信息往往不完整且浮于表面，难以深层次地进行挖掘；二是对于债务人是否“诚实”无法进行正面的证明，除非在审查过程中发现其“不诚实”行为的存在，如虚构债务、欠付的债务性质不合法等，调查上也存在较大的困难。故进行个人债务集中清理与强制执行联动，能够有效化解上述矛盾。

（一）维护债务人基本权益

1. 通过自由财产制度维护财产权益。自由财产，是指债务人保留而不得用于分配的财产，又称豁免财产。自由财产制度是人权观念在破产法中的体现，其标志着一国破产法对于债务人基本权利的保护水平，也从侧面反映了一国法治对于基本人权的尊重和理解。财产委付制度规定债权人应酌留部分财产给债务人维持生活。美国破产法也规定，用于居住的价值不超过15,000美元的房产、残疾、疾病及失业保险、养老金、价值不超过2400美元的机动车、单价不超过400美元的生活必需品、退伍费等公共补助以及价值不超过1500美元的从业工具等，均属于自由财产。① 自由财产制度的基本目的在于保障债务人基本生存权和发展权，是个人破产法的应有之义。自由财产制度体现了法律的人文关怀，保障了公民基本权利。我国现行关于执行的法律已经体现了自由财产制度，其规定：法院在执行时应当保留被执行人及其所扶养家属的必要生活费用；对于被执行人及其所扶养家属生活所必需的衣服、家具、炊具、餐具、最低生活费用、完成义务教育必要的物品、所必需的生活费用、未公开发明或发表的著作等，法院不得查封、扣押、冻结。在实践中发现，仅上述自由财产范围，并不全面，其中“所必需的生活费用”依照最高人民法院《关于人民法院民事执行中查封、扣押、冻结财产的规定》第3条第2项的规定，包括“被执行人及其所扶养家属所必需的生活费

---

① 参见沈俊森：《我国个人破产制度研究》，载《海南金融》2018年第9期。

用。当地有最低生活保障标准的,必需的生活费用依照该标准确定。”仅以温州为例,根据温州市人民政府《关于改革城乡居民最低生活保障标准调整机制的通知》有关规定,温州市人民政府决定于2023年10月1日起将平阳县的城乡居民最低生活保障标准由每人每月1035元调整到每人每月1110元。上述金额实际上远不足以支撑个人生存、租房、子女抚养、医疗教育、父母赡养等需求,亦脱离现在2个成年人普遍拖带4个老人、1～3个小孩的现实情况。是故,不乏“聪明”的债务人试图通过个人债务程序获得更多的、在执行程序中无法获得的自由财产份额,特别是部分有长期稳定工资收入的债务人,例如,平阳县人民法院受理的全国个人债务集中清理第一案——蔡某丰案①,平阳县人民法院对其设定了较为合理的自由财产方案。公职人员、医生、教师等职业更具有代表性。

2.通过失权与复权制度维护人身权益。失权和复权不是破产法上的专属概念,公司法、刑法中都有失权和复权制度。如公司法规定因贪污、贿赂等被判处刑罚,执行期满未逾5年的不得担任公司董事、监事、高级管理人。这就是一种资格失权。在个人破产制度中,失权制度是指债务人破产后,在一定时期内,其人格和权利受到限制的制度。我国香港特别行政区破产管理署规定,破产人不准有较高价的物品(豪华家具等),不准自费出国旅游,不准购买名牌衣服,不可过奢侈生活。如果破产人不遵守这些规定,则债权人可以申请撤销破产程序。创立失权制度的目的一方面是对债权人利益的保护,另一方面是对债务人的威慑和教育,避免债务人利用个人破产恶意逃债,并促使债务人养成朴素的生活习惯。复权制度,是指取消对失权债务人的限制,使其重新恢复权利的制度。关于失权制度的设定,可以规定失权时限。其内容可以参照最高人民法院《关于限制被执行人高消费的若干规定》列举的破产人不得有的消费行为,如在星级以上宾馆、酒店、夜总会、高尔夫球场等场所进行高消费,子女就读高收费私立学校,购买不动产或者新建、扩建、高档装修房屋等并加以完善等。对于部分长期遭受失权困扰的债务人来说,对“东山再起”已不抱希望,如何让其能抬头挺胸地活在阳光下才是其最关心的事情。

当然,执行程序中对于失权和复权制度的使用是最频繁的,所有进入执行程序的被执行人,均会被限制高消费,并视情形纳入失信“黑名单”,若存在拒不配

① 详见平阳县人民法院办理的蔡某丰个人债务集中清理案。

合申报个人财产、申报个人财产不实等情形的,更会被处以罚款、拘留等强制处罚措施。就执破融合层面而言,专门制定失权和复权制度,需要府院联动、公检法合力形成长期有效的拒执打击机制,也需要给出一个畅通的救济途径,还需要避免"体外循环",把握好宽严相济的力度。

3. 通过信息公开与信用体系维护社会权益。浙江高院深切关注到这个问题,并有针对性地制定了相关文件。如浙江高院执行局制定了《执行实施案件办案公开工作指引(试行)》,明确执行公开的范围、标准。同时,希望通过"当事人一件事"改革项目,力图实现执行信息公开化,并将个人债务集中清理程序纳入改革范畴。此外,为了防范债务人利用信息不对称,通过个人债务集中清理程序"假破产,真逃债",应当在立法层面健全完善财产登记制度和推动查询范围的便利化工作。

(二)简化债权清偿程序

1. 债务人从被动执行转变为主动配合。在强制执行程序中,法院仅能在个案中处理债权人、债务人的关系。但是,进入强制执行程序的债务人,往往背负着多笔债务,甚至已出现资金链断裂的情况。个案的和解,显然无法满足债务人重获新生的期望。个人债务集中清理程序则不同,清理程序能够通过第一次债权人会议,高效地组织全体债权人面对面沟通,并实际了解债务人的真实情况,消除全体债权人不切实际的期望,为后续个人债务集中清理方案的通过,迈出至关重要的第一步。

2. 债权人从争先恐后转变为慎重考虑。债权人为维护自身合法权益,出现债务人未按生效判决履行的情况时,将会立即申请强制执行。债权人争先恐后地申请执行,可能使诚信的债务人从崩溃边缘迅速跌入深渊,错过重获新生的机会。债务人通过个人债务集中清理程序,能有效地让债权人了解、知晓:债务人当前的客观现状;债务人何以落入当前的窘境;倘若执意执行债务人财产,债权人自己将面临多少损失;倘若给予债务人理解、支持,将可能会降低多少的损失。因而,债权人不得不慎重考虑,再作出下一步选择。

3. 第三方专业力量的有力引入。目前,全国各级人民法院已然堆积了大量的强制执行案件。个别案件在终结本次执行后,债权人仍然会想方设法申请恢复执行,由此,给司法资源造成了极大的负担、浪费。个人债务集中清理程序,不仅能避免债务人反复被动地进入强制执行程序,而且因指定管理人等方式引入了社会第三方专业力量,能有效缓解法院在处理相关问题时的压力。

(三)优化债权实现举措

1. 提高债务清偿效率。执行个人债务集中清理程序的衔接有利于实现程序的效率价值。对于债权实现来说,执行程序相对而言原本不失为一种更高效的手段,然而在当前执行难现实普遍存在的背景下,再加上终结本次执行程序的存在,执行程序极易在重复执行的循环中迷失,不但消磨时间,而且消耗大量司法资源。在个人债务集中清理程序中,能对债务人涉及的多个人债务关系进行一次性集中处理,解决债务在执行程序中所出现的烦琐和耗时的问题,有助于加快债务清偿的速度,提高清偿效率,有利于将司法执行力量从循环往复的终结本次执行程序中释放出来,将更多的人员投入其他业务部门或者执行业务中,减少执行程序和破产程序的时间成本,提高司法审判的效率。

2. 实现债权人公平受偿。执行程序和个人债务集中清理程序在债权实现上都发挥重要作用,同时,执行程序和个人债务集中清理程序都具有债务清偿的功能,这使二者在功能上会重合。① 个人债务集中清理程序可以确保所有债权人都能够公平地参与债务清偿的过程,按照各自债权法定顺序、比例获得相应的清偿,实现债权人公平受偿与债务人的集体松绑,同时能保护全体债权人的公平权益。但两者之间也有区别:执行程序侧重债务的个别清偿,仅解决个别债权的清偿问题;而集中清理侧重债务的概括清偿,在同一破产程序中一并解决所有债权的清偿问题,更有利于维护全体利益相关人的合法权益。这体现了我国对债权实现的多元化设计,为债权人提供了程序选择的余地,债权人可以从最大限度地维护自身合法权益考量,行使程序选择权来选择适用何种程序,从而实现自身利益最大化。

3. 降低债务清理成本。新的管理成本相对于旷日持久的谈判带来的成本和犹豫的囚徒困境导致大部分债权人的债权不能实现而带来的时间和资源的浪费是微不足道的。② 通过个人债务集中清理程序,因其集中资源对债务进行清理,避免了分散处理债务所带来的重复劳动和资源浪费,有助于降低债务清理的成

① 参见童兆洪、章青山:《破产与执行:功能定位与制度调谐》,载陈光中、江伟主编:《诉讼法论丛》第 10 卷,法律出版社 2005 年版。

② 参见李曙光、王佐发:《中国破产法实施的法律经济分析》,载《政法论坛》2007 年第 1 期。

本,提高经济效益。

4. 促进债务人“重生”。破产程序能够促进企业的优胜劣汰,淘汰落后的企业和产能,优化社会经济资源配置,提高资源配置效率,实现社会经济的可持续发展。同样地,个人债务集中清理程序为债务人、全体债权人提供了一个面对面解决债务的机会。在清理过程中,债权人能客观了解债务人的现状,并在信息公开透明的前提下,与债务人进行友好协商。这有助于债务人摆脱债务困境,重新开始生活或经营,让依法经营、诚实守信的债务人可以“从头再来”。

四、个人债务集中清理和强制执行的立法思路

在了解了执行终本与个人债务集中清理制度发展的情况后,可以参考域外相关立法实践,并结合我国的现实情况和立法基础,进行整体考量,为个人债务集中清理和强制执行的联动提供立法思路。

(一)域外立法实践

1. 美国

在美国,所有判决都有生命周期(有效期间),超过一定年限的判决就失效或者不能强制执行。执行案件的退出实际上掌握在债权人手中,任由债权人推动,债权人可以任意进出所谓的执行程序,选择权、指令权交由债权人行使。但也因此,法院及执行法官亦不会为难,当事人也无可挑剔,执行中的矛盾基本上不会集中到法院身上。有的州规定要求在判决有效期间内定期申请执行,否则判决进入休眠状态,必须通过申请唤醒它才能再次申请执行。如加利福尼亚州法律规定,一份判决的效力从其生效之日起可以维持10年,10年期届满时,判决即自动失效。申请更新必须在判决生效后5年以上,10年以内提出。如果债权人在申请更新判决时,也提出费用备忘录和利息主张,则更新的判决中债权本金可包括累积的费用和利息。一旦判决更新后,就对更新后的判决的全部金额计算利息,以每年10%计算。[①] 在“更新判决”的有效期限届满的任何时段里,债权人都

① 参见黄金龙:《美国民事执行制度介绍》,载最高人民法院执行工作办公室编:《强制执行指导与参考》2003年第3辑,法律出版社2003年版,第368页。

有权围绕被执行人财产状况的查明,不断地、数次地向法院申请对债务人发出“出庭受询命令”“向法院提交文件的命令”“移交命令”等“执行令状”。债权人最终得到全额支付后,应当出具债权满足确认书,邮寄给判决法院的书记官,并将一份复制件交给债务人作为收据,债务人也可以向法院请求发给一个债权满足证明书。债权人出具的债权满足确认书不一定代表全额履行,但债权人只要签署了上述文书就丧失了继续追讨的权利。

2. 瑞士

瑞士将强制执行与破产一并规定在了《瑞士联邦债务执行与破产法》中。在该法第3章“资产扣押式债务执行”第2节“变价”的最后部分,以第149条、第149a条[①]规定了执行无结果证明的签发、效力等内容。其规定,执行不能的数额一旦确定,执行事务局就应签发执行无结果证明,记载债权人未获清偿的债权情况。结合该法其他条文可以发现执行无结果证明带来的一系列法律后果。对债权人而言,可要求继续执行而无须新的支付令,但应在执行无结果证明送达后6个月内;可提起无效诉讼,撤销债务人在一定期限内所实施的馈赠、无偿交易、偿还未到期债务等行为。[②] 对债务人来说,债务人可在任何时候通过向签发执行无结果证明的执行事务局支付的方式清偿债务;债务清偿后,登记册上登记的执行无结果证明将被删除,债务人还可要求执行事务局对此出具确认删除的证明;在资产变现不足的情况下,债务人要承担相应的公法后果,如禁止担任公职、禁止从事须经特别批准的职业和活动。[③] 债权人凭借该证明向债务人主张权利是有期限的,超出一定期限,执行无结果证明上证明的债权就会失效。通常情况下,这一期限是20年;债务人死亡的,这一期限最长延续到继承开始后1年。可见,瑞士强制执行法对执行无结果证明签发后的继续执行、执行无结果证明的登记与删除、限制债务人权利等内容作出了系统化的制度安排;并在此基础上,规定了经强制执行仍未获清偿的债权的失效期限。

---

① 参见刘汉富译:《瑞士联邦债务执行与破产法》,载最高人民法院执行工作办公室编:《强制执行指导与参考》2003年第1辑,法律出版社2003年版,第399页。

② 参见《瑞士联邦债务执行与破产法》第285条至第288条。

③ 《瑞士联邦债务执行与破产法》第26条规定:“在联邦法律不适用的范围内,各州得规定资产变现不足及破产宣告的公法后果(如禁止担任公职,禁止从事须经特别批准的职业和活动)。”参见刘汉富译:《瑞士联邦债务执行与破产法》,载最高人民法院执行工作办公室编:《强制执行指导与参考》2003年第1辑,法律出版社2003年版,第363页。

3. 俄罗斯

《俄罗斯联邦执行程序法》明确规定执行程序的结束。该法第27条规定："a. 执行程序结束于：①执行文件已被事实上执行；②发出执行文件的法院或其他机关要求将执行文件发还追索人，或者追索人申请发还；③依据本法第26条列举的情形发还；④将执行文件交给可一次性或分期得到债务人收入或工资的组织；⑤执行文件从一个司法警察转给其他司法警察或从一个分支机构转交给其他分支机构；⑥执行终结。b. 对司法警察、执行员关于执行程序结束的决定，可于10日内向相应法院提出申诉。"第26条规定："不能全部或部分追索的执行文件应当发还追索人：①根据追索人的申请；②超出申请执行期限；③债务人为组织的不能确定其地址；债务人为公民不能确定其住址；或者不能确定债务人的财产所在地、不能获得债务人金钱和在银行或其他金融机构中的其他有价值的物品（俄罗斯联邦法律规定寻找债务人及其财产的除外）；④如果债务人无可供执行的财产或收入，司法警察、执行员采取一切法律允许的手段寻找其财产和收入仍无效果的；⑤如果追索人拒绝接受依照执行文件从债务人处执行所得的无法变卖的财产的；⑥如果追索人以作为或不作为的方式阻碍执行的。"①

从上述立法例可以看出，其他国家和地区在立法时不仅考虑保护债权人的利益，同时要考虑到执行工作的规律和特点，考虑执行工作实现债权人申请的可能性和不可能性，在执行不能的情况下，如何妥善退出执行，尽可能地保护执行员的切身利益。

（二）国内立法考量

针对我国目前的执行终本情况而言，大多数普通群众已经习惯了现有的执行方式和执行案件永远存在的事实，面对限制"老赖"的执行措施，部分"诚实而不幸"的失信被执行人并不能有效地退出执行，造成了人力资源的浪费，并不利于中国特色社会主义市场经济的发展，因此仍须保障法律的公平、公正，制定较为合理的执行法案。

---

① 参见张西安、程丽庄译：《俄罗斯联邦执行程序法》，载最高人民法院执行工作办公室编：《强制执行指导与参考》2004年第2辑，法律出版社2004年版，第233～234页。

1. 企业破产法

从新中国成立到改革开放初期,我国没有建立破产制度。1986年,我国制定了《企业破产法(试行)》,但该法只适用于全民所有制企业,不适用于自然人。20年后,也就是2006年修改《企业破产法》时,法律的适用范围扩大到所有法人组织,包括有限责任公司和股份有限公司,但个人破产制度依然没有建立。由于没有个人破产保护法律制度的基础,个人债务不能被豁免,企业破产被拯救的同时,企业的股东、企业的高级管理人员不能被拯救。这必然对股东投资积极性、企业高级管理人员的工作积极性以及股东或董监高的配偶和家庭产生很大影响。就社会的稳定性而言,亦会产生潜在的不利影响。随着《深圳经济特区个人破产条例》的颁布,为了保证其正确实施,深圳市人大常委会法工委予以解读,其间透露国家已在研究修订《企业破产法》,其中可能会增加个人破产制度的相关内容。

2. 民事强制执行法草案

2022年6月24日,十三届全国人大常委会第三十五次会议对《民事强制执行法(草案)》进行了审议,并公布征求意见。草案规定,终结本次执行程序,不影响已经采取的执行行为的效力。终结本次执行程序后,被执行人应当继续履行执行依据确定的义务。被执行人自动履行完毕的,当事人应当及时告知法院。终结本次执行程序后,申请执行人发现被执行人有可供执行财产的,可以申请恢复执行。法院审查属实的,恢复执行。终结本次执行程序后,法院应当将案件信息及时录入网络信息平台,并统一向社会公布。法院应当定期通过在线等适当方式调查被执行人的财产。发现被执行人有可供执行财产的,恢复执行。① 在金钱债权执行中,被执行人符合该法草案第80条规定情形和破产法规定的清理债务情形的,法院应当裁定终结本次执行程序,将执行案件相关材料移送被执行人住所地法院。另自终结本次执行程序之日起满5年且未发现被执行人可供执行的财产法院应当裁定终结执行②。虽《民事强制执行法(草案)》已终止审议,但执行退出的立法基础已经具备。

① 参见《民事强制执行法(草案)》第81条。

② 参见《民事强制执行法(草案)》第82条第1款、第83条第1款第8项。

3. 地方立法

《北京市优化营商环境条例》于2020年4月28日起施行、2022年和2024年修订，该条例第82条规定有关政府部门应当与法院建立企业破产工作协调机制等问题。第62条规定了市经济和信息化部门建立健全市场主体信用修复制度，明确失信的市场主体可以采取作出信用承诺、完成信用整改、通过信用核查、接受专题培训、提交信用报告、参加公益慈善活动等方式开展信用修复；对于完成信用修复的，有关政府部门应当及时停止公示其失信信息。《湖北省优化营商环境条例》于2023年3月1日起施行，该条例第22条规定，县级以上人民政府应当与人民法院建立企业破产处置协调联动机制，依法统筹推进业务协调、信息提供、风险防范等工作，协调解决企业破产启动、职工安置、资产处置、信用修复、涉税事项处理、破产企业重整等问题。《浙江省优化营商环境条例》于2024年3月1日起施行，该条例第22条规定，县级以上人民政府、人民法院应当建立企业破产处置协调联动机制，统筹协调解决企业破产过程中涉及的资产处置、风险防范、职工和债权人权益保护等问题。人民法院应当探索建立重整识别、预重整等破产拯救机制，完善破产案件繁简分流、简易破产案件快速审理机制。对申请债务集中清理的个人，经审查后符合条件的，可以按照规定删除其失信信息。2024年3月19日，《厦门经济特区个人破产条例》起草工作组第一次会议在中国人民大学法学院召开，厦门个人破产条例出台进入倒计时，打通执破融合通道，真正实现执行退出的现实基础也已显露端倪。

法作为一般行为规范在国家主权管辖范围内具有普适效力的特性，因此要通过统一的立法程序制定更高位阶的法律，提供一致的法律原则、规则和程序，使市场具有统一的规则，这样既可以避免地方立法带来的区域隔阂问题，也能避免恶意债务人滥用规则。但同时如何使法律照顾到合理的差异，给予个人债务集中清理制度在地方适用中一定的调适幅度，如还款比例与考察期年限的对应问题，如何在统一立法基础上顾及地区差异化需求，同样是立法者需要考虑的。

五、突破：个人债务集中清理与强制执行的联动重点

（一）诚信标准认定及偿债能力评价

个人破产制度的设立是为了拯救“诚实而不幸”的债务人。债务人提出申

请、金融机构作出免责许可,都需要具备一定的实体性和程序性规范。这两方面均应围绕“诚实”与“不幸”两个关键词展开,制度旨在提供筛选标准,只有符合这两项要件的债务人,才能够获得破产免责。在实践中“诚实”往往是一个带有主观性质的词汇,诚信债务人的判断依据是基于现有的依据,还是基于债务人从始至终的现实行为是否存在不诚信未有定论。对认定行为的模糊在另一个层面上增加了法院的考量成本。除“诚实”外,法院仍需要考量申请个人债务集中清理的债务人是否真的“不幸”,但不幸的原因无法穷尽列举,也不是每一个不幸的原因均能得到宽容的免责。

个人破产的办理是一项周期漫长、体系庞杂、事项众多、流程烦琐的工作。法院依法行使司法裁判权仅能对个人破产办理中涉及权利争议的事项进行司法审查和确认,无法涵盖个人债务评估和咨询、破产从业者管理、破产衍生事务管理、反破产欺诈调查等功能。人民法院受理破产申请后,对债务人债务财产状况的调查核实往往需要管理人与多方政府部门合作进行,但个人财产的多样性决定了财产登记制度的局限性,除法院在强制执行的过程中查到的财产外,其他的财产主要还是通过债务人自行申报后予以核实。为解决上述两个基础性问题,平阳县人民法院借鉴刑事案件的社区矫正制度,创新推出委托社区调查机制,制作委托评估函及委托调查表,将个人债务集中清理的社区调查工作委托给司法局驻乡镇司法所,由司法所所长作为联络员,深入了解其个人财产、家庭经济、消费水平、生活作风等,并反馈调查评估意见,由管理人制作成债务人偿债能力调查评估报告,现已形成制度化的运作模式,是府院联动机制深化的体现。此类方式能有效地利用行政和司法力量,形成长期有效的机制,随着实现执行退出案件数量的不断增多,能更好地强化司法公信力,获得群众的广泛认可。另外,还需要严格审核申请个人债债务人的个人征信等情况,做好谈话,征求其债权人意见。除通过委托社区调查等方式对债务人的情况进行全面了解外,必要时可以参考《深圳市个人破产债务人清偿能力评估试行办法》,邀请人大代表、政协委员、地方乡贤等召开听证会,对债务人的情况进行听证和评议。有条件的情况下,可以邀请检察院全程参与社区调查,进一步增强债务人财产调查报告的可信度和证明力,同时可以让检察监督工作从事后变成事前,有效化解执行局执行自由财产、失权复权、执行退出等方案时来自检察监督的顾虑。对于不符合个人债务申请条件或者不积极配合个人债务调查工作、意愿不强烈的,必要时裁定终止或者终结其个人债务程序,恢复强制执行程序。

(二)强制措施的解除与复权的方式

复权的终极作用在于以程序设计确保“诚实而不幸”的债务人重新回归正常的社会经济活动,进而实现个人破产制度的价值目标。为解除强制执行措施,法院应当制定失权复权方案。其主要面临的问题有3个:第一,在执行退出的考察期内应该解除什么强制措施,什么强制措施暂时不能解除。其实,失信措施是可以解除的,限高措施在考察期内建议予以解除,以向债务人发送书面限制高消费令或者以债务人出具无不诚信、高消费行为承诺书的方式进行替代。但是考察期内,不应当解除关于出入境的限制。对于其银行、微信、支付宝等财产冻结应当予以解除。第二,其他有执行案件的法院能否配合解除的问题。若其他有执行案件的法院对于配合解除执行措施有顾虑的,应当考虑能否通过交叉执行或者要求其他法院移送执行案件至本院。第三,复权的方式,以债务重整为例,根据《深圳经济特区个人破产条例》中相关规定,重整债务人的失权主要是8种禁止消费行为等限制,但条例设定的当然复权宣告方式较为简单,仅规定批准重整计划的同时作出解除限制债务人行为决定,将决定书送达债务人并通知破产事务管理部门,难以被社会公众所周知并产生公示效力,不利于发挥引导债务人预期和激励的作用。

(三)自由财产的认定与异议的提出

关于自由财产的认定,应当由管理人制作方案,并报请法院裁定。其主要面临的问题在于,一是关于自由财产范围的确定应以保障债务人的生存权和发展权为核心。自由财产的范围的确定可以直接参照现行法律对于应当为被执行人保留的财产范围进行认定。二是自由财产的金额若需要变动的处理,债务人可以在第一份自由财产保留方案中提出,为债务人保留一定数量金额的财产及国家根据物价水平调整最低生活保障的基本待遇。留下在之后变动自由财产金额因素出现的时候,法院可以再决定调整的依据,并提交全体债权人会议表决。首先,自由财产异议程序是保护债权人权益的重要措施之一,自由财产制度的初衷是保障债务人的基本生存和发展,但同时要合理保障与债权人相关的权益。因此,全体债权人对于自由财产的认定及变动仅具有异议权而非决定权。其次,提出异议的债权人或其他相关当事人应当承担证明责任。这样可以确保异议程序的公正性和合法性,有效维护当事人的合法权益。最后,法官应主动审查和验证债务人的自由财产清单,以准确界定这些自由财产。如果发现债务人申请的部分财产不属于自由财产,那么这部分财产法官不应当予以承认。这样可以避免债务人恶意隐瞒财产、违法转移财产等行为,保证债务人申请自由财产的真实性和合法性。

(四)复权考察期的设定与程序恢复

强制执行退出方案中主要面临考察期的问题。一是如何设定考察期的时间。考察期的时间最长不应超过5年,若经全体债权人同意,亦可以不设定考察期。考察期的设定,可以依照债务人所清偿债务的比例进行相应设置。二是考察期满后,若发现债务人有巨额财产,是否应当恢复执行。考察期满后,若发现债务人有巨额财产,通常有两种情况,第一是债务人故意隐瞒巨额财产,导致法院和管理人在清理过程中和考察期内无法发现,此时应当恢复强制执行,并且限定债务人在一定时间内不得再次申请个人债务集中清理;第二是发生情势变更,债务人因为通过找到高薪工作、创业成功、中彩票、继承遗产等射幸行为获得了巨额财产,此时无须恢复强制执行,可以考虑恢复个人债务集中清理程序,重新制定合理的清理方案。例如,对于其获得的巨额财产足够清偿全部债务的,应当帮助其制定清理方案,进行全面清偿。若有不足的,应当视情形,在保留其自由财产的前提下,进行部分清偿。部分清偿的范畴,可以在自由财产方案中进行设定,例如,超出部分的50%用于清偿全部债务,50%留给债务人自己,以此激励债务人创业创新的热情。

六、完善:个人债务集中清理与强制执行的联动配套机制

全面推进新时代法院工作实现新发展,必须紧扣时代脉搏,从服务大局、服务保障地方发展的视角出发,筑牢地方的法治根基。同时,以数字化改革为牵引,以规范化建设为抓手,从推进基层社会治理体系和治理能力现代化的高度与力度,积极寻求地方党委、政府的帮助,挖掘司法助企、柔性执法的典型案例,畅通企业家和企业共同申请破产的救济渠道,让企业家能通过个人债务集中清理

程序真正实现东山再起。

(一)深化府院联动机制

通过府院联动,地方人民银行、地方金融监管机构共同参与,协同推动金融债务无讼化解模式,打破传统银行诉讼追索金融债务的方式。如要求地方银行在向法院起诉债务人之前,应向公证处申报债权、申请支付令等。同时,可在公证处、金融调处中心办理委托,委托其中一家债权人银行与债务人进行谈判,约定还款时间及方式,进行债务的适当展期。在金融债权人与债务人进行谈判的同时,双方均可通过公证处、金融调处中心内的破产保护共享法庭向法院申请个人债务集中清理,由法院指定公证处派员担任公职管理人,并与金融债权人、债务人共同组成清算组,对债务人的家庭、经济、工作、生活等情况进行详细调查,由金融债权人派出的专业理财人员、公职管理人等对债务人提出专业的理财建议等,共同制定债务清理方案提交全体债权人表决通过。通过此种方式,可进一步打消金融债权人的顾虑。可在适当时机,邀请人大代表、政协委员、企业家共同参与,为其出谋划策、提供贷款、提供业务等,同时在此基础上适当探索"债转股"、企业预重整等事宜。

(二)积极倡导社会诚信

就社会整体而言,需要加强观念引导,对当事人进行充分的释明,使其认识到将执行案件移送个人债务集中清理程序对其自身乃至整个经济社会的优势与价值,这里的观念引导的对象不仅包括法官,也包括当事人,使债务人财产得以最大限度地实现,更加公平地分配案款,同时可以借此打击实践中出现的规避执行行为,从而使执行法官积极开展衔接工作。要充分发挥典型案例的指引作用。近年来法院越来越重视典型指导性案例对司法实践的指引作用,江苏、浙江等地法院都会发布典型破产案例供法院和当事人学习和参考。要不断挖掘诚信典型案例,鼓励社会公众积极参与诚信建设活动,常态化开展信用体系建设宣传、庭审观摩,打造普法宣传新阵地,推动形成崇尚诚信、践行诚信的良好风尚,加强司法公信建设,加大推动被执行人积极履行义务力度,依法惩治虚假诉讼,建立健全不敢失信、不能失信、不想失信长效机制,让诚实守信成为基层群众的价值导向和自觉追求。以平阳法院受理的施某某个人债务集中清理案件为例[①],施某某在法院为其制定了执行退出方案、自由财产方案,并重获新生后,仍然选择在能力范围内还款,并不断寻求与中国银行平阳支行等债权人达成和解方案,直至2024 年 6 月,其累计已向 7 位债权人偿还了 201,000 元。

(三)强化数字赋能提效

法治化营商环境对地方政府和地方法院的社会治理能力提出了新的要求,地方法院应加快推进审判工作现代化,做深做实为大局服务、为人民司法的创新实践。通过整合司法资源、优化司法流程,改革能够降低当事人的诉讼成本,提高司法效率,从而更好地保障人民群众的合法权益。如债务人可通过破产保护共享法庭,向法院法官咨询个人债务集中清理的申请事项、法律后果、清理效果等事项。法院指定公证处派员担任公职管理人并组成清算团队,对于债务人的情况进行全面调查,并对其个人预期收入、名下财产等进行全面监管,邀请合作银行对其债务清理提供专业意见和建议。

(四)防范金融债务风险

金融风险主要体现在金融债务清理,要参考域外关于个人破产的法律制度,尤其是破产保护期、金融债权委托谈判、个人金融债务展期的理念。主要针对于未有诉讼案件进入法院,但个人收入已经不足以支付金融债务的本息,即将或者已经处于“以贷转贷”的窘迫境况,同时预计将要面临债务逾期问题的自然人。这些自然人债务人可以主动向法院申请进入个人金融急迫债务清理程序。如平阳县人民法院打造的金融纠纷调处化解中心,以“调解 + 裁决 + 执行”一体化运作模式,由执行法官入驻金融化解中心,邀请司法局和村居干部共同参与调解,向银行的金融专家寻求理财建议、配合破产管理人进行调查监督、获得咨询破产管理人法律建议的机会等,在此基础上与诸多金融机构达成一致意见,考虑给予其债务延展期、减免手续费等优惠政策助其解压。通过个人债务集中清理促进金融机构启动不良呆账核销程序,提高市场化不良处置能力。抓牢源头性疏导、

---

① 参见施某某个人债务集中清理案,浙江省平阳县人民法院(2020)浙 0326 执清 1 号执行裁定书。

实质性化解、综合性治理3个发力点，通过个人债务集中清理使本案实现执行退出，在依法保证金融机构的合法权益的同时，最大限度减少对被执行人的权益影响，让司法改革成果惠及更多人民群众。

（五）协调执破程序衔接

如何解决"企业破产产生的自然人连带责任担保债务问题"是一大难题，要加快完善个人债务清理与企业破产程序的配套机制。强制执行终本库的出清，一方面需要法律依据的支持，不仅需要法律赋予相关权限，还需要通过具体的程序来保障债权人和债务人的合法权益，打破法院系统内部利益樊篱，适当激励执行部门推动执行转破产，这是法院系统自身可以推动的措施，包括在建立执行系统单独考核的过程中，可以完善针对执行转破产的工作量计算。另一方面要充分利用信息化办公的优势，使执行法官可以更便利地完成案件移送。当企业发生破产原因，导致企业法人应以自身财产承担的有限责任转嫁为特定自然人的无限责任时，与破产企业有关联的自然人可以申请个人债务集中清理，与企业破产一并清算。平阳县人民法院办结的个人债务集中清理第一案的申请人蔡某就是企业股东，作为债务人与企业合并进行了清算，让破产企业的股东同时申请个人债务集中清理，并案审理后该案最后达成了一次性清偿的和解协议，进一步畅通了市场主体退出渠道及降低退出成本。除上述几点措施外，从长远来看，还有其他更深层次的问题需要解决。法院管辖如何打破行政束缚、摆脱地方利益考量就是下一步司法综合配套改革的重点，这对于解决当前的执行难，尤其是执行转破产难意义重大。

自然人和个体工商户作为企业家创新创业的初步阶段，与中小企业一样，都是市场经济不可替代的参与者和竞争者，对市场经济的繁荣发展具有独特作用。与此同时，个人资不抵债或者企业家因企业经营不善破产而自身陷入困境的情况也时有发生。由于目前没有个人破产法，个人负债无法偿还时，不仅个人很可能陷入经济纠纷一蹶不振，也不利于各社会经济参与者合法退出权益的切实保障。因此，通过个人债务集中清理程序与强制执行退出机制的创新，既限制投资风险、摆脱债务泥潭，做好企业家创新创业最后一步的兜底工作，为自然人、个体工商户、企业家等社会经济主体退出市场经济的退路提供制度保障；又促使创新创业失误的风险可以预期，自然人、企业家有机会在免责考察期内解决个人债务问题,让自身和家庭重启人生新篇章,也为对市场经济信心不足、望而却步的参与者打了一剂“强心针”,更有效地激励自然人、企业家充分发挥其自身的活力与创造性,积极创新创业,从而推动“三支队伍”的建设,进一步助推现代化建设的高质量发展。

第二部分

制度创新

企业金融风险处置工作府院联席会议纪要

温政办函〔2018〕41号

2018年12月13日，市政府副市长主持召开企业金融风险处置工作府院联席会议，就推进预重整工作相关问题进行协调。参加会议的有市法院、市委政法委、市经信委、市公安局、市财政局、市国土资源局、市住建委、市商务局、市法制办、市处置办、市税务局、市人行、温州银监分局、省联社温州办事处等部门相关同志。

一、会议听取了市处置办关于企业金融风险处置工作情况市法院关于推进预重整工作意见的汇报。会议指出，我市借力温州金融综合改革，探索建立金融风险防范体制机制，全力化解企业债务风险，全市企业金融风险继续保持稳中有降的态势。政府主导下的预重整机制是我市推动市场化破产程序的有益尝试，更是我市企业风险处置工作中的一项重要创举。会议要求，市各有关部门要敢于担当、勇于探索、积极配合、加强联动，进一步坚持和完善预重整机制，助推我市企业金融风险处置工作创新发展。

二、会议就推进预重整工作有关问题明确如下。

（一）预重整应坚持市场化和当事人自治原则。

（二）进入预重整程序的企业应为符合国家产业政策，行业前景较好，具有挽救价值的当地核心优质企业。

(三)预重整程序由属地政府启动,并指定入选人民法院管理人名册的中介机构负责具体工作;人民法院对相关工作进行指导和监督。

(四)债务人企业进入预重整程序应由属地政府发布书面文件予以确认。发布文件的时间作为预重整程序正式启动的时间。

(五)人民法院根据政府文件由立案部门立"引调"案号交破产审判业务庭;破产审判业务庭负责预重整阶段的法律指导和监督。

(六)预重整阶段由政府参照关于管理人指定的相关法律规定和文件指定管理人,并征求债务人和主要债权人意见。管理人应向属地政府、债权人会议和法院报告预重整工作情况,接受监督与指导。

(七)预重整阶段,政府应召集主要债权人成立债权人会议,并制定议事规则,由债权人会议对预重整阶段的相关工作行使表决权。

(八)预重整期间通常不超过6个月,如到期确有必要延长的,经债务人或者管理人请求,属地政府可以决定延长3个月。

(九)重整计划草案由债务人或管理人制定,并提交债权人会议进行预表决。同意重整计划草案的表决票效力可以带入重整程序。

(十)如需引进战略投资人,属地政府、管理人、债务人等均应积极参与,聚集各方资源提高引进效率和成功率。

(十一)预重整期间结束,债务人或管理人未能提交重整计划草案或提交的重整计划草案最终未能通过预表决,则预重整工作结束。法院的"引调"号案件也同时结案。重整计划草案获得预表决通过,则债务人或债权人向法院提出对债务人进行重整的申请。法院对符合受理条件的申请应及时裁定受理。

(十二)预重整期间,应优先保障债务人的重整,由属地政府与相关法院协调,暂缓采取可能影响债务人重整的执行措施。

(十三)预重整转入重整程序的,原则上应指定预重整阶段的管理人继续担任管理人。

(十四)预重整失败的,由债务人向管理人支付合理报酬,债务人向管理人支付合理报酬不属于偏颇性清偿。预重整转入重整程序的,管理人报酬在破产程序中由法院一并决定,不再单独计算预重整阶段的管理人报酬。

(十五)预重整阶段的工作参照《中华人民共和国企业破产法》及相关法律规定进行。

温州市优化营商环境办理破产便利化行动方案

温中法〔2019〕74号

为深化"最多跑一次"改革,全面优化营商环境,现根据《浙江省优化营商环境办理破产便利化行动方案》,结合近年来温州破产审判工作实际,积极推进办理破产便利化,特制定以下行动方案。

一、总体工作目标

坚决落实党中央、国务院、省市党委、政府进一步优化营商环境决策部署,着力解决长期困扰破产审判的重整企业信用修复、破产企业涉税问题等痛点难点,积极开展与个人破产制度功能相当的个人债务集中清理试点工作,大力推进破产案件简易审理,实现适用简易程序审理的破产案件一般在6个月内办结;加强执行与破产程序衔接,提高信息化、智能化水平,推进温州破产审判工作市场化、法治化、常态化,营造稳定、公平、透明和可预期的营商环境。

二、主要工作任务

(一)加强部门合作,破解破产难题

1.进一步健全完善推动破产审判府院联席会议制度。认真贯彻落实《企业破产处置工作联席会议纪要》(温政办〔2014〕90号)、《中共温州市委专题会议纪要》(〔2016〕9号)等府院联席会议纪要精神,进一步推动破产审判府院联席会议制度高效率、高质量运行,由市领导领衔,市法院、市发展改革委、市金融办(市处置办)、市公安局、市司法局、市检察院、市财政局、市人力社保局、市自然资源和规划局、市住建局、市市场监管局、市税务局、人行温州市中心支行、温州银保监分局市医疗保障局等部门参加,定期会商解决破产审判中的工作难题。各部门落实协调联系人,确保具体案件处理、政策协调时能够在十个工作日内答复工作进展。各县(市、区)要依托破产审判府院联席会议平台,积极完善破产处置工作机制,着力破解办理破产难题。

2.加大对破产援助资金的支持力度。贯彻落实《温州市市级企业破产援助资金管理和使用办法》(温财行〔2013〕635号)文件精神,市财政局指导未建立破产援助资金的县(市、区)设立专项破产援助资金,及时解决无产可破或者缺乏启动资金的企业破产程序启动和推进问题。

3.破解破产税务难题。贯彻落实《企业金融风险处置工作府院联席会议纪要》(温政办〔2017〕84号)及市法院与市税务局共同出台的相关税费协作会议纪要等文件精神,积极落实税务司法合作机制、企业预征所得税退税及破产程序不预征机制、破产重整纳税评价机制、破产企业非正常户状态下开具发票流程等制度成果。市税务局要及时提出措施,着力破解企业破产程序中税务注销、税收滞纳金核销、税收优惠政策落实、重整企业税收信用修复等方面存在的问题。

4.推动简易注销便利化。继续贯彻落实市法院与市市场监管局共同出台的《温州市市场监督管理局协助人民法院执行企业破产相关登记操作规范》(温市监联〔2016〕5号)文件精神并进一步优化破产企业简易注销的标准、要求和步骤,明确凭借破产终结裁定书即可办理相关注销手续,由管理人向市场监督管理部门申请注销。

5.积极探索破产企业土地、房产处置措施。市自然资源和规划局、市住建局加强工作指导，支持各地积极探索对大宗难以处置的土地、房产，在经相关部门审核符合相关要求、具备独立分宗的条件下，经当地政府研究同意后，采用分割转让的方式进行处置；继续贯彻落实《中共温州市委专题会议纪要》(〔2016〕9号)文件精神，落实破产财产处置后过户手续办理抵押物登记注销手续办理等流程的相关规定，简化破产财产过户手续，为加快财产处置提供有力支持手段。

6. 强化逃废债立案查处。各级公安、检察、法院要严格按照《关于依法打击恶意逃废债的指导意见》的要求，加大对逃废债行为的打击力度，加强对逃废债行为的甄别，区分情形处理相关人员的刑事责任与民事责任。建立和完善在破产审判过程发现犯罪嫌疑的移送侦查工作机制，为形成打击逃废债合力提供制度化保障。

7. 强化产权保护。切实落实《中共浙江省委浙江省人民政府关于完善产权保护制度依法保护产权的实施意见》的要求，法院受理破产案件后，相关单位应当严格按照《中华人民共和国企业破产法》《中华人民共和国刑事诉讼法》等法律规定依法解除有关债务人企业的保全措施以及刑事查封、扣押、冻结等强制措施。

8. 优化破产企业职工社保工作。对于破产企业已为员工在社保及医保经办机构办理参保，但未能向税务部门缴纳社会保险费，产生相关社会保险费欠费的情形，由税务局统一进行债权申报，同时应据实确定社会保险费债权的计算截止时间。

9. 优化重整企业信用管理。人行温州市中心支行要督促商业银行落实重整企业信用修复；配合管理人管理企业账户；市银保监分局结合省级层面出台的措施，积极推动简化银行债权人减免涉破产企业债务所需履行的手续等方面的措施落地。

(二)创新工作机制，提高专业化水平

1. 设立专门的破产法庭。市法院积极争取最高人民法院批准设立温州破产法庭，并向省高院申请在破产案件受理数量较多、破产审判工作开展较好的基层人民法院设立专门的破产法庭提升破产审判的专业化水平。地方党政在人、财、物方面应对破产法庭的设立提供大力支持。

2. 培养专业的破产审判团队。在法院系统内部机构改革的背景下，瓯海法院、瑞安法院保留现有的专业破产审判庭,对于暂不具备设立专门破产庭条件的基层人民法院,应设立专门负责破产审判业务的合议庭,实现破产案件审理的集中化、专业化,市法院每年定期组织破产业务培训,强化破产审判人员专业素质。

3. 积极开展与个人破产制度功能相当的试点工作。市法院要向省高院及最高人民法院提出申请,积极争取开展个人破产制度试点工作,同时要积极开展与个人破产制度功能相当的个人债务集中清理工作,落实温州市人民政府办公室于2019年出台的《企业金融风险处置工作府院联席会议纪要》、市法院出台的《关于个人债务集中清理的实施意见(试行)》(温中法〔2019〕45号)文件精神,并为个人破产制度的建立提供实践素材,为破产审判探索新的制度通道。

4. 继续推动预重整工作。市法院要及时总结和推广预重整制度在温州实践的经验,积极指导两级法院开展预重整工作,加大预重整案件受理力度,提高破产企业重整的成功率。

(三)推进破产案件简易审理,强化执行和破产程序对接

1. 贯彻落实简化破产案件审理程序的规范性文件。两级法院应加强上级法院的相关文件及市法院出台的《关于试行简化破产案件审理程序的会议纪要》(温中法〔2013〕54号)的贯彻落实,探索对破产程序的期限、审判机构、部分程序等在法律允许的范围内进行简化,确保简化审理程序的破产案件数量切实提高破产审判效率。对符合条件简化审理程序的破产案件一般应在6个月内审结。

2. 充分发挥执行程序的功能作用。切实加强执行破产程序衔接,贯彻落实上级法院文件和市法院出台的关于执行程序与破产程序衔接的规范性文件,继续深化执行案件移送破产程序的协作和深度融合。继续深化执行与破产程序衔接,通过由执行部门法官与破产审判部门法官组成联合合议庭审理破产案件、在执行程序中进行财产处置提高破产案件审理效率、在破产程序中运用执行强制措施等方式,充分发挥执行程序功能,加快破产审判效率。对省高院推进的破产办案平台与执行办案平台对接工作要积极响应、及时落实。

(四)加强破产审判信息化建设,便利破产财产处置

1. 继续推动破产财产的司法网络拍卖。贯彻落实市法院出台的《关于通过网络司法拍卖平台处置企业破产财产的会议纪要》(温中法〔2015〕75号),明确

破产财产司法网拍的主体与财产范围，规范司法网拍的整体流程及职责承担，提高破产财产处置效率，实现破产财产价值最大化。针对单设破产财产网络拍卖模块的变化，要适时研究对既有规则的调整，提高破产财产处置效率，实现破产财产价值最大化。

2. 推动债权人会议网络化。鼓励破产案件审理法院采用召开网上债权人会议等方式深度运用信息化手段，便利债权人参会，提高破产审判效率。

3. 积极响应省高院推进的浙江省办案工作平台与全国法院破产重整信息平台对接工作。省高院对进一步优化浙江省法院办案工作平台与全国法院破产重整案件信息平台对接的举措两级法院要及时响应并落实。

（五）提升破产管理人履职能力和业务水平

1. 完善破产管理人考核制度，实现动态管理。严格落实市法院出台的《关于破产管理人履职评价的办法（试行）》（温中法办〔2017〕58 号），规范对管理人履职工作的评价机制。两级法院要建立管理人履职评价常态机制，并积极运用评价成果；建立管理人履职资料库，为管理人分级管理打下基础。

2. 加强破产管理人履职保障和监督。充分发挥温州市破产管理人协会的作用，加强破产管理人报酬保障资金、接管及保存债务人企业账册等方面的履职保障；同时也要加强对管理人协会对管理人报酬资金提成、管理人账户规范使用等方面的监管。

3. 开展业务培训，提升业务水平。依托市破产管理人协会、市律师协会和市注册会计师协会，定期开展业务培训、专题调研，适时举办业务论坛、沙龙等，提升破产管理人履职能力。

三、工作实施保障

（一）加强组织领导。破产案件的办理涉及面广，关注度高，社会敏感度高。市委改革办要加强统筹，法院、发改委金融办（市处置办）、公安局、司法局、财政局、人力社保局自然资源和规划局、建设局、市场监管局、检察院、税务局、人民银行、银保监分局、医疗保障局等要加强部门合作，协同推进。继续推动破产审判府院联席会议机制高效运行，联席会议各成员单位指定专人负责有关任务的落实和对接。联席会议办公室设在市处置办,建立定期例会制度,加强协同配合,优化破产审判的外部环境。市法院和有条件的基层人民法院成立优化营商环境破产专项小组,由民事审判部门、立案部门、执行部门、审判管理部门共同参加,不断提高办理破产执行力。

(二)注重宣传培训。要深刻认识办理破产便利化行动对优化营商环境的重要意义,通过制作破产宣传册、新闻通稿适时召开新闻发布会等宣传方式切实向社会公众传播正确的破产保护理念,向企业宣传破产保护文化,提升社会各界对破产制度的认识水平,提高破产便利化行动的知晓度。政府各相关部门对出台的文件要加强条线宣传落实。

关于完善温州市办理破产府院联动机制的意见

温法建领办〔2022〕8号

近年来，温州市积极开展企业破产审判探索，率先构建了完善的破产府院联动机制，共出台七份专题府院联席会议纪要，办理破产“温州模式”取得显著成效，相关经验先后被浙江省政府、国家发改委等复制推广。为落实党的十九大精神，贯彻新发展理念，服务保障供给侧结构性改革和营造国际一流营商环境，防范化解重大风险，深入推进办理破产中的信息提供、业务协调、维护稳定等工作，进一步健全完善破产机制建设，为实施法治化、市场化、国际化破产程序创造条件，结合温州实际，制定本意见。

一、工 作 原 则

（一）坚持依法行使职权原则。法院依法独立公正行使审判职权，政府有关部门依法履行破产行政管理职责，管理人（清算组）依法履行法定职责，任何行政机关、团体及个人都不得非法干涉、阻挠。

（二）坚持协作配合原则。联席会议各成员单位应充分发挥职能作用，与人民法院共同开展破产审判工作，发挥联动机制的强大合力。

(三)坚持信息共享原则。建立全市协作推进办理破产工作联席会议信息共享机制力,对工作信息严格管理,高效共享,不得违法、违规滥用、泄露有关秘密。

(四)坚持数字赋能原则。积极落实省、市委有关数字化改革的决策部署,推动破产相关事务线上办理,全方位提升办理破产的能力与效率。

二、主要任务

(一)夯实破产工作基础。充分依托破产府院联动机制,依法合规办理破产所涉资产处置、税务注销、重整企业信用修复、刑民交叉、企业注销等难点问题,凝聚府院工作合力,筑牢破产工作根基,有效实现资产重组或市场出清,切实保障破产各方主体合法权益,推动市域经济高质量发展。

(二)助力优化营商环境。深入贯彻中央、省市委有关供给侧结构性改革等决策部署,对标国际一流水平与国家测评标准,密切关注办理破产中的新情况、新问题,充分发挥政府职能部门作用,加大破产改革创新力度,力争办理破产便利化取得实质性成果,营造市场化、法治化、国际化营商环境,为"两个健康"先行区创建提供破产法治保障。

(三)防范化解重大风险。积极防范化解重大风险特别是金融风险,优化破产审判与金融监管、金融服务的衔接,建立重点领域和企业敏感案(事)件信息共享机制,定期监测、评估、通报破产(僵尸)企业的相关信息,依法惩治恶意逃废债等违法行为。

(四)推进破产数字化改革。深入贯彻省、市委有关数字化改革的决策部署,联通破产协助部门,汇聚办理破产数据,打造"办理破产一件事"平台,对接法院破产智审系统,线上便捷办理破产协作事宜,以数字赋能破产工作。

三、单位职责

(一)市法院

1. 充分发挥审判职能作用,持续推行预重整指导小组、个人债务集中清理工作专班等跟案指导。

2. 梳理汇总全市法院破产审判中需要政府部门协调解决的问题,统筹研究与破产相关的法律问题,与市政府(有关部门)协同解决管理人履职中遇到的困难,依法高效推进管理人履职便利与行业发展。

(二)市检察院

1. 为管理人履职过程中因工作所需的阅卷要求提供协助。

2. 积极参与破产程序中逃废债行为的打击,并对破产程序中涉嫌虚假申报、逃废债行为等虚假诉讼行为依法进行刑事立案监督。

(三)市委办(市档案局)

会同市法院、市发改委、市市场监管局建立相应工作协调机制,加强对企业档案处置工作的组织协调、监督和指导,做好与市破产管理人协会的联系沟通,协调市档案馆为辖区内企业档案处置提供档案数据备份存证等档案公共服务。

(四)市发改委

1. 牵头推进全市优化营商环境工作,推动协调解决管理人在破产程序中依法履职遇到的困难和问题,为管理人依法履职提供便利条件。

2. 依托市公共信用信息平台,完善破产重整企业信用信息共享机制。

(五)市公安局

1. 协助持有法院出具的调查令的管理人查询相关信息材料:协助查询破产企业的法定代表人、负责人、股东、董事、监事和高级管理人员等身份信息;协助查询车辆信息。

2. 及时处理回复管理人履职、法院审判过程中发现而举报或移交的涉嫌犯罪线索,积极配合法院对虚假诉讼、恶意逃废债行为开展打击。

3. 对管理人依法向公安机关申请解除对破产企业财产查封、扣押、冻结等保全措施的情形,且破产企业财产不属于刑事案件涉案财产范围的,应当依法予以解除。对是否属于涉案财产范围存在难以认定的,可与法院沟通协商,共同研究解决涉案财产范围认定等相关问题。

4. 协助办理管理人刻制管理人印章的相关手续。

(六)市司法局

1. 组织公证机构做好涉企业破产的公证服务保障。

2. 积极推进公职管理人工作试点,配合做好个人债务集中清理工作。

3. 试点开展破产事务行政管理工作。

4. 其他破产事务性工作。

(七)市财政局

积极做好相关资金的保障工作,将相关部门办理破产所需经费纳入各部门预算统筹安排,保障管理人履职。

(八)市人力社保局

1. 协助管理人查询破产企业在保人员、职工社保明细等。

2. 办理停保、账户注销、协调解决破产企业职工社会保险关系转移等事项,积极促进企业职工再就业。

3. 依法妥善处理劳动关系与工伤赔偿的支付,依法保护职工的合法权益。

(九)市自然资源和规划局

1. 协助办理管理人的查询(包括调取城建档案)、不动产登记、开竣工期限延长手续并签订补充合同及其他破产协助事务。工程档案报送市城建档案馆按不完整档案保管,出具档案接收证明。

2. 协助提供破产企业欠缴全民所有自然资源资产出让价款等信息。

3. 有效盘活不动产资源,经审批后允许具备独立分宗条件的宗地依法办理分宗审批手续。

4. 简化破产企业不动产处置后办理转移登记。对管理人处置破产企业不动产后需要办理不动产转移登记的,依照2016年市委专题会议纪要中有关办理过户手续及抵押物登记注销手续的规定处理。

5. 着力解决破产企业不动产登记历史遗留问题,妥善认定资产权属。依法积极推动因未达到出让合同(划拨决定书)约定条款、超竣工期限、未办理验收等问题导致无法办理转移登记的不动产完善有关手续,支持管理人加快破产企业财产处置。

（十）市生态环境局

为破产企业涉及续建的项目环评审批提供便利。

（十一）市住建局

协助管理人调取网签数据、竣工验收备案、物业用房移交手续等。

（十二）市市场监管局

1. 设置破产企业警示信息。对进入破产或强制清算程序的企业，管理人（清算组）可持法院裁定书到企业登记机关申请设置警示信息。警示信息设置后，除因案件办理需要外，不得为被清算企业办理变更、备案登记。

2. 建立大数据共享机制。通过数据赋能与共享，实现包括商事登记数据、商事登记影像档案、送达承诺在内的信息数据交互，为管理人网上申请办理工商查询、注销事宜提供便利。简化破产企业申请注销登记的材料。对法院裁定宣告破产并终结破产程序或强制清算程序终结后办理注销登记的，由清算人、破产管理人向市场监管部门提出申请，提交法院指定其为清算人、破产管理人的证明，和法院宣告破产（终结破产程序）的裁定书原件或法院终结强制清算程序的裁定书原件（包括以无法清算或无法全面清算为由作出的裁定），无须再提交清税证明和报纸公告证明。

（十三）市金融办（市处置办）

1. 推进完善预重整工作，挽救有价值的当地核心优质企业，实现债务调整的效率优势，提高重整成功率，降低重整方的成本与风险。

2. 对申请进入破产程序的企业，由法院根据具体情况发函报处置办进行甄别，处置办应及时予以回复。如认为存在暂时不宜进入破产程序的情形的，应明确具体的事由。

（十四）市医疗保障局

为破产企业职工医疗保险的查询、停止、迁移、注销等手续办理提供便利。

(十五)人行温州市中心支行

1. 推动法院、管理人的查询、划转、开户、注销、信用修复以及其他破产工作协助事务便利化与规范化。

2. 支持管理人依法接管破产企业账户。管理人可以凭借法院破产申请受理裁定书、指定管理人决定书接管破产企业账户,依法办理破产企业资金划转。管理人身份核实后,各金融机构应及时配合办理相关业务,不得设置其他条件。企业在被执行或者破产后,未经法院批准或者管理人申请,不得开立新的账户。

3. 加大重整企业融资支持,支持重整企业金融信用修复。破产企业重整计划被人民法院裁定批准后需要对其信用记录进行修复的,管理人可凭人民法院作出的批准重整计划裁定书向人民银行申请重整企业信用修复;人民银行经审查后以"征信中心说明"的方式在征信系统中添加重整情况并向信息使用者进行展示;督促金融机构加强与上级机构的沟通汇报,在破产程序中受偿后 10 日内重新上报信贷记录,在企业征信系统展示金融机构与破产重整后企业的债权债务关系,金融机构应将原企业信贷记录展示为结清状态。

(十六)温州海关

1. 涉及未缴纳的进出口环节税费及其滞纳金、监管证件管理、未办结检验检疫等手续的海关监管货物,配合管理人明确办理程序及要求,协助管理人在办结海关手续后提离、处置相关货物。

2. 及时申报债权,并在债权申报期间提供行政处罚决定书等依据。

(十七)市税务局

1. 及时申报债权,并在债权申报期间提供明确的纳税依据与计算方式。

2. 为管理人查询、变更、清算备案、申领发票、纳税申报、非正常户解除、税控设备和发票遗失罚款、税务证件补办、密码重置、税费申报缴纳、退税、税收减免等,以及其他破产涉税事项提供高效便利服务。

3. 简化税务注销前业务办理流程,为破产企业税务注销提供便利。对处于非正常户状态的破产企业,管理人申请解除非正常户状态、补办纳税申报手续且符合规定条件的,税务机关应简化相关申报手续并在条件成熟时准许批量办理。

税务机关在破产清算程序中按法院裁定认可的分配方案受偿企业欠缴的税款本金、滞纳金、罚款后，应当依法核销未受偿的税款本金、滞纳金、罚款。开通破产企业绿色通道，简化相关申报手续，减少管理人工作量。管理人依法申请税务注销时，税务机关应当及时出具清税文件，按照规定核销“死欠”，不得要求提供额外与纳税无关的证明文件或以税款未全额清偿为由拒接。

4. 支持企业纳税信用修复。重整或和解程序中，税务机关依法受偿后，管理人或破产企业可以向税务机关提出纳税信用修复申请，税务机关根据人民法院出具的批准重整计划或认可和解协议的裁定书评价其纳税信用级别。已被公布重大税收违法失信案件信息的上述破产企业，经税务机关确认后，停止公布并从公告栏中撤出，并将相关情况及时通知实施联合惩戒和管理的部门。有关部门应当依据各自法定职责，按照法律法规和有关规定解除惩戒，保障企业正常经营和后续发展。

（十八）温州海事局

协助管理人查询及提供其所需相关船舶登记信息等，为办理抵押权、所有权、国籍登记证书的注销提供便利。

（十九）温州银保监分局

1. 监管督促各金融机构配合管理人依法开展履职工作，积极主动及时履行作为金融债权人的职责。

2. 推动贯彻落实金融机构债权人委员会的工作。

（二十）市破产管理人协会

1. 进一步加强对管理人业务工作的培训与指导，发挥协会学习交流合作的平台作用，促进本市管理人在破产法领域的理论研究与经验总结。

2. 积极发挥协会作用，为管理人履职争取更大保障。

3. 充分发挥协会的规范与监督职能，注重统一相关指引、规则，配合法院对管理人的履职行为进行监督管理。

四、强化保障

(一)加强组织领导。联席会议以定期或不定期召开会议方式开展工作，按照民主集中制的原则由参加会议的成员单位集体研究，根据多数意见作出决定。联席会议由总召集人或召集人主持，联席会议办公室根据拟提交会议讨论的内容制定会议方案，报召集人批准后组织实施。

(二)加强责任落实。明确工作制度要求与职责分工，对联席会议形成的决议和纪要，有关单位要切实贯彻执行，并及时抄送有关领导和部门。设置跟踪、监督、反馈工作机制，由联席会议办公室专司负责，切实增强联席会议制度的执行力。本意见未尽事宜及实施过程中产生的问题，由市法院负责牵头，协调各相关职能部门予以协调和解释。

(三)加强总结宣传。联席会议办公室要及时、全面收集、总结联席会议制度工作情况，定期组织信息报送、宣传报递等工作。

关于完善金融机构对破产程序配套服务优化营商环境的纪要

温金融办〔2022〕60号

为加强金融服务与破产审判工作的衔接，深化“最多跑一次”改革，全面优化营商环境，现结合温州金融工作与破产审判工作实践，经各方充分协商，就加强金融配套服务、推进破产审判工作、促进困境企业重整再生等方面，形成以下共识，纪要如下。

一、保障管理人履职更便利

第一条 管理人可以向金融机构申请查询债务人的账户等情况，包括但不限于：户名、账号、开户资料、预留印鉴、账户余额、交易流水、交易对手名称、对账单、交易底单凭证以及司法冻结、质押、受限等电子及纸质信息材料。如需查询破产企业及其关联企业的征信报告，管理人持受理破产申请裁定书、指定管理人决定书和人民法院调查令到当地人民银行查询。

第二条 管理人可以向金融机构申请开立管理人账户。金融机构应优化办理流程，提高办理效率。管理人账户期限根据管理人申请设定，一般不超过2年。金融机构应在账户有效期届满前及时通知管理人，需要展期的，管理人及时提出申请并出具法院展期说明函件，由金融机构审核后完成账户展期手续,展期一般不超过一年。管理人应当在终止执行职务后,及时办理管理人账户注销手续。

第三条 管理人可以向金融机构申请将债务人账户内款项转账至管理人账户,金融机构应予以办理。

第四条 管理人可以依法向金融机构申请解除对破产企业账户的冻结等保全措施,金融机构应在收到申请后3个工作日内予以办理。保全措施解除后,管理人应当及时通知原采取保全措施的相关部门或单位。

第五条 受理破产申请后,金融机构不得自行从破产企业账户扣款用于清偿其原先贷款本金及利息等债务。如发生扣划情形,金融机构在收到管理人要求退还扣款通知后,应在3个工作日内办理退款。

第六条 管理人可以向金融机构申请办理债务人结算账户(含非正常户)注销手续,原账户内余额应当归结至管理人账户,金融机构不得以债务人账户存在欠费为由拒绝办理账户注销手续。

第七条 破产企业重整成功的,可以凭人民法院批准重整计划裁定书向金融机构申请撤销破产企业原账户并按人行规定开立新账户,金融机构应及时予以办理。

二、保障破产审判工作更有效

第八条 温州银保监分局应当鼓励金融机构积极高效行使表决权,协助配合推进破产程序;金融机构主动向上争取政策支持,突破性的简化审批流程、优化审批标准。国有及国有控股金融机构作为债权人参与破产程序的,应正确处理国有资产保护与正常商业风险之间的关系,不能仅以债权未得到全部清偿为由反对清算或重整。

第九条 金融机构应当及时申报债权,并争取在第一次债权人会议上指定的期限内完成表决。

第十条 重整计划被裁定批准后、重整计划执行完毕或和解协议履行完毕后,管理人可以凭人民法院出具的相应裁定书(或函件),向人行温州市中心支行申请在金融信用信息基础数据库中添加或更新相关信息,及时反映企业重整或和解情况。

第十一条 人行温州市中心支行应鼓励金融机构认可破产重整企业“征信中心说明”的内容，不得以征信系统内原不良信用记录而予以一票否决。管理人应协助配合金融机构的贷前尽职调查，并如实提供金融机构所需资料和信息。

第十二条 金融机构在破产程序受偿后10日内重新上报信贷记录，在企业征信系统展示金融机构与破产重整后企业的债权债务关系，金融机构应将原企业信贷记录展示为结清状态。

第十三条 人行温州市中心支行、温州银保监分局积极鼓励、指导辖区内金融机构配合人民法院开展个人债务集中清理工作，向上级争取政策支持和突破，形成银行不良资产核销工作与个人债务集中清理工作双推动。

三、保障金融环境更有序

第十四条 受理企业破产申请后，管理人应当及时在“全国企业破产重整案件信息网”录入信息，并通知已知金融机构债权人破产案件受理情况，金融机构债权人应按程序申报债权、行使债权人权利、履行债权人义务。

第十五条 人民法院应督促管理人及时处置破产财产。金融机构担保债权人请求优先受偿的，由管理人对申请进行审查，符合优先受偿条件的，管理人应积极落实优先受偿方案，不得以报酬未协商等理由拒绝或拖延拨付款项；如不符合条件的，应当书面说明理由并退回申请。管理人对担保财产变价款进行优先偿付前，可以扣留担保财产保管、维护、评估、变价、交付、过户等所需费用、税款。

第十六条 制订清算或重整方案时应当合法合理保护金融债权，金融债权不能得到全部清偿的，应充分协商和沟通，争取多方支持，尽量达成共识。

第十七条 市法院、市金融办、人行温州市中心支行和温州银保监分局应强化对破产企业逃废债的打击力度。管理人或金融机构发现或掌握破产企业或其法定代表人、实际控制人存在隐匿、转移财产以规避执行等恶意逃废债情形的，可申请人民法院依法采取相关措施，可能构成犯罪的，移送公安审查立案。

第十八条 金融机构依法积极支持管理人追查破产企业财产，鼓励将发现的恶意转移破产企业财产的情况及时通报管理人。管理人为追查破产企业财产去向，需要查询破产企业之外相关联人员或单位的账户信息、交易明细等情况的，可由具有律师身份的管理人成员向人民法院申请调查令调查，或者申请人民法院进行调查,金融机构协作做好资金往来等信息查询工作。

四、保障协助机制更通畅

第十九条 建立常态化联络机制。市金融办企业服务处、温州市破产法庭、人行温州市中心支行金融稳定科、温州银保监分局大型银行监管科等为业务合作牵头部门,建立定期联络制度,并确定具体联络员负责联系、协调和落实日常合作事项,组织开展相关交流活动。

第二十条 搭建数字化网络工作平台。以"破产智审"数字化应用为基础平台,下设"破产一件事"模块,市金融办、人行温州市中心支行、温州银保监分局以及各金融机构指定专人配置账号(以手机号码为登录账号),可以通过互联网登录,实现管理人、法院、政府等主体线上处理查询类、办理类、通知类等业务。主要流程为:

(1)人民法院或管理人在"破产智审"应用发起业务时,通过系统将函件、身份证件等材料推送至相关部门,并通过短信等方式提示承办人。

(2)相关部门接收到材料后,一般于事项发起之日起3个工作日内办理完毕。

(3)相关部门完成业务办理后,将办理事项生成的材料上传"破产智审"应用。

第二十一条 统一业务办理要求和流程。人行温州市中心支行、温州银保监分局指导各金融机构统一规定管理人办理各项破产金融事务所需手续及材料,并督促各金融机构通告管理人协会及各分支机构。如金融机构没有明确规定上述手续及材料的,管理人前往金融机构办理事务,一般提供如下材料:受理破产申请裁定书、指定管理人决定书、管理人出具的申请办理相关事项的函、载明经办人员的授权委托书、经办人员身份证件(若申请函已载明经办人员则无须提交授权委托书)。各金融机构在具体业务办理过程中不得另行要求提供额外证明或材料。

第二十二条 加快事项办理进程。法官或管理人在金融机构办理业务时,金融机构应当即时办理,不能即时办理的,应当告知管理人办理的具体时限,并视情况采取电子、邮寄等送达方式。

第二十三条 管理人履职过程中,金融机构未依照相关规定予以配合的,管理人可以通过市法院向相关金融管理部门提交《问题联系单》或直接提交;管理人未依法规范履职的,金融机构亦可以通过相关金融管理部门向市法院提交《问题联系单》或直接提交。相关部门一般于收到《问题联系单》之日起 7 个工作日内将核实及处理情况予以书面回复。

第二十四条 市法院、人行温州市中心支行、温州银保监分局探索将本规定的有关要求纳入金融机构、管理人业绩考核范畴,实施常态化监督考核。市法院、人行温州市中心支行、温州银保监分局等单位,于每年 12 月将本年度的《问题联系单》及核实、处置情况汇总到市金融办,由市金融办予以通报、督查。

第二十五条 本纪要自印发之日起施行。根据实施情况,经各方协商,予以适时调整和完善。上级部门有新规定的,按照新规定办理。

关于执行移送破产程序的会议纪要(三)

温中法办〔2020〕17号

为充分发挥破产程序功能,进一步实现执行程序和破产程序有效衔接和运行顺畅,明确执行部门和破产审判部门职责,加强协作,提升质效,积极推进办理破产便利化,优化温州法治化营商环境,根据《中华人民共和国民事诉讼法》、《中华人民共和国企业破产法》、最高人民法院《关于执行案件移送破产审查若干问题的指导意见》、浙江省高级人民法院《关于深化执行与破产程序衔接推进破产清算案件简易审理若干问题的会议纪要(二)》等相关规定,结合温州实际,制定本纪要。

第一条 立案、审判、执行、破产各部门应当以纠纷化解的程序融通为导向,依法履职、各司其职、各负其责,形成立审执破兼顾的工作格局。

第二条 执行部门和破产审判部门应当以"应移尽移、应立尽立"为原则,进一步完善执行程序与破产程序的衔接机制,最大限度维护各方当事人合法权益。

第三条 包含以企业法人作为被执行人的案件,未征求申请执行人或者被执行人是否移送破产审查意见的,不得对该案件以终结本次执行程序方式结案。同意移送破产审查的,执行案件按以下方式结案:

(一)案件中仅有一个被执行人的,在做出移送决定书后,可依法终结本次执行程序。企业法人被裁定宣告破产后,立“执恢”案号并终结执行结案。

(二)案件中存在多个被执行人,其他被执行人执行完毕、和解或终结本次执行程序条件具备时,对全案按终结本次执行程序结案。企业法人被裁定宣告破产后,其他被执行人已执行完毕的,立“执恢”案号按终结执行结案;其他被执行人仍在执行程序中或终结本次执行程序的,以首执案号裁定对被宣告破产的被执行企业法人终结执行。

第四条 对被执行人为企业法人的财产,依法不对其适用参与分配制度。除对执行财产享有担保物权或其他优先权的债权人申请优先受偿外,对于普通债权,按照财产保全和执行中查封、扣押、冻结财产的先后顺序清偿,促使债权人通过“执转破”程序主张实体权利。

第五条 执行程序中对符合个人债务集中清理条件的自然人,可以引导其申请启动个人债务集中清理程序。

破产程序中或者破产程序终结后,对企业债务负有清偿责任的自然人符合个人债务集中清理条件的,可以引导其申请个人债务集中清理程序。

办理个人债务集中清理案件可参照本纪要执行。

第六条 执行移送破产案件优先考虑由执行部门员额法官与破产审判部门员额法官组成联合合议庭审理。

第七条 移送破产审查的执行案件存在下列情形之一的,一般由执行部门员额法官承办或参与办理破产案件:

(一)长期执而未结的;

(二)经过执行审计的;

(三)主要财产为抵押财产的;

(四)已初步达成执行和解方案有望破产和解的。

第八条 执行法院或执行部门决定移送破产案件,执行人员应移送如下材料:

(一)执行案件移送破产审查移送函、移送破产审查决定书;

(二)执行立案信息表、执行依据、中止对被执行人执行的裁定书、终结本次执行程序裁定书等法律文书;

(三)向申请执行人或被执行人释明和征询意见,以及申请执行人或被执行人同意法院移送破产审查的谈话笔录;

(四)执行阶段已掌握的执行当事人主体资料、送达地址、联系方式、授权委托书、当事人工商登记材料等;

(五)执行实施部门已穷尽财产调查措施的相关材料,主要包括但不限于:银行存款、房地产、车辆、股权等财产,以及向网络执行查控系统和“点对点”“总对总”查控系统调取的信息及反馈结果;

(六)被执行人涉执案件清单,查封、扣押、冻结财产清单(注明期限),已掌握的会计账簿等材料;执行程序中财产处置、债权受偿或财产分配情况;其他执行情况说明,包括以下内容:经执行法院采取强制执行措施后,被执行人无法清偿债务的情况以及关联案件、案件协调等执行法院认为应当说明的情况;

(七)执行实施部门在执行程序中发现的被执行人及其相关人员隐匿、转移财产等涉嫌逃废债行为线索的材料;

(八)执行实施部门认为需要移送的其他材料。

基层人民法院拟将执行案件移送异地中级人民法院进行破产审查的,在作出移送决定前,应将(一)至(八)项的材料报请中级人民法院执行部门,审核同意后由基层人民法院负责移送。

第九条 执行案件移送破产后,根据案件审理需要,执行法院或执行部门应当发挥执行优势,协助破产审判部门做好财产查询、车辆布控、财产腾空拍卖等工作。

(一)对于协助查询财产,被移送破产的企业法人所涉执行案件在执行系统中有未结案的,所有在办案件的执行部门均有协助查询义务,应在收到破产审判部门的委托查询函件后,30日内反馈查询结果。

(二)对于车辆查找,可通过破产法院执行部门在执行系统中发起车辆布控,在破产法院无执行案件的,由移送破产的法院执行部门发起。

(三)破产审判部门在审理过程中已决定对法定代表人等相关人员采取拘留等民事制裁措施的,确有需要的,可通过执行部门在执行系统中对下落不明人员发起布控。在破产法院无执行案件的,由移送破产审查的法院执行部门发起。

(四)管理人接管、处置财产存在困难,经破产审判部门审查后认为确实需要执行部门协助接管、腾空等,可移送破产法院的执行部门协助。

上述协助事项,由破产审判部门发函发起。

(五)管理人持受理裁定书及指定管理人决定书前往执行法院办理财产移交

等事宜的,执行法院应当予以协助,并在收到申请之日起五个工作日内予以办理。

第十条 依申请破产的企业法人所涉执行案件已全部结案的或者无执行案件的,破产办理法院可以“执保”字号发起查询,不收取保全费用。

依申请破产的企业法人进入破产程序后,破产审判部门发现其财产正在执行程序中处置,破产审判部门可以依法发函委托执行部门或者执行法院处置财产事项,执行部门或者执行法院予以协助。

第十一条 破产程序中可使用执行案件中的财产评估报告。评估报告超过有效期的,债权人会议决定继续予以使用的,可以继续使用。财产状况清晰的案件,管理人可以申请人民法院在债务人企业执行案件中通过询价方式确定财产评估价格。

第十二条 执行程序中已经作出审计报告且审计结论满足破产案件需要的,该审计报告可以在破产程序中使用。

第十三条 在执行案件移送破产审查程序中,对于企业法人的财产在不影响债务人重整或和解,或排除债务人重整、和解可能性的情况下,可以在执行程序中先行进行财产变价处置。取得的变价款分配应当在破产程序中依法进行。但对执行财产享有担保物权或其他优先权的债权人申请优先受偿的,可以优先支付。

第十四条 执行程序移交的担保物变价款以及破产程序中处置担保物的变价款,在不影响破产案件审理的情况下,可以视情由金融机构担保物权人出具承诺书后先行收回全部或部分款项;若涉民生、维稳等特殊情形的,非金融机构担保物权人或其他优先权的债权人可以提供相应担保后先行收回全部或部分款项。对于上述人员申请优先受偿担保物变价款的,管理人应及时报破产审判部门核准后予以拨付,不得以报酬未协商等理由拒绝或拖延拨付款项。

第十五条 管理人对担保物的维护、变现、交付等管理工作付出合理劳动的,可依法向担保权人收取适当的报酬。

对执行程序移交的担保物变价款中优先受偿部分,管理人一般不能收取报酬。但在其他破产财产中收取的管理人报酬不足五万元的,可以在《最高人民法院关于审理企业破产案件确定管理人报酬的规定》第十三条规定限定范围内(即该规定第二条确定的标准的10%以内),与优先受偿的债权人协商确定包括管理人报酬在内的破产费用收取与负担。

第十六条 本纪要施行前本院作出的有关纪要与本纪要不一致的,以本纪要为准。

本纪要由本院审判委员会负责解释,自通过之日起实施。

关于立案、审判移送破产程序的会议纪要(试行)

温中法办〔2021〕42号

为了深化诉源治理效果,推进民事案件在立案、审判阶段移送破产程序,健全市场主体退出机制,保障债权人的公平受偿权,突出矛盾纠纷"源头解决""实质解决""一次性解决",切实防止程序空转,实现立案、审判与破产程序的无缝对接与良性互动,依据《中华人民共和国民事诉讼法》《中华人民共和国企业破产法》及相关司法解释的规定,结合全市法院实际情况,纪要如下。

第一条　【主体范围】在民事案件的立案、审判程序中,发现具备企业法人资格的债务人存在破产原因,且法院对其破产案件依法具有管辖权的,可以适用本纪要。不具备法人资格的合伙企业、个人独资企业、农民专业合作社、因资不抵债无法继续办学被终止的民办学校等,可以参照适用本纪要。

第二条　【立案甄别条件】立案、审判人员发现被告有下列情形之一的,可以告知当事人优先申请被告进入破产程序:

1. 被告为被执行人且因无履行能力被终结(本次)执行程序的;

2. 被告对债务明确表示无异议且缺乏清偿能力的;

3. 被告被吊销营业执照超过两年但未注销的;

4. 有证据证明被告停止经营且近期无力恢复经营的;

5. 其他反映被告具备破产原因的情形。

第三条 【立案审查方法】立案人员收取当事人的立案材料时,要主动在审判管理系统进行关联案件检索,以审查确定被告是否存在本纪要第二条规定的情形。

第四条 【诉前调解审查】在立案检索基础上,诉前调解人员发现被告存在第二条规定情形的,要主动联系被告的法定代表人等了解情况,必要时可以进行询问,引导当事人选择进入破产程序。

第五条 【强化诉前调解】全市法院要贯彻落实诉源治理理念,加强员额法官参与诉前调解的力量配置,以加大诉前调解中引导当事人选择移送破产程序的工作力度。

第六条 【审判审查方法】审判人员在案件审理过程中,要主动在审判管理系统进行关联案件检索,必要时可以进行询问,以审查确定被告是否存在本纪要第二条规定的情形。

第七条 【书面告知】立案、审判人员发现涉案被告存在破产原因的,应当向案件各方当事人送达《申请破产权利告知书》。

第八条 【联合预审】立案、审判部门与破产审判部门共同建立联合预审机制。当事人有申请破产的意愿时,立案、审判部门与破产审判部门要及时进行联合预审,确定案件是否移送破产程序。

第九条 【预审结果告知】预审后,立案或审判人员应在三个工作日内将预审结果告知当事人。

第十条 【移送破产】确定移送后,立案、审判人员应在三个工作日内将所收取的申请材料移送破产审判部门审查。立案、审判人员发现存在本纪要第二条第1种情形的,可以将相关材料优先移送本院执行部门,由执行部门依据执行移送破产程序相关规定处置。

第十一条 【诉前调解终结】诉前调解过程中,当事人经引导同意申请移送破产程序的,诉前调解程序结束。

第十二条 【审判程序独立】在相关当事人提出移送破产程序申请后,破产审判部门未作出受理裁定之前,原民事案件的审判程序不受影响。

第十三条 【破产审查和审限暂停】破产审判部门一般应接收移送材料后十

五个工作日内完成破产审查。因特殊情况不能完成的,原民事案件可以暂停计算审限。

第十四条 【破产立案】经破产审判部门审查符合立案条件的应当移送立案部门立案,并在受理裁定作出后的三个工作日内将裁定书送达至立案部门。审判阶段移送破产程序的,还需同时将裁定书送达至原审判部门。

第十五条 【诉讼引导】立案部门收到破产审判部门作出的受理裁定后,应当及时引导其他提起诉讼的相关权利人申报债权。

第十六条 【激励考核】全市法院要建立健全移送工作的激励考核机制,加大立案、审判移送破产程序的工作力度。

第十七条 【优化人员配置】全市法院要根据立案移送破产程序的具体要求与工作量,优化立案及诉前调解人员配置,切实做好案件移送和诉源治理工作。全市法院要根据审判移送破产程序的案件数量,优化破产审判人员配置,切实做好破产案件审理工作。

第十八条 【施行】本纪要自通过之日起施行,与法律、法规及司法解释不一致的,以法律、法规及司法解释为准。

第十九条 【解释】本纪要由温州市中级人民法院审判委员会负责解释。

关于接受推荐方式指定管理人的工作办法

第一条 【目的依据】为规范管理人指定工作，保障破产程序中债权人、债务人等权利主体充分行使权利，优化营商环境，根据《中华人民共和国企业破产法》《最高人民法院关于审理企业破产案件指定管理人的规定》《浙江法院破产案件管理人管理工作指引》等规定，结合我市破产案件审理情况和管理人履职工作实际，制定本办法。

第二条 【推荐主体与时间】在法院指定管理人前，债务人、主要债权人可以共同或者分别向法院推荐管理人。

第三条 【主要债权人】本办法所称主要债权人，系指按照债务人财务会计报告、债务清册、财产状况说明等文书资料，以及生效法律文书等有效债权凭证，累计债权额占债务人已知债权总额二分之一以上的债权人。

第四条 【推荐意见材料】债务人、主要债权人向人民法院推荐管理人的，应当提交推荐书。推荐书应当载明如下内容：

（一）债务人、主要债权人的基本情况；

（二）被推荐中介机构的基本情况；

（三）推荐的理由。

第五条 【中介机构范围】债务人、主要债权人应当推荐管理人名册中的中介机构(二、三级管理人仅限于温州市域)或经省高院备案的省外中介机构单独或者联合担任管理人。推荐联合管理人的,中介机构的数量不得超过3家。

第六条 【承诺说明材料】债务人、主要债权人推荐的中介机构同意担任管理人的,应当提交书面说明,并自查是否存在《最高人民法院关于审理企业破产案件指定管理人的规定》第二十三条、第二十四条及《浙江法院破产案件管理人管理工作指引》第十一条所列举的情形。经自查存在上述情形的,应当提交具体的情况说明,明确相关情况是否构成《中华人民共和国企业破产法》第二十四条第三款第(三)项所规定的利害关系;经自查不存在上述情形的,应当提交承诺书。

第七条 【管理人的指定】经审查,债务人、主要债权人推荐的管理人不存在《最高人民法院关于审理企业破产案件指定管理人的规定》第二十三条、第二十四条及《浙江法院破产案件管理人管理工作指引》第十一条所列举情形的,可以启动推荐方式指定管理人的程序。债务人、主要债权人协商一致推荐1家管理人的,报经中院评审委员会同意后,中院司法技术管理部门可以指定被推荐的中介机构为管理人;债务人、主要债权人协商一致推荐的管理人超过1家的,法院可以结合破产审判需要与案件实际情况择优选定,或以摇号、抽签等随机方式确定管理人。债务人、主要债权人分别推荐管理人的,破产审判业务庭报中院司法技术管理部门以摇号、抽签等随机方式确定管理人,债务人、主要债权人明确表示不同意对方推荐的中介机构除外。

第八条 【不实说明的不利后果】经审查,中介机构存在《最高人民法院关于审理企业破产案件指定管理人的规定》第二十三条、第二十四条及《浙江法院破产案件管理人管理工作指引》第十一条所列举的情形,且未如实说明的,一年内不得参加以接受推荐方式进行的破产案件管理人选任。

第九条 【异议权及救济途径】破产案件的其他利害关系人对被推荐的中介机构担任管理人有异议的,可以在法院指定管理人前提出书面异议、说明事实与理由,由法院审查决定。

第十条 【实施】本办法自下发之日起实施,与法律、法规及司法解释不一致的,以法律、法规及司法解释为准。

第十一条 【解释】本办法由温州市中级人民法院司法技术管理部门和温州破产法庭负责解释。

关于竞争方式指定管理人工作规则

第一条 【规则依据】根据浙江省高院《浙江法院破产案件管理人管理工作指引》之规定，结合温州市破产案件审理情况和管理人履职工作实际，制定本规则。

第二条 【程序启动】重大破产案件，基层法院受理的由受理法院、中院受理的由破产法庭致函中院司法技术管理部门，并随附按照浙江省高院《浙江法院破产案件管理人管理工作指引》要求制作的《拟受理破产案件债务人企业情况说明》（以下简称《企业情况》）、《债务人企业破产案件竞争方式指定管理人工作方案》（以下简称《竞争方案》）和《竞争方式指定管理人公告》（以下简称《竞争公告》）等相关资料，中院在5日内启动竞争方式指定管理人工作。

第三条 【评审方式】评审实行投票制。评审方式以及相应的评审参考因素，应在《竞争方案》中予以公布。

第四条 【邀请管理人】中院司法技术管理部门将《企业情况》《竞争方案》和《竞争公告》等相关资料发送以下中介机构：

（一）全省一级管理人；

（二）已在省高院备案的省外管理人；

（三）中院辖区内的二级、三级管理人。

第五条 【报名方式】中介机构收到相关资料后，在

《竞争公告》指定的期限(不少于7日)内报名并提交《陈述意见书》。未在指定期限内报名或未提交《陈述意见书》的,视为放弃报名。

第六条 【会议通知】正式参与竞争的中介机构确定后,中院司法技术管理部门应制作《情况备忘》,对前一阶段工作进行总结,并及时通知报名参与竞争的中介机构,通知中应明确现场评审会的召开时间、地点和相关注意事项。

第七条 【组建评审委员会】中院司法技术管理部门会同破产业务庭将《竞争公告》《竞争方案》《企业情况》等相关资料报请分管院领导同意后,按照中院《关于竞争方式指定管理人模式下专门评审委员会组建办法》组成评审委员会。

第八条 【会前准备】评审委员会成员应在会前认真阅读《企业情况》《竞争方案》《竞争公告》和《陈述意见书》,秉持廉洁、公正、专业的要求参加评审工作。在现场评审之前,听证会主持人可以视情况组织召开评审委员碰头会,帮助评审委员会成员进一步了解相关情况。

第九条 【核对人员】会议开始后,主持人应当核对到场参与竞争的中介机构派出人员。经核对,发言人不符合第十二条规定的,取消该中介机构发言资格。

第十条 【通报事项】主持人告知评审委员会组成人员、到场监督的司法监督部门人员和会议记录人员;说明评审会议程,提示发言时的注意事项;通报前期工作情况备忘。

第十一条 【确定发言顺序】中院司法技术管理部门当场以摇号、抽签等方式确定并宣布正式参与竞争的中介机构发言陈述的顺序。

第十二条 【现场发言】各中介机构按发言陈述的顺序依次进行发言。发言人必须是中介机构的负责人、中介机构破产(重整)团队负责人或拟委派管理人团队项目负责人担任。发言人的发言内容以《陈述意见书》为基础,可以适当发挥。

第十三条 【评委提问】评审委员会听取发言人陈述后,可以进行询问。

第十四条 【评委投票】中介机构发言人全部陈述完毕后,由评审委员会成员根据评审参考因素进行现场投票。投票时,每位评审委员会成员限投3~5家(含本数),但正式参与竞争的中介机构多于10家的,每位评审委员会成员必须投满5家。

第十五条 【评审参考因素】评审投票时,应当重点考虑以下因素:

(一)拟派出的管理人团队力量、常驻现场人员是否充足;

(二)现有工作饱和度是否适当;

(三)中介机构出具的《陈述意见书》是否符合《竞争方案》的要求,是否对《竞争方案》要求的承诺内容作出了合理回应;

(四)中介机构的发言内容是否围绕案件具体情况展开,是否了解案件的主要工作及难点,提出切实可行的工作思路;

(五)中介机构的现场(发言、用时、着装等)表现。

第十六条 【计票、监督】司法监督部门工作人员和会议记录人员负责计票、监督。经投票,得票数位列第三的中介机构多于1家的,当场以摇号、抽签等方式随机确定第三位列的中介机构。位列前三的中介机构得票数均未达评委半数以上的,则终止本次竞争,改为在正式参与竞争的中介机构中当场以摇号、抽签等随机方式确定。

第十七条 【宣布名单、确定机构】主持人宣布位列前三的中介机构名单,并当场以摇号、抽签等方式随机产生正式管理人,另2家中介机构为依次接替机构。

第十八条 【宣布评审结果】主持人宣布管理人机构和接替机构,并宣布评审会结束;现场评审会结束后,中院应及时发送《竞争方式指定管理人通知书》。

第十九条 【报名数量不足的情形】报名的中介机构仅有1～2家的,终止本次竞争;如仅有1家中介机构的,直接指定该中介机构为管理人,不设接替机构,如需更换另行指定;如有2家中介机构,其中仅有1家一级管理人或省外中介机构的,指定一级管理人或省外中介机构为管理人,其他中介机构为需要更换管理人时的接替机构;如2家均为一级管理人或省外中介机构的,通过摇号、抽签等随机方式指定其中1家为管理人,其他中介机构为接替机构;如没有一级管理人或省外中介机构的,通过摇号、抽签等随机方式指定其中1家为管理人,其他中介机构为接替机构。

第二十条 【归档】现场评审会的全部过程应进行记录,由评审委员会成员、司法监督部门派出人员和正式参与竞争的中介机构派出人员签字后留存备查。

第二十一条 【异议权及救济途径】相关管理人对管理人指定工作有异议的,可在指定工作完成后3日内向中院提出,由中院评审委员会审查后作出相应决定。

第二十二条　【效力】本规则自下发之日起实施,《温州市中级人民法院关于竞争方式指定管理人工作规则》(温中法〔2022〕86 号)同时废止。规则实施中遇到的问题,由中院评审委员会解释,法律、司法解释有新的规定或中院有新的意见的,适用法律、司法解释或中院新的意见。

关于随机方式指定管理人的工作规则

第一条 【目的依据】为进一步明确细化随机、邀请方式指定管理人工作要求,以确保小额和普通破产案件的管理人指定工作规范化,实现本市破产审判工作的高质效,根据浙江省高级人民法院《浙江法院破产案件管理人管理工作指引》相关规定,结合本市破产审判和管理人履职工作实际情况,制定本规则。

第二条 【小额破产案件定义范围】小额破产案件是指债务人财产价值总额预计在5000万元以下(不含本数)的破产案件。

第三条 【小额破产案件指定方式】小额破产案件,应当通过随机方式指定管理人。小额破产案件,由拟受理法院的破产业务庭报中院司法技术管理部门,中院司法技术管理部门在中院辖区内的全部管理人中以摇号随机方式确定管理人,被选中的管理人不再纳入随机范围,随机范围只剩一家时,直接确定为中院司法技术管理部门最先收到指定管理人申请的破产案件管理人,并结束本轮管理人选任。中院司法技术管理部门收到指定管理人申请的破产案件难以确定先后的,以随机方式确定先后。小额破产案件受理法院可向中院司法技术管理部门提出申请,将同一时期受理的无产可破案件3件以下(含本数)指定同一家管理人。通过该方式中选的管理人,在中选后参与新一轮的小额破产案件随机方式选取管理人时必须轮空 1 次。小额破产案件受理法院可向中院司法技术管理部门提出申请，将同一时期受理的数件关联企业无产可破案件指定同一家管理人，不受上述 3 件的限制。

第四条 【小额破产案件暂缓期】中院辖区内的所有管理人可向中院司法技术管理部门提出申请，暂缓参与小额破产案件选取管理人随机范围，暂缓期限为 3 至 6 个月，经中院司法技术管理部门审批通过后，法院在暂缓期内不再将其纳入小额破产案件选取管理人随机范围。

第五条 【普通破产案件定义范围】普通破产案件是指：

1. 债务人财产价值总额预计在 5000 万元以上（含本数）3 亿元以下（不含本数）的破产案件（关联企业合并破产的，按合并后的财产总额计算）；

2. 关联企业合并破产，合并后的财产总额虽不满 5000 万元，但工商登记不在同一县（市、区）范围内的破产案件；

3. 其他有较大社会影响或相对疑难复杂的破产案件。

第六条 【普通破产案件指定方式】普通破产案件，应当通过邀请随机方式指定管理人。受理法院应先通过分类（市外一级管理人、市内一级管理人、市内二级管理人、市内三级管理人）以随机摇号的方式抽取 10 家管理人机构，前述抽取 10 家管理人机构中，受理法院所在中院辖区以外的一级管理人应不少于 2 家（含本数），受理法院所在中院辖区内的一级管理人应不少于 4 家（含本数），受理法院所在中院辖区内的二级管理人应不少于 3 家（含本数）；受理法院再从已经抽取的 10 家管理人机构中，推荐拟邀请的 5 家以上（含本数）管理人名单，前述推荐受邀管理人名单中，受理法院所在中院辖区以外的一级管理人应不少于 1 家（含本数）；管理人推荐的情况应形成书面意见（简要载明推荐和不推荐理由），具体操作方式、方法由各基层法院、温州破产法庭自行拟定。基层法院受理的，基层法院自行完成分类随机摇号后，及时将管理人邀请推荐名单审批表（附件 1），经基层法院破产业务庭负责人和分管院领导审批后，报中院温州破产法庭审核确定（相关材料随同一并移送中院审核备案），中院温州破产法庭完成审核后，将审核结果转交中院司法技术管理部门；中院受理的，中院温州破产法庭自行完成分类随机摇号后，及时将管理人邀请推荐名单审批表，经中院温州破产法庭负责人审核后，报分管院领导审批确定；中院拟在受理后交基层法院审理的，邀请名单由中院温州破产法庭与基层法院共同确定，经相关部门审核后报中院分管院领导审批确定;确定后的名单移送中院司法技术管理部门以摇号随机方式确定管理人。

中院司法技术管理部门发现受邀管理人存在需要回避、依法不应当被指定为管理人或频次过高的情形,应商中院温州破产法庭,由原报送单位对受邀名单进行调整。中院司法技术管理部门应当在摇号前3日通知受邀的管理人派员参与摇号。中院司法技术管理部门要及时将相关推荐情况录入形成电子文档,并作为年度破产管理人工作研判数据进行分析通报。

第七条 【备选管理人】中院司法技术管理部门在普通破产案件管理人指定摇号时,在确定拟指定的管理人后,应当再次摇号确定1家备选管理人机构。受理法院在审理案件过程中认为需要更换管理人的,从备选管理人名单中更换。

第八条 【受邀管理人及其工作人员的回避】管理人及其工作人员有下列情形之一的,可能影响其忠实履行管理人职责的,应当回避:

1. 与债务人、债权人有未了结的债权债务关系;

2. 现在是或者在人民法院受理破产申请前3年内曾经是债务人、债权人的控股股东或者实际控制人;

3. 现在是或者在人民法院受理破产申请前3年内曾经担任债务人、债权人的董事、监事、高级管理人员;

4. 与债权人、债务人的控股股东、董事、监事、高级管理人员存在夫妻、直系血亲、三代以内旁系血亲或者近姻亲关系;

5. 现在担任或者在人民法院受理破产申请前3年内曾经担任债务人、债权人的财务顾问、法律顾问,或者曾为债务人提供相对固定的中介服务;

6. 与本案有利害关系、可能影响其履行管理人职责的其他情形。中介机构在债务人进入破产程序前,曾经为债务人提供庭外重组、预重整等与风险化解有关的中介服务,可以不认定为具有不得担任管理人的利害关系,但应当说明情况;中介机构并未以其自身名义提供上述服务,但其从业人员曾经直接提供或者以其他方式参与提供上述服务的,可以视同该中介机构提供服务,也应当予以说明。普通破产案件,受理法院在确定受邀管理人名单时,应要求受邀管理人出具承诺书。承诺书应承诺其不存在以上规定的回避情形和不应被指定为管理人情形的声明。

第九条 【受邀管理人参与义务】普通破产案件的受邀管理人应当派员参加

摇号,其没有正当理由未派员参与摇号的,视为弃权,并由中院管理人评审委员会给予相应的惩戒措施。

第十条 【普通破产案件间隔期】通过竞争方式中选的管理人在中选后3个月内一般不参与新的普通破产案件邀请随机方式指定管理人;通过邀请随机方式中选的管理人,在中选后2个月内一般不参与新的普通破产案件邀请随机方式指定管理人。

第十一条 【指定操作时限】中院司法技术管理部门收到基层法院或中院温州破产法庭的书面函后,小额破产案件应当在4个工作日之内完成选定工作,普通破产案件应当在7个工作日之内完成选定工作,确因特殊情况不能完成的,需书面报请处领导审批同意延长时限,如果还要再次延长的需报分管领导审批。

第十二条 【指定监督】中院司法技术管理部门在执行本规则规定的所有摇号、轮候等随机环节,应通知中院督察室和温州破产法庭派员到场,在监督人员到场后,摇号才可以开始,并应当全程接受监督。摇号完成后,结果需到场人员签字确认。指定结果通知书应及时发送破产案件受理法院。

第十三条 【异议权及救济途径】相关管理人对管理人指定工作有异议的,可在指定工作完成后3日内向本院提出,由中院管理人评审委员会审查后作出相应决定。

第十四条 【归档】中院司法技术管理部门相关摇号指定工作所涉相关书面材料要形成统一格式,有利于归档和查询。

第十五条 【附则】本规则自下发之日起实施,《温州市中级人民法院关于随机方式指定管理人的工作规则》(温中法办〔2020〕6号)、《关于基层法院报送通过邀请随机方式指定管理人的操作规程》(温中法办〔2021〕8号)同时废止。规则实施中遇到的问题,由中院司法技术管理部门和温州破产法庭负责解释,法律、司法解释有新的规定或中院有新的意见的,适用法律、司法解释或中院新的意见。

竞争方式指定破产案件管理人模式下专门评审委员会组建办法

为了公平、公正、有序开展以竞争方式指定破产案件管理人的评审工作，保障评审委员会规范化运行，根据《中华人民共和国企业破产法》《最高人民法院关于审理企业破产案件指定管理人的规定》《浙江省高级人民法院浙江法院破产案件管理人管理工作指引》等规定，制定本办法。

第一条　【成员库组建】中院司法技术部门负责组建专门评审委员会成员库，中院破产审判业务部门予以协助。

第二条　【成员库组成】专门评审委员会成员库由以下人员组成：

（一）中院司法技术部门的分管院领导以及推荐的该部门工作人员；

（二）中院破产审判业务部门的分管院领导以及员额法官；

（三）基层法院分管破产的院领导、破产业务庭负责人及从事破产审判工作的员额法官；

（四）基层法院推荐的司法技术工作人员。

第三条　【成员增减】成员库成员因调岗、退休等原因无法或者不适宜继续履行成员职责的，应退出成员库。其他人员因调岗等原因至司法技术部门和破产审判业务部门,符合入库条件的,可以进入专门评审委员会成员库。中院破产审判业务部门和基层法院要及时将成员增减情况上报中院司法技术部门。

第四条 【成员库管理】中院司法技术部门指定事务联络人对成员库进行常态化管理。

第五条 【适用范围】审理破产案件时,确定以竞争方式指定管理人的,应当组成专门评审委员会对正式参与竞争的中介机构进行评审,所需评委从专门评审委员会成员库中产生。

第六条 【评委人数】专门评审委员会一般由七人组成,确有需要的可以由七人以上单数组成。除专门评审委员会主持人外,中级法院受理的案件,中级法院委员、其他委员各占二分之一;基层法院受理的案件,中级法院委员、受理法院委员、其他委员各占三分之一。

第七条 【期限要求】中院司法技术部门会同中院破产审判业务部门报请分管院领导确定评审日和评委人数后,中院司法技术部门在评审日前三个工作日完成专门评审委员会的组建工作。

第八条 【操作人员】中院司法技术部门指定的事务联络人负责接收材料、组织摇号、通知等具体事宜。

第九条 【主持人的产生】专门评审委员会设主持人一名,一般由中院破产审判业务部门、司法技术部门的分管院领导或分管院领导指定的委员担任,必要时可由中院院长担任。主持人为当然评委,享有同等投票权。

第十条 【评委的产生】案件经办法官为当然评委。如该法官因工作冲突等原因无法担任评委的,可由一名合议庭成员担任评委。除主持人、案件经办法官外,其他评委通过随机摇号产生。

第十一条 【替补评委】在七人或七人以上单数评委产生之后,另行摇号产生数名替补评委,按顺序替补因客观原因不能到场的评委。

第十二条 【次数限制】成员库中的评委,如一年内连续两次或者累计三次担任评委,除本人是破产案件承办法官或者担任主持人外,将不再参加本年度评委工作。

第十三条 【司法监督】随机摇号产生评委时,事务联络人应邀请一名司法监督部门工作人员到场监督,并及时通知摇中的评委。评委如因客观事由不能参加评审的,应即时告知事务联络人,事务联络人即启动替补程序。事务联络人应当将上述过程做成书面记录存档。

第十四条　【解释权限】本办法由中院管理人评审委员会负责解释。

第十五条　【实施日期】本办法自下发之日起实施,《竞争方式指定破产案件管理人模式下专门评审委员会组建办法》(温中法〔2022〕57号)同时废止。之前规定与本办法不一致的,以本办法为准;本办法与法律、法规和司法解释不一致的,以法律、法规和司法解释为准。

关于破产管理人分级动态管理的工作规则

第一条　【规则依据】根据浙江省高级人民法院《浙江法院破产案件管理人管理工作指引》之规定，结合温州市破产审判和管理人履职工作实际，制定本规则。

第二条　【分级管理原则】对管理人的分级动态管理应遵循公平、公正、公开的原则，激励和约束管理人依法、勤勉、忠实履职。

第三条　【分级管理主体】管理人的分级动态管理，由本院评审委员会负责。本院司法技术管理部门需指定1名非评审委员会成员的工作人员负责相关事务性工作。

第四条　【评审委员会的召开】管理人分级动态管理评审委员会视工作需要不定期召开。

第五条　【议事规则】评审委员会对管理人的分级动态管理事项作出决议，表决票过出席会议且有表决权的成员半数以上的，视为通过。邀请列席的有关人员没有表决权。

第六条　【定级方式】管理人初次定级实行赋分制，根据评分标准进行赋分后确定。得分数位列15%以内的，可以推荐为一级管理人；得分数位列45%以内的，可以评定为二级管理人；其他评定为三级管理人。

被推荐为一级管理人及评定为二级、三级管理人必须符合《浙江法院破产案件管理人管理工作指引》第 4 条规定的基本条件。

第七条 【评分标准】评分分值主要由机构规模、执业能力、执业业绩、勤勉程度、办理破产案件经验、年度考评分值及综合事务能力等因素确定。

第八条 【负面情形】具有下列情形之一的,初次定级不得推荐为一级管理人及评定为二级管理人:

(一)个案履职评价结果有不合格的;

(二)两个年度考评为合格(第三档)或一个年度考评为不合格(第四档)的;

(三)严重影响营商环境考核的;

(四)存在违反廉洁自律原则、因故意或重大过失的履职行为导致债权人利益受到损害等负面情形的;

(五)其他管理人消极履职后果严重的。

第九条 【定级程序】定级程序适用于初次编制辖区内一级管理人推荐名单及二级、三级管理人名册。主要流程为:

(一)发布通知。本院司法技术管理部门向辖区内省级管理人、市级管理人及温州市破产管理人协会发出管理人定级评审通知。

(二)收集材料。辖区内省级管理人、市级管理人及温州市破产管理人协会依照通知要求提交真实、完整、准确的管理人定级评审基础材料。

(三)初拟赋分。温州市破产管理人协会对上述基础材料进行审核后上报本院司法技术管理部门,由本院司法技术管理部门会同破产审判业务部门根据评分标准对管理人进行初拟赋分,并将初拟赋分结果予以公示。

(四)异议程序。管理人对初拟赋分结果有异议的,应在公示后 5 日内向本院申请复核,本院司法技术管理部门会同破产审判业务部门在收到异议后 15 日内完成复核。管理人异议成立的,及时调整相应的初拟赋分内容;管理人异议不成立的,初拟赋分结果不作调整,异议意见随同初拟赋分结果一并提交本院评审委员会审议。

(五)召开评审委员会。本院评审委员会召开评审会议,根据评分标准对上述管理人初拟赋分结果及异议意见进行讨论审议,确定管理人最终得分数。本院评审委员会根据管理人得分数对一级管理人推荐名单及二级、三级管理人名册作出决议。

(六)确定名单。本院司法技术管理部门会同破产审判业务部门根据本院评审委员会决议编制一级管理人推荐名单及二级、三级管理人名册。如推荐的一级管理人没有入选,则顺位至二级管理人。

第十条 【动态调整程序】动态调整程序适用于辖区内管理人晋级、降级、淘汰、除名、暂停、退出等事项。主要流程为:

(一)程序启动。本院司法技术管理部门或破产审判业务部门发现辖区内管理人出现动态调整情形,应及时将线索资料报请本院评审委员会同意后,启动调查程序。温州市破产管理人协会发现上述情形,应及时向本院报告。

(二)情况调查。本院司法技术管理部门会同破产审判业务部门对管理人是否存在调整情形进行调查,在调查过程中,管理人享有知情、辩解和举证的权利。本院应当充分听取管理人的意见和温州市破产管理人协会的意见,如有必要的,可针对上述事项召开听证会。

(三)初拟意见。本院司法技术管理部门会同破产审判业务部门根据调查情况共同拟定调整决定,提交本院评审委员会审议。

(四)召开评审委员会。本院评审委员会召开评审会议,对管理人是否存在调整情形进行讨论审议,作出调整决定。管理人对决定有异议申请复核的,本院评审委员会再次召开评审会议,对异议事项进行复核。管理人异议不成立的,维持调整决定;管理人异议成立的,重新作出调整决定。

(五)调整名单。本院司法技术管理部门会同破产审判业务部门根据本院评审委员会决议调整相应的管理人名册。

第十一条 【结果公开】辖区内二级、三级管理人名册在本院网站及温州市破产管理人协会网站予以公布,并报省高院备案。

第十二条 【效力】本规则自下发之日起实施,规则实施中遇到的问题,由本院评审委员会解释,法律、司法解释有新的规定或本院有新的意见的,适用法律、司法解释或本院新的意见。

关于在全市推行网络询价方式确定破产财产处置参考价的通知

温中法明传〔2023〕26号

各县（市、区）人民法院：

为持续优化我市营商环境，保障管理人履职规范化，提高破产效率，降低破产办理成本，针对当前确定破产财产价值做法不一、监督形式有限等问题，决定在全市推行网络询价方式确定破产财产处置参考价，具体内容如下。

一、适用对象。破产财产形态和结构简单，能够采用网络询价方式确定财产价值的，应指导管理人采取网络询价方式确定破产财产处置参考价，由管理人制作破产财产网络询价方案并提交债权人会议决议。

二、询价流程。债权人会议通过破产财产网络询价方案后，管理人应及时选择司法网络询价平台名单库中的平台［淘宝（网络）软件有限公司、江苏京东信息技术有限公司、中国工商银行股份有限公司］进行免费询价。在询价时，应准确选择询价类型，完整填写财产名称、物理特征、规格数量等相关信息，并获取询价结果。

三、结果运用。管理人获取询价结果后，应及时报告债权人会议。债权人对询价结果有异议的，可以联系网络询价平台进行二次反馈修正，也可以另行委托评估。对询价结果无异议的，管理人可以据此确定破产财产处置参考价，并设置破产财产变价的起拍价。

请各法院认真贯彻执行上述通知要求,执行中的问题请及时反馈。

特此通知。

温州市中级人民法院

2023 年 3 月 21 日

企业金融风险处置工作府院联席会议纪要

2019年6月18日,市政府副市长、市法院院长共同组织召开企业金融风险处置工作府院联席会议,就开展个人债务集中清理试点工作有关问题进行协调。参加会议的有市法院、市发改委、市公安局、市司法局、市财政局、市市场监管局、市金融办、市税务局、人行温州市中心支行、温州银保监分局等部门相关同志。

一、会议听取了市法院关于开展个人债务集中清理试点工作的汇报。会议指出,开展个人债务集中清理试点工作,对于助推我市新时代“两个健康”先行区创建,优化营商环境,破解执行难等具有重要意义。会议要求,市各有关部门要统一思想、敢于担当、加强配合、形成合力,积极探索个人债务集中清理机制,为推动建立个人破产制度打下实践基础。

二、会议就开展个人债务集中清理试点工作有关问题明确如下:

(一)个人债务集中清理工作应依法进行,并遵循当事人自愿原则。

(二)个人债务集中清理程序适用于温州地区法院的被执行人,该被执行人不能履行生效法律文书确定的金钱给付义务,并且资产不足以清偿全部债务或者明显缺乏清偿能力,同时符合下列条件之一:

1. 对已进入破产程序的企业法人负保证责任的个人；

2. 因公司法人人格被否定而承担清偿责任的个人；

3. 对非法人组织的债务负连带责任的个人经营者；

4. 因生活困难无力偿还债务的个人；

5. 其他自愿提出还款安排并征得全部申请执行人同意的个人。

（三）人民法院根据被执行人的申请启动个人债务集中清理程序，并负责办理。

人民法院根据具体情况，可指定入选人民法院管理人名册中的中介机构负责具体工作。

（四）相关职能部门协助完成个人债务集中清理程序中的相关事项。具体如下：

1. 信用办提供个人债务集中清理程序申请人综合信用信息，并负责接收人民法院对个人债务集中清理程序申请人作出的行为限制等信用信息；

2. 金融办提供个人债务集中清理程序申请人相关信用信息；

3. 人民银行提供个人债务集中清理程序申请人征信报告和处罚信息，并根据案件办理需要协调商业银行查询并提供被执行人账户信息及资金往来情况等；

4. 公安机关提供个人债务集中清理程序申请人有无赌博等违法犯罪前科信息；

5. 司法局提供个人债务集中清理程序申请人涉仲裁、公证受让金融债权案件信息及资产处置的委托公证信息；

6. 市场监管部门提供个人债务集中清理程序申请人警示处罚信息及其负责登记的股权等资产状况；

7. 税务部门提供个人债务集中清理程序申请人的重大税收违法失信名单。

各职能部门的协助义务包括事前审查阶段、程序进行阶段也包括程序终结后有监督需要的情况。

（五）市法院受理的个人债务集中清理案件，管理人报酬及公告费等必要费用在个人债务集中清理程序中未受清偿部分，参照《温州市市级企业破产援助资金管理和使用办法》规定，从破产援助资金中支出。各县（市、区）可参照本办法执行。

(六)个人债务集中清理程序中的个案问题,由属地政府处置办牵头协调。

(七)银保监部门指导各金融机构债权人在个人债务集中清理程序中遵循一致行动原则,积极参与个人债务集中清理程序。

(八)个人债务集中清理方案形成后,人民法院或债务清理管理人可根据实际情况向金融机构债权人发送金融债权清偿建议,并附个人债务集中清理程序启动文书、经审核的债务人财产清单及金融机构需要的其他材料。

金融机构对人民法院或债务清理管理人发出的金融债权清偿建议及时进行审核,对符合要求的原则上应予以支持,并在合理期限内完成审批,时限一般不超过一个月。

受让金融债权的资产管理公司或个人债权人亦应参照银行债务清偿制度和一致性行动原则参与个人债务集中清理。

(九)对于债权人数众多、金额较大、案情复杂的个人债务集中清理工作,属地政府可进行预清理,并指定入选人民法院管理人名册的中介机构负责具体工作。

预清理期间,人民法院立“引调”案号,对预清理阶段工作进行法律指导和监督。

(十)在个人债务集中清理工作中发现逃废债行为的,公安机关、检察机关应加大打击力度。

关于个人债务集中清理的实施意见(一)

温中法〔2019〕45号

根据市委加快新时代“两个健康”先行区建设的总体部署和最高人民法院“开展与个人破产制度功能相当的试点工作”的意见,通过建立个人债务集中清理机制,在保障全体债权人公平受偿和防范打击逃废债行为的基础上,给诚信而不幸的被执行人以重生机会,进一步优化营商环境和完善执行不能案件有序退出机制,特依据《中华人民共和国民事诉讼法》《最高人民法院关于适用〈中华人民共和国民事诉讼法〉的解释》《最高人民法院关于人民法院执行工作若干问题的规定(试行)》等相关规定以及《中华人民共和国企业破产法》的基本原则和立法精神,结合本市实际,制定本意见。

第一条　【概念】本意见所称个人债务集中清理程序,是执行中的特别程序,即在现有法律框架内,按照执行和解和参与分配等执行制度和理论,参照个人破产的原则和精神,在进一步财产调查和清算基础上,通过附条件的执行和解或者金融机构一致行动,形成个人债务清偿方案,以达到执行程序有效退出、债务人信用修复的目的。

第二条　【意思自治原则】进行个人债务集中清理遵循意思自治原则。

第三条　【诚实信用原则】申请个人债务集中清理

的被执行人在审理、仲裁、执行和破产等程序中应当自始至终是诚信的,不存在借个人债务集中清理名义逃避债务的行为,不存在其他可能影响其履行能力的不诚信行为。失信行为情节轻微且已纠正并得到申请执行人谅解的被执行人,可以申请个人债务集中清理。

第四条 【依法清债与灵活创新相结合原则】个人债务集中清理应符合法律、法规及司法解释的规定,同时鼓励创新。

第五条 【金融债权一致行动原则】鼓励金融债权案件的债权人采取一致行动,积极参与个人债务集中清理程序。金融债权执行案件的申请执行人在个人债务集中清理程序中可以根据法律、法规和人民法院或者债务清理管理人的建议,对债务清理清偿计划等相关事项采取一致行动。

第六条 【适用范围】被执行人不能履行生效法律文书确定的金钱给付义务,并且资产不足以清偿全部债务或者明显缺乏清偿能力,且符合下列条件之一的,可以依照本意见启动执行程序转个人债务集中清理程序:

(一)企业法人已进入破产程序或者已经破产,对该企业法人负保证责任的自然人;

(二)因公司法人人格被否认而承担清偿责任的自然人;

(三)对非法人组织的债务负清偿责任的自然人经营者;

(四)因生活困难无力偿还债务的自然人;

(五)其他自愿提出还款安排并征得全部申请执行人同意的自然人进入个人债务集中清理程序的被执行人,为债务清理申请……

第七条 【申请人条件和义务】债务清理申请人应当同时符合下列条件:

(一)在温州市辖区外没有其他作为被执行人、被告或者被申请人的应负或者可能应负金线给付义务的在执、在诉、仲裁公证债权案件,但温州市辖区外案件的债权人自愿参与个人债务清理程序的除外;

(二)债务清理申请人及其配偶均已经进行了全面如实的财产申报;

(三)债务清理申请人配偶同意接受人民法院对其财产情况的调查,包括视情对其一定年限的银行流水进行调查;债务清理申请人的成年直系亲属或者其他家庭成员在必要时可同意配合财产调查;

(四)书面承诺不进行《最高人民法院关于限制被执行人高消费及有关消费的若干规定》第三条禁止的高消费及非生活和工作必需的消费行为。

第八条 【地域管辖】债务清理申请人可以向户籍所在地基层人民法院书面提出个人债务集中清理申请;债务清理申请人在户籍所在地基层人民法院没有尚未履行完毕的涉执行案件的,可以向温州市辖区内有尚未履行完毕的涉执行案件的人民法院申请,根据本意见第六条第一款第一、二项提出个人债务集中清理申请的,向原受理企业破产的人民法院申请。

第九条 【申请书内容】申请书应当载明以下事项:

(一)债务清理申请人的基本情况;

(二)申请事项;

(三)事实与理由;

(四)人民法院认为应当载明的其他事项。

第十条 【申请书附件】申请书应当附申请人在温州市辖区所有未了结债务的案件情况、详细的个人债务人财产状况报告和配偶财产状况报告、个人债务集中清理方案以及无不诚信行为的承诺书。

人民法院在个人债务集中清理程序中实行债务申报登记制度,债务人在申请书附件中对其全部已到期和未到期债务的形成、清偿情况进行如实报告。

债务人财产状况报告包括但不限于财产名称、财产种类、财产数量、存放地点、是否设有抵押等权利负担、是否为夫妻或者与他人共有财产等内容;财产种类包括但不限于存款、动产、不动产、保险、股权、债权、知识产权、预期可支配收入以及其他财产权。

个人债务集中清理方案以一次性清理为主要形式,包括但不限于以下内容:

(一)依法应当由债务清理申请人抚养、扶养、赡养的人以及维持其不高于本地最低工资标准所对应的生活水平而必需的费用;

(二)清偿率,可以针对不同情形债权设定不同清偿率,但相同情形债权原则上适用相同清偿率;

(三)清偿方法;

(四)信用恢复要求,但不得违反本意见第三十四条规定;

(五)因客观原因暂时无法处置的财产的处置方案一次性清理方案无法形成的,可以提交分期还款计划,但分期还款计划的履行期最长不得超过三年。

无不诚信行为的承诺书应承诺没有未申报的重大财产,不存在欺诈、恶意减少责任财产或者其他逃废债行为。承诺书作为清理方案当然的附属条件。

第十一条 【申请费用】申请个人债务集中清理,暂不收取申请费用。

第十二条 【申请的撤回】债务清理申请人可以撤回个人债务集中清理申请,撤回申请应当采用书面形式。

第十三条 【财产报告的核实】人民法院在收到债务清理申请人的申请后十日内将申请书副本送达已知的债权人,债权人自收到个人债务集中清理的书面申请之日起三十日内对债务清理申请人提供的债务人财产状况报告进行核实,发现债务清理申请人有下列情形之一的,可以请求人民法院驳回个人债务集中清理申请:

(一)故意遗漏、隐匿、转移财产、放弃债权的;

(二)从判决生效前一年至申请个人债务集中清理之日有赌博、挥霍消费等不良行为可能影响债务履行的;

(三)因拒不执行判决、裁定而受到过罚款、拘留或刑事处罚的;

(四)曾经为逃避或者拖延执行与债权人达成执行和解且未履行的;

(五)在申请个人债务集中清理之前三年内曾经在温州辖区申请过个人债务集中清理的。

人民法院经核查发现债务清理申请人有前款情形之一的,可以驳回其申请。

第十四条 【受理】个人债务集中清理案件的受理,坚持执破融合理念,实行分类并行办法。依据本意见第六条第一款第一、二项申请个人债务集中清理的案件,由破产审判庭受理;其他个人债务集中清理案件由执行局受理。

人民法院参照《温州市中级人民法院关于执行移送破产程序的会议纪要》,实行移送案件预审制度,成立个人债务集中清理预审小组,经预审符合受理条件的,执行实施部门将相关材料移送立案庭,立案庭经审核认为移送材料完备的,由立案庭立"执清"案号,并及时将案件移送个人债务集中清理受理部门。

第十五条 【预清理】在人民法院受理之前,可以由政府相关部门牵头进行预清理,预清理期间,人民法院立"引调"案号并进行法律指导和监督。

第十六条 【全案移送与中止执行】人民法院受理个人债务集中清理申请的,与债务清理申请人有关的执行案件统一在个人债务集中清理程序中处理,原执行程序中止。

第十七条 【债务清理管理人】依据本意见第六条第一款第一、二项进行个人债务集中清理程序由企业法人破产案件的破产管理人担任债务清理管理人;

其他个人债务集中清理案件的管理人,由人民法院从入选管理人名册的管理人中指定,或者经债权人、债务人协商一致由债权人会议推选的债权人代表自行组织清理,并履行债务清理管理人职责。

债务清理管理人负责个人债务清理程序中的事务性工作,以及人民法院认为应当由债务清理管理人负责处理的其他工作。债务清理管理人应当勤勉尽责,及时向人民法院报告工作,并接受债权人的监督。

债务清理管理人的资格、指定、回避、更换等参照《最高人民法院关于审理企业破产案件指定管理人的规定》处理。

第十八条 【管理人报酬】本意见试行期间,债务清理管理人的报酬和公告等必要费用在个人债务集中清理程序中未受清偿的部分,以财政专项补贴支付。

第十九条 【公告】债务清理管理人应当在人民法院受理个人债务集中清理后二十日内书面通知其他涉及债务清理申请人案件的执行法院,并予以公告。债权申报期限自公告之日起计算,最短不得少于三十日,最长不得超过三个月。

通知和公告的内容应当包括以下事项:

(一)个人债务集中清理申请人和被申请人的名称或者姓名;

(二)个人债务集中清理案件受理时间;

(三)债务清理管理人名称、地址和联系方式;

(四)债权申报的期限、地点和注意事项;

(五)第一次债权人会议召开的时间和地点;

(六)应当通知或者公告的其他必要事项。

第二十条 【债权确定】其他执行法院自收到通知之日或者公告之日起十日内通知本院执行案件的债权人确认其无财产担保的债权或者担保物权实现后不足受偿的债权,债权确认后十日内该案的执行法院向受理个人债务集中清理申请的法院函告相关情况并要求参与债务集中清理程序。

因不可归责于自身的原因未确认债权的债权人,可在该事由消灭后十日内进行补充确认。

第二十一条 【债权人机构】依本意见申报债权的债权人为债权人会议的成员,有权参加债权人会议,享有表决权。

债权人会议对债务人财产状况报告、清理方案以及本意见规定的其他事项进行表决。

第二十二条　【表决制度】债权人会议表决事项应当由全体参与个人债务集中清理程序的无财产担保债权人同意。如果债权人会议决议特定事项由三分之二以上参与个人债务集中清理程序的无财产担保债权人同意的,或者按双重多数决等其他方式决议的,依其约定。

债权人人数众多不便召开现场债权人会议时,在不违反前款规定的原则的情况下,可以采用分别表决方式。

第二十三条　【第三人代为履行】债务清理申请人的个人债务集中清理方案可以约定由第三人直接向债权人支付款项或者以第三人财产履行。如果个人债务集中清理方案因本意见所规定的事由而终结履行,已经由第三人直接向债权人支付的款项或者以第三人财产履行的部分继续有效,第三人不得要求债权人返还;但个人债务集中清理方案终结后恢复原判决执行的,不得执行第三人财产或者要求第三人履行,当事人另有约定的除外。

第二十四条　【召开会议】人民法院收到债务集中清理方案后通知参与个人债务集中清理程序的债权人召开债权人会议,对债务清理申请人提交的债务集中清理方案进行讨论和表决。

第二十五条　【质询】债务清理申请人应当列席债权人会议并接受质询,债权人可以要求被执行人的配偶及成年直系亲属列席会议并接受质询,被执行人及其配偶、成年直系亲属不得拒绝;拒绝接受质询的,债权人会议对个人债务集中清理方案可以表决不通过,人民法院可以根据情节的严重程度终结个人债务集中清理程序。

第二十六条　【保证人等列席会议】债务清理申请人提出的个人债务集中清理方案,如果设有与债务人的保证人、担保人或其他共同负担债务的人相关的条款,上述人员可以列席债权人会议并陈述意见。

第二十七条　【债权人费用】债权人参加个人债务集中清理程序支出的费用不得要求债务清理申请人承担。

第二十八条　【表决通过】债权人会议表决个人债务集中清理方案时,本意见第三十条所列债权人不同意的不影响方案的通过。

第二十九条　【表决未通过】个人债务集中清理方案经过债权人会议两次表决未通过的,应当终结个人债务集中清理程序。

第三十条　【特定债务的继续清偿】在个人债务集中清理方案履行完毕后,

债务清理申请人仍应当以其未来收入对下列债务负继续清偿责任,债权人同意减免的除外:

(一)债务清理申请人因故意侵权行为产生的人身损害赔偿之债;

(二)债务清理申请人因履行法定抚养、扶养、赡养义务的费用。

第三十一条 【备案审查】个人债务集中清理方案有下列情形之一的,人民法院应当不予认可:

(一)违反法律强制性规定、禁止性规定或者违背公序良俗且不能补正的;

(二)以不正当方法使得个人债务集中清理方案得以通过的;

(三)没有实际履行可能性的;

(四)债务清理申请人私自应允债权人中一人或数人额外利益,严重损害其他债权人利益的;

(五)人民法院认为应当不予认可的其他情形。

第三十二条 【其他债务人义务】债权人对于债务清理申请人的共同债务人、保证人或者为其提供担保的第三人享有的权利,不受个人债务集中清理程序的影响,法律另有规定的除外。

第三十三条 【个人债务集中清理程序终结】有下列情形之一的,终结个人债务集中清理程序:

(一)个人债务集中清理方案履行完毕的;

(二)债务清理申请人撤回个人债务集中清理申请,或者被驳回的;

(三)个人债务集中清理方案表决未通过,或者人民法院不予认可的;

(四)本意见规定的可以或者应当终结的其他情形。

第三十四条 【失权与复权】债务清理申请人按照个人债务集中清理方案全部履行完毕,且符合下列条件之一的,人民法院根据债务清理申请人的申请,对其信用进行恢复:

(一)债务总额在200万元以下且清偿率在50%以上的,自个人债务集中清理方案全部履行完毕之日起满一年;

(二)债务总额在200万元以上500万元以下且清偿率在30%以上的,自个人债务集中清理方案全部履行完毕之日起满一至三年;

(三)债务总额在500万元以上2000万元以下且清偿率在10%以上的,自个人债务集中清理方案全部履行完毕之日起满二至五年;

(四)除前三项情形之外的,自个人债务集中清理方案履行完毕之日起满三至六年。

已经清偿的债务金额包括个人债务集中清理程序之外已经履行的金额。

债权人会议对债务清理申请人信用限制期限另有决议的,按照债权人会议决议执行,但债权人会议决议的信用限制期限不得长于前款规定的期限。

债务集中清理方案履行完毕后,债务清理申请人可以自愿履行未清偿的债务,自愿履行的债务金额与债务集中清理方案中履行的金额合并计算后,对其信用限制年限可以相应调整。

第三十五条　【行为限制令】债务清理申请人在信用恢复之前,不得有下列行为,法律另有规定或者当事人另有约定的除外:

(一)《最高人民法院关于限制被执行人高消费及有关消费的若干规定》第三条禁止的高消费及非生活和工作必需的消费行为,乘坐飞机经济舱及高铁二等座除外;

(二)担任营利性公司的法定代表人、股东;

(三)担任国有企业的法定代表人、董事、监事;

(四)人民法院认为应当进行限制的其他行为,因工作需要出入境的,应当履行报批手续。

第三十六条　【复权内容】对债务清理申请人的信用恢复应当恢复至相当于债务履行完毕的状态。

第三十七条　【公示与监督】人民法院建立个人债务集中清理名单库,定期在温州市中级人民法院网站等媒体公布。债务清理申请人在信用恢复之前,应当接受社会各界对其信用限制和财产情况进行监督。任何人发现其有违反本意见规定情形的,均可向债务清理管理人报告;债务清理管理人查证属实的,可以向人民法院申请恢复原生效法律文书的执行。

第三十八条　【执行案件结案】因本意见第三十三条第一项规定的原因而终结个人债务集中清理程序的,参与个人债务集中清理程序的执行案件以和解长期履行为由终结执行。

因本意见第三十三条第二至四项规定的原因而终结个人债务集中清理程序的,参与个人债务集中清理程序的执行案件恢复执行。

第三十九条　【特定情形下信用重新惩戒】信用恢复后,债务清理申请人对本意见第三十条所列债务存在有能力履行而拒不履行的情形的,应当对其信用重新进行惩戒。

第四十条 【方案调整】个人债务集中清理方案因债务清理申请人财产发生重大变化或者生活发生重大变故导致不能继续履行的,经债权人会议讨论可以给予不超过一年的展期,或者对清理方案重新调整并再行表决。

第四十一条 【法律责任】在个人债务集中清理申请人权利和信用恢复之前,发现其有未申报的重大财产,或者存在欺诈、恶意减少债务人财产或者有其他逃废债行为的,或者严重违反行为限制令的,债权人可以请求恢复原生效法律文书的执行;人民法院发现有上述情形的,可以依职权终结个人债务集中清理程序,并恢复原生效法律文书的执行。自个人债务集中清理方案全部履行完毕之日起五年内,发现其有前款规定情形的,债权人可以请求恢复按照原债务额进行清偿。

人民法院将根据情节依法采取罚款、拘留等措施,情节严重的,依法追究刑事责任。

第四十二条 【参照适用】非金融债权案件当事人依意思自治原则适用执行和解的一般规定并参照本意见的一般规定进行债务清理时,可以不受本意见有关审查和监督等规定的限制。

第四十三条 【实施】本意见自下发之日起实施,与法律、法规及司法解释不一致的,以法律、法规及司法解释为准。

第四十四条 【解释权】本意见由温州市中级人民法院审判委员会负责解释。

关于个人债务集中清理的实施意见(二)

温中法〔2021〕95号

为深化个人债务集中清理工作,强化执行程序和个人债务集中清理程序的有效衔接,促进公平、便捷、高效办案,进一步激发市场活力、鼓励创业创新,根据《浙江法院个人债务集中清理(类个人破产)工作指引(试行)》(以下简称《工作指引》),参照《中华人民共和国企业破产法》(以下简称《企业破产法》)的基本原则和立法精神,结合本市实施《温州市中级人民法院关于个人债务集中清理的实施意见(一)》以来的工作实际,制定本意见。

第一条 【引导启动程序】对被执行人配合执行的案件,在终结本次执行程序前,应当对申请执行人和被执行人进行移送个人债务集中清理的谈话,加强法律和相关规则的释明,引导当事人同意进入个人债务集中清理程序。

第二条 【申请执行人申请】申请执行人申请对被执行人进行个人债务集中清理的,应当征求被执行人意见,被执行人同意进行个人债务集中清理的,其效力与被执行人本人申请相同;被执行人不同意的,人民法院继续强制执行程序。

第三条 【依职权启动】如被执行人因生活困难无力偿还债务,且丧失劳动能力的,人民法院可依职权启动个人债务集中清理程序。

第四条 【律师参与调查】在执行程序中财产调查核实环节,要尽可能让申请执行人的代理律师参与,人民法院可以以律师调查令的方式授权申请执行人的律师开展调查工作。

第五条 【公证悬赏】引入公证力量参与调查,必要时可以采用悬赏方式执行。

第六条 【启动前财产报告】对无法偿还全部债务的被执行人,在执行程序转个人债务集中清理前,人民法院应当要求被执行人按照《工作指引》第19条规定对财产进行全面申报;已经申报但不全面的,应当要求补充申报,并重申不如实申报的法律后果。

第七条 【启动前核查】执行法院应当对被执行人申报的和调查获取的有关财产信息进行全面、综合分析,根据《工作指引》第30条规定重点审查相关事项,在此基础上形成财产调查报告。

经调查核实,发现被执行人未如实申报的,应该给予相应的惩戒;被执行人如实申报的,启动个人债务集中清理程序,除非清理中新查明其存在失信行为的事实。

第八条 【诚信度评估】执行法院加强执行程序与个人债务集中清理的衔接,在个人债务集中清理启动前对被执行人的诚信度进行评估。

第九条 【调查报告沿用与补充】人民法院在个人债务集中清理程序启动前三个月内作出的执行财产调查报告,可以作为个人债务集中清理程序的调查报告。

进入个人债务集中清理程序后,没有证据证明被执行人存在逃废债情形的,人民法院一般不再启动调查程序。

管理人认为需要对被执行人财产进行补充调查的,可以自行调查,也可以申请人民法院签发调查令进行调查。补充调查结束后,形成财产补充调查报告。

第十条 【移送与衔接】执行程序转个人债务集中清理程序的,由执清案件经办法院通知执行法院,向执清案件经办法院移送相关材料,已经进入执行程序的债权视为已自动申报债权,并由执行法院通知相关申请执行人,告知其申请执行未受偿的债权已经在个人债务清理程序中申报债权。

第十一条 【管理人职责】按照本意见第七条至第九条,在强制执行阶段对被执行人财产已进行全面调查核实且债权人会议认可的,个人债务集中清理管理人的职责主要是充分听取债权人意见,制定个人债务集中清理方案,组织表决并付诸实施。

人民法院对管理人指定、债权人表决及实施的个人债务集中清理方案进行审查、监督、指导。

第十二条 【清理方案内容】个人债务集中清理方案包括以下内容:

(一)分配方案。对现有可供分配财产制作分配方案。

(二)清偿方案。对财产分配后未受偿的债权制作清偿方案。

(三)信用恢复方案。

第十三条 【表决规则】清理方案三方面内容可以一起表决,也可以单独表决,全体无财产担保债权人表决通过,方为有效。

债权人会议可以另行决议确定表决规则,对特定事项由参加债权人会议的债权人过半数通过,且该债权额需占无财产担保债权额三分之二以上,表决即为通过。

第十四条 【多数决情形下的实施】清理方案虽未经全体无财产担保债权人表决通过,但对清理方案投赞同票的无财产担保债权人人数超过无财产担保债权人总数的三分之二且其代表的债权额超过无财产担保债权总额的三分之二时,清理方案中的分配方案、清偿方案和信用恢复方案分别作如下处理:

(一)分配方案。经人民法院审查通过的,对全体债权人有效,必要时可由人民法院依职权制作并实施。

(二)清偿方案。人民法院可以依据被执行人的申请,认定该清偿方案对投赞同票的债权人有效,并在该部分债权人范围内实施清偿方案,免除相应债务。

(三)信用恢复方案。人民法院依据被执行人的申请,在赞同信用恢复方案的债权人案件中,删除被执行人失信信息;在个别反对信用恢复方案的债权人案件中,对被执行人积极履行义务或主动纠正失信行为的,依法审查后可以决定提前删除失信信息。

第十五条 【不参与清理的执行债权人】清理方案中分配方案应当列明不参加个人债务集中清理的执行债权人,并保留其与其他债权人同等比例的受偿额。不参加个人债务集中清理的执行债权人可以列席会议,但没有表决权。

第十六条 【未进入执行程序的债权人】未进入执行程序的债权人在自愿放弃表决权并经其他债权人同意其参与的情况下可以参与个人债务集中清理,经表决通过的清理方案对该债权人有效。未进入执行程序的债权人在参与个人债务集中清理程序后又申请强制执行的,人民法院应当立案执行,立案后终结本次执行程序,并不得对申请个人债务集中清理的被执行人纳入失信被执行人名单。

个人债务集中清理期间视为诉讼时效或申请执行时效中断,从个人债务集中清理程序终结时起,时效期间重新计算。

第十七条 【第三人代为履行】清偿方案中约定由第三人代为履行债务,清偿方案对同意的债权人有效。部分债权人不同意该清偿方案的,不同意的债权人不得要求第三人履行。

第十八条 【个人债务重整】参照《企业破产法》的规定和精神,在保证债务人基本生活和生产的前提下,可以以债务人未来五年内的预期收入为基础,优先考虑对被执行人债权债务进行重整。

第十九条 【第三方参与重整】在个人债务重整中引入第三方机构,由第三方机构对债务人进行信用评估,与评估合格的债务人签订融资合同,形成以融资款项清偿债务的重整方案。

第二十条 【重整方案表决】经表决,对同意重整方案的债权人,按照重整方案执行;对不同意重整方案的债权人,保留其相应份额。

第二十一条 【部分连带债务清理】个人债务集中清理程序中,债权人在表决同意部分连带债务人的清偿方案时,可以就该连带债务人应承担份额范围内的剩余债务,保留向其他债务人主张的权利,相关意见在清偿方案中予以列明。

第二十二条 【次债权人权利】对个人债务集中清理程序中的债权人享有执行债权的另案申请执行人,可以参与其债务人作为债权人的个人债务集中清理程序并行使表决权,其所代表的债权额以生效法律文书确定享有的债权额中未受偿额度为限。

第二十三条 【一次性清理结案方式】一次性清理方案为主要形式的,清理方案履行完毕后,个人债务集中清理程序终结,相关的执行案件裁定终结执行或者裁定对该被执行人终结执行。

第二十四条 【长期履行、附条件清理结案方式】长期履行或者附条件的清理方案表决通过后,个人债务集中清理程序终结。债权人申请恢复执行原生效法律文书的,适用申请执行期限的规定。

债权人也可以在清理方案中明确,以考察期为限,期限届满后不再恢复对原生效法律文书的执行。

第二十五条 【表决同意债权人的结案方式】按照本意见第十四、十五、十七、十八条方式清理的，裁定终结清理程序，并对同意的债权人执行案件裁定终结执行。

第二十六条 【考察期】考察期以信用恢复方案为准，一般为五年。对依照《工作指引》第56条第2款裁定终结执行后、行为考察期届满前，发现被执行人有违反考察期规定的行为的，可以依债权人申请而恢复原判决的执行，也可以延长行为考察期，但延长期限最长不超过两年。

被执行人在案件进入执行后三年内银行账户明细和微信、支付宝账户明细等反映没有超出基本生活所需的消费，个人债务清理终结后，可以不设考察期。未满三年的，个人债务清理的债权人可以一致表决不设考察期。

第二十七条 【法律责任】发现隐瞒、故意转移财产超过个人债务清理豁免财产十分之一以上，或超过五万元的，原申请执行人向人民法院申请恢复执行的，一般应恢复执行。恢复执行的，债务人、担保人及其他承担履行义务的人在个人债务集中清理期间已经作出的履行行为有效。情节显著轻微的，可以不再恢复执行。

第二十八条 【行为限制令】个人债务集中清理期间及考察期内，债务人的行为限制参照《工作指引》相关规定。

第二十九条 【施行】本意见自下发之日起实施，与本院《关于个人债务集中清理的实施意见(一)》规定不一致的，以本意见为准；与法律、法规及司法解释不一致的，以法律、法规及司法解释为准。

第三十条 【解释权】本意见由温州市中级人民法院审判委员会负责解释。

在个人债务集中清理工作中探索建立公职管理人制度的府院联席会议纪要

2020年4月2日,市政府副市长、市法院院长共同组织召开府院联席会议,就在个人债务集中清理工作中探索建立公职管理人制度有关问题进行协调。参加会议的有市法院、市委编办、市司法局、市财政局、市金融办、温州银保监分局等部门相关同志。现将会议讨论决定的有关事项纪要如下。

一、会议听取了市法院关于在个人债务集中清理工作中探索建立公职管理人制度相关工作的汇报。会议认为,建立公职管理人制度不仅填补了全国目前的制度空白,而且对于推进个人债务集中清理试点工作,进而最终促成个人破产制度的建立,打造温州市场化、法治化、国际化营商环境新高地具有十分重要的意义。市各有关部门要敢于担当,勇于探索,密切配合,确保制度落实。

二、会议明确

(一)关于公职管理人的管理

1. 确定司法行政机关公共法律服务部门为公职管理人的管理机构,增挂公职管理人管理机构牌子,其主要职责为承担个人债务集中清理工作中行政性事务管理功能,履行对公职管理人工作的监督、管理、协调等职责,确保个人债务清理、债务人信用修复前的行为监督、案件档案保管等事务的落实。

2. 公职管理人由司法行政机关中具有从事法律职业资格和公职身份的人员担任。

3. 市法院与市司法局根据个人债务集中清理案件需求共同编制公职管理人名册,并向社会公示。

(二)关于公职管理人的指定与更换

1. 依据《企业金融风险处置工作府院联席会议纪要》(2019年7月10日印发)、《温州市中级人民法院关于个人债务集中清理的实施意见(试行)》等文件的规定,进入个人债务集中清理程序的案件,人民法院可以从公职管理人名册中指定公职管理人担任个人债务清理管理人,同时应将指定结果向司法行政机关公共法律服务部门备案。

2. 公职管理人可以根据个人债务集中清理案件的实际需要聘用必要的工作人员。在未给债务人增加费用情形下可由司法行政机关决定,在给债务人增加费用情形下须经人民法院许可。

3. 人民法院已经指定公职管理人的案件,受理法院依据债权人会议或债务人的申请,或者依职权认为确有必要的,可以决定更换为其他管理人。公职管理人的回避、更换等,参照《最高人民法院关于审理企业破产案件指定管理人的规定》处理。

4. 对于重大、复杂的个人债务集中清理案件,由属地政府进行预清理的,经人民法院批准,可以由公职管理人协助完成事务性工作。

(三)关于公职管理人的职责

1. 公职管理人按照《温州市中级人民法院关于个人债务集中清理的实施意见(试行)》的规定履行管理人职责。公职管理人应当勤勉尽责,及时向人民法院报告工作,并接受债权人的监督。

2. 公职管理人在履行管理职责过程中需要调查债务人的信用信息、账户信息、违法犯罪信息等,有关部门和机构应当予以协助。

3. 公职管理人在履行管理人职责过程中发现债务人财产足以清偿全部债务的,以及按照《温州市中级人民法院关于个人债务集中清理的实施意见(试行)》的规定应当终结个人债务集中清理程序的,应及时出具法律意见书,向人民法院申请终结个人债务集中清理程序。

4. 公职管理人不收取管理人报酬。聘用人员费用、公告费等必要费用在个人债务集中清理程序中未受清偿的部分,从企业破产援助资金支出。各县(市、区)可参照执行。

(四)关于工作的保障机制

1. 建立公职管理人工作机制。尽快制定公职管理人工作指引,细化任务分工,明确工作内容、工作流程、工作方式等,确保公职管理人试点工作扎实有序推进。

2. 建立协调联动机制。市法院和市司法局应指定专人负责,以定期召开相关部门联席会议、走访调研等多种形式沟通、交流工作进展,及时解决公职管理人履行职责过程中的重点、难点问题。

3. 建立社会律师参与激励机制。鼓励社会律师积极参与个人债务集中清理工作,工作时间可计入律师公益服务时间。对于个人债务集中清理程序中表现优秀的,在行业评先评优、政府法律顾问和"两代表一委员"推荐工作方面予以倾斜。

4. 加强破产管理人监督管理。探索联合加强对破产管理人的监督管理,人民法院对律所管理人评价结果,同步向司法行政机关备案,列入律所行业年度综合评价内容。

温州市破产管理人协会管理人履职考评办法(试行)

温破协〔2021〕3号

第一章 总 则

第一条 【目的】为进一步建立、健全我市破产管理人行业自律规则,提升管理人履职能力与服务水平。协助有关部门完善行业监督和评价机制,督促管理人高效履职,依据《中华人民共和国企业破产法》《最高人民法院关于审理企业破产案件指定管理人的规定》《浙江省破产管理人动态管理办法(试行)》等规定,结合温州地区管理人工作实践,制订本办法。

第二条 【适用范围】温州市破产管理人协会会员(以下简称"本会会员")担任破产管理人的,适用本办法。

本会会员办理预重整案件、个人债务集中清理案件、强制清算案件的,参照适用本办法。

非本会会员在温州地区担任破产管理人、办理预重整案件、个人债务集中清理案件、强制清算案件的,根据有关法院的移送函,要求协会进行履职考评的,可视同本会会员参照适用本办法。

第三条 【配合人民法院动态管理】本会协助温州市中级人民法院逐步建立严格、科学、规范、可操作的考评机制,逐步建立管理人评价档案,协助推进管理人履职动态管理,逐步完善并实施协会内部考评机制。

第四条 【考评原则】本会对管理人履职的考评注重工作质量、成本和效率,配合人民法院对管理人履职工作的考评和管理,督促管理人提升履职水平。

第二章 管理人履职考评

第五条 【考评委员会】建立协会内部管理人履职考评机制,设置考评委员会,委员会成员可以由本会会长、副会长、秘书长、监事长、副监事长及各工作委员会正副主任组成,人数不低于7名且为单数。法院相关部门的法官或人员可列席考评委员会会议。

第六条 【考评调查委员会和考评调查组】协会成立考评调查委员会,负责考评调查事务,由监事会牵头负责。考评调查委员会在本协会会员单位范围内征集考评调查员,成立调查员库。

根据本办法第九条规定,协会需要对管理人进行履职考评的,由考评调查委员会指定考评调查组负责人,由该负责人从调查员库中随机产生3~5名组员组成调查组开展调查。调查组人员对履职考评的案件进行调查后,出具书面调查报告供考评委员会评判。

第七条 【考评调查委员会调查员任职资格】考评调查委员会调查员应具备以下条件:

(一)其本人或所在单位必须为五年以上协会会员;

(二)作风严谨,品行端正,具有优良的职业操守和较高的威望;

(三)未因执业行为受到行政处罚或行业纪律处分;

(四)热心行业管理工作,有奉献精神;

(五)能够保证必要的工作时间认真履行职责。

第八条 【考评调查委员会调查员资格丧失】考评调查委员会调查员有下列情形之一的,自动丧失其资格:

(一)被追究刑事责任的;

(二)因执业行为违法、违规而受到行政处罚或行业纪律处分的;

(三)本人或所在单位丧失本会会员资格的。

第九条 【考评范围】原则上在本协会每届任期之内,以抽查的方式对本会会员实行全覆盖考评。

有下列情形之一的,由本会亦应对管理人履职进行考评:

(一)人民法院发函要求本会进行考评的;

(二)本协会受理投诉后决定进行考评的;

(三)会长办公会议决定进行考评的。

以上考评事项由考评委员会决定启动。

第三章 考评程序

第十条 【考评程序的启动】考评调查委员会收到考评启动决定后十个工作日内成立调查组,启动考评程序,对案件进行调查,开展案件听证等。

第十一条 【调查方式和范围】考评调查组应当全面、客观、公正地调查案情,认真听取投诉人陈述、被投诉人(被调查人)的申辩和证人证词,并且有权就案件的事实向投诉人、被投诉人(被调查人)和证人询问。

被投诉人(被调查人)是个人会员的,其本人应当到场;被投诉人(被调查人)是单位会员的,其负责人或该案件的团队负责人应当到场。

第十二条 【被调查人的权利义务】对于本会的考评行为,本会会员或参照本办法执行的非本会会员有义务配合,并按照本办法的要求配合调查和整改,有权提出书面申辩意见,有权提供相应证据。

第十三条 【调查期限】考评调查组应当在三十个工作日内完成对案件的调查。对复杂的案件确需延长调查期限的,由考评调查委员会主任作出延长调查期限的决定。补充材料或补充调查取证期间,不计入上述期限。

第十四条 【调查报告】考评调查组应当自调查期满之日起五个工作日内向考评委员会提交案件调查报告,并提出处理建议。考评调查组成员对案件调查报告的内容负责。

第十五条 【处理决定的表决】考评调查组应向考评委员会提出处理建议,由考评委员会集体讨论处理决定。讨论应当由三分之二以上的考评委员会委员出席,决定应由有表决权的考评委员会委员的二分之一以上通过。考评委员会对案件的处理决定表决,采取考评委员会成员无记名投票方式进行。

考评委员会对于参加表决的考评委员会委员信息应当予以保密,考评委员会成员对于案件考评过程中获悉的内容应当予以保密。

第十六条 【复查申请】对考评委员会作出的决定不服的,可以在接到决定书的次日起十个工作日内向会长办公会议提出书面复查申请,说明要求复查的理由。

第十七条 【复查程序】复查程序由会长办公会议主持并最终做出复查决定。会长办公会议应当对申请人主张的事实、证据和复查理由,结合原处分决定所依据的事实、证据、理由和依据进行书面审查。会长办公会议成员可以听取申请人、考评委员会相关委员、考评调查委员会调查组对案件及其证据的陈述和质证意见。

第十八条 【复查期限】会长办公会议应当在接到申请人的复查申请之日起三十个工作日内作出复查决定。由于案情复杂等原因,会长办公会议无法在规定的期限内完成复查工作的,经会长批准可延长复查期限。

第十九条 【复查表决】会长办公会议按照出席成员的二分之一以上多数意见作出书面复查决定。复查决定按照以下三种方式作出:

(一)原处理决定认定事实清楚,责任区分适当,适用依据正确,程序合法的,应当维持原处理决定;

(二)原处理决定认定事实清楚,调查、表决程序正当,但适用依据不当,作出的处理措施应予变更的。或者,原处理决定存在明显笔误的,应当变更或补正原处理决定;

(三)原处理决定事实认定不清的,或调查、表决程序不当的,应当撤销原处理决定,并发回考评委员会,责令考评调查委员会重新调查或者责令考评委员会重新表决。

第二十条 【通报机制】考评委员会对案件进行考评后,由协会将考评结果向当事人和其他会员进行通报,并报温州中院和经办法院备案。

第二十一条 【回避规定】考评委员会成员、考评调查员、会长办公会议成员与被考评的单位或者个人有利害关系或者有其他关系可能影响考评公正的,应当回避。

第四章　考评等级、考评依据

第二十二条　【考评等级】考评结果分为优秀、良好、合格、轻微不合格、一般不合格、严重不合格六个等级。其中优秀、良好、合格为奖励考评,轻微不合格、一般不合格、严重不合格为处分考评。

第二十三条　【考评原则】本会对管理人的考评应坚持和遵循公平、公正、公开的原则,以激励和约束会员依法、勤勉、忠实履职。

第二十四条　【考评依据】

(一)《中华人民共和国破产法》相关的法律法规、司法解释及会议纪要等;

(二)本协会指导单位温州市中级人民法院参与制定、发布涉及破产审判事务的办法、纪要等;

(三)《温州市破产管理人协会关于破产管理人工作操作规范》;

(四)其他与管理人履职有关的规范性文件。

第二十五条　【合格及奖励】管理人履职公正高效、忠实勤勉、依法合规,给予合格及以上的考评。有下列情形之一的,可以由温州市破产管理人协会或联合有关部门给予表彰奖励。

(一)管理人年度个案评价优秀比例或数量位居前列的;

(二)管理人年度考核为优秀的;

(三)本年度会员单位缴纳会费位居前列的;

(四)主动参与法院或管理人协会举办的各项活动并提供会务保障的;

(五)积极举办破产法实务研讨或理论研究方面沙龙、会议、讲座等活动的;

(六)在本市外的地区办理的破产案件有重大影响或者办案数量位居前列的;

(七)公开出版破产法方面书籍,发表破产法方面文章的;

(八)积极参加本会组织的论文写作活动的、各项调研任务的;

(九)认真完成法院或浙江省破产管理人协会的各项调研任务并受到表扬的;

(十)参加全国性、地区性破产法实务研讨或理论研究方面沙龙、会议、讲座等活动,作主题发言或提交论文并获奖的;

(十一)办理的破产审判案件被评为全国性、省级、地市级优秀、典型案例的;

(十二)本会会员机构或成员个人受到全国性、省级、地市级有关破产审判的表彰奖励的;

(十三)其他应予奖励的情形。

若本会会员受到人民法院通报处罚的,不得在通报处罚年度内按照本办法参评奖励荣誉,如遇特殊情况可由考评委员会适当延长或缩短参评期间。

第二十六条 【不合格考评】管理人履职未能达到公正高效、忠实勤勉要求,违反有关规定的,给予不同程度的不合格考评。管理人考评不合格的主要有以下情形:

(一)办案效率低,无正当理由长期未结案的;

(二)管理人团队配备不合理,办案人员不稳定;

(三)年度内人民法院给与的个案评价有一件不合格的;

(四)年度内人民法院给与的年度考核不合格的;

(五)违法或违反职业道德和执业行为规范未造成不良后果的;

(六)因执业、经营中故意或者重大过失行为,受到行政机关、监管机构或者行业自律组织行政处罚或者纪律处分,可能影响履行管理人职责的;

(七)履行职务时,因故意或者重大过失导致债权人利益受到重大损害的;

(八)利用管理人的身份或地位为自己和他人谋取私利的;

(九)违法或违反职业道德和执业行为规范造成不良后果的。

第二十七条 【从轻、免予处分】会员有下列情形之一的,可以从轻或者免予处分:

(一)初次违规并且情节显著轻微或者轻微;

(二)承认违规并作出诚恳的书面检讨;

(三)自觉接受温州市破产管理人协会的建议,整改不规范的执业行为;

(四)主动及时采取有效补救措施,防止不良后果发生或减轻不良影响。

第二十八条 【从重处分】会员有下列情形之一的,应当从重处分:

(一)曾因违规行为受到过本会处分,但拒绝接受处分或整改;

(二)曾因同类违规行为受到过本会处分或其他行业协会处罚;

(三)在调查中虚假陈述或提供虚假证明材料;

(四)违规行为造成严重后果;

(五)逃避、抵制或阻挠案件调查;

(六)有报复投诉人、证人或温州市破产管理人协会有关人员的行为。

第五章　附　　则

第二十九条　本办法经温州市破产管理人协会会长办公会议通过,于2021年6月1日起试行,于2024年7月13日修订后立即施行,由温州市破产管理人协会负责解释。

温州市破产管理人协会管理人破产审计、评估、诉讼代理机构选聘工作指导意见(试行)

温破协〔2021〕3 号

为规范会员单位在破产管理人业务中选聘审计、评估、诉讼代理机构的行为,营造更好的营商环境,现根据《中华人民共和国企业破产法》及相关司法解释等,结合本地区实际情况,制定本指导意见。

第一条 本会会员作为管理人选聘破产审计、评估、诉讼代理机构适用本指导意见。审计、评估、诉讼代理机构被指定为破产管理人的,应当自行完成相关工作。

第二条 参加管理人破产审计、评估、诉讼代理机构选聘的机构须在本协会备案。

第三条 会员单位应自被指定为管理人后接收账簿之日起 15 个工作日内完成审计机构的选聘,重大、复杂、疑难破产案件,可延长 15 个工作日。

会员单位应自被指定为管理人后接收财产之日起 15 个工作日内完成评估机构的选聘,重大、复杂、疑难破产案件,可延长 15 个工作日。

无产可破等需要债权人(或股东)垫资支付审计、诉讼费用的破产案件,会员单位应自债权人(或股东)出具垫资承诺并提供担保之日起 15 个工作日内完成审计、诉讼代理机构的选聘。

第四条 小额破产案件,会员单位可以采用询价方式选聘审计、评估、诉讼代理机构。

第五条 重大、复杂、疑难破产案件,会员单位应当采用公开方式,综合考察机构规模、过往业绩、工作方案、收费报价等因素,以技术与商务总分(原则上技术分为70%,商务分为30%)作为选聘标准选聘审计、评估、诉讼代理机构。参与选聘评估机构人员持有本协会颁发的破产管理人执业资格证书在技术评比时优先。

第六条 重大、复杂、疑难破产案件选聘审计、评估、诉讼代理机构时,会员单位可以组织债权人代表、职工代表、债务人代表等参与评选。

第七条 采用公开方式选聘审计、评估、诉讼代理机构的,会员单位应在温州市破产管理人协会网站和温州市破产管理人协会微信公众号等发布选聘公告。

第八条 本指导意见所述的小额破产案件是指债务人财产价值总额预计在3000万元以下的破产案件(关联企业合并破产的,按合并后的财产总额计算)。

第九条 会员单位选聘审计、评估、诉讼代理机构的,所有参与人员应当恪守职业道德和执业纪律,保守相关商业秘密和未公开的相关信息。

第十条 本指导意见经温州市破产管理人协会理事会会议通过,于2021年6月1日起试行,由温州市破产管理人协会负责解释。

温州市破产管理人协会管理人执业证管理办法(试行)

温破协〔2024〕5号

第一条 为进一步规范我市破产管理人(以下简称管理人)执业证的申领、发放与管理工作,依法保障管理人正当履职与规范执业,维护管理人的合法权益,根据《中华人民共和国企业破产法》等相关法律、法规和司法解释的规定,结合管理人工作实际,制定本办法。

第二条 温州市破产管理人执业证(以下简称管理人执业证)由温州市破产管理人协会(以下简称本协会)核准发放,是管理人在温州市及市辖县(市、区)范围内开展企业破产类案件、强制清算和类个人破产案件等工作的有效证件。

管理人工作人员在温州市及市辖县(市、区)范围内从事履职工作,应当依照本办法领取管理人执业证;未持有管理人执业证的人员,不得以管理人名义从事相关履职工作。

第三条 本协会会员机构中从事破产管理人工作且符合《中华人民共和国企业破产法》第二十四条规定条件的人员,可以申请领取管理人执业证。

温州市域外的机构管理人,在温州市及市辖县(市、区)范围内被指定担任管理人,其工作人员应当依照本办法规定,申请领取管理人执业证。

第四条 申请领取管理人执业证的人员(以下简称申领人员)应在一个管理人机构签订一年以上(含本数)劳动合同或聘用合同,且不得在二个(含本数)以上机构从事管理人履职工作。

申领人员应接受相关专业业务培训及职业道德、执业纪律培训,并由其所在管理人机构对其业务能力、职业道德和工作态度作出评价后,将《管理人执业证申请登记表》、个人执业资格证书或证件、身份证复印件等材料报送协会秘书处。

温州市域外机构管理人如需在温州市域从事管理人工作,其工作人员通过向本协会申请执业考试等方式取得管理人执业证。

第五条 管理人原则上应在取得执业证前通过执业考试,确因客观原因未能及时完成执业考试的,应在当届协会任期内完成一次执业考试。年满60周岁已取得管理人执业证的从业人员,可免予考试。

第六条 执业考试以定期考试、临时申请考试等方式进行。

协会秘书处定期或通过开通线上平台满足临时申请的方式组织管理人考试,具体考试办法由秘书处另行制定。

温州市域外的机构管理人,应在收到法院指定管理人决定书后七日内,为其工作人员向本协会秘书处申请执业考试与办理管理人执业证。

第七条 管理人执业证有效期由本协会确定,一般为三年,有效期内应于每年三月之前完成年度考核;有效期满后应申领换发执业证。

第八条 执业证应当载明的内容、制作的规格式样、证号编制办法由本协会规定并制作。

第九条 管理人应当妥善保管管理人执业证,不得变造、涂改、抵押、出借、出租和故意损毁,凡因上述原因产生的相关责任,均由涉事本人承担。

第十条 管理人执业证于每年度1月1日—3月31日进行年度考核,未经年度考核的,该管理人执业证无效,且不得再继续使用。

第十一条 办理年度考核手续,持证人应按规定填写《管理人执业证年度注册审核登记表》,并经所在执业机构审核后,报本协会秘书处。

协会每年完成对管理人年度考核后,应当在执业证书相应栏目内填写考核年度、考核结果、备案日期,并在执业证书上加盖检查考核专用章。

第十二条 针对提交的年度考核材料缺失或不合格的情况,本协会秘书处应当退回,并要求补充材料。

符合年度考核条件的,本协会秘书处应当自收到申请材料之日起三十日内,依照本办法办理年度考核手续。

年度考核完成后,应将管理人名单报温州市中级人民法院备案。

第十三条 有下列情形之一的,本协会秘书处可以暂缓年度考核,并通知该管理人所在的机构:

(一)未完成规定培训任务或时长的;

(二)因违反管理人执业纪律受到处罚,处罚期未满的;

(三)所在的管理人机构因违反执业纪律被处以停止执业处分,处分期未满的;

(四)有法律法规规定的暂时不能从事管理人执业情况的。

第十四条 暂缓年度考核的原因消失后,经本人申请,由所在机构报本协会秘书处核准后,应为其办理考核手续。

第十五条 管理人机构受停止执业处罚的,应收回其机构内所有管理人执业证,于处罚期满并通过当年度考核后发还。

管理人机构被取消管理人资格的,应收缴其机构内所有管理人执业证并予以注销;因其他原因无法收缴的,由协会公告注销其执业证书。

第十六条 管理人工作人员申请变更执业机构的,应当自作出准予变更决定之日起十日内向本协会申请人核准变更或换发管理人执业证。

管理人机构变更名称、持证人等事项的,变更应当自作出准予变更决定起十日内,为管理人机构及工作人员办理执业证书变更事项登记或换发执业证。

第十七条 管理人执业证损坏或遗失的,由该管理人所在机构向本协会秘书处申请换领或补发。管理人执业证损坏的,应交回原管理人执业证;管理人执业证遗失的,应在当地报刊或协会公共平台上刊登遗失声明。

第十八条 本办法实施之前,已取得本协会发放的执业证的管理人专职从业人员,可自本办法实施之日起十五日内向本协会申请年度审核或换发新证。

本办法实施之前已在开展管理人工作,但尚未取得本协会发放的执业证的管理人专职从业人员,可自本办法实施之日起十五日内向本协会申请岗前培训,并在本协会组织岗前培训与考试之前继续开展管理人工作。

本办法实施后,未取得本协会发放管理人执业证的外地管理人专职从业人员,可自其所属管理人机构被指定为具体案件管理人之日起七日内向本协会申请领取执业证考试,并在本协会考试之前临时开展管理人工作。

除此之外,自本办法实施之日起,未经岗前培训合格并取得本协会发放的执业证的管理人从业人员,不得上岗执业。管理人协助工作人员,协助开展管理人工作时,在场的已取得本协会发放的执业证的管理人专职从业人员不得少于一人。

第十九条 本办法自印发之日起试行,并由本协会负责解释。

第三部分

典型案例

案例 1　温州市初旭食品有限公司重整案

【关键词】预重整；“假马规则”；债权人权益保护

【受理法院】温州市中级人民法院

【管理人】温州诚达会计师事务所（普通合伙）

【基 本 案 情】

温州市初旭食品有限公司（以下简称初旭公司）成立于2003年2月10日，旗下龙头产品“初旭”牌鸭舌在温州市场占有率约50%，在浙江市场占有率约15%，系温州地区在历届浙江省、温州市农产品博览会多次荣获金奖的产品，并获得“舌尖上的浙江”等荣誉称号。随着初旭公司经营规模的不断扩大，其潜在的债务问题接连暴露。2023年8月，陆续有多名债权人向温州市中级人民法院（以下简称温州中院）申请对初旭公司进行破产清算。2023年12月，初旭公司因其实际控制人突发意外离世，法定继承人均未参与公司经营且背负高额民间借贷债务而陷入困境。

【审 理 情 况】

2024年2月，经初旭公司申请，在温州中院指导下温州市龙湾区风险企业帮扶和银行不良贷款处置工作领导小组受理初旭公司预重整申请,龙湾区人民法院立案参与,并于2024年3月召开初旭公司预重整管理人选任评审会,确定温州诚达会计师事务所(普通合伙)担任预重整管理人。

2024年3月15日,初旭公司预重整管理人在全国企业破产重整案件信息网发布"假马投资人"招募公告。4月10日,北京中海金岳投资管理有限公司通过公开竞价成为"假马投资人",承诺以"最低偿债资金"118,239,200元参与初旭公司重整投资人的竞价,签订《投资意向协议书》并缴纳保证金500万元。4月30日,"假马投资人"管理团队入驻初旭公司,正式接管初旭公司的经营。接管期间,初旭公司恢复正常经营秩序,净利润达7,566,510.31元。

2024年10月25日,温州中院裁定受理初旭公司重整申请,并指定预重整阶段管理人温州诚达会计师事务所(普通合伙)继续担任该案管理人。12月9日,初旭公司第一次债权人会议召开,各表决组均投票表决通过了重整计划草案。12月20日,温州中院裁定批准初旭公司重整计划并终止破产重整程序,并于同日发布初旭公司重整投资人招募公告。重整投资人公开竞价阶段,以"假马投资人"承诺的托底价1.18亿元为竞价基准价,成功吸引3位"真马投资人",经过多轮竞价,最终由之江味觉(浙江)食品研发有限责任公司以129,239,200元对价成为重整投资人。

【典型意义】

本案是充分发挥预重整制度价值,创新运用"假马规则"引入重整投资人,有效保障债权人在重整中的程序性权利,实现企业破产不停产、员工不失业、市场价值最大化的典型案例。

一是坚持"可重整的不清算"理念,通过政府主导的预重整工作保障市场秩序。为有效挽救初旭公司,温州中院坚持"可重整的不清算"理念,有序推进以政府为主导、法院积极介入、管理人具体参与的预重整工作。由政府主导的预重整模式,迅速提升了初旭公司职工、债权人、股东等利害关系人的信心,尤其是解决了信息披露的信任问题,获得各方主体对重整的价值认同。同时,政府能够在破产企业有限资源之外及时调配行政、市场、社会等各类资源,助力企业纾困解难,提高司法重整成功率,有效缩短司法处置周期。本案由预重整进入重整程序后,从受理、公告、召开全体债权人会议到通过重整计划,仅用了46天。

二是精准适配"假马规则"引入重整投资人,充分发挥市场在资源配置中的决定性作用。针对预重整前期初旭公司经营不畅且管理混乱的局面,在精准识别企业险情特征后,创新运用"假马规则",引入"假马投资人",为企业重获市场"新机"注入关键动力。一方面,确保企业"破产不停产"。在预重整期间,通过市场机制引入"假马投资人",在其开展尽调后以初始报价与债务人达成投资协议,暂时接管企业,由专业团队经营,并在后续竞价中享有同等条件下被优先确定为重整投资人的权利。"假马投资人"在接管期间,多措并举迅速稳住了公司经营秩序,净利润合计约756万,妥善安置企业员工近200人,保障经销商、加盟商以及供应商等关联企业60余家正常销售经营,维持了企业商誉与品牌价值。另一方面,引出"真马投资人"。重整投资人公开竞价阶段,以"假马投资人"承诺的托底价为竞价基准价,充分发挥市场机制对重整资源的价值发现功能,吸引市场潜在意向投资人,最终实现破产财产价值溢价9.30%,普通债权清偿率从破产清算的11.63%提高到破产重整的30%以上。

三是有效保障债权人的知情权、参与权等重整程序性权利,维护债权人重整积极性和重整利益。初旭公司债权人数众多且债权内容复杂,初期共有126户债权人申报债权,债权金额共计454,580,126.99元,包括职工、加盟商、经销商、金融借款、民间借贷等债权。在甄别出属于初旭公司原实际控制人的个人债务后,通过启动对其配偶兼初旭公司股东张某的个人债务集中清理程序,妥善处理该部分债务,稳妥有序推进初旭公司重整程序。同时,充分保障债权人在重整中的程序性权利:根据管理人的推荐,指定在债权人中声望较高、具有一定法律知识、积极性高的债权人代表担任债权人会议主席;认可能够代表特定类型债权、具有履职便利性与积极性的债权人,组成债权人委员会;积极回应债权人的不同诉求,促使各方债权人投票表决通过了重整方案,达到保产业、保就业和保企业的良好效果。

案例 2　河田集团有限公司重整案

【关键词】府院联动；预重整；网络债权人会议

【受理法院】温州市中级人民法院

【管理人】北京德恒（温州）律师事务所

【基本案情】

河田集团有限公司（以下简称河田公司）成立于1998年，公司注册资本和实收资本为8988万元，主要从事服装生产和销售，前身高邦集团有限公司是温州知名服装企业，后受担保链拖累、不动产投入失度、公司扩张过快等因素影响，出现债务危机而导致流动资金断裂，主营业务受到较大冲击。河田公司的主要资产中有烂尾多年的在建工程，并且涉及工程款纠纷，处置难度大，如果贸然进行破产清算，不仅不利于维护品牌价值和提高债权人的清偿率，而且会造成公司上下游供应链员工的失业，影响社会稳定。因此，温州中院在收到债权人对河田公司提起的破产清算申请后，与债权人、债务人及鹿城区处置办进行沟通，并提前介入，对河田公司展开对接帮扶。

2019年8月1日，鹿城区处置办下发通知，受理河田公司的预重整申请，启动河田公司预重整程序。2019年8月14日，温州中院立（2019）浙03引调32号案件，对河田公司预重整案进行法律指导和监督。2019 年 9 月 11 日，经公开评选确定北京德恒（温州）律师事务所担任河田公司预重整的管理人。2019 年 12 月 20 日，温州中院现场指导并监督河田公司预重整案第一次债权人会议。2020 年 1 月 3 日，河田公司重整计划草案经债权人预表决通过。

【审理情况】

2020 年 1 月 10 日，河田公司以其无法清偿到期债务，且资不抵债，但存在重整可能性为由向温州中院申请重整。经审查，温州中院认为，河田公司的债权债务情况已由审计机构审计，且经鹿城区处置办组织启动预重整程序，其无法清偿到期债务且资产不足以清偿全部债务的事实清楚，具备破产原因。河田公司作为债务人申请重整，申请人主体适格。河田公司有一定的品牌价值，具有挽救价值，并有意向投资人承诺参与重整，具备重整的可能性。综上，温州中院于 2020 年 1 月 14 日裁定受理河田公司的重整申请，并指定北京德恒（温州）律师事务所担任河田公司管理人。2020 年 1 月 19 日，经公开竞价，管理人成功招募河田公司重整投资人。2020 年 2 月 2 日，温州中院在全国企业破产重整案件信息网发布该案件第一次债权人网络会议的公告。在获得各债权人同意与支持的情况下，2020 年 2 月 18 日，河田公司重整案第一次债权人会议通过全国企业破产重整案件信息网顺利召开，会议表决通过《河田公司重整计划草案》。2020 年 2 月 21 日，温州中院批准重整计划并终止河田公司重整程序，仅用时 39 日即重整成功，确保全体债权人的权益未受任何影响。

【典型意义】

本案是践行府院联动机制、通过预重整优化营商环境的典型案例。

一是充分发挥预重整制度优势，有效提升办理破产回收率指标。在预重整阶段，温州中院指导管理人召集债权人进行重整计划预表决，债权人承诺将预表决票中的表决效力带入正式的重整阶段，从而固定了大部分债权人的赞成票，确保了重整计划的顺利通过。河田公司案件从受理、公告、确定债权人会议时间到通过重整计划，仅用时 39 日，远远少于同类型的重整案件，避免了对河田公司正常生产经营的干扰,实现债权人、债务企业、担保企业等各方价值利益的最大化。在营商环境办理破产指标的评价体系下,通过预重整制度可以有效提升审判效率、降低时间成本。

二是采用全国企业破产重整案件信息网召开的债权人网络会议,为线上重整工作提供范本。这是法院利用互联网技术,打破空间限制、升级工作方式、提高工作效率的重要尝试,其优点主要有:其一,召开线上债权人会议,利用互联网代替人员的流动,优化会议信息的沟通模式,减少人员流动聚集和不必要的出行,节省时间,更好地维护了债权人的利益。其二,节约债权人会议的成本。包括债权人参加现场会的交通、住宿等费用和时间成本,以及会务材料打印、会议场地租赁等成本。其三,会议数据信息化。债权人会议数据存储在最高人民法院专有云环境中,系统满足防入侵、防篡改、防泄漏等三级要求,会议视频及文件被保存于电子案卷内。

三是实现法律效果和社会效果的"双赢"。在预重整阶段,温州中院提前介入进行法律指导与监督,加强与鹿城区处置办及管理人等部门、机构的协调工作,就预重整与重整程序衔接、战略投资人引进方式、重整计划草案预表决等重大事项进行深入探讨,提前预判研究,提出专业意见和建议,力推河田公司预重整工作。管理人负责组织审计工作、制作债务人财务报告、组织主要债权人会议、招募战略投资人、起草预重整计划草案等工作,并向政府、法院、主要债权人会议汇报工作。河田公司共有18个债权人,申报债权总额共计8.2亿余元,最终确认债权7.8亿余元,其中抵押及质押债权额为5340万元,工程款债权577万元,普通债权7.2亿余元。引入重整投资人后,河田公司的债务风险得以有效化解,品牌价值得以保留,现有资产得以盘活,资产处置僵局得以有效破解,普通债权人清偿率从0提升至2.4%。

案例3　浙江盛丰塑胶有限公司和解案

【关键词】挽救价值;预重整表决效力延伸;程序衔接

【受理法院】瑞安市人民法院

【管理人】瑞安瑞阳会计师事务所有限公司

【基本案情】

浙江盛丰塑胶有限公司(以下简称盛丰公司)于1999年1月26日在瑞安市市场监督管理局登记设立,原名瑞安市盛丰塑胶有限公司,于2006年3月15日变更为现名,位于瑞安市马屿工业园区,注册资本为3000万元,系从事塑料压延薄膜、胶水(不含化学危险品)、包装制品(不含印刷、纸制品)、家具制造、销售;化工产品(不含危险化学品)、汽车配件、摩托车配件、通用机械、五金交电、金属材料、皮革、塑革、塑料制品、橡胶制品销售;货物进出口、技术进出口的企业。瑞安瑞阳会计师事务所有限公司制作的专项审计报告显示,截至2019年3月31日,盛丰公司资产总额1.05亿余元,负债总额1.72亿余元,所有者权益总额-0.67亿余元。此外,盛丰公司还为其他企业提供担保,并已进入执行程序。根据企业具体情况,瑞安市处置办于2019年3月11日对该企业启动预重整(和解)帮扶工作。2019年3月12日,瑞安市人民法院(以下简称瑞安法院)以(2019)浙 0381 引调 772 号案件立案,参与预重整(和解)阶段的债权人预备会议、财产审计、表决规则、和解协议(草案)等事项指导工作。2019 年 5 月 29 日,盛丰公司向瑞安法院正式提出破产和解申请,并提交了和解协议草案。

【审理情况】

盛丰公司现不能清偿到期债务,且资产不足以清偿全部债务,依照《企业破产法》的规定可以向人民法院申请和解,故其申请符合法律规定,予以准许。2019 年 6 月 4 日,瑞安法院作出(2019)浙 0381 破申 42 号民事裁定,裁定受理盛丰公司的和解申请,并指定瑞安瑞阳会计师事务所有限公司担任管理人。7 月 12 日,第一次债权人会议召开。8 月 16 日,盛丰公司向瑞安法院提出申请,称和解协议已经第一次债权人会议通过,请求瑞安法院裁定予以认可。瑞安法院经审查认为,盛丰公司提交的和解协议由出席会议的有表决权的债权人过半数同意,并且其所代表的债权额占无财产担保债权总额的 2/3 以上,依法获得债权人会议通过,内容合法且具有可执行性,故依法裁定认可和解协议,并终止盛丰公司的和解程序。

【典型意义】

本案是探索并推行预重整表决效力延伸到重整程序的典型案例。

一是审慎判断企业挽救价值,发挥破产保护制度功能。本案系 2018 年 12 月《企业金融风险处置工作府院联席会议纪要》出台后,在温州范围内经预重整(和解)后进入正式破产程序的首起案件。盛丰公司原是一家具有高新技术资质的民营生产型企业,近 5 年的产品年销售收入均达亿元以上,现有职工 190 人,近年来受资金担保以及自身债务、经营管理等方面影响,生产经营陷入困境,2019 年被瑞安市列为重点帮扶企业。合议庭经认真评估后认为该企业具有营运能力和帮扶价值,若进行破产清算将使企业停产、职工失业,应依法开展破产和解工作,力促企业脱困重生。

二是明确庭外和解协议效力在和解程序中的延伸,降低制度性成本。本案在表决规则中设定：债权人在预重整（和解）阶段对原和解协议草案已经提交同意表决票的，如果本次和解协议内容中，和解清偿率未降低，和解方案未发生实质改变，则该债权人不再重复投票表决，其预重整（和解）阶段提交的同意表决票作为对本次和解协议的同意表决意见进行统计；如果和解清偿率或和解方案发生实质改变，该债权人可以重新投票表决。上述规则经债权人会议表决通过，完全契合《全国法院民商事审判工作会议纪要》第115条的规定。

三是依法快速审理，最大限度保护各方利益。在破产程序中，瑞安法院依法指导管理人正确测算清偿率，如将管理人原未计入和解清偿率的破产清算下终止劳动合同应付职工的经济补偿金473万余元、应追偿债权606万余元纳入计算，自此和清偿率预计达到20.08%，高于破产清算条件下清偿率14.31%和预重整（和解）阶段确定的清偿率18.52%。同时，瑞安法院充分听取债权人不同意见，依法维护了债权人合法权益，努力实现全体债权人利益最大化。最终，经债权人会议表决，同意和解协议的债权人人数占出席会议有表决权的债权人人数的88.89%，其所代表的无财产担保债权额占无财产担保债权总额的78.23%，以较高比例顺利通过和解协议。综上，通过庭外重组与和解程序的高效衔接，本案正式受理后77日即审结，较好地实现了法律效果、经济效果和社会效果的统一。

案例4　瑞安市天庆交通机械配件有限公司破产清算转重整案

【关键词】资产盘活;瑕疵财产处置;程序转换

【受理法院】瑞安市人民法院

【管理人】浙江震瓯律师事务所

【基本案情】

瑞安市天庆交通机械配件有限公司(以下简称天庆公司)成立于1990年8月10日,公司注册资金为114万元,主要从事汽车配件、摩托车配件、船配件、小五金制造、加工、销售。天庆公司坐落于瑞安市桐浦镇桐溪村,属于老一批乡镇企业,受企业资金链断裂、主营产品被外资企业抢注专利等因素影响,大量产品积压并出现债务危机,因资不抵债,债权人向瑞安市人民法院(以下简称瑞安法院)申请破产清算。

【审理情况】

2017年9月25日,瑞安法院根据温州银行股份有限公司瑞安支行的申请,裁定受理天庆公司破产清算一案,并指定浙江震瓯律师事务所为管理人。

经调查,天庆公司已资不抵债,公司仅有的资产为坐落于瑞安市桐浦镇桐溪村的不动产，该不动产的土地使用权权利类型为集体建设用地使用权，权利性质为批准拨用（拨用宅基地）。瑞安法院就土地出让条件函询当地主管部门，复函称：基于本案案情，需征得集体土地所有权人同意后，依法办理集体建设用地的不动产转让登记。但本案中，天庆公司的不动产系处相邻 3 个村的交界处，涉及 3 个村集体；同时，天庆公司存在法定代表人向 10 余位村民借款未清偿的情况，故成功征得 3 个村集体土地所有权人同意的可能性微乎其微。若对天庆公司进行破产清算，其主要资产无法挂牌处置，甚至会出现处置成本高于处置价值的情形，将严重减损广大债权人利益。

基于此，瑞安法院就天庆公司是否具有重整价值和挽救可能进行了实质审查，结果显示进行破产重整符合社会各方意愿，有利于实现各方利益共赢。首先，天庆公司成立时间较长，保留着乡镇企业特色，继续存续经营可以拯救企业；其次，天庆公司的职工大多是当地村民，存续经营可保障当地村民就业率；最后，通过破产重整可大大提高全体债权人清偿率。此后，在天庆公司债权人会议上，管理人就破产清算转重整征询参会债权人的意见，得到全体债权人的同意。

在天庆公司进入重整程序前，管理人在法院的指导下，事先公开招募意向投资人，签订重整意向文件，收取意向保证金，并约定重整意向收集期间延续至投资人缴纳保证金后的 1 年半内，如果超期未进入重整程序，则无息退还保证金，此举也大大提高了本案的重整成功率，加速了重整进程。随后，管理人在全国企业破产重整案件信息网和淘宝网阿里拍卖破产强清平台多次进行公开招募，最终招募到愿意参照天庆公司不动产的对价取得天庆公司 100% 股权的重整意向投资人。

2021 年 9 月 6 日，瑞安法院裁定对天庆公司进行重整。《重整计划（草案）》通过线上线下相结合的方式被提请各债权人表决，线下邮寄的同时，建立债权人微信群进行决议。各债权人组及出资人组均表决通过《重整计划（草案）》。2021 年 12 月 7 日，瑞安法院裁定批准天庆公司重整计划并终止重整程序。

【典型意义】

本案是通过重整程序盘活资产，创新瑕疵财产处置模式，助力困境企业“涅槃重生”的典型案例。

一是保障债权人利益,提高债权清偿率。鉴于本案不动产具有特殊性,如果通过破产清算程序办理天庆公司破产案件,以现有财产清偿现有债务,那么在清偿破产费用后,普通债权的清偿率几乎为0,进而会导致管理人无法履职处置不动产,破产清算程序陷入困境。但若通过重整程序,则普通债权的清偿率将提高至9.4%,远远高于破产清算程序下的清偿率,充分保障了债权人的利益,也大大促进了管理人履职。

二是挽救乡镇企业,带动乡村经济发展。天庆公司位于3个村交界处,属于老一批乡镇企业,承担着拉动乡村经济发展、带动乡村居民就业的重要作用。若以破产清算程序办理该案,最终将导致公司职工失业,企业被依法注销退出市场,不利于发展乡村经济。而重整程序可以充分发挥破产制度的挽救功能,实现债权人、债务人与社会的多方共赢。

三是纾难解困,为清算困局提供新思路。本案对瑕疵财产的成功处置为破产企业财产无法通过清算程序进行处置的困境提供了破解新思路。当破产财产涉及难以流通或者流通成本过高的资产时,可以通过招募投资人的方式,有力引导破产清算转为重整程序,促使企业存续经营,盘活企业资产。

案例 5　浙江美福食品有限公司、温州市美福餐饮有限公司实质合并破产清算案

【**关键词**】法人人格混同;烂尾楼处置;刑民交叉

【**受理法院**】温州市鹿城区人民法院

【**管理人**】浙江海昌律师事务所

【基 本 案 情】

浙江美福食品有限公司(以下简称美福食品公司)成立于1997年5月22日,注册资本为2000万元,是一家集养殖、种植、加工、销售为一体的股份制民营企业,主营畜禽肉类、蔬菜腌制类、快餐类、粮食加工类农副产品,曾连续4年被评为“温州市优秀农业龙头企业”和“十佳优秀农业龙头企业”。美福食品公司投资的子公司温州市美福餐饮有限公司(以下简称美福餐饮公司),是20世纪温州有影响力的快餐连锁企业,品牌价值较高。美福食品公司因盲目扩大经营、违规建设厂房及管理不善等问题,深陷债务危机。2012年在建美福大楼停工,成为温州标志性的“烂尾楼”,严重影响城市形象。2016年2月29日,鹿城法院裁定受理美福食品公司破产清算一案。同年8月11日,温州市中级人民法院裁定受理美福餐饮

公司破产清算一案。同年 9 月 6 日,经浙江省高级人民法院批准,将该案交由鹿城区人民法院(以下简称鹿城法院)审理。

【审理情况】

美福系公司债权债务关系交织庞杂,且后续债权人又向公安机关控告公司实控人犯非法吸收公众存款罪,导致数名意向投资人均放弃注资,重整以失败告终。基于此,鹿城法院及时转换工作重心,以最大化实现破产企业财产价值、最高效公平清偿各类债权为施力目标,逐一施策化解破产清算的障碍。

关于法人人格混同问题。经调查,美福食品公司和美福餐饮公司存在明显的财务、资产、人员、管理及经营住所混同等法人人格混同情形,属于典型的"两块牌子一套班子"。特别是美福餐饮公司作为由美福食品公司及其实控人掌控的基础经营单位,经营利润被美福食品公司大量抽取、挪用,并转投入该公司名下的美福大楼建设项目,导致美福餐饮公司名下的财产仅有 3000 余元,严重损害债权人的合法权益。分别清算必将导致两公司破产清算结果意义上的不公平,严重违反破产法公平清偿的立法意旨。2022 年 7 月 29 日,鹿城法院通过线上、线下相结合的方式,组织召开两公司实质合并破产清算听证会,深入征询两公司债权人对合并破产清算的意见,后于 8 月 16 日裁定两公司进行实质合并破产清算,为后续平衡两公司债权人利益打下了坚实基础。

关于"烂尾"大楼复建问题。美福食品公司在建的美福大楼,因资金链断裂、建筑违章及功能不符合规划等问题成为长期无法得到处置的"烂尾楼",建筑结构安全性未知,资产处置面临多重障碍。由于美福大楼所处的温州动车南站区域,是进入亚运会龙舟比赛基地的必经之路,也是向世界展示温州城市形象的关键之地。由此,为及时扭转该区域城市界面不利影响,鹿城法院运用府院联动机制,跨区域协调争取属地政府支持,陆续攻克已完工工程质量鉴定、工程价值评估、超付征地款返还、违章建筑罚款缴纳、大楼"退二进三"功能变更等资产处置重大障碍,有效激活并提升烂尾楼的市场价值。后经依法公开拍卖,美福大楼变现 1.2 亿余元,破产财产价值显著增值,普通债权清偿率提升至 15.9%。大楼复建后已彻底扭转烂尾形态,成为区域性地标建筑,极大地优化和提升了片区城市形象。

关于民刑交叉协同处置问题。美福系公司经营期间，公司实控人以需要资金建设大楼、经营餐饮连锁店为由，以高息为饵向一百余名不特定对象非法集资1.9亿余元。两公司进入破产程序后，相关集资参与人陆续向管理人申报债权，因此，鹿城法院在加快美福大楼资产处置破障工作的同时，针对实控人涉嫌非法吸收公众存款罪问题，积极向公安机关移送犯罪线索，安抚各集资参与人情绪，争取案件回旋时间和空间。2022年4月12日，两公司实控人被法院以非法吸收公众存款罪，判处有期徒刑4年，并处罚金10万元，责令退赔违法所得6600余万元。为彻底化解各类利害关系人，尤其是集资参与人和破产债权人之间的利益冲突，鹿城法院创新提出破产审判民刑交叉问题处置新思路，积极疏通民刑并行通道，通过数次与刑事案件公检法经办人及执行经办人沟通，明确虽有非法吸收资金被投入美福大楼建设，但具体数额无法区分，故美福大楼变价款不按照“先刑后民”原则进行追赃退赔，而是让集资参与人与破产债权人统一参与分配。之后，鹿城法院通过指导管理人制定统一的债权认定和调整标准，并报两公司债权人会议审议通过，合理衔接刑事退赔与民事债权认定，为有效调和集资参与人和破产债权人之间的利益分配打下良好基础。

【典型意义】

本案是通过实质合并破产清算、府院联动相向协同、刑民交叉并行处置，妥善化解各类债权主体之间利益冲突，实现破产公平清偿价值的典型案例。

一是对于关联公司存在的资金、人员、财务及管理混同情形，及时组织相关利害关系人召开实质合并破产清算听证会，果断裁定适用实质合并破产清算程序，统筹规划分配关联公司既有破产财产，有效破除关联公司债权人之间利益分配不均的格局，将破产清算程序的公平价值落到实处，确保案件办理的法律效果。

二是对于违章“烂尾”大楼长期难以处置的问题，通过府院联动机制，跨区协调相关政府职能部门联动处理，充分利用联席会议的群体智慧和联动优势，陆续攻克已完工工程质量鉴定、工程价值评估、超付征地款返还、违章建筑罚款缴纳、大楼“退二进三”功能变更等资产处置重大障碍，深度激活破产企业瑕疵财产的市场价值，全力提升各债权人债权的清偿率，最大化案件办理的经济效益。

三是对于民刑交叉利益分配格局难平衡的问题,通过民刑交叉程序协调并行处置,明晰案涉财产性质,背靠背分类组织释明,统一债权审核认定标准,全面均衡集资参与人和破产债权人之间的实质利益,提升案件办理的社会效益。本案的成功办理,不仅彻底破解了破产企业违章"烂尾"大楼处置的历史难题,显著提升了区域城市界面形象和破产企业的财产价值,而且有效化解了刑事退赔与民事债权清偿之间的冲突,妥善实现了对集资参与人和普通债权人的公平清偿,取得了良好的法律、经济和社会效益。

案例6　乐清市宝乐能源实业有限公司等三公司合并破产清算转重整案

【关键词】实质合并重整;继续经营;分离式处置资产

【受理法院】乐清市人民法院

【管理人】浙江韦宁会计师事务所有限公司

【基本案情】

乐清市宝乐能源实业有限公司(以下简称宝乐能源公司)成立于1996年,下属关联公司为乐清市机关燃气开发有限公司(以下简称机关燃气公司)、乐清市宝晟燃气有限公司(以下简称宝晟燃气公司)。三公司主营业务均为瓶装液化气充装销售,共登记有液化气钢瓶约21万个,是乐清市城区及中北部近10万居民生活必需液化气的主要供应商。从2020年开始,受企业扩张过快、融资方式单一、担保代偿款未能追回等问题影响,三公司陆续陷入财务困境,对外债务总额达2.3亿元。乐清市人民法院(以下简称乐清法院)分别于2020年12月29日、2021年6月7日裁定受理宝乐能源公司、机关燃气公司和宝晟燃气公司的破产清算申请。

【审理情况】

三公司作为老牌燃气企业,其业务涉及钢瓶燃气的储存和转运,影响千家万户的日常燃气使用,涉危、涉众问题突出,保安全、保民生责任重大。考虑到三公司人格高度混同,乐清法院先后指定同一管理人对其进行破产清算。从股权结构、资产、财务、人事、经营和担保等因素进行分析,在关联企业符合实质合并破产条件的前提下,对于从事燃气经营的债务人企业,基于燃气特许经营权的重整价值以及对涉民生行业的拯救目的,采取"继续经营+分离式处置资产"的市场化重整思路,即准许债务人企业在破产重整期间继续经营燃气业务,优先处置与经营燃气业务具有密切关联性的重整资产,保障居民日常生活不受影响。

同时,本案根据是否和燃气业务密切关联将资产划分为重整和非重整资产,在完整披露企业资产全部瑕疵的基础上采取公开网拍方式,由市场决定资产价值最大化。最终在主要资产上均实现了高溢价拍卖,平均溢价率达142.8%。针对非重整资产处置难的问题,如轮船资产存在数百万检修费与对外股权投资存在近2000万元职工提留款,通过将相关信息在评估报告和拍卖公告中充分披露,推动资产顺利拍卖。最终促成2.3亿元债权100%清偿,同时创造及保留就业岗位超300个,有力保障超10万居民用气需求未受影响。

三公司先后经历了实质合并破产清算、合并清算转合并重整、重整计划裁定批准等程序事项。得益于该案破产债权的全额清偿,企业的实控人及家属个人债务也得到了有效清理。2023年4月14日,法院裁定确认合并重整计划执行完毕,并终结破产程序。

【典型意义】

本案是"破产不停产+分离式处置资产"的合并破产清算转合并破产重整的典型案例,既起到"保企业+保债权+保民生"的三重保护效果,又达到"企业脱困+个人重生"的双重目的,实现了法律效果、经济效果和社会效果的统一。

一是高效益,实现债权100%清偿。在"继续经营+分离式处置资产"的合并重整思路下,通过企业继续经营,既保证破产期间的现金流入,又保留企业的经营资质和客户资源,成为重整中的重要无形资产。法院及时裁定三公司合并破产,消除财产区分,简化债权债务清理步骤,极大提升重整效率。在完整披露企业资产全部瑕疵的基础上采取公开网拍的方式,最大化地由市场决定资产价值,最终实现债权100%清偿。

二是保民生,保障10万用户燃气正常使用。基于燃气业务的特殊性,该案采取继续经营与保障押金的思路进行破产重整。三公司在破产期间继续为广大居民提供燃气供应服务,减少对居民生活的影响,维护企业的营运价值;对押金债权暂不清偿而保证广大用户能够继续使用燃气钢瓶,节省大量现金流和钢瓶回收及押金支付事务的成本,并将押金债权和钢瓶资产打包重整,实现押金债权偿付的平稳过渡,同时增设重整保证金条款,以保障意外情况下燃气用户钢瓶押金的退还,避免衍生风险。

三是同协作,采取府院联动解决多重难题。针对经营资质即将到期的问题,法院积极与综合行政执法部门沟通,释明经营资质对企业重整的重要性,从而在取得续期的燃气经营许可证后,能够以高溢价招募到重整投资人;针对个人股权难以解冻的问题,积极与海事法院及申请执行人进行沟通,并寄发其他法院对该案个人股权的解封操作流程,最终完成股权的解冻。

案例7　浙江联大化工股份有限公司破产清算转重整案

【关键词】“自救式”重整;残障职工权益保障;金融助企

【受理法院】温州市中级人民法院

【管理人】温州中源立德会计师事务所有限责任公司

【基 本 案 情】

浙江联大化工股份有限公司(以下简称联大公司)成立于2001年10月30日,主营业务为化肥、化工产品的生产、销售,是瑞安市化工行业龙头企业,拥有多项自主研发的核心专利,产品销售网络遍布全国,年产值达1.7亿元。同时联大化工也是拥有几十名残疾人员工的福利企业,在过去20年为当地经济社会发展作出了巨大贡献。受金融危机和担保链的影响,加之对外投资项目亏损,企业资金严重不足,联大公司生产经营陷入困境。2022年8月26日,温州市中级人民法院(以下简称温州中院)裁定受理联大公司破产清算一案,并指定温州中源立德会计师事务所有限责任公司为管理人。

【审 理 情 况】

联大公司现有的厂房、设备、核心技术、人力资源等生产要素较完善且一直未停产，只要投入一定的流动资金，组织起生产、经营团队，就可以在现有基础上扩大生产，具备重整可行性。若联大公司直接进行破产清算，联大公司的核心业务、无形资产的价值几乎为零，不动产又不足以覆盖抵押债权，其他债权清偿率近乎为零。同时，该公司是残疾人福利企业，一旦破产清算，大批残障职工将面临生存问题。若通过重整方式，引入战略投资人，重组核心业务，可大幅提高债权人的清偿率，同时保留残障职工岗位，维护社会和谐稳定。

经综合研判，管理人决定采用“分离式”重整模式，将与运营有关的土地、房产、商标、机械设备、核心技术等组成重整资产，留存在公司，将应收对外账款、长期股权投资剥离出来，并授权管理人另行清查处置，所得款项继续用于清偿债权，从而及时处置非营运资产获得现金流，又保留公司核心营运价值，通过市场公开竞价，充分实现公司资产价值。同时，重整计划针对包括残障职工在内的所有职工，均予以安置，对于重整后工作年限、后续岗位以及薪酬待遇等均予以延续，实现职工平稳过渡，安全就业。

2022 年 11 月 15 日，第一次债权人会议召开，各债权组高票通过联大公司重整计划草案。在企业进入破产程序前，联大公司管理层已主动寻找到合作投资人，并由其作为兜底投资人。最终，2023 年 3 月 16 日，该投资人通过公开竞价的方式，以 6000 万元成为重整投资人，实现企业自救与重整挽救的无缝对接。因为重整投资人已熟悉公司的生产经营，能更快地投入生产并实现收益，所以本案仅用时 7 个月就完成全部的重整工作，职工安置到位，职工债权和税收债权全额受偿，普通债权清偿率也从破产清算的 0.65% 提高到破产重整的 5.59%。2023 年 4 月 4 日，温州中院裁定批准联大公司重整计划，终止重整程序。

【典 型 意 义】

本案是以维护残疾人职工合法权益为导向，实现大型化工福利企业“涅槃重生”，弘扬优秀企业家精神的典型案例。

一是实施“自救式”重整。本案债权人及股东均接受并支持重整，抵押权人自愿不参与抵押物溢价部分的分配，并与投资人达成分期支付抵押债权的方案，最终债权人会议高票表决通过重整计划。在债权人与股东的共同努力下，通过“企业自救 + 重整挽救”相结合的方式，探索出既完成企业重整又减轻战略投资人资金压力的新出路，实现清算转重整的成功，有效挽救福利企业。

二是保障残障职工权益。联大公司职工中残疾人占比约 44%，破产清算将导致职工债权无法清偿，残障职工更将面临严峻的生存问题。联大公司管理层在企业遭遇危机时积极自救，通过代加工方式，为残障职工提供工作岗位，并尽量优先发放职工工资，彰显民营企业家的责任担当精神。进入重整后，法院指导管理人将保留包括残障职工在内所有员工的工作岗位作为重整计划的重要内容，以最大限度保障民生。

三是引入金融机构融资助企。重整企业信用修复成功后，为解决企业复工复产的融资需求，积极引入金融机构助企纾困，获批不动产抵押贷款 3000 万元，并于 2023 年 8 月高效完成贷款审批和发放流程，为后续业务竞标取得成功奠定了坚实基础。

案例 8　乐清市远方电子电镀有限公司破产清算案

【关键词】免征房土两税；破产便利化；债权追收诉讼

【受理法院】乐清市人民法院

【管理人】浙江天经律师事务所

【基 本 案 情】

乐清市远方电子电镀有限公司（以下简称远方公司）系电子元件、五金生产、销售、电镀加工企业，成立于2001年11月2日，公司类型为一人有限责任公司（自然人独资）。2014年因银行收贷，远方公司出现经营困难，2015年开始陆续被债权人起诉并进入执行程序。乐清市人民法院（以下简称乐清法院）查明，远方公司涉执案件中负债金额约为4900万元。乐清法院在执行过程中发现远方公司不能清偿到期债务，经执行申请人乐清市弘宇电子有限公司同意，依法将执行案件移送破产审查。2017年11月1日，乐清法院裁定受理远方公司破产清算一案，同年11月15日指定浙江天经律师事务所担任远方公司管理人。

【审理情况】

在审理过程中,管理人发现远方公司涉及衍生诉讼较多。远方公司破产受理前管理较混乱,财务账册去向不明,公司应付款、应收款及破产前的个别清偿都无凭证可以反映,公司财产去向不明。合议庭根据管理人汇报的相关情况及时合议,指导管理人通过询问债权人、调取银行流水等多种措施努力查明远方公司的财产线索,并陆续对相关衍生诉讼案件提起诉讼。同时督促管理人积极调查取证,参加远方公司作为被告的诉讼案件。远方公司涉及的相关案件共计22件,部分案件已进行到二审,案由涉及对外追收债权纠纷、破产抵销权纠纷、请求撤销个别清偿行为纠纷、请求确认债务人行为无效纠纷、与破产有关的纠纷、破产撤销权纠纷、追偿权纠纷、不当得利纠纷、破产债权确认纠纷等。通过上述诉讼的方式,250余万元财产被追回。

远方公司在破产受理时,名下有位于乐清市虹桥镇下村的土地使用权及地上建筑物,管理人依照债权人会议表决通过的破产财产处理办法,依法将该房地产通过淘宝网的破产强清平台进行拍卖处置。该房地产于2019年10月拍卖成交,于2019年11月12日过户给竞买人。依照相关法律规定,远方公司需要缴纳2019年11月之前的房土两税,但远方公司的财产明显已经不足以清偿所有债权。为充分保障破产企业债权人的利益,法院贯彻优化营商环境、破产便利化的相关文件精神,根据《房产税暂行条例》第6条和《城镇土地使用税暂行条例》第7条的规定,指导管理人针对远方公司的破产债权和破产财产情况与税务部门进行沟通,申请乐清市税务局免征远方公司的房土两税。通过双方的沟通协调,乐清市税务局为支持破产便利化行动,以会议决定的形式,对远方公司自破产受理之日起至房地产过户至他人名下之日止的房土两税予以免征。

【典型意义】

本案是通过债权追收衍生诉讼、税务免征房土两税实现债权人利益最大化的典型案例。

一是在破产效率和效果之间寻找平衡点,通过衍生诉讼保护债权人利益。

破产程序中的衍生诉讼虽然会拖慢结案进度，但在债权人意见较大的情况下，如果为了快速推进案件进度而一味地以表决的形式放弃相关权益，势必会加大债权人的不满情绪，不符合法律效果、社会效果相统一的原则。本案中，法院指导、督促管理人勤勉尽责、忠实执行职务，通过诉讼方式追收破产企业财产，在效率和效果之间找到了平衡点，极大地维护了债权人的相关权益。

二是多措并举追收债权。管理人积极履职，开展多方面的财产线索调查，而法院出具多份协助调查函为管理人畅通调查渠道。进而，管理人通过团队研究总结出追收的方式和成功率，并以直接联系催讨、发律师函以及诉讼等多种措施并行的方式追收债权。特别是针对确实需要起诉的案件，管理人按照胜诉率筛选出证据确凿、充分的，杜绝滥诉，从而提高了追收的实质成效。最终追回财产250余万元。

三是政策和法律相结合，通过有效沟通促成税务机关对破产审判的支持。本案利用地方税收政策的支持，在法律框架内进行探索，为破产案件房土两税在当地的减免征提供了实践经验。本案在积极稳妥处置“僵尸企业”的同时，深化当地供给侧结构性改革，促进社会稳定，并积极发挥税收职能作用，推动破产便利化行动，优化营商环境。

案例9　瑞教集团有限公司破产清算案

【关键词】“立审执破”一体化;破刑合力;让利腾空

【受理法院】龙港市人民法院

【管理人】温州天原会计师事务所(普通合伙)

【基 本 案 情】

瑞教集团有限公司(以下简称瑞教集团)成立于1992年,注册资本为5060万元,系温州地区文教用品行业翘楚,曾先后在江苏、上海等地共投资成立了6个分公司,总资产超亿元,员工近千人,其产品获5项国家专利,远销美国、日本、德国等30多个国家。自2015年开始,因担保链断裂,以及涉嫌非法吸收公众存款、骗取票据承兑犯罪等问题,瑞教集团陷入财务危机而导致经营异常。2016年7月,苍南县人民法院受理瑞教集团破产清算案,指定温州天原会计师事务所(普通合伙)为瑞教集团管理人。2020年3月,因龙港撤镇设市,温州市中级人民法院根据苍南县人民法院的报请,指定龙港市人民法院(以下简称龙港法院)审理本案。

【审 理 情 况】

经调查发现,瑞教集团主要资产为2处不动产(南楼设计用途为工业，北楼设计用途为非居住），总建筑面积为9088.78平方米。案涉资产状况复杂，存在将部分非居住厂房土地以地基形式出售给他人，将非居住厂房改建为套房进行多手买卖，他人在企业破产前、股东涉刑后随意占用资产等一系列问题。其中，最突出的是瑞教集团私自变更厂区9间地基的用途，私自出售给陈某等6名买受人，该6人在自筹自建后又多次转租买卖，最终被13户住户（案外人）占有房屋且拒不腾退。2018年，管理人对其中陈某等6户住户提起返还原物诉讼，要求腾空房屋。在二审判决生效后，陈某等6户住户仍未按时腾空房屋。2020年9月16日，龙港法院裁定宣告瑞教集团破产。2020年11月，管理人向龙港法院申请强制执行。陈某等4户住户因拒不腾空该房屋致使判决、裁定无法执行，涉嫌拒不执行判决、裁定罪，故被移送龙港市公安局立案侦查。2021年6月4日，龙港市人民检察院提起公诉。经分析，若直接通过司法拍卖方式处置资产，不仅会激化租户、住户矛盾，而且公司资产状况不"清水"，后续还可能衍生多项诉讼。为破解资产处置僵局，龙港法院充分引导市调解委员会和管理人组建"专案调解团"，通过"日常沟通+座谈交流"的方式，将调解重心从住户转为涉案资产抵押权人，引导抵押权人适当作出让步。后双方达成调解协议，抵押权人承诺参与资产购买并适用让利补助，陈某等住户也同意在拍卖成交后2个月内腾空完毕，并签署息诉罢访协议书，顺利完成资产处置清障工作。2021年9月13日，管理人启动拍卖程序，瑞教集团厂房以2516.079万元拍卖成交，溢价率达13.49%。2022年3月3日，龙港法院裁定认可瑞教集团破产财产分配方案，并由管理人完成财产分配。

【典型意义】

本案是综合运用"立审执破"一体化、拒执犯罪快速打击、府院联动等多项创新机制，妥善解决擅自变更工业厂房为住宅的不动产处置难题、信访案件等的典型案例。

一是"立审执破"有效衔接显威力。在案件审理过程中，充分发挥专业法官会议智能参谋作用，组织"立审执破"各领域专业法官，召开专题研判会7次，做到案情研判、舆情防范、风险等级评估、法律适用探讨等"四个必备"，凝智聚力为案件办理把脉定向。破产审判团队积极指导管理人依法履职，通过诉讼等方式实现物权保护目的;立案团队开通专项绿色通道,做好诉前调解;执行团队及时有力开展腾空工作,促成2件案件执结,并将4名“拒不腾空”关联案件被执行人依法移送公安机关立案侦查。

二是“多方联动”形成合力稳推进。依托府院联动机制,法院多次参与市领导牵头召开的专项推进会,共同研讨案件化解方案,有效形成“政府统筹领导、法院主导实施、府院有效联动”的良好局面;指导龙港调解委员会和管理人组建专案调解团,通过“日常沟通+座谈交流”方式,充分做好工作指导,切实提高调解工作质量和效率;联合建立“拒执”犯罪快速打击机制,全面形成“快侦、快诉、快判”的强大合力。

三是“打破常规”走出新路巧解题。本案通过多次深入实地调研,主动对接涉案住户,研究资产陷入处置僵局的深层次原因,争取当地党委、政府支持,同时打破传统资产处置单向性思维,将调解重心从住户转为破产资产抵押权人,最终促成抵押权人承诺参与购买并适当让利补助13户住户,住户承诺限期内腾空的良好结果。

案例10　温州吉尔达鞋业有限公司重整案

【关键词】审执协同;预重整;程序对接

【受理法院】温州市中级人民法院

【管理人】浙江嘉瑞成律师事务所

【基 本 案 情】

温州吉尔达鞋业有限公司(以下简称吉尔达公司)成立于1991年,注册资本为5500万元,主要从事鞋、箱包、皮革制品及特种防护用品的研发、生产、销售等业务,后受局部金融危机和担保链的影响,出现资金严重不足的问题,生产经营陷入困境局面。2013年11月,温州市人民政府召开专题会议,将吉尔达公司列入重点帮扶解困企业。2016年12月12日,鹿城区人民政府向温州市人民政府提交《关于对吉尔达公司实行"预重整"方案帮扶的请示》报告。2017年2月4日,温州市人民政府下发抄告单,决定对吉尔达公司进行预重整,并确定浙江嘉瑞成律师事务所担任预重整管理人。预重整期间由管理人监督债务人保持继续营业,实现债务人资产保值增值。2017年2月28日,吉尔达公司委托温州华明会计师事务所有限公司、温州华欣资产评估有限公司对全部资产和负债进行专项审计和评估。截至2017年2月底,吉尔达公司资产账面价值2.58亿元,评估咨询价值3.56亿元。账面负债6.83亿元,其中短期借款6.51亿元,涉及银行15家,担保企业11家;或有债务3.12亿元,为星创鞋业、吉尔康鞋业等9家企业提供担保,涉及12家银行机构。

【审理情况】

2017年5月11日,温州市中级人民法院(以下简称温州中院)对吉尔达公司进行诉前登记,案号为(2017)浙03引调1号。12月19日,温州中院认为,吉尔达公司的债权债务情况经审计机构审计,由温州市人民政府组织启动预重整程序,其无法清偿到期债务且资产不足以清偿全部债务的事实清楚,具备破产原因。吉尔达公司主营业务经营状况良好,行业前景健康,品牌价值较高,且已有重整投资人承诺支持重整计划,具备重整的可行性和必要性,故作出(2017)浙03破申46号民事裁定书,裁定受理吉尔达公司的重整申请。2017年12月20日,温州中院指定浙江嘉瑞成律师事务所担任管理人,并于2017年12月22日决定准许吉尔达公司在管理人的监督下自行管理财产和营业事务。2018年1月25日,温州中院同意管理人聘用温州华明会计师事务所有限公司进行财务工作。2018年2月7日,吉尔达公司第一次债权人会议召开,会上对债务人特定财产享有担保权的债权组、职工债权组、普通债权组、出资人组均表决通过重整计划草案。债权人申报债权金额909,989,278.62元,确认债权额896,866,797.5元,普通债权清偿率9%,职工债权清偿率100%。2018年2月8日,温州中院认为,出席会议对债务人的特定财产享有担保债权的债权人组、普通债权人组的债权人均过半数同意重整计划草案,并且其所代表的债权额均占该组债权总额的2/3以上,出资人组、职工债权人组对重整计划草案均已全体表决通过,故各表决组均通过重整计划草案,裁定批准吉尔达公司重整计划,终止该公司重整程序。

【典型意义】

本案是探索预重整机制、采取审判执行协同的典型案例。

一是确定企业进入预重整程序的考量条件,筛选具有预重整价值的企业。为避免浪费有限的社会资源,哪些困境企业值得预重整,需要进行具体考量。基本的考量条件包括债务人企业自身的财务状况、区域影响力,债务人企业重整的价值体现,债务人企业所处行业的前景,潜在的投资者及不稳定因素,债权人利益最大化,社会效益等。吉尔达公司是中国皮革工业协会重点骨干企业、省一级乡镇企业、省工业企业最佳经济效益单位,连续五届获得“中国真皮鞋王”等称号,是鹿城区功勋企业和纳税大户;2015年产值10亿元,纳税908万元,2016年产值11.18亿元,纳税1857万元;有员工1000余人。吉尔达公司具有较高的企业价值及品牌价值,对其进行预重整,将使债权人利益最大化,取得较好的社会效益。

二是构建以政府为主导、府院良性互动的预重整机制。吉尔达公司预重整案中,按照属地管理原则,由当地政府启动预重整程序,并指定入选人民法院管理人名册的中介机构负责具体工作;法院对相关工作进行指导和监督,定期协调解决预重整工作中遇到的困难和问题。同时,由于预重整是一项创新工作,没有现成的法律法规可以参照,温州中院提前介入预重整工作,充分发挥法院的审判职能,加强与温州市处置办及吉尔达公司管理人等部门、机构的协调工作,就预重整与司法重整程序衔接、战略投资人引进方式、重整计划草案预表决等重大事项进行深入探讨,提前预判研究,提出专业意见和建议,有力推动吉尔达公司预重整工作的开展。

三是做好预重整阶段司法备案等工作,实现“无缝”对接。其一,预重整阶段司法备案的衔接。浙江省高级人民法院《关于企业破产案件简易审若干问题的纪要》对企业破产案件预登记进行了规定,可以作为预重整备案的参考依据。其二,管理人等机构的衔接。预重整期间,管理人已对企业财务、经营状况等进行了充分了解,且与债权人进行了有效沟通。故保证管理人等机构的延续性,有利于预重整工作的顺利推进。温州中院在受理案件后指定由浙江嘉瑞成律师事务所担任临时管理人,为保持重整工作的连续性和一致性,经债权人会议表决确认后,确定由其继续担任管理人。其三,债权人承诺的衔接。在预重整阶段,温州中院指导管理人召集债权人进行重整计划预表决,债权人承诺将预表决票中的表决效力带入正式的重整阶段,固定了一部分债权人的赞成票,促使重整计划顺利通过。

四是做好审执协同配合,合理维护债权人利益,化解债务人企业担保链风险。在预重整阶段,吉尔达公司由于深陷担保圈危机且陆续被多家银行起诉,进而导致银行账户、固定资产被法院查封、冻结,如法院继续执行,吉尔达公司将无法正常生产经营。因此,经过法院审执部门协同配合,采取总体上暂缓执行、个别资产优先处置的原则,区别对待吉尔达公司的资产。首先,仔细甄别并筛选吉尔达公司的资产,在金融债权人的监督下,通过执行和解、司法拍卖等方式处置该公司间接投资的股权,化解了极其复杂的8000万元债权债务纠纷。其次,处置了部分厂房,部分优先债权获得清偿。再次,经与各担保企业和债权银行协商,达成暂缓担保责任和债权追究的一致意向,防止担保链风险进一步蔓延扩散。最后,对吉尔达公司的保证人释法明理,促使保证人参与重整工作,从而产生债权人、债务人、保证人共同参与协商、解决债务的清偿方案。

案例 11　温州市南方不锈钢材料有限公司破产清算转重整案

【关键词】瑕疵财产处置;吊销执照恢复;审慎“强裁”

【受理法院】温州市龙湾区人民法院

【管理人】温州道盛会计师事务所有限公司

【基 本 案 情】

温州市南方不锈钢材料有限公司(以下简称南方公司)成立于 1995 年 7 月 21 日,注册资本为 500 万元,主营业务为圆钢扒皮加工,销售不锈钢管、钢板、金属材料等,在钢材加工领域为龙湾区的老牌企业。因内部经营管理不善、资金链断裂等问题,企业逐步陷入困境。南方公司未参加 2012 年企业年度检验,于 2014 年 2 月被市场监管部门吊销营业执照。2012 年因无法清偿到期债务,债权人申请对南方公司进行破产清算。2020 年 4 月 26 日,温州市龙湾区人民法院(以下简称龙湾法院)裁定受理南方公司破产清算案,并指定温州道盛会计师事务所有限公司担任管理人。

【审 理 情 况】

南方公司主要资产为两处土地及部分地上建筑,管理人通过网络拍卖迅速处置一处土地及地上建筑,并实现对抵押权人100%清偿,但另一处土地的使用权存在诸多瑕疵,包括土地出让合同存在政府回购规定且与他人共有,未按约定期限开工建设可能面临较大金额的违约金等。政府部门向管理人发函指出,若南方公司破产清算,政府部门将依据出让合同载明的回购价格收购该宗地,但多数债权人均认为该价格过低,因此案件一时陷入停滞。

南方公司股东和部分债权人认为可通过重整方式实现土地资产价值最大化,以最大限度提高债权人的清偿比例,故申请转为重整程序。南方公司资产存在特殊性,通过重整引入战略投资人有利于盘活企业资产,实现债务人资产价值最大化。2022年9月19日,龙湾法院裁定对南方公司进行重整。同年10月31日,经公开招募、现场竞价投标等程序,最终确定重整投资人。依据重整计划草案,投资人须注入不低于325万元的资金,用于偿还南方公司的破产费用和各类债权,并以零价格受让原股东100%的股权,该出资额已超出政府回购价格两倍有余。但由于两家银行对重整计划草案投反对票,因而该草案未获通过。经法院召开听证会,在管理人、投资人与债权金额最大的银行债权人多次沟通后,该债权人最终修改了表决意见,普通债权人组以96.6%的债权额比例通过了重整计划草案。

恢复营业执照是重整的前提。为解决该难题,法院通过发送函件及协助执行通知书、上门走访等方式,多次与市场监管部门联系、对接,最终南方公司的营业执照于2023年5月中旬恢复,扫清了重整的又一障碍。同年9月21日,龙湾法院裁定批准南方公司重整计划并终止南方公司重整程序,此后投资人按计划完成出资,普通债权人的清偿比例也从清算条件下的3%提高到9.4%,股权顺利变更至投资人名下。

【典型意义】

本案是通过及时恢复被吊销营业执照、审慎适用重整计划强制批准权,助力企业重整成功的典型案例。

一是解决重整企业营业执照恢复难题。当前并无企业恢复被吊销营业执照的具体法律法规,温州市仅有市级层面的会议纪要作为相关问题的指导文件,故市场监管部门对恢复执照存在顾虑。在此情况下,龙湾法院除发送要求恢复执照的协助执行通知书外,又详细阐述了《企业破产法》并未禁止被吊销执照企业的重整。经多次沟通协调,请求最终获得市场监管部门的认可,南方公司的营业执照成功恢复,这也为后续同类型案件提供了重要参考。

二是最大限度提升了瑕疵资产价值。处置瑕疵财产是破产清算的首要难题,而清算转重整则是破局的新出路。本案重整的主要资产是南方公司的土地使用权,其存在重大瑕疵,政府部门已发函要求依据出让合同载明的价格收购该宗地,但回购价格明显低于市场价格,债权人和债务人股东均持异议。本案通过市场化重整的方式避免低价回购,实现瑕疵资产间接变现,促进破产财产价值最大化,将普通债权的清偿率从3%提高到9.4%。

三是审慎适用重整计划强制批准权。重整计划草案因银行债权人的反对而未获通过,管理人便申请法院强制批准该草案。但本案的审理法院并未简单裁定宣告破产或直接强制裁定批准重整计划,而是通过听证会等途径认真听取银行债权人意见,查明其反对理由为涉案土地使用权评估价较首次评估价大幅降低,对此评估机构解释系因首次评估时未考虑土地资产瑕疵。综上,合议庭认为“强裁”条件尚不具备。经努力寻找利益平衡点,本案的重整计划草案最终获得银行债权人的支持,从而助力企业重整成功。

案例 12　文成县亨哈山珍食品股份有限公司破产清算转重整案

【关键词】破产关联债权认定；“分拆式”重整；刑民交叉；乡村振兴

【受理法院】温州市中级人民法院

【管理人】北京德恒（温州）律师事务所

【基 本 案 情】

文成县亨哈山珍食品股份有限公司（以下简称文成亨哈公司）成立于 1994 年 2 月 26 日，主营业务为农产品的加工、制作与销售，深耕农业发展领域近 30 年，一度提供数百个就业岗位，为当地农业发展贡献了重要力量，曾获国家级扶贫龙头企业、省级骨干农业龙头企业等众多荣誉。后因经营不善，盲目投资，企业资金链断裂，无法清偿到期债务。

2020 年 8 月 10 日，文成亨哈公司进入预重整程序，因各方未能就重整计划草案达成合意而没有转入重整程序。2022 年 1 月 6 日，温州市中级人民法院（以下简称温州中院）根据温州亨哈食品有限公司（以下简称温州亨哈公司）申请依法裁定受理文成亨哈公司破产清算案，并选任北京德恒（温州）律师事务所为管理人。4 月 12 日，温州中院根据管理人申请裁定文成亨哈公司转入重整程序。5 月 18 日,温州中院裁定批准文成亨哈公司的重整计划。

【审理情况】

经深入研判,温州中院认为文成亨哈公司直接清算,将导致长久以来依托公司形成的宝贵农业资源、客户资源、销售渠道等营运价值消失殆尽。管理人通过资产负债梳理及市场调查摸底,在初步测算的基础上与债权人、债务人深入沟通,获得本案各方对重整的支持,并确定了保底意向投资人,温州中院适时推动文成亨哈公司转入重整程序。

为实现重整,管理人甄别文成亨哈公司核心营运资产,采用“分拆式”重整模式,将与运营有关的土地、房产、商标、机械设备等组成“运营板块”,通过网络公开竞价的方式招募投资人,引入偿债资金;将因账册混乱,真实价值难以确定的长期股权投资作为“非运营板块”另行竞价拍卖。2022 年 4 月 12 日,温州中院召开第一次债权人会议,各债权组高票通过文成亨哈公司重整计划草案。同日,温州中院裁定对文成亨哈公司进行重整。5 月 18 日,温州中院裁定批准文成亨哈公司重整计划,终止重整程序。

民间借贷及刑民交叉债权涉及人数多、金额大,存在不稳定因素。为此,温州中院指导管理人在债权审查中严守法律底线,以“实质重于形式”原则穿透性地审查认定民间借贷及刑民交叉的债权,维护公平正义。对于近 20 户债权人申报的超 2000 万元涉及关联公司温州亨哈公司的超 20 年民间借贷债权,经办法官与文成亨哈公司管理人、温州亨哈公司管理人逐笔核对还原债权事实,以同一笔债权不能在两个破产案件中重复认定为原则,确定温州亨哈公司破产案已认定的债权在文成亨哈公司破产案中不予认定的审查意见;对于近 200 笔约 8000 万元借用 P2P 外壳涉嫌非法集资的借贷债权,法院指导管理人与上海市公安、债权人及文成亨哈公司实控人等多方调查核实,在确认文成亨哈公司系非法吸收公众资金实际使用方的前提下,依法审查认定债权。

重整执行阶段中,管理人通过“假马竞价 + 网络公开竞价”的市场化方式引入重整投资人,以确保重整成功。在清算程序中管理人即积极预招募投资人,并与意向方签订保底投资协议,之后通过淘宝平台公开竞价的方式招募重整投资人。2022 年 10 月 26 日,管理人根据重整计划,通过淘宝平台公开招募到公私合营重整投资人。11月24日,重整投资款到位,管理人进行第一次分配,近40位职工的170余万元职工债权全额清偿,普通债权也获得了一定比例的清偿。

【典型意义】

文成亨哈公司破产案是围绕"治病救企",通过市场化方式引入国有资金,实现乡村振兴、助力共同富裕的典型案例。

一是发掘公司产业价值,适时转入重整程序。预重整、破产清算和重整程序的转换具有必要性和及时性,虽然本案预重整失败,但在温州中院的指导下,管理人根据企业各阶段实际情况充分调研,发掘企业重整价值、研判重整可行性,根据案件进展及市场环境适时申请转换程序,保留企业核心营运价值,最终成功盘活资产,完成重整,实现企业的涅槃重生。

二是以"实质重于形式"原则穿透性地审查认定民间借贷及刑民交叉的债权,维护公平正义和社会稳定。在这两类债权认定中,温州中院指导管理人以"实质重于形式"原则还原债权事实,穿透性地审查认定债权,实现对全体债权人公平清偿。同时,由于这两类债权所涉人员多,年龄大,经办法官与管理人主动对接债权人,面对面倾听债权人心声,并释法说理,疏导缓解其对抗情绪,化解债权人怨念,最终获得债权人的理解,在守住社会和谐、安全底线的同时展示出法律温情。

三是通过市场化方式引入公私合营重整投资人,以确保重整成功。管理人以市场化、公开化、法治化为原则,结合案件实际需求先行摸排"假马投资人",通过"假马竞价+网络公开竞价"的方式成功引入国有资金,既确保国有资金投入的合规性,又促进农企重整成功后的经济发展。

四是响应乡村振兴号召,通过重整助力农村经济高质量发展。文成亨哈公司通过重整引入国有资金,恢复生产经营、市场供给,开展樱桃等农产品种植研发项目,打造产研农一体化的乡村经济产业链;带动周边农业经济发展,公司预计年销售额可达到5000万元,助力200余位村民在家门口就业,拓宽农民增收致富渠道,为乡村经济发展开启新篇章。

案例13 蔡某个人债务集中清理案

【**关键词**】管理人履职；自由财产；附条件债务豁免；考察期设置

【**受理法院**】平阳县人民法院

【**管理人**】温州诚达会计师事务所

【基本案情】

债务人蔡某原系温州某机械公司持股30%及负责销售的股东，该公司因经营不善不能清偿到期债务，于2016年5月3日被平阳县人民法院（以下简称平阳法院）裁定破产清算。清算过程中，担任执行董事、法定代表人的控股股东逃避送达，没有向管理人提供完整的账本，导致该破产企业最终未能完成清算义务。经生效裁判文书认定，蔡某与控股股东均应对该破产企业原债务214万元承担连带清偿责任。

经查，蔡某及其配偶胡某各自月收入约4000元，蔡某在其现就职的另一家企业瑞安市某机械有限公司持有1%的股权（实际出资额5800元），还有一辆已报废的摩托车及零星存款。蔡某被列为被执行人之后，因其长期患有高血压和肾脏疾病，且孩子就读大学，整个家庭入不敷出，花销巨大，确无能力清偿上述巨额债务。平阳法院于2019年8月12日裁定受理蔡某个人债务集中清理案,本案审查确认4名债权人的债权,均是与上述破产企业有利害关系的债权人,其主要债权构成为货款、租金损失赔偿、违约金、借款等。

【审理情况】

2019年9月24日,平阳法院主持召开蔡某个人债务集中清理第一次债权人会议。蔡某宣读了《无不诚信行为承诺书》,同时提出在18个月内一次性按1.5%的清偿比例(3.2万余元)清偿214万元债务的方案。各债权人详细查阅了债务人病历和财产明细清单,在充分了解债务人身体和经济状况后,针对债务人债务和财产数量、去向及是否有隐瞒财产等问题提出质询,由管理人和债务人一一答复。会议上,债权人提出的债务人是否有财产、赚钱了能否偿还欠款及若存在"逃废债"行为则如何处置等问题,一时无法解决。

经法院主持,最终调整和完善了蔡某的债务集中清理方案。第一,破产财产如何核查?除了执行部门前期的常规调查以外,本案债务人配偶也署名同意接受财产调查,法院还另向管理人出具了协助调查函,对蔡某家庭保险、股票、基金及支付宝均予以查询。如发现了蔡某在支付宝"借呗"中以借还借,确实经济困难。此外,在债权人会议中,充分赋予债权人知情权、质询权、表决权、监督权4项权利,保障其能够全方位核查债务人个人及家庭财产状况。第二,赚钱了怎么分?本案创新运用激励万众创业的司法理念,得到了各方的理解与支持。即在清偿3.2万元债务之日起6年内,若其家庭年收入超过12万元,则超过部分的50%将用于清偿全体债权人未受清偿的债务。自清偿3.2万元之日起满3年后,恢复债务人蔡某个人信用,为其再次参与市场经济活动提供可能。第三,如何处置"逃废债"?本案设计了附条件债务豁免的清理方案,即一旦发现债务人未申报的重大财产,或债务人有不诚信的"逃废债"行为,则放弃债权的承诺失效。在6年信用考察期中,债务人必须接受持续的行为限制和监督,于每年12月30日前向法院或管理人申报家庭年收入和债务偿还情况,并接受债权人与社会各界的监督与核查。同时,法院立刻向债务人蔡某发出行为限制令,其主要内容是限制蔡某高消费行为和担任营利性法定代表人。以上对策消除了债权人的顾虑,最终清理方案得到全体债权人通过。

【典型意义】

本案是探索在个人债务集中清理中融入个人破产相关制度路径的典型案例。

一是在现有法律框架内,以意思自治原则为前提,以债务人诚实信用、债权人公平受偿和管理人勤勉履职为基础,促成债务人取得债权人的谅解并“重获新生”。这种价值导向,对于进一步优化营商环境、激励万众创业以及完善法院执行退出机制提供了新的路径,同时也期待此案为我国个人破产制度的建立提供司法实践基础。

二是生动体现了《企业破产法》的审理机制,引入了破产管理人制度。在个人债务清理中融入了自由财产、债务豁免、失权复权等个人破产制度中的先进理念,初步实现了与个人破产制度相当的功能和价值取向。在会议中,债权人被充分赋予知情权、质询权、表决权、监督权等四项权利,表决通过的附条件债务豁免,是在意思自治原则基础上探索个人破产免责制度的一次有益尝试。

三是本案在推动建立个人破产制度进程中起到了重要作用,以具体情节向人们展现了法律在不同价值层面的冲突与统一,以实例说明法人与自然人的“有限责任”原则之于社会价值和经济秩序的重要意义。

四是本案奠定了管理人和法院应当深入债务人生活、工作的社区中,调查债务人家庭、工作、经济、风评等情况的基础,详细的调查为保障全体债权人的知情权、质询权、表决权、监督权4项权利提供了事实层面的重要参考,也是案件是否公平公正的重要评判标准。

五是本案作为类个人破产第一案,初步将个人债务集中清理案件定性为一种特殊的执行和解案件。为后续其他案件的尝试,提供了一个较安全且能被社会所认可的模式和思路,对于探索具有中国特色的个人破产制度具有里程碑式的意义。

案例14　李某成个人债务集中清理案

【关键词】“双重多数决”表决规则；金融债权豁免；执行退出

【受理法院】温州市瓯海区人民法院

【管理人】浙江泽商律师事务所

【基 本 案 情】

债务人李某成在温州市瓯海区经营多家企业，并以个人名义借款用于公司经营，后因经营不善欠下巨额债务，自2012年起，共有21位债权人（其中2家为金融机构）陆续向温州市瓯海区人民法院（以下简称瓯海法院）提起诉讼，债权金额达2056万余元。上述判决生效后，各债权人依法向法院申请强制执行，法院在执行过程中发现李某成名下有房屋一处，经执行局组织对房产进行拍卖，3次均流拍，也无债权人同意进行抵债，后上述执行案件均因无法执行而终结程序。2018年，李某成名下的房屋被当地政府征收。2019年，当地政府确认债务人李某成可得安置补偿款9,462,228元。为此，多名债权人于2019年陆续向法院申请对李某成恢复强制执行。同时，债务人李某成向法院申请进行个人债务集中清理。2019年8月7日，瓯海法院以（2019）浙0304执清1号受理李某成个人债务集中清理案，并参照《企业破产法》的规定，从管理人名册中摇号指定浙江泽商律师事务所为本案管理人。

【审理情况】

瓯海法院受理该案件后，经财产调查，查明债务人名下所有财产：(1)房屋一处，该房屋已经被当地政府部门征收，债务人李某成可得安置补偿款 9,462,228 元；(2)村委会发放的“退二进三”指标款 157,161 元；(3)初始登记于 2001 年的小轿车一辆；(4)银行存款 41,023 元。相关工作人员通过前往广州实地考察了解到，债务人李某成与其妻子现在广州一家商铺从事销售工作，主要收入以工资和提成为主，月收入为六七千元。李某成家中有 67 岁的母亲需要赡养，有 11 岁的未成年子女需要抚养。在对财产的清理中，瓯海法院注重宣传个人债务集中清理的目的及债务人诚信的基本要求，促使债务人主动向管理人反映其持有的公司股权及应收款项。2019 年 9 月 30 日，瓯海法院主持召开第一次债权人会议，经查明的 21 户债权人全部到会，原始债权共计 2056 万余元。其中有 2 户金融机构债权人，共持有债权金额 2,295,408 元，均系普通债权，占全部债权金额的 11.16%。会上通报了债务人李某成的财产、债权债务、家庭、工作等情况；全体债权人表决通过了表决规则：由参与个人债务集中清理债权人会议的半数以上人数通过，且该债权额需占无财产担保债权额的 2/3 以上，表决即为通过。后债权人会议依据表决规则对李某成的个人债务集中清理方案进行表决，其中银行等几位债权人要求延后表决，最终同意个人债务集中清理方案的债权人人数占参会人数的 90.48%，其所代表的无财产担保债权额占总额的 88.84%，清理方案已通过。个人债务集中清理方案中，李某成除将安置补偿款 9,660,412 元用于清偿债务、受理费、执行费外，另承诺再向全体债权人增加 2% 清偿率，即 411,301.2 元，故个人债务集中清理方案的清偿率由 46.455% 增加至 48.455%。债权人同意李某成按约清偿后，自愿放弃对各自剩余债务主张权利。李某成履行完毕个人债务清理方案满 3 年，且未存在法院限制令中的行为，可向法院申请恢复信用；同时，李某成亦承诺在个人债务集中清理方案全部履行完毕之日起 5 年内，如发现存在未申报的重大财产，或者存在欺诈、恶意减少个人财产或具有其他逃废债行为的，或者严重违反行为限制令的，债权人可以请求恢复债务并按照原债务额度进行清偿。2019 年 12 月 18 日，瓯海法院依法向债务人李某成发出行为限制令,同时裁定认可李某成的个人债务集中清理方案,终结对李某成在本次清理所涉案件中的执行。本案在个人债务集中清理方案履行完毕满 3 年,且不存在法院限制令中的行为的条件下,李某成可以向法院申请恢复信用,免除其后顾之忧,给予其重新进入市场并开展经营的机会。

【典型意义】

本案是基于当前金融机构债权人内部层级审批制度和核销政策限制所作出的表决规则创新,突破金融债权豁免难题的典型案例。

一是引导金融机构债务豁免。因金融机构债权人内部层级审批制度和核销政策限制,虽明知通过个人债务集中清理程序相较执行程序可以获得更高的清偿率,金融机构债权人也不敢随意表决豁免债务人的部分债权。本案中,瓯海法院通过个人债务清理表决规则的创新,实现金融债务豁免。

二是创新债务清理表决规则。在清理过程中,瓯海法院探索适用依债权人约定确定表决规则,引导金融债权人以同意采取双重多数决表决规则的方式,变通性地表决通过了清理方案,促成债权人、债务人及社会效益多面共赢的局面。本案中设定的个人债务集中清理的表决规则:参与个人债务集中清理债权人会议的半数以上的债权人通过,且其持有的债权额占无财产担保债权总额的 2/3 以上时,表决即为通过;但该规则需全体债权人 100% 表决通过即为通过。金融机构债权人同意该表决规则后,上述规则经全体债权人 100% 通过。虽然金融机构债权人后续表决弃权,但个人债务清理方案按规则仍可以通过,各债权人均获得了 46.455% 的债务清偿。

三是尝试执行退出新路径。本案对个人债务的成功清理,有效了结了 21 件执行案件,涉及债权金额 2000 余万元,实现了原本“执行不能”案件的有序退出,为被执行人为自然人的“执行不能”退出机制提供了新思路、新途径。

案例 15　钱某柱、杨某秋个人债务集中清理案

【关键词】清偿率设置；未决债权处理；夫妻共同债务清理

【受理法院】乐清市人民法院

【管理人】浙江震瓯律师事务所

【基 本 案 情】

申请人钱某柱、杨某秋原系夫妻关系，在两人债务纠纷陆续进入诉讼及执行程序后于 2016 年 10 月离婚。两人均系 2017 年已宣告破产的温州 × × 电器有限公司的股东，所负夫妻共同债务的执行案件共 11 件，因企业经营亏损，其无力履行 11 个案件的金钱给付义务，资产不足以清偿全部债务，仅于 2018 年 12 月将提取的杨某秋工资 55, 349. 33 元按照各债权本金比例进行了分配清偿。钱某柱、杨某秋分别向乐清市人民法院（以下简称乐清法院）提出个人债务集中清理申请，乐清法院先后于 2019 年 9 月 9 日、11 月 23 日裁定受理个人债务集中清理案件并指定本案管理人。因涉及共同债务问题，（2019）浙 0382 执清 3 号、4 号两案合并清理。

【审理情况】

截至债权申报到期日,两案管理人已收到经乐清法院司法确认的11位债权人的申报材料;债权孳息暂计算至2019年12月26日,审核确认申报的债权额合计2,311,805.2元。经管理人调查,钱某柱名下有坐落于乐清市××街道××村的旧房,且仅有集体土地使用权单证;钱某柱名下有长安牌轻型普通货车一辆、帕萨特牌小型轿车一辆;钱某柱无存款,现无固定工作和固定经济收入;杨某秋为××中学教师,法院保留其每月1500元基本生活保障费用,其余工资收入均由法院扣留、提取;目前尚未发现两人有其他财产。

2019年12月26日,乐清法院召开两案第一次债权人会议,全体债权人到场,当场就温州××电器有限公司厂房被政府部门拆除的赔偿款项、设备去向、应收款去向等向两申请人发问,两申请人予以答复。之后,管理人宣读了基于申请人实际履行能力及方案可行性而制定的个人债务集中清理方案,主要内容为:此为一次性清理方案;11笔债权总额为2,311,805.2元,拟定清偿率为10%;两申请人配合处置上述单证不动产,变现款与法院已经扣划且尚未分配的杨某秋工资用于清偿全体债权人,各债权人按债权比例受偿;不动产在本清理方案通过之日起6个月内未处置成功的,两申请人承诺自行筹集不少于10%清偿率的资金用于清偿债权;分配款项不足以清偿10%债权的,两申请人承诺自行筹资补足。但全体债权人均不同意10%的清偿率,各债权人提出的清偿率在分期付款的情况下最高达75%。后经过商议,债权人提出方案:在长期分期付款的前提下清偿率达到50%,半年内清偿10%(期间主要处置不动产),之后8年内每年清偿5%债权。对此方案,两申请人答复尚需考虑。

债权人会议后,两申请人明确不同意总清偿率50%的分期付款方案。至此,因双方就清理方案无法达成一致,本案债务清理失败,清理程序终结。

【典型意义】

本案是试图通过个人债务清理程序,让债务人在得到债权人部分豁免的情况下偿还债务、退出执行,反映出当前试点存在共性难题的典型案例。

一是不同类型的债权的清偿率难以协调一致。各项债权发生的基础法律关系不同，款项性质不同，如本案的债权有民间借贷关系产生的借款、劳动关系产生的劳动报酬、买卖合同关系产生的货款等，各债权人对清偿比例的心理预期、接受能力均不同，在清理方案表决过程中难以达成一致意见。

二是全体表决难以取得一致。在实践中，不同债权人对债务人的谅解程度及其对债务的豁免尺度不尽相同，只要个别债权人不同意清偿方案或清偿比例就意味着方案被全盘否定，至于是否能够实现不同债权人、不同清偿率的多重标准债务清理则因人而异、因案而异。本案债权人会议现场，高清偿率的主张直接煽动同意低清偿率的债权人改变意向，导致大部分的债权人即使愿意放弃部分债权，也因清理方案不能通过而无法实现受偿。

三是未经司法确认的债权存在清偿难点。对于未经司法确认的债权如何清偿的问题，当前的个人债务集中清理机制尚无程序上的设计，应将清理后出现的债权纳入个人债务集中清理的范畴，适用达成一致的清理方案。债务人容易误认为“个人破产”后再起诉的或未诉的债务都无须清偿，正如本案两申请人在了解到今后其他债权仍然要偿还后，明显降低了集中清理本次债务的意愿，一定程度上也反映了部分债务人申请债务清理的目的不纯。

案例16 金某义个人债务集中清理案

【关键词】“诚实而不幸”认定;第三人代偿;考察期设置;公职管理人

【受理法院】永嘉县人民法院

【管理人】永嘉县司法局云岭司法所王哲丽(公职管理人)

【基本案情】

在市场经济的大环境下,债务人金某义投身商业经营活动,旨在通过自身努力获取经济收益。然而,受诸多复杂因素综合影响,其经营状况逐渐恶化,最终陷入资不抵债的困境。经法院生效裁判文书认定,金某义负有4笔债务,债务本金总计185.7万元。

因金某义未能按期履行上述债务,故4起案件均依法进入执行程序。在执行过程中,永嘉县人民法院严格依照法定程序与执行规范,充分运用全国法院网络执行查控系统,向全国范围内的金融机构、不动产登记服务中心、车辆管理部门、市场监督管理部门等诸多与被执行人金某义财产状况紧密相关的部门,发起全面且细致的查询工作,并前往金某义的住所地开展实地调查,通过与当地居民、社区工作人员进行深入沟通,广泛收集关于金某义财产线索及去向的信息。

经过一系列严谨细致的调查工作，法院发现金某义名下有坐落于永嘉县上塘×村联建×单元×室的房屋，但存在权证瑕疵问题。后永嘉县人民法院依据相关规定，正式发函至永嘉县自然资源和规划局，就该房屋的处置意见进行专业征询。该局在收到法院函件后，经过严谨的研究与审慎的分析，复函建议在当前阶段暂不宜对该房屋进行处置。同时，永嘉县人民法院还发现金某义名下有坐落于×村的一间老屋，但经综合评估，该老屋无实际处置价值。除此外，金某义名下无其他可供执行的财产，且无稳定的固定收入来源，难以实现对上述大额债务的有效清偿。

【审理情况】

面对严峻的债务形势，金某义在困境中积极主动地寻求解决债务问题的途径，并向永嘉县人民法院申请个人债务集中清理。在清理程序启动后，金某义提出了一项具有建设性的债务清理方案，该方案主要内容为：由其亲戚（作为第三人）一次性代为清偿部分债务本金，同时希望债权人能够放弃部分本金及全部利息。此方案的提出，为陷入僵局的债务清理工作带来了新的思路与解决方向。

在永嘉县人民法院的主持与协调下，债权人、债务人和第三人围绕该方案展开了多轮深入且富有成效的协商。在协商过程中，各方充分表达了自身的立场、诉求和观点。债权人作为直接利益相关方，在关注自身债权能否得到合理清偿的同时，也对债务人的实际困境表示了一定程度的理解；债务人金某义详细阐述了自身经营失败的过程、当前面临的艰难处境以及积极解决债务问题的坚定决心；第三人基于亲情与对债务人的信任，明确表示愿意在自身能力范围内为解决债务问题提供帮助。

经过多轮协商与谈判，各方最终达成了一项兼顾各方利益的债务清理方案。根据该方案，金某义须向债权人之一的谷某业偿还 35 万元，此时本金清偿率达到 58.34%，谷某业同意放弃剩余款项；对于其余 3 位债权人，金某义须按照本金的 20% 进行清偿，债权人对剩余款项同样予以放弃。债权人一方在对该方案进行充分讨论并审慎表决后，通过了上述债务清理方案。

为切实保障自身合法权益，债权人明确提出，自清理方案全部履行完毕之日起 5 年内，若发现债务人存在未如实申报的重大财产，或者有欺诈、恶意减少债务人财产以及其他逃避债务履行的行为,则债权人有权依据相关法律规定和协议约定,请求恢复债务并按照原债务额进行清偿。这一附加条件的设定,为债务清理工作的后续监督和执行提供了有力的保障。目前,第三人已按照约定全面履行了代偿义务,上述案件均已执行完毕。

【典型意义】

本案是由个人债务人的亲属作为第三人代偿部分款项,并设置合理考察期,最终达成清理方案的典型案例。

一是精准认定"诚实而不幸"标准。本案中,债务人如实申报财产、积极配合调查,法院通过严格审查其财务状况、债务成因及还款意愿等因素,精准认定其属于"诚实而不幸"的债务人。这一认定不仅保障了债权人的合法权益,也为那些因客观原因陷入债务困境但主观上诚信无欺的债务人提供了重生机会,彰显了司法的严谨与公正,维护了社会诚信体系的根基。

二是成功实践"第三人代偿"方式。当债务人自身偿债能力有限时,通过第三人自愿代偿部分债务的方式清理债务,既缓解了债务人的还款压力,又最大限度地满足了债权人的利益诉求。这种创新的方式为解决个人债务问题开辟了新路径,充分调动了社会资源参与债务化解,体现了多元主体协同解决纠纷的优势,有助于促进社会关系的和谐稳定。

三是合理设置考察期。法院为债务人设置了合理的考察期,其间对债务人的行为进行监督和约束,要求其遵守如实报告收入支出、不得进行奢侈消费等规定。此举有效平衡了债务清理过程中的各方利益,既能给予债务人一定时间恢复经济能力,又能确保债权人的权益在可控范围内,同时还对债务人形成约束与激励,促使其在考察期内积极改善经济状况,增强了个人债务集中清理制度的可操作性和公信力,为类似案件的处理提供有益借鉴。

案例17　金某群个人债务集中清理案

【关键词】金融债权实质豁免；不设考察期；公职管理人

【受理法院】温州市中级人民法院

【管理人】温州市华东公证处林成丽（公职管理人）

【基 本 案 情】

2014年3月28日，本案债务人金某群之父金某旺向中国民生银行股份有限公司温州分行（以下简称民生银行温州分行）借款200万元，借款期限至2014年9月28日。债务人金某群作为保证人之一，为金某旺的上述借款提供连带责任保证。借款后，金某旺未能按约还款，民生银行温州分行遂向瓯海区人民法院提起诉讼。判决生效后，金某旺等人未能履行该判决，民生银行温州分行遂向瓯海区人民法院申请强制执行。经调查，被执行人名下无其他可供执行财产，瓯海区人民法院于2017年9月19日裁定终结该次执行程序。经执行，债务人金某群仍须连带偿还债务100余万元。2020年10月10日，债务人金某群以不能履行生效法律文书确定的金额给付义务，且资产不足以清偿全部债务或者明显缺乏清偿能力为由，申请个人债务集中清理。

【审理情况】

2020年11月2日,温州市中级人民法院(以下简称温州中院)受理金某群的个人债务集中清理申请,并于次日指定温州市华东公证处公证员林成丽担任该案的公职管理人。管理人接管后,通过浙江法院执行查控系统、浙江省公证业务中的温州市不动产信息查询接口和温州市个人车辆信息查询接口等系统,多渠道全面调查债务人金某群及其亲属名下财产。

经管理人调查,债务人金某群目前在某公司上班,月薪约4000元,除工资收入外无其他任何收入。债务人本人及其父母、前妻、儿子名下均无车辆和不动产,亦无对外债权、投资等其他财产。金某群与前妻的儿子未成年,离婚判决由金某群抚养至成年。除却申请人自身的生活费用,金某群还须承担儿子的抚养费、父母的赡养费等。

2020年12月18日,第一次债权人会议召开。经债权人会议核查、法院裁定确认的债权金额为1,052,905.36元。12月23日,管理人向温州中院申请裁定认可经债权人会议通过的金某群的个人债务清理方案,方案确定:金某群于2021年3月15日之前一次性归还人民币34万元,免除其剩余债务,并同意不设行为考察期。若不按上述的约定归还款项,民生银行温州分行将按原判决书确定的债务继续向法院申请执行。2020年12月24日,温州中院裁定认可个人债务集中清理方案。

2021年2月25日,因债务人金某群的亲朋好友代其清偿34万元,个人债务清理方案实际履行完毕。经管理人申请,温州中院裁定终结金某群个人债务集中清理程序。

【典型意义】

本案是债权人系总行不在本地的金融机构实质性豁免部分债务,破除法院和金融机构的观念壁垒、实现金融债权豁免难题突破的典型案例。

一是消除金融债权实质性豁免主观上的障碍。为推动金融机构债权人积极参与个人债务集中清理,温州破产法庭专门赴原温州银保监分局调研,并召集各金融机构代表参会，听取各银行的顾虑后逐一回应和解答，化解其对个人债务集中清理制度的诸多误会。前期的沟通工作为缓解金融机构债权人的抗拒心理、消除金融机构债权人主观上的障碍发挥了重要作用。

二是打通金融机构内部免债机制与司法程序的客观壁垒。金融机构内部本身存在系统的债务减免机制，如呆账核销、不良资产转让等。通过个人债务集中清理，形成金融机构债权人由私力救济转向公力救济的规范化路径。以经过司法程序的债务人财产情况调查结果，为金融机构内部的免债程序做背书，能够改善当前在个人破产法缺失的情况下自然人债务难以退出情况，同时使金融机构债权人的债务豁免决策更具规范性。

三是引入公职管理人制度提升金融债权人对其的认可度。公职管理人制度降低了个人债务集中清理程序的成本，同时提高了管理人的履职行为公信力。本案公职管理人充分利用其公证员的职业优势，全面调查债务人的财产状况。

四是不设置行为考察期。在债权人同意的前提下不设置行为考察期，加速解放债务人，让“诚实而不幸”的债务人早日获得重生机会。

案例 18　施某某个人债务集中清理案

【关键词】自由财产；“诚实而不幸”认定；信用恢复

【受理法院】平阳县人民法院

【管理人】温州诚达会计师事务所(普通合伙)

【基本案情】

2020 年 4 月，申请人施某某以其资产不足以清偿全部债务，明显缺乏清偿能力为由，向平阳县人民法院(以下简称平阳法院)申请对个人债务集中进行清理。平阳法院裁定受理其个人债务集中清理案件后，指定温州诚达会计师事务所(普通合伙)为本案的管理人。截至 2020 年 6 月，共计 4 户债权人(其中 3 家为金融机构)向管理人申报了债权，申报债权总额 1,125,464.64 元。经审查，确认债权总额 1,050,853.82 元。2020 年 10 月，管理人向平阳法院提出申请，称施某某的个人债务集中清理方案经两次提请全体债权人表决，均无法通过。

【审理情况】

平阳法院受理该案后，经调查，发现债务人名下有一家平阳县某美容店的个体工商户店铺，店铺登记的房产坐落于平阳县水头镇××路××号，系其与前夫共有不动产，已于2019年1月被平阳法院执行拍卖。目前债务人名下无任何房产、车辆、存款、保险、股权、债权、住房公积金、知识产权及其他财产，无固定工作，每月收入不稳定，平均月收入在3500元左右，2019年7月经法院调解与其前夫离婚。其女儿17岁，是初三学生，处于义务教育阶段，每年伙食费约2000元。其母亲71岁，患有“三高”，在当地敬老院帮工，生活基本能自理，其父亲78岁，身体较健康，其父母皆无养老保险，无退休金。截至目前，债务人无不诚信行为。

根据《浙江法院个人债务集中清理（类个人破产）工作指引（试行）》的规定，平阳法院召集已知债权人听证会，全体债权人对个人债务集中清理程序中债务人申报的财产均无异议。经过债务人、债权人的充分协商，同意施某某每月留存3060元作为其基本生活费。此外，平阳法院依照《最高人民法院关于公布失信被执行人名单信息的若干规定》的规定，决定提前删除施某某失信信息。同时为施某某设置5年行为考察期，考察期满后无不诚信行为的，终结施某某名下全部执行案件。

【典型意义】

本案是全国首例适用自由财产分配方案的个人债务清理典型案例。

一是适用自由财产制度。此乃个人破产中基于维持债务人及其抚养的家属的生活等基本需要，保留部分财产给债务人继续支配的制度。债务人可以向人民法院申请排除某些财产作为破产财产偿还债务，如债务人及其所赡养、抚养、扶养的家庭成员的生活、医疗、学习的必需品和费用；必需的劳动工具以及其他基本生产资料；勋章或者其他表彰荣誉的物品；专属于债务人自身的财产；依照其他法律、法规或者基于社会公共利益不得用来偿债的财产；等等。

二是保障基本生活需要。个人破产作为共同富裕的一个底层制度，让“诚实而不幸”的债务人有东山再起的机会，鼓励创业者去大胆创新与试错。若个人破产制度存在缺位，既会扼杀破产债务人的创业创新动力，又会在一定程度上遏制社会投资活力。考虑债务人租房、家庭成员教育支出等基本生活保障需要，债权人在清理方案中同意为债务人保留必要的生活费和医疗费，这主要是出于人道主义考虑，给债务人以基本生活必备保障。

三是探索“执行退出”个人债务清理模式。作为获得保护和救济的前提，平阳法院对执行退出设定附条件免责条款,要求债务人真实、完整陈述破产原因及经过,并提交完整的收入、社保、财产报告、债权债务清册等材料。只要诚实守信,创业失败亦可东山再起。为此,本案设置了合理的考察期限,加强对债务人的考察监督,加快了债务人财产、家境、风评状况报告的调查形成速度,提高了公职管理人制作上述报告的可信度。5年考察期满,若债务人行为符合考察条件,则终结强制执行、退出执行机制。

案例19　李某某个人债务集中清理案

【关键词】委托社区调查；检察监督；金融中心参与化解；执行退出

【受理法院】平阳县人民法院

【管理人】平阳县公证处、浙江九州大众律师事务所

【基本案情】

李某某与蔡某某系夫妻关系。2015年1月，蔡某某向浙江平阳农村商业银行股份有限公司（以下简称平阳农商行）借款10万元，陈某某是该笔借款的连带保证责任人。2017年3月，平阳县人民法院（以下简称平阳法院）判决蔡某某、李某某共同偿还上述债务，陈某某承担连带责任。因蔡某某、李某某、陈某某未履行还款义务且暂无财产可供执行，平阳法院将3人纳入限制高消费名单、失信被执行人名单，并终结本次执行程序。恢复执行后，陈某某履行债务47,847.45元，李某某名下未发现可供执行的财产。2020年10月，李某某与蔡某某因感情不和办理离婚登记，二人无子女。2023年8月，李某某前往平阳法院登记信访，要求撤销生效裁判文书，退出强制执行程序并恢复信用。同年8月23日，平阳法院裁定受理其个人债务集中清理的申请，并指定平阳县公证处和浙江九州大众律师事务所为联合管理人。

【审理情况】

债权申报期间,平阳农商行向管理人申报债权,经法院裁定确认其债权为85,250.68元。平阳法院邀请县司法局与管理人组成联合调查组,于2023年9月22日前往鸣山村、下灶垟村向当地村干部、邻居、寺庙僧侣对李某某的情况进行了解,同时,邀请县检察院对本次调查活动进行检察监督。经调查,李某某名下无不动产、车辆、股权、公积金、保险等,仅有较少银行存款93.51元,其每月仅通过打散工的形式收入约1200元,现借住在灶垟村的增慧禅寺,无子女,生活困难。进一步查明,蔡某某将其于2015年1月12日借得的10万元贷款全部支付给陈某某,并未直接用于夫妻共同生活。联合调查组在走访调查后,由司法所出具债务人社区调查报告,管理人在此基础上向平阳法院提交债务人偿债能力评估报告。

平阳法院依托金融纠纷调处化解中心推进矛盾化解,入驻中心的执行法官通过线上“金融e调亭”等多元解纷方式,指导公职管理人和联合管理人制定清理方案,经人民调解员多次参与协调,平阳农商行同意“执行退出”的债务清理方案:(1)暂时停止对李某某采取强制执行的各项措施;(2)为李某某设置1年的信用考察期,自2023年11月28日起至2024年11月27日止,考察期满未发现不诚信行为的,平阳法院将终结对李某某的执行案件;(3)确认李某某豁免财产金额为1500元/月及国家根据物价水平调整基本生活保障金额的基本待遇。李某某宣读了诚信承诺书,自愿遵守考察期内各项要求、规定。

【典型意义】

本案是引入社区调查机制、检察监督机制,依托金融中心实质化解个人债务的典型案例。

一是深化委托社区调查机制。考虑到司法局与村(居)委会日常联系更多,参照刑事案件委托社区调查制度,将个人债务集中清理的社区调查工作委托给乡镇司法所,由其深入村居、社区了解个人财产、家庭经济、消费水平、生活作风等,形成制度化运作模式。2019年以来,引入社区调查制度来清理个人债务已帮助9名当事人“涅槃重生”，取得了良好的社会效果，该制度被列入“平阳县十大微改革项目”，并得到温州市人大代表等社会各界的认同。

二是创新引入检察监督。本案参考我国香港特别行政区的法律规定，邀请检察院直接参与个人债务清理的社区调查过程和查阅相关的材料，并对债务人的生活条件、经济状况、信誉状况和法院、司法局的调查程序进行个案监督，确保清理工作更公正、透明、规范，既加强对债务人的司法监督力度，也提升了债权人的司法获得感。

三是依托金融中心实质性化解纠纷。平阳法院打造的金融纠纷调处化解中心，采用“调解＋裁决＋执行”一体化运作模式，由执行法官入驻指导，并邀请司法局和村居干部共同参与调解。本案依托该中心成功实现债务人执行退出，促进金融机构启动不良呆账核销程序，从而提高其市场化不良处置能力，达成“源头性疏导、实质性化解、综合性治理”的三个效果。

四是推行个人债务集中清理与强制执行联动退出模式。由管理人提请法院联合其他单位组成联合调查组，联合调查组在实地走访后出具相应的调查报告，为全体债权人特别是金融债权人提供决策依据，并使其认可法院将债务人认定为失能债务人的决定、更容易接受附条件的执行退出方案，为企业家、公职人员等特殊社会主体的执行退出打下坚实基础。

案例20　洪某个人债务集中清理案

【关键词】“公职管理人＋共享法庭公益律师”模式；省外债权人参与；打击虚假债权；抑郁症患者家庭重获新生

【受理法院】瑞安市人民法院

【管理人】瑞安市公证处木晓辉（公职管理人）

【基 本 案 情】

债务人洪某因投资失利陷入债务危机，累计负债超百万元。债权人陆续向法院提起诉讼、申请执行、案件执行期间，洪某积极配合法院处置财产，定期申报财产动态，在法院处置其房产后，仍有100余万元债务未清偿。2023年3月，洪某通过瑞安市人民法院（以下简称瑞安法院）个人债务清理共享法庭（浙江信泰律师事务所服务站）咨询债务清理事宜，并于2023年3月24日通过共享法庭向瑞安法院正式提交个人债务清理申请。2023年4月4日，瑞安法院裁定受理该申请，并指定木晓辉担任公职管理人。

【审 理 情 况】

针对案件涉及跨省债权人、特殊家庭状况等复杂因素,瑞安法院准许公职管理人委托个人债务集中清理共享法庭庭务主任及志愿律师共同组成公益管理人团队。公职管理人借助法院执行系统和公证系统双管齐下,全面调查债务人洪某及其亲属名下财产;共享法庭律师则实地开展调查走访工作。

经管理人团队调查,债务人洪某在湖南省打临工,月薪约4000元,除工资收入外无其他任何收入。洪某的妻女均为抑郁症患者,且父母年事已高,洪某系家庭唯一劳动力。名下财产仅有一处与其前妻共有的价值约90万元的房产,二人离婚时曾约定该房产归其前妻及子女所有,处置难度较大。债权申报期间,管理人查实债权人吴某隐瞒其部分债权已获清偿的事实。瑞安法院高度重视,对虚假申报债权人予以训诫,吴某诚心悔过并撰写了悔过书。最终管理人团队审查确认4位债权人的7笔债权合计575,456.91元。

2023年5月16日,召开第一次债权人会议。会上,债权人一致表决通过了第一次债权人会议表决规则。但因洪某清理方案中的偿债资金须处置其与前妻共有的房屋,且其前妻在第一次债权人会议上明确拒绝处置,故对该清理方案的表决只能搁置,清偿方案一度陷入僵局。管理人团队及时调整策略,协调洪某亲友筹措资金,洪某亲友在会后表示,愿意为其筹措偿债资金。2023年9月27日,管理人团队向法院申请裁定认可经债权人会议通过的个人债务清理方案,方案具体内容为:(1)于2023年12月30日前偿还1号债权人20,000元,免除债务94,053元;(2)于2023年11月30日前偿还2号金融债权人102,599元,免除债务181,975.24;(3)分六期100%支付3号、4号债权人(系另案被执行人)债权共计176,827.8元。2023年9月28日,瑞安法院裁定认可债务人的个人债务集中清理方案,并因其提出的个人债务集中清理方案(长期履行)已获债权人会议表决通过并经法院裁定认可,终结其个人债务清理程序。

【典型意义】

本案是积极探索"公职管理人+共享法庭公益律师"新模式,高效推进个人债务清理进程的典型案例。

一是创新"专业+公益"协同治理模式。通过创新"公职管理人+共享法庭公益律师"协同模式,有效整合司法公信力与法律服务专业优势。公证机构依托行政资源开展财产核查,律师团队发挥谈判专长,为债务人提供咨询答疑、申报辅导、方案拟定、方案谈判、方案达成的"一站式"服务并制定清偿方案,法院通过数字化平台统筹协调,有效减少管理人报酬支出,节约个人债务集中清理的成本,高效推动案件进程,助力抑郁症家庭彻底"破茧新生"。

二是构建精细化债务分层处理机制。本案4户债权类型差异大、金额相差大,其中两名债权人还是法院被执行人,且涉执案件亦有20余件,全部履行难以实现。为债务人量身定制不同清理方案,替代固定清偿率的常规做法,成功助力解决债务难题。具体而言:对金融机构协商部分豁免;对已被执行的债权人,以全额分期履行方式替代债务豁免;对普通债权人设置弹性条款。如此可以降低债务人偿债的资金压力,并使作为被执行人的债权人的债权实现分期100%清偿,促成多方共赢。

三是构建诚信审查立体防线。个人债务清理的各方参与者必须严格遵守"诚实信用"的内在要求,通过"承诺告知＋数据对比＋惩戒警示"三位一体的诚信机制,成功构建起贯穿清理全过程的诚信防线。在债权申报过程中,管理人团队拟定如实申报债权材料承诺书,由申报人签署并向申报人一一告知未如实申报的后果;债权核查期间,与执行部门高效联动对接,谨防虚假债权,管理人发现并剔除一笔虚假申报债权并予以训诫,形成"不敢假、不能假、不想假"的法治威慑,使清偿率较原先提高近50%,公平公正地维护债务人、债权人的合法权益。

四是探索跨域债权人协同路径。针对外省债权人参与难题,依托"共享法庭"数字化平台实现远程债权申报、在线会议表决,实现一揽子解决纠纷,为跨区域债务清理提供了可复制的"云上协同"模板。

后　记

党的二十届三中全会通过的《中共中央关于进一步全面深化改革　推进中国式现代化的决定》从完善市场经济基础制度的高度，明确提出“健全企业破产机制，探索建立个人破产制度”，昭示着破产法治的发展与完善迎来新的历史机遇。

自2011年温州局部金融风波爆发以来，温州市委提出以市场化、法治化手段解决风险企业“两链”问题，温州破产审判自此起步。从第一批破产审理方式改革试点法院到全国首个地级市破产法庭，从企业破产拯救“一条腿”走路到“企业破产+个人债务集中清理”双轨并进，从“一案一议”区域危机应对的权宜之计到全市两级法院一盘棋、规范化共育共治，从数字化概念启蒙到量身打造破产智审平台……在上级法院精心指导、市委坚强领导、市政府和社会各界大力支持下，温州法院始终以“先行者”“探路者”“奋进者”的姿态直面困难、勇于挑战，积累了宝贵经验，积淀了先行优势，加速了发展胜势，并涌现出一大批制度创新与实践成果。

2025年，适逢温州破产法庭成立5周年暨温州破产专业化审判10周年，温州市中级人民法院对全市法院在破产审判领域取得的理论调研、制度创新、经典案例等实践成果进行了系统梳理，将其中具有代表性的成果汇编成书，以期为中国破产法学理论研究提供鲜活样本，为推动破产审判实践发展提供有益参考。借此机会,衷心感谢最高人民法院、浙江省高级人民法院及社会各界长期对温州破产审判工作的关心、指导和支持。

当前,温州破产审判工作迎来了前所未有的发展机遇。国家层面持续深化供给侧结构性改革、完善市场主体退出机制的布局,为温州破产审判赋予了广阔深邃的探索空间;温州本土活跃的民营经济市场环境,以及 10 余年来先行先试的破产审判经验,为温州破产审判积蓄了持续发展的不竭动力。温州破产审判在构建新发展格局中的成效日益显著,意义日益凸显。站在《企业破产法》修改与个人破产立法的历史关口,温州法院将始终坚持处理好“破”与“立”、“质”与“量”、“保护”与“发展”的关系,勇于担当、善于作为,持续推动温州破产审判高质量发展,努力率先实现破产审判工作现代化。《破产审判的温州探索(2020～2024 年)》一书,既是对过去 5 年改革足迹的铭刻,更是面向未来制度创新的邀约。期待这份破产审判的“温州答卷”,能够激发更多同仁对破产审判助力市场化、法治化、国际化一流营商环境的深层思考。

本书自策划组稿到付梓,不足 3 个月时间。在这么短的时间内可以如期出版,有赖参加集稿、撰稿、修稿、统稿的编写组成员的辛苦付出,以及领导、同仁的大力支持与帮助。参加本书集稿、修稿、校稿的成员有:叶希希、张元华、叶飞、白海玲、蔡卓森、赵章瑜、叶梦梦、张家琦、陈怿昀。全书由叶希希、张元华统稿。

在本书的编撰过程中,特别感谢中国人民大学王欣新教授给予大力支持并在百忙之中为本书作序,感谢中国人民大学徐阳光教授对书稿内容进行全面审阅并提出宝贵修改意见,感谢法律出版社法治与经济分社沈小英社长及其团队的大力支持。同时,温州市中级人民法院办公室、研究室及温州市各基层人民法院在收集整理资料、后勤保障等方面提供了很大的支持,在此一并表示衷心感谢!

由于编者水平有限,加之时间较仓促,书中的疏漏和不足之处在所难免,诚挚希望法学理论界和实务界的各位同仁多提宝贵意见,以便我们更好地对破产审判的相关问题作进一步探索与研究。

本书编写组

2025 年 3 月